中国语言学

第十辑

郭锡良 鲁国尧 主编

图书在版编目（CIP）数据

中国语言学. 第十辑 / 郭锡良，鲁国尧主编. —北京：北京大学出版社，2023.8
ISBN 978-7-301-34284-8

Ⅰ. ①中⋯　Ⅱ. ①郭⋯ ②鲁⋯　Ⅲ. ①汉语–语言学–丛刊　Ⅳ. ①H1–55

中国国家版本馆CIP数据核字（2023）第157175号

著作权使用声明

本刊已许可中国知网以数字化方式复制、汇编、发行、信息网络传播本刊全文。本刊支付的稿酬已包含中国知网著作权使用费，所有署名作者向本刊提交文章发表之行为视为同意上述声明。如有异议，请在投稿时说明，本刊将按作者说明处理。

书　　　名	中国语言学　第十辑 ZHONGGUO YUYANXUE　DI-SHI JI
著作责任者	郭锡良　鲁国尧　主编
责 任 编 辑	赵明秀　邓晓霞
标 准 书 号	ISBN 978-7-301-34284-8
出 版 发 行	北京大学出版社
地　　　址	北京市海淀区成府路205号　100871
网　　　址	http://www.pup.cn　新浪微博：@北京大学出版社
电 子 邮 箱	zpup@pup.cn
电　　　话	邮购部 010-62752015　发行部 010-62750672　编辑部 010-62752028
印 刷 者	北京虎彩文化传播有限公司
经 销 者	新华书店 787毫米×1092毫米　16开本　14.25印张　353千字 2023年8月第1版　2023年8月第1次印刷
定　　　价	45.00元

未经许可，不得以任何方式复制或抄袭本书之部分或全部内容。
版权所有，侵权必究
举报电话：010-62752024　电子邮箱：fd@pup.cn
图书如有印装质量问题，请与出版部联系，电话：010-62756370

《中国语言学》工作委员会

主　编：郭锡良(北京大学)、鲁国尧(南京大学)

学术委员会：(按音序排列)

曹先擢(国家语言文字工作委员会)　　陈新雄(台湾师范大学)
陈章太(国家语言文字工作委员会)　　戴庆厦(中央民族大学)
侯精一(中国社会科学院语言研究所)　胡明扬(中国人民大学)
胡壮麟(北京大学)　　　　　　　　　吉常宏(山东大学)
江蓝生(中国社会科学院语言研究所)　蒋绍愚(北京大学)
李维琦(湖南师范大学)　　　　　　　李行健(国家语言文字工作委员会)
陆俭明(北京大学)　　　　　　　　　宁继福(吉林省社会科学院)
钱曾怡(山东大学)　　　　　　　　　裘锡圭(复旦大学)
孙良明(山东师范大学)　　　　　　　唐作藩(北京大学)
王　宁(北京师范大学)　　　　　　　伍铁平(北京师范大学)
邢福义(华中师范大学)　　　　　　　徐思益(新疆大学)
许嘉璐(北京师范大学)　　　　　　　许威汉(上海师范大学)
薛凤生(美国俄亥俄州立大学)　　　　曾宪通(中山大学)
詹伯慧(暨南大学)　　　　　　　　　赵振铎(四川大学)
宗福邦(武汉大学)

编辑委员会：(按音序排列)

陈保亚(北京大学)　　　　　　　　　董　琨(中国社会科学院语言研究所)
董志翘(南京师范大学)　　　　　　　郭芹纳(陕西师范大学)
黄德宽(安徽大学)　　　　　　　　　华学诚(北京语言大学)
蒋冀骋(湖南师范大学)　　　　　　　李国英(北京师范大学)
李家浩(北京大学)　　　　　　　　　李建国(国家语言文字工作委员会)
李小凡(北京大学)　　　　　　　　　李宇明(北京语言大学)
刘晓南(复旦大学)　　　　　　　　　卢烈红(武汉大学)
马重奇(福建师范大学)　　　　　　　潘文国(华东师范大学)
乔全生(山西大学)　　　　　　　　　邵永海(北京大学)
宋绍年(北京大学)　　　　　　　　　孙建元(广西师范大学)
孙玉文(北京大学)　　　　　　　　　唐钰明(中山大学)
汪国胜(华中师范大学)　　　　　　　汪维辉(浙江大学)
王韶松(山东出版集团)　　　　　　　吴金华(复旦大学)
杨端志(山东大学)　　　　　　　　　杨亦鸣(徐州师范大学)
殷国光(中国人民大学)　　　　　　　俞理明(四川大学)
喻遂生(西南大学)　　　　　　　　　曾晓渝(南开大学)
张　猛(北京语言大学)　　　　　　　张涌泉(浙江大学)
张振兴(中国社会科学院语言研究所)

编辑部主任：孙玉文

目 录

陈国华　《举业童子问》：新发现的现存最早本土中文文法 …………………… 1
姜望琪　构式研究的新视野 …………………………………………………… 16
户内俊介　上古汉语非真实情态成分"其" …………………………………… 22
许典琳　从否定表达看先秦"VP₁而VP₂"的结构性质 ………………………… 41
李泓霖　《左传》中指示代词"焉"的句法语义及篇章功能 …………………… 51

汪春涛　"言'乃'者内而深，言'而'者外而浅"咽化声母说商榷 …………… 68
郑林啸　《篆隶万象名义》梗摄字的语音特点 ………………………………… 78
唐琪　"语讹"考九则 …………………………………………………………… 89

郭芹纳　读诗札记 ……………………………………………………………… 98
孙玉文　"杜鹃"词义引申折射出的若干词义理论问题 …………………… 109
刘翔宇　汉语历史文献中的闽方言词举隅 ………………………………… 130
雷瑭洵　北大汉简《妄稽》词语考释四则 ………………………………… 137

乔永　周远富　《辞源》（音序版）编辑方案的研究 ……………………… 144

【王力学派研究】
华学诚　谈谈王力学派及其研究 …………………………………………… 154
张春泉　王力《论理学》的逻辑学体系——兼与章士钊、陈望道的逻辑体系比较 … 166
程悦　《对非议或误解黄侃古音学的澄清》（上）读后 …………………… 172

【译文】
铃木直治　论古代汉语的强调表达　喜岛千晴　译 ……………………… 182

【笔谈】
鲁国尧　尼采篇 ………………………………………………………………… 196
鲁国尧　1944年的"中国语言文字学会"，君知否？ ……………………… 201

【转载】
王力　《汉语史稿》（初版）序 ……………………………………………… 203
王力　汉语史教学一年的经验和教训 ……………………………………… 204
郭锡良　《汉字古音手册》（增订重排本）前言 …………………………… 209

《举业童子问》：新发现的现存最早本土中文文法*

广西师范大学外国语学院/北京外国语大学外国语言研究所　陈国华

提要：英文 grammar 的古希腊语词源意思是字母术或书写法，严格地说，其汉语对应词不是语法而是文法。20 世纪早期，索绪尔和布龙菲尔德提出，语言即口语，只有语音符号才是语符，文字只是用来记录口语的，不是语符，书面语也只是对口语的纪录。受这种语言观的影响，中国大陆语言学界从 20 世纪中期起逐渐用语法取代文法。陈国华（2015）曾论证，王鸣昌的《辨字诀》是一部早于《马氏文通》的本土汉语文法。然而《辨字诀》仅是《举业童子问》里的一节。作为一部八股文写作教程，《举业童子问》才是中国现存最早的本土汉语文法。本文描述笔者最近发现的该书的一个印本和一个抄本，报告笔者对其作者和出版年的考证，并介绍该书上卷的主要内容。笔者发现，以《举业童子问》为代表的传统汉语文法涵盖章法、句法和辞法，有别于以形态学和句法为主要内容、以口语为主要对象的印欧语言现代语法。该书作者阐述的文法理论及其对文言语篇的分析对于发展契合中文特点的文法和语言学理论具有重要意义。

关键词：发现　最早　本土　中文文法

一　叙

陈国华（2015）曾提出，王鸣昌的《辨字诀》是一部早于《马氏文通》的本土汉语文法。现在看来，这一论断不够准确。《辨字诀》无疑为中文虚辞的划分提供了一个明晰而系统的范式，但它并非一部独立的文法著作。到目前为止，我们见到的《辨字诀》附在卢以纬原著、陈雷补义、魏维新同订的《助语辞补义》之后，该补义及其附录都收录在刘长桂、郑涛点校《助语辞》和王克仲集注的《助语辞集注》里。《助语辞》《助语辞补义》和《辨字诀》虽是同一性质的三篇著作，前两篇是一个整体的两个有机组成部分，第三篇却不是。同时，《辨字诀》也不是一部独立的文法著作。魏维新在《辨字诀》的末尾对其来历做了一个简短说明：

　　左《辨字诀》一篇，出《举业童子问》中。陈子与余相订《助语辞补义》已竣，始从家塾见之。虽王子之意因幼学时艺[1]者而设，然论虚字于起承转合处颇为得宜，故录附《助语辞补义》之末，亦藉以互相发明云尔。（刘长桂、郑涛点校 1985：121）

---

* 本文得到教育部人文社会科学重点研究基地重大项目"基于文字学、语法学与语言学理论的新型初级汉英教学辞典的研编"（15JJD740004）的资助。

[1] "时艺"指科举作文。

这样看来，《举业童子问》才是《辨字诀》的原生环境。然而直到最近发现《举业童子问》抄本和印本各一部之前，笔者一直没有见到过这本书，无从知晓《举业童子问》的具体内容，不知道《辨字诀》和《举业童子问》之间是什么关系。

二 《举业童子问》的发现及其版本和作者

2017 年 11 月笔者在孔夫子旧书网上购得《举业童子问》（卷上）的一个抄本，2018 年 7 月 14 日，我的一位已毕业的学生孟瑞玲告诉我，她在网上看到中鸿信 2018 春季拍卖会目录里有一件拍品是《举业童子问》，并把网址和网页上提供的三张照片用微信发给了我。我按照网址打开该拍卖会的网页，发现正是我苦苦寻觅的那本书，而且是全本（一函三册）。拍卖会此时已经结束，此书似乎流拍了。于是我请孟瑞玲于 7 月 16 日去中鸿信公司询问。经过确认，她代我将此书购回。下面报告此书上卷的大致情况。

此书印本是雕版印刷，采用传统印刷术，每张纸只印正面，对折装订，有字面朝外，无字面朝内，这样有字这面遂成前后两面，等于现代书籍的两页。当时书籍印刷不按页标注页码，而是按张（又称为叶）标注，装订好的前后两面算作一叶，有叶码，无页码。此书卷上、卷中都是四十一叶，卷下是四十三叶，分别相当于现代书籍的 82 和 86 页。

此书抄本仅抄写在纸的正面，一叶对折装订，成为两页。抄本没有标注叶码或页码。整个抄本的正文共三十四叶，合 68 页。

《举业童子问》印本和抄本的原封面都已不复存在。印本开头有一篇王鸣昌写的叙（共三叶），抄本没有。叙中说：

昔人有言："父兄之教不先，子弟之率不谨。"[1] 然则子弟之学或有未端[2]，罪在教者。教者之法固亦多矣，而蒙养[3]以正，功尤大焉。即以文字论之，今之人莫不曰此功名之事，而岂知其为圣贤之事？自尧、舜、汤、文、武，大道相传，至先师[4]而集其大成，至今圣谟洋洋[5]，福流无穷。作举业者又代圣人而为之言，是制义一道不在寻章摘句，希取富贵，而在阐幽发微，使圣人之道朗如日月经天，要其功自为子弟始。故教子弟者，必先正其所习。所习正，则动作无不正；动作无不正，则幼而为良子弟，长而为孝子，为良臣，为英人杰士，为圣人之徒，为百世瞻仰。甚矣，教子弟者不可不慎也。余与蒋子畏庵[6]每欣怀斯事，久欲以此质之同人，而有志未逮，缺有间焉。

夏之日，余避迹田舍，风雨连朝。惊涛怒浪一夕忽至，四壁水溢，绳枢瓮牖，飘没殆尽，仅留半厦，止可容膝。同人莫不扼腕叹诧，而予与新安毕子亶倩[7]文心弥炽，歌颂之声尽夜不绝，荡舟而过者莫不掩口笑予，弗问也。

---

1 出自《史记·司马相如列传》："父兄之教不先，子弟之率不谨也。"
2 "未端"即不正。"端，正也。"（《广雅·释诂一》）。
3 "蒙养"即童蒙教育。例如"晚岁事蒙养，敛退就此堂"（苏辙《题张安道乐全堂》）。
4 "先师"指孔子。隋文帝时谥孔子为"先师尼父"，后世尊称孔子为"先师"。例如 "先师有遗训，忧道不忧贫"（陶渊明《癸卯岁始春怀古田舍》诗二首之二）。
5 出自《尚书·伊训》："圣谟洋洋，嘉言孔彰。"用来称颂圣人治天下的宏图大略。参见《汉语大词典》【圣谟】条。
6 "蒋子"当是对本书同论者之一蒋守诚的敬称。蒋守诚，字正先，"畏庵"应当是其号。
7 "毕子亶倩"当是王鸣昌的一位新安籍毕姓朋友。

为之，先列破题，次列承题，次列起讲，次列全篇。务使尽合朱注[1]，有自立意见者，弗敢也；务使尽合典型，有违弃正矩者，弗敢也；务使句有解，字有注，有蒙混取戾者，弗敢也。昔与畏庵有志未逮，今穷愁益可著书。书成而质之畏庵，畏庵曰："功[2]令星悬，坊刻有禁，此皆予四人训导子弟之书，广之为天下津梁，其教益不亦大哉！"

句容[3]王鸣昌础生书于𠂤山[4]讲堂[5]

从这篇叙可以看出，王鸣昌最初打算与蒋畏庵合作写这部书，但蒋无暇参与此事，王最后凭一己之力完成了这项工作。

叙之后，印本是目次（一叶）。

石渠阁新订课幼举业童子问　　目次

东	蒋守诚正先、梁　镜素冶	同
吴	蒋先庚震青、王鸣昌础生	论

卷上
　　诀法心印三十九条
卷中
　　破题心印六十五条
　　承题心印三十五条
　　起讲心印六十条
卷下
　　八比心印四十题

"石渠阁"是出版商的商号；"新订"表明是新修订的一个版本；"课幼"即课蒙，意思是教授幼童；"举业"即为参加科举考试而准备的学业，"问"通闻，有"告诉"的意思；"童子问"用今天的话说即童子须知。《举业童子问》有可能不是这部书的唯一书名。清初金华名宿唐彪在《读书作文谱》中阐述文中用字法时特别说明："后诸虚字用法，载在梁素冶《学文第一传》中者，或出于素冶所自撰，或出于古人所撰，未及详考。"

"东吴"是历史地理名词，指今天江苏南部、浙江、安徽南部地区。蒋守诚，字正先，应该就是王鸣昌在叙中提到的"蒋子畏庵"。作为𠂤山当地人，蒋守诚很可能是该𠂤山讲堂堂长。笔者在网上查到的有关他的信息是，《新镌算法全书》（乾隆庚辰年好友堂版）里有他写的序和签章，他应该是这本算术书的作者。梁镜，字素冶，笔者除了发现唐彪在《读书作文谱》中提到他之外，未能检索到任何其他信息。蒋先庚，字震青，古华阳县[6]人，

---

1 "朱注"当指朱熹的《四书章句集注》。
2 原文此字上半部分缺失，疑似"功"。
3 今江苏省镇江市旁边的句容市。
4 𠂤（ōu）山在今江苏宜兴和溧阳之间，王鸣昌提到的蒋畏庵就是宜兴𠂤亭人，而𠂤亭就在𠂤山上。
5 𠂤山讲堂当是王鸣昌执教的学塾。
6 今成都市部分地区和双流区大部。

曾在龙门书院任教，纂辑过历史书《龙门纲鉴正编》二十卷[1]和《龙门纲鉴会纂》。关于王鸣昌，除了其叙中落款说明他是句容人之外，笔者未能发现任何其他信息。据王鸣昌在此书叙中所引蒋守诚的说法，"此皆四人训导子弟之书"。既然如此，四位同仁自然少不了彼此沟通，一同讨论，所谓"同论"，应当就是这个意思。王鸣昌应该是全书的执笔者。

卷上"诀法心印三十九条"中的"诀法"，意思是秘诀、要法，"心印"本是佛教禅宗术语，指不用语言文字，而直接以心相印证，理学家借以指对圣人学说在心性上的领会，亦泛指内心有所领会，意思近似于今天的心得。现存印本卷上仅阐述了作文的22个诀（详见本文三、四、五节），不知目次里说的"三十九条"指什么。

卷中"破题心印六十五条""承题心印三十五条""起讲心印六十条"中的"破题""承题""起讲"即八股中的破题、承题、起讲这三股。书中"破题心印"部分的标题实际是"石渠阁新订举业童子问·破题集"，该集对"学而时习之""有朋自远方来"等六十五个题目做了破题示范和点评。"承题心印"部分的标题实际是"石渠阁新订举业童子问·承题集"，该集对包括"学而时习之""有朋自远方来"在内的三十五个题目做了承题示范和点评。"起讲心印"部分的标题实际是"石渠阁新订举业童子问·起讲集"，该集对包括"有朋自远方来""君子务本"在内的六十个题目做了起讲示范和点评。

卷下"八比心印四十题"里的"八比"是八股的别称。该卷首页的标题实际是"石渠阁新订举业童子问·全文集"，内容是针对四十个题目所写的示范论文和点评。

卷上的首页上印着：

	石渠阁新订举业童子问卷上　诀法心印	
山讲堂	梁　镜素冶	四先生著
	蒋守诚正先	
	蒋先庚震青	
	王鸣昌础生	

令人不解的是，此处用"四先生著"字代替了全书首页上的"同论"，而且蒋守诚和梁镜的署名顺序发生了颠倒。作者一般不会自称"先生"，由此或许可以推断，将此书付梓的很可能不是这四位先生。

从内容上看，《举业童子问》是当时学塾里用来教初学者八股文写作的教材，其上卷是总论，中卷和下卷是作文示范和解说。

抄本的首页上写着：

---

[1] 现代版本有蒋先庚著、潘氏总论《龙门纲鉴正编》1卷，北京出版社2000年出版。

壬戌年□□[1] 山讲堂	石渠阁新订举业童子问卷上　　诀法心印		
	梁　镜素冶[2]	四先生著	虞习训记
	蒋守诚正先		
	蒋先庚震青		
	王鸣昌础生		

抄本提供的最重要的信息是"壬戌"二字。"壬戌"应当是康熙壬戌年，即公历1682年。这应该是该书的抄写或出版年。"虞习训记"标记的应当是该书的持有者。

抄本虽然首页上的标题是"石渠阁新订举业童子问卷上"，实际上也抄了卷中的部分内容。其第25页另立标题"石渠阁新订举业童子问·破题式"，该部分对应印本卷中的破题集，但内容大为缩水；抄本第31页又另立标题"石渠阁新订举业童子问·承题式"，该部分对应印本卷中的承题集，内容也大为缩水；第47页再次另立标题"石渠阁新订举业童子问·起[3]讲式"，该部分对应印本卷中的起讲集，内容同样也大为缩水。抄本不含与印本下卷对应的内容。

三　八股作文十二诀

《举业童子问》卷上实际上共阐述了作文的22个诀，其中前12个诀，即破题诀（一至六叶）、承题诀（六至八叶）、起讲诀（八至十一叶）、入题诀（十一叶）、提股诀（十一至十二叶）、虚股诀（十三叶）；出题诀（十三至十四叶）[4]、中股诀（十四至十五叶）、后股诀（十五至十六叶）、束股诀（十六叶）、小结诀（十六至十七叶）、大结诀（十七叶），直接针对八股文的破题、承题、起讲、提股[5]、中股、后股、束股、大结而言。

《举业童子问》的抄本在内容和文字上与印本差别较大。下面我们以"破题诀"的开头两段为例，将这两个版本的文字并列排出。抄本中与印本相同或相似之处，用单下划线标出；用字相同但语序错乱之处，用双下划线标出。

印本	抄本
破题者，破说本题之意。盖题整而破以分之，题晦而破以明之，故曰破题也。凡作破题，最要扼题之旨，肖题之神，要于浑括清醒，确乎不移，斯为能手。其法不可侵上，不可犯下；不可漏题，不可骂题。语溢上文，是谓侵上；语犯下文，是谓犯下；将本题字眼未经破全或有遗漏，是谓漏题；将本题字眼全然写出，不能浑融，是谓骂题。其两句中有明破、暗破、顺破、逆破、正破、反破。又，有上句领章旨，下句讲本题者；有上句讲本题，下句承章旨者；有上句冒全章，下句切	破题虽各不同，其法只有两句破与三句破二法，而三句破又是老成变局，非可以教初学者。教初学者止可用两句破法，即两句中又不过虚实开合而已。即虚实开合，又非可溢于题外，只以还题中应有者而已。总之，以破本题句为实为合，以承上合下或直断一句或轻托一句为虚、为开。然承上忌连上，合下忌犯下。直断忌劫为不经之说，轻托忌鹘突不明之语。务要扼题之要，肖题之神，安

---

[1] 原文此处二字字迹不清。
[2] 原文误作"治"。
[3] 原文误作"题讲"。
[4] 入题诀、提股诀、虚股诀、出题诀这四诀都与提股有关。
[5] 又称起股或前股。

本题者；有上句讲本题，下句或推开、或吸下、或直断、或虚托者，有两句分破本题者，有两句如门扇对峙者，有两句如连珠贯下者，有两句如连环回转相抱者。要其大概，总不出破意、破句、破字三项。三者，破意为上，破句次之，破字为下。大题之破，贵冠冕，忌纤细；小题之破，贵灵巧，忌拙陋；长题之破，贵简括，忌冗长；搭题之破，贵融贯，忌割裂。 破题只用两句，间有用三句者，乃变格，绝不常用者也。其两句中，上一句不用歇语辞，间有用也字、焉字者，亦变格也；下一句用歇语辞，如也字、焉字、矣字、者也字、者焉字、者矣字、而已字、而已矣字，俱可用之。至乎、哉、耶、欤等字，则断不可用矣。间有不用歇语而径住者，亦变格也。（一至二叶）	顿挫贴为佳。虽其中格届多端，大约不出破句、破意、破字三项。三项者，破意为上，破句次之，破字又次之。但初学者须以破字法为入门。以题口原有数实字加数虚字，再用现成套句，则咸破题矣。至于破句，则进步，破意又进步者也。 破题，上句不用歇语辞，间有用也字、焉字者，亦变格也；下句用歇语辞，如也字、焉字、矣字、者也字、者焉字、者矣字、而已字，俱可用之。至乎、哉、耶、欤等字，则断不可用矣。间有两句如门扇对峙，不用歇语而径住者，亦变格也，不必以之教初学。（1—3页[1]）

这一节印本共502字，抄本仅390字，其与印本相同处仅150余字，语序多处错乱，用字也多有错误。鉴于抄本删减、妄改、讹误之处过多，以下关于印本卷上其他部分的介绍，一般不再与抄本比较。

作者阐述八股文的破题法时用了"歇语辞"这一文法术语，并给出了不少例字。这大概是作文之法第一次和虚辞用法结合在一起。在接下来的多个诀里，这一做法一再出现。

"承题诀"里首先说："承题者，承破题未尽之意而发明之者也。其格以三、四句为正，至五、六句则长矣。甚有长至七、八句者，则变格，殊不可训也。盖承题欲留起讲地步，只取简明，大长则文势不劲而起讲无余味矣。其接破题处，定用夫字或盖字，间有用且字、故字者，亦正格也。大约承题与破题相为关应，破详则承略，破略则承详；正破则反承，反破则正承；顺破则逆承，逆破则顺承；分破则合承，合破则分成。须要相题措语，未可以一格拘也。"（六至七叶）

说到与承题相关的虚辞，作者提醒读者："承题住脚处多用也、焉、乎、哉字，以其调高而字响也。其余矣、耳等字亦皆用之。亦有用之字、焉字、耳字、哉字住者，皆正格也。又有不用歇语而径住者，变格也。"（七至八叶）

"起讲诀"中说："起讲者，扼一篇之纲领而发其大旨者也。盖破、承，字少幅隘，仅可解题，其精思妙义首于起讲发之。"（八叶）

关于提股的写法，作者就入题、提股、虚股、出题这四方面加以阐述。"入题诀"里说："起讲之后即领上文一、二句，接入提股，谓之'入题'。"（十一叶）"提股诀"里说："一题之大意于起讲发之，一篇之大势于提股发之。盖起讲自成一局，提股则合中股、后股共成一局者也。"（十一叶）"虚股诀"里说："提股之后，接以虚股处者，活也；又曰流水股，宜虚而不宜实，宜流动而不宜板滞；此虚股命名之意也。"（十三叶）；不过这一诀的结尾处补充说："虚股近多不用。"（十三叶）"出题诀"里说："作文有出题，犹画龙之欲点睛也。自破、承以后，必用出题，以醒观者之目。"（十三叶）作者接着给出了出题的各种方式。

---

[1] 此页码为笔者所加。

作者将中股视为八股中最重要的一股，因为"一篇之大局、一题之大义，全于此发之，最不可一笔简略者也"。（十四叶）作者说："凡文皆有起、承、转、合，而中股更宜留心。其一股中几句起，几句承，几句转，几句合，务使格调森然不乱；斯为有制之师。大约起处宜松，承处宜畅，转处宜捷，合处宜稳。虽文之变换不同，而其步趋不可不晓也。"（十四叶）

作者还说："中股煞尾，最要稳贴，宜用㊎字、㊑㊒等字。余字随其文势而用之。惟㊓、㊔字中股最忌，以其轻佻，非中股之体也。"（十五叶）"后股诀"里说："后股乃承接中股而发其余意者也。"还说："后股煞尾，宜用㊕、㊖等字。"（十六叶）

"束股诀"里对束股的定义是"总一篇之局而收束之者也"（十六叶）。"束股诀"之后是"小结诀"和"大结诀"。"小结诀"里说："束股之后单结一句或二句或至数句，谓之小结。"（十六叶）"大结诀"里说："文至小结已毕；一篇小结之后，又托说书口气，杂引古今事实，为本题证据，谓之大结，乃文之施逞才识处也。场屋旧多用之，今不复尚矣。"（十七叶）

四　看书作文十诀

诀法心印的后10个诀，即看书诀（十七至二十叶）、审题诀（二十至二十三叶）、扼要诀（二十三至二十五叶）、辨字诀（二十五至三十二叶）、分股诀（三十二至三十三叶）、布势诀（三十三叶）、遣辞诀（三十四叶）、协调诀（三十四至三十五叶）、取程诀（三十五至三十六叶）、脱套诀（三十六至三十七叶），针对一般读书作文而言。

"看书诀"里开篇便说："作文必先看书，书旨明透，下笔始得了然。"（十七叶）作者建议："先明一章之大旨，次看一章之节次，次看何处重，何处轻，何处虚，何处实，何处为引证，何处为推原，何处为联络照应。"（十七叶）作者传授的经验体会是："看书乃作文先着。先辈云：'文之精意不在时文而在传注，不在传注而在本题，不在本题实字而在本题虚字，不在有字句处而在无字句处。'"（十八叶）接下来作者对《大学》《中庸》这两部书的篇章结构进行了分析，然后点出《论语》《孟子》各自的风格特征，最后总结说："《孟子》七篇，其文法极妙。凡章法、句法、字法，无不备具，秦汉以下不能及也。苏老泉为一代文宗，其得力全在于此。"（十九叶）

"审题诀"里说："审题与看书同，然看书只就白文顺序忝详，而题目则有长短、分截、剪头、去尾种种不同。如单句之外则有两句、三句、以及全节、全章、长搭、短搭、三搭、连章搭、虚缩[1]、过脉[2]、枯寂、鄙俚、人名、典故等题，书理不变而题则至变。"（二十叶）

作者提醒读者："每拈一题，先相其精神结聚处，用意写之。有题神在上文者，有在下文者，有在实字者，有在虚字者，有在首尾或在中段者，有数句而专注一句者，有数字而专注一字者。审觑既明，然后闭目静思此题当如何安顿，如何出落，如何方不粘上，如何方不犯下，如何是宽松，何处是钓两[3]，如何是正旨，何处是客意。"（二十至二十一叶）

1　"虚缩"又称缩脚。

2　"过脉"指诗文中承前启后贯通上下的段落。（参见《汉语大词典》【过脉】条下2）

3　"钓"可能指八股文截搭题从上截钓出下截，从下截钓出上截的做法。"截搭题一般分为上下两截。从上截的上文，钓出下截；下截收处，仍落到上截，这就叫做钓。"（参见《汉语大词典》【钓伏渡挽】条下）

"扼要诀"里说："文家有一定心诀，古今人为文，皆准于比。初学熟之，则拈题布局时，自有屈伸变化之妙。今约举之，其诀凡四十八字。"（二十三叶）这四十八字是扼、顶、领、喝、提振、生发、反正、宾主、开合、翻跌、抑扬、起伏、转折、照应、呼吸、顿宕、挑干、点缀、渡接、推掉、案断、省补、拖缴、插带、夹吊、结证。作者对这些字一一做了解说。

"辨字诀"的篇幅最长，本文将在第五节里全文照录。这一诀之后的其他六诀都比较短。在"分股诀"里，作者指出，文章写作并非只有八股这一种格式："八股之外有全篇散行者，长篇多用之；亦有单题散行者，要有识见，有力量，方可为之。有起讲下不用提股，散行一段然后分股者，随题可用，亦变格也；有起讲下用门扇格，以两大股截然而起，截然而收者，凡一题判然两事者多用之，有三股者，三句题多用之，四股者、五股、六股以及七股、九股者，又有作无数小股者，要每股一意，愈变愈新。其格不一，须相题而用之。"（三十二至三十三叶）

"布势诀"说明作文之前谋篇布局的重要性。"遣辞诀"提出"清真"和"风华"这两种遣辞不可偏废。"协调诀"强调音韵声调在行文中的重要性。"取程诀"指出精读和熟读对于写作的重要性，并且提醒要学习所读文字的章法、股法、句法、字法。

"脱套诀"里有一些非常精彩的论述。作者先说："文章取于入格，不取于落套。格乃先正之典型，而套则时流之习语也。盖文章原系神物，随时递变，与日俱新。如在天之云，今日之云必不同于昨日之云；如在树之花，今年之花必不同于昨年之花也。即有先辈文字，前日作之为名言硕论，今日用之便为尘饭涂羹。学者不可不知所洗涤也。"（三十六叶）

接下来作者列举了行文时常见的一些陈词旧套，最后说："初学为文，或腹笥不克而病于寒俭[1]，或笔路不熟而病于生疏；此皆可医之症。惟一入于陈腐谷恶，便是病入膏肓，莫可救药矣。"（三十七叶）

五 完整版"辨字诀"

在"辨字诀"里，王鸣昌史无前例地根据语序和句法功能，将虚辞分为七类，使之构成《举业童子问》里最精华的部分。这一完整版本的"辨字诀"与《助语辞》里附录的"辨字诀"在文字上有不少出入，故本节全文照录。

辨字诀

作文不难于用实字，而难于用虚字。初学文字梗塞，多由于虚字之未明耳。其用实字处，不可胜纪。惟于读文时随读随记胸中，久久自富，予可无赘也。至虚字，乃文章关楗，入门之要诀，先须一一详辨，下笔时乃可操纵自如。今将应用虚字列注于后。

---

1 《汉语大词典》【寒俭】条下 4 的释义是"形容诗文等浅陋、单薄"。例如"孟却专心古澹，而悠远深厚，自无寒俭枯瘠之病"（《麓堂诗话》）。

一曰起语辞[1]。起语者，前此无文而以虚字起之；亦有前文已毕而以虚字另起者；皆起语也。有：(夫)，起语而有所指之辞。[2] (盖)，起语而有所原之辞，将欲推原之也；承接处亦用之。(且)，宽起之辞，又深一步语亦用之。余解见前[3]。(今)，解见前[4]。(彼)，他有所指之辞。(尝)(考)，考究也，有所究论之辞。(闻)(之)，据所闻而立论之辞。余(今)(夫)、(且)(夫)等字，详起讲一条[5]。凡起语皆可通用。

一曰接语辞。凡承接上文，顺势讲下，不复作转者，皆用之。

有：(此)，指上之辞。(兹)，此也，较此字略婉。(是)，指上而顺断之辞。(斯)，犹此也。此字显而直，斯字文而轻。(故)，所以也，推原之辞。(则)，顺上文而分析之辞；凡上文已明，紧接下文结发者，皆用之，以字义甚紧，不容宽衍故也。(盖)，推原之辞，与起语盖字略异。盖起语乃空指，此则实领上文也。以上七字，凡(乎)、(哉)、(也)、(矣)等字，随便押之。

又有：(由)(是)，由，从也，跟上文引申之辞。(由)(此)，义同。(由)(兹)，义同。(由)(斯)，义同。又，(自)(是)、(自)(兹)、(从)(此)、(从)(兹)等字，亦与此同。(是)(故)，指上文而推原之辞，犹云"因此、所以"云云也。(是)(其)，跟上文而指点之辞。(即)(其)，义同。(至)(于)，跟上文而推引之辞。(及)(其)，推引而有指之辞。(迨)(夫)，迨，及也，义同。(迨)(至)，由此及彼之辞。(及)(至)，义同。(塞)(至)，极言所至之辞。(何)(则)，顿住上文作问，将欲答之之辞。(何)(也)，顺上文作问之辞。则字健，也字轻。(何)(者)，顺上文而有所问之辞。(是)(以)，指上推原之辞。(所)(以)，顺上推原之辞。(盖)(以)，原上而顺推之辞。(将)(以)，将然之辞。(诚)，确然推断之辞。(是)(知)，援上而有所解悟之辞。(一)(似)，单拈一说，摩拟之辞。(一)(若)，义同。(亦)(以)，亦，与也，同犹也、为也、因也。(所)(谓)，所说也，原其故而进论之辞。(所)(为)，犹云所称也，原其故而进断之辞。(盖)(谓)，推原其说之辞，亦可用于起处。(以)(谓)，义同。(以)(为)，自揣如是之辞。(是)(为)，指而有断之辞。(如)(此)，直指上文，将有后说之辞。凡(如)(是)、(若)(是)、(若)(此)、(果)(然)等字仿此。(于)(此)，犹云"即此、在此"也，但较即、在字虚。凡(于)(是)、(于)(斯)等字仿此。(似)(乎)，想象之辞。(恍)，仿佛形容之辞。(宛)，义同。以上诸字是跟上文而顺用者，宜押也、矣、焉、耳等字。余(乎)、(哉)、(耶)、(欤)等字，须斟酌文势押之，不可轻用。

又有：(岂)，反诘之辞，反跌之辞；又断断不然之辞。(讵)，与岂同，但较岂字略婉。(宁)，义在安字、岂字之间，但其文甚婉；又别作宁可之宁，愿辞也。(非)，不是也。(何)，亦反辞；又有怪问之意。(曷)，与何同。(岂)(不)，折辩之辞，犹言"怎么不如此"也。(岂)(非)，反决其是。(岂)(可)，禁止之辞。(岂)(得)，亦折抑之辞。(岂)(有)，反言，不有也。(岂)(能)，

---

1 原文在"起语词"这三个字的旁边各有一个起凸显作用的黑点，这里改以字体加黑的方式标出。下同。
2 原文对虚字的释义用双行小字排出，这里不作区别。
3 在"起讲诀"里，作者给出了以下虚辞的用法：
(且)，或断作或凭己意发论，皆可用之，有宽缓说来之意，或有漫尔如此之意。(今)，说近事而宽起之辞，或断作或顺口气，皆用之。(且)(夫)，宽起之辞，诸题通用。(今)(夫)，指近事而发论之辞，诸题通用。(尝)(谓)，尝说也，如俗语"曾每想说道"，不"时而今说"也。(意)(谓)，意思如此说。(尝)，尝想也，如俗语"每常想此事"；亦追忆之辞。(尝)(观)，常看也，有所凭吊之辞；又据事发论，历稽其实者亦用之。(昔)，追忆往昔之辞，起不常用。(慨)(自)，有所感叹而建遡之辞，亦不尝用。(因)(尝)，约署平日之辞，亦不常用。(原)(夫)，原，推原也，推究其原本而言，亦不常用。(夫)(凡)，冒起之辞，亦不常用。
4 "起讲诀"里的释义是："(今)，说近事而宽起之辞，或断作或顺口气，皆用之。"
5 "起讲诀"里的释义是："(且)(夫)，宽起之辞，诸题通用。(今)(夫)，指近事而发论之辞，诸题通用。"

反言，不能也。【岂必】，反言，不必如此也。凡【讵必】、【讵非】、【讵不】等仿此。【宁必】，较岂必略婉，有商量之意。凡【宁不】、【宁非】、【宁得】、【宁有】等仿此。【何必】，反折之辞。【奚必】，义同。【安得】，有所望而未遂之辞；又折抑辞亦用之。【焉得】，义同。【乌得】，亦反折辞，犹岂得不、安得不也。此省上一字法。【畴不】，畴，谁也，"谁不"云云；人有同然之辞。凡【畴能】、【畴得】等仿此。【孰】，孰亦谁也；【意】，意料也，犹云"谁人意料到此"。凡【岂意】、【谁意】、【何意】仿此。【孰谓】，犹云"谁说"也。凡【谁谓】、【岂谓】、【宁谓】等仿此。【孰能】，谁能也；孰有、孰得、孰非等仿此。【焉能】，反言，不能也。何能、安能、乌能、奚能等仿此。【乌足】，反言，不足如此也。【焉足】、安足、奚足、何足等仿此。【此岂】，指上文而反折之辞。兹岂、是岂等仿此。【此非】，义同是非。兹非等仿此。【岂其】，反折而有所指之辞。【何其】，反诘而有所指之辞。【抑何】，转一层反诘之辞。【又何】，进一步反诘之辞。【毋乃】，疑而审度之辞。【不几】，反言，即至如此也。

以上诸字是跟上文而逆用者，下与乎、哉、耶、欤等字相为呼应，押句极宜用之。至也、矣、焉、耳等字，是顺落文法，不是反落文法。慎勿误填，致有谬乱之弊。

一曰转语辞。文字从无直行者，必用转转相生；或反转，或正转，或深一步转，皆须以一、二字领之。

有：【然】，反前文而另发之辞。或前反后正，或前正后反；凡文之大转处皆用之。又有将然字押于句末者，则作是字解，如"雍之言然"[1]是也。又有作形容、想象之辞者，如倏然、油然之类是也。【苟】，诚也，但也，果也。又别作苟且之苟。【或】，或者，设问之辞；疑义未决，则为无定之语以商之。【倘】，或也，如倘或、设或之类；凡反语皆用之。【设】，假设之辞，未然而为，或然之想者则用之。【使】，设使也，较倘设字略实。【但】，前有一说，又别有一说者用此转。【第】，但也。【虽】，不足上文之辞；言"虽是如此，更有"云云也。【且】，深一步语；盖上有一说，此还有一说也。【乃】，乃者，继事之辞；前已论明，将发后意，则用之。【迨】，及也，"及至"云云，有所推广之辞。【而】，小转之辞。凡顺上文讲下，则用之。【况】，况者，更进之辞。正意已足而意外尚有可言则用之。【矧】，与况同。【如】，假设之辞。【若】，与如同。【抑】，凡深一层，开一步，反讲一说者，皆用之。【独】，推开别说，单讲一说之辞。【惟】，亦独也。【顾】，跟上文而进论之辞。【彼】，别有所指之辞。【奈】，无可如何之辞。【然而】，反上意而圆转之辞。【然则】，然，如此也，犹言"如此则"云云，盖承上意而直转之辞；凡决断上文及反难上文，皆用之。【否则】，否，不然也，犹言"不如此则"云云也。【虽然】，顿住前文，另转下文之辞，犹言"虽是如此，更有"云云也。【不然】，反掉前文，将为论断之辞，犹言"若使不如此"也。此起句不然字，文虚而意婉，与他处直断者大异。【苟或】，解见前。【倘使】，解见前。【假使】，义同。【藉使】，义同。【藉令】，义同。【设以】，义同。【若夫】，拟而有所指之辞。【彼夫】，别有所指之辞。【必也】，拟而决断之辞。【独是】，解见前。【惟是】，义同。【但以】，解见前。【第以】，义同。【况乎】，解见前。【无如】，犹言"无奈"也。【有如】，犹云"设有""若此"，亦拟度之辞。更有，进一步说。【乃有】，仍，还也。【尤有】，尤，更也。【意者】，拟度之辞。

---

[1] 出自《论语·雍也》："子曰：'雍也可使南面。'仲弓问子桑伯子，子曰：'可也简。'仲弓曰：'居敬而行简，以临其民，不亦可乎？居简而行简，无乃大简乎？'子曰：'雍之言然。'"

《举业童子问》：新发现的现存最早本土中文文法 · 11 ·

意，拟而自决之辞。**或者**，亦拟度之辞，较意者略虚。**或曰**，拟而甚言之辞。**不知**，前说未当，转作晓喻之辞，犹云"只知其一，未知其二"也。**非然者**，前说已是，特作一反，以申前说之辞，犹言"若不如此"也。**乃何以**，怪而问难之辞。**不宁惟是**，犹云"不独如此"也。盖跟上文而引申之辞。**不但此也**，义同。以上诸字，凡文字转折处，随便用之。明其意义，虽千转不穷矣。

一曰衬语辞。盖一句中必用虚字以为衬贴，或用于句首，或用于句中，皆曰"衬语"；先辈所谓"助语"是也。

有：**之**，此字取用不同。如"大学之道"[1]"天命之性"[2]，则作的字解；"之其所亲爱"[3]等句，则作于字解；"之三子告"[4]"滕文公将之楚"[5]，则作往字解；"富之"[6]"教之"[7]，则指人而言；"博学之，审问之"[8]，则指理而言。其义不一，惟善用者辨之。**以**，以者，有所倚据之辞。一作用字解，如"为政以德"[9]是也；一作为字解，如"视其所以"[10]是也。又，能左右之曰以，如《诗经》"之子归，不我以"[11]"侯强侯以"[12]是也。然在时文中，多作虚字用之。**于**，于者，自此及彼之辞。凡一句中承接用之。**所**，所者，事物有因之辞也；原上意而言则用之。**攸**，亦所也。此字文不常用。**其**，有所指之辞；凡指事、指人、指物、指理，皆用之。**乎**，本歇语辞，然用于句中，则与于字同义，而略带虚活，如"不明乎善"[13]及"陷乎罪"[14]等句是也。**诸**，与之字同义，亦歇语可用于句中者，如《孟子》"则反诸其人"[15]与"取诸其宫中而用之"[16]是也。**不**，言"绝不"也。**未**，有且然、未然意，与不字不同。**犹**，与如字、似字义同；又有作还字、尚字看者，如"为之，犹贤乎已"[17]"犹可以为善国"[18]是也。**尤**，更也，甚也。若"言寡尤"[19]"君无尤焉"[20]之"尤"，则作罪字看。**由**，从也，自也，作因字看；又"率循"之谓。本作繇。**亦**，也同。**既**，已然、已往之辞。**必**，决然之辞。**奚**，

---

1 出自《礼记·大学》："大学之道，在明明德，在亲民，在止于至善。"
2 出自《礼记·中庸》："天命之谓性，率性之谓道，修道之谓教。"
3 出自《礼记·大学》："所谓齐其家在修其身者，人之其所亲爱而辟焉，之其所贱恶而辟焉，之其所畏敬而辟焉，之其所哀矜而辟焉，之其所敖惰而辟焉。"
4 出自《论语·宪问》："孔子沐浴而朝，告于哀公曰：'陈恒弑其君，请讨之。'公曰：'告夫三子！'孔子曰：'以吾从大夫之后，不敢不告也。君曰"告夫三子者"，之三子告，不可。'"
5 出自《孟子·滕文公上》："滕文公为世子，将之楚，过宋而见孟子。"
6 出自《论语·子路》："冉有曰：'既庶矣。又何加焉？'曰：'富之。'曰：'既富矣，又何加焉？'曰：'教之。'"
7 出自《论语·子路》："冉有曰：'既庶矣。又何加焉？'曰：'富之。'曰：'既富矣，又何加焉？'曰：'教之。'"
8 出自《礼记·中庸》："博学之，审问之，慎思之，明辨之，笃行之。"
9 出自《论语·为政》："子曰：'为政以德，譬如北辰，居其所而众星共之。'"
10 出自《论语·为政》："子曰：'视其所以，观其所由，察其所安，人焉廋哉？人焉廋哉？'"
11 出自《诗经·召南·江有汜》："江有汜，之子归，不我以。"
12 出自《诗经·周颂·载芟》："侯主侯伯，侯亚侯旅，侯强侯以。"
13 出自《孟子·离娄上》："诚身有道：不明乎善，不诚其身矣。"
14 出自《孟子·滕文公上》："苟无恒心，放辟邪侈，无不为已。及陷乎罪，然后从而刑之，是罔民也。"
15 出自《孟子·公孙丑下》："求牧与刍而不得，则反诸其人乎？"
16 出自《孟子·滕文公上》："且许子何不为陶冶：舍皆取诸其宫中而用之？"
17 出自《论语·阳货》："不有博弈者乎？为之，犹贤乎已。"
18 出自《孟子·滕文公上》："今滕，绝长补短，将五十里也，犹可以为善国。"
19 出自《论语·为政》："言寡尤，行寡悔，禄在其中矣。"
20 出自《孟子·梁惠王下》："夫民今而后得反之也。君无尤焉。"

禁止之辞。㊀勿，亦禁止之辞。㊀殆，近也，约略评论之辞，如"殆非也"[1]"殆有甚焉"[2]是也。㊀姑，聊且如此之意。㊀凡，指大概而言。㊀皆，同然之辞。㊀俱，皆也，偕也。㊀相，彼此交合之辞，如相契、相对是也。㊀即，就也。㊀则，与即同。㊀方，将然之辞；又才也。㊀将，未然而将然则用之；又虚拟之辞。㊀遽，骤也。㊀忽，突然也。㊀倏，与忽同，又不定之意。㊀尝，应然之辞。㊀宜，亦当也；又相称之意。㊀与，同也；又作取与之"与"。㊀只，但也，惟也。㊀仅，略也，少也，才也，盖他无可取之意。㊀庶，冀幸之辞。又㊀庶㊀几，近辞。㊀盍，何不也。㊀曷，何也。㊀可，应然之辞。㊀否，不可也，不然也。以上诸字皆可于一句中衬贴成文者，随便用之。

一曰束语辞，有：㊀总㊀之，总上文而言。㊀要㊀之，亦总上文之辞。㊀大㊀约，约略、大概之辞。㊀大㊀抵，义同。凡文字收束处，股头多用之。

一曰叹语辞，有：㊀吁，叹也。㊀噫，亦叹也。㊀呜㊀呼，痛切嗟叹之意。㊀嗟㊀夫，叹而有指之辞。㊀呼㊀乎，长叹意。㊀嗟㊀嗟，叹而又叹也。㊀嘻㊀嘻，叹恨之辞。㊀忍㊀夫，伤感而有指之辞。此等叹辞今人不知忌讳，时文率多用之。予以为皆不祥之语，断宜尽数扫除，绝勿复用。即万不得已，或间用吁字、嘻字亦可。至于大场，尤宜忌之。

一曰歇语辞，文字之歇足处也；其虚歇、实歇、顺歇、逆歇，各有不同，须随其文势押之。

有：㊀也，平落之辞，凡文势平平落下，高不太扬，低不太煞者，则用之。㊀矣，截然紧煞之辞，凡文义欲说杀，则用之，有一定不移之意；又抑而复起之辞，凡将申下文，故作一按者，亦用之。㊀焉，亦平落之辞，但较也字韵略轻清，意略虚活，以也字平而就下，焉字平而就上，盖少少提笔之住法也。㊀耳，此顺势轻落之辞，有至易而无难意，有将然而未然意；其意远而韵长，转文中往往用之。㊀已，止也，足也；凡文义已尽者，用此押之。㊀诸，与之字意同；然之字实，诸字虚，有未定而审问之意。㊀夫，有所指之词，盖起语而可押之句尾者。㊀者，即物而衬垫之辞也，凡指人、指物、指事、指理，必用此衬之。云，犹说也，句末押之，大意谓"如此说话"也。㊀者㊀也，二字连用，盖有所指顺落之词，文意已毕多用之。㊀也㊀者，二字连用，必有后句接应而解释之，如"中也者"[3]"和也者"[4]"孝弟也者"[5]是也。㊀也㊀已，顺落上文而明其止此之意。㊀也㊀矣，顺势紧煞之辞。㊀已㊀矣，意足而紧煞之辞，言止此无他也。㊀者㊀矣，有所指而收煞之辞。㊀者㊀也，有所指而轻住之辞。㊀者㊀焉，有所指而顺落之辞。㊀焉㊀耳，平提而顺落之辞。㊀已㊀耳，文毕而顺落之辞。㊀也㊀夫，顺落而带咏叹之意。㊀矣㊀夫，紧煞而带咏叹之意。㊀焉㊀而㊀已，一提、一转、一煞之辞，三字连用，文极摇曳；上只用一、二实字为妙。㊀而㊀已㊀矣，收转到此，文义尽绝之辞。以上诸字，凡文之实写、顺写者，其歇语多用之。

又有：㊀乎，疑而未定之辞，有商量意，有咏叹意，有辨驳意，俱随上文用之。㊀哉，略与乎字近似；然乎字多疑，哉字却有惊怪意、嗟叹意、赞扬意、自得意。凡文欲反之、欲驳之，则用此。㊀欤，与乎字同义；然乎字轻，欤字稳；乎字疑而未定，欤字则

---

1 出自《孟子·尽心下》："曰：'子以是为窃屦来与？'曰：'殆非也。'"
2 出自《孟子·梁惠王上》："王曰：'若是其甚与？'曰：'殆有甚焉。缘木求鱼，虽不得鱼，无后灾。'"
3 出自《礼记·中庸》："中也者，天下之大本也；和也者，天下之达道也。"
4 出自《礼记·中庸》："中也者，天下之大本也；和也者，天下之达道也。"
5 出自《论语·学而》："孝弟也者，其为仁之本与！"

有疑而不疑者在；如"君子人与"[1] "其为仁之本与"[2] "其舜也与"[3]，可以例观。㊀耶，亦疑辞，与乎、哉字相类；然微带婉转、诘问之意，较乎、哉字趣味悠长。㊂乎，有所指而疑问之辞。㊃乎，顺势虚落之辞。㊄乎，语煞而意不尽者用之。㊅乎，不止于此，故作止此之问者用之。㊆哉，有所指而咏叹之辞。㊇哉，摇曳咏叹之辞，其音甚长。㊈哉，煞语而带咏叹之辞。㊉哉，亦岂止于此之意。㊆欤，有所指而虚歇之辞，文之蕴藉者用之。㊇欤，与也哉略同，但音义更觉蕴藉。㊆耶，有所指而疑问之辞。㊇耶，音长而意婉，文之拖漾处用之；情之凄感处亦用之。㊈耶，亦不止于此，故作疑问之意。㊉耶，上文言"是"，接此二字，犹言"是不是耶"。否乎、否与仿此。㊆否耶，两字连上文一截，复押否耶二字，亦是与不是两问之辞。㊂已乎，与已乎同意，但而字多作一转。㊆尔乎，轻提虚问之辞，其文甚婉，如《论语》"女得人焉尔乎"[4]是也。㊇尔乎，尔，犹言"这样"也，乃尔乎亦有指而问之辞。㊆欤哉，三字连用，极咏叹摇曳之辞。㊇乎哉，义同。

以上诸字，凡文之虚写、逆写者，其歇语多用之。须知也、矣等字，是上与此、故等字相为接应者；乎、哉等字，是上与岂、非等字相为接应者。试取成文，悉以予言而考证之，则安顿之法了于指掌矣。

对比《举业童子问》中的"辨字诀"和《助语辞·助语辞补义》附录的"辨字诀"，可以发现：在所收录虚辞的总数上，前者比后者多9条（见表1），缺少的辞条基本属于摘订者魏维新的遗漏；同时，在个别情况下，也有后者收辞多于前者的情况；二者之间的最大区别是，前者提供了几乎每一个虚辞的释义并提供了不少例证，这些释义和例证却在后者里被大量删除了。

表1　两个版本"辨字诀"所收录的各类虚辞数

辞类	《举业童子问》版		《助语辞》版	
起语辞	9		9	
接语辞	115	随便押之 7	110	随便押之 7
		顺用 46		顺用 42[5]
		逆用 62[6]		逆用 61[7]
转语辞	55[8]		55[9]	
衬语辞	42		41[10]	

---

1 出自《论语·泰伯》："君子人与？君子人也。"
2 出自《论语·学而》："孝弟也者，其为仁之本与！"
3 出自《论语·卫灵公》："无为而治者，其舜也与！"
4 出自《论语·雍也》："子游为武城宰。子曰：'女得人焉尔乎？'"
5 缺"自是""自兹""从此""从兹"。
6 无"得不""乌能"。
7 缺"讵必""讵非""讵不"。
8 无"傥"。
9 缺"而"。
10 缺"与"。

续表

辞类		《举业童子问》版		《助语辞》版	
束语辞		4		4	
叹语辞		8		8	
歇语辞	49	实写、顺写 23	46	实写、顺写 23	
		虚写、逆写 26		虚写、逆写 23[1]	
合计		282		273	

六　讨论

马建忠借用欧洲语言传统文法的模型和词类划分范式，写出《马氏文通》，将汉语文法研究接轨于欧洲语言文法研究，让我们看到了汉语与欧洲语言的许多异同，引领汉语研究向前迈进了一大步。与此同时，基于这种模型和范式的汉语研究也逐渐暴露出越来越多的问题，例如汉语词类（尤其是名词、谓词、形容词、副词）划分的不确定性和句元（主语、谓语、宾语、补语、状语）认定的不确定性。这些问题显然无法在原有文法体系的框架内得到解决。即使研究者们放弃传统文法理论，采用各种当代语法的理论框架，情况也未见显著改进。多年来，人们一直呼吁中国语言学界创建自己的语法体系和语言学理论。到目前为止，有国际影响的汉语语法或语言学理论尚未出现。汉语语言学史研究者发掘出了大量语言学史料，也出版了多部专著，但由于采用的仍然基本是欧洲语言学的范畴体系，除了实字和虚字的区分外，未能发现古代的汉语研究者写出过什么原创文法或提出过什么有重大意义的语言学理论。结论只能是，马建忠的《马氏文通》是中国第一部本土汉语语法著作。

《举业童子问》的发现颠覆了这一切。这部本土中文文法证明，中国古代文法学家有着比欧洲文法学家更广阔的文法视野，其对行文之法的研究在 17 世纪达到顶峰。《举业童子问》尽管是一部八股文文法，八股文的论文格式尽管早在 20 世纪初就已经被废弃，王鸣昌在书中提出的文法理论及其对汉语一般行文之法的系统描述仍不失为传统中文文法的典范之作。即使就八股文而言，王鸣昌的看法也颇具见地。他从传统行文之法所讲究的起、承、转、合的视角来观察，将破题和承题视为一体，这相当于"起"；将起视为"扼一篇之纲领而发其大旨者"，自成一体，相当于"承"；将提股、中股、后股视为"共成一局者"，相当于"转"，又进一步从起承转合的视角分析其中最重要的中股；最后将"总一篇之局而收束之"的束股和其后的小结视为一体，相当于"合"，摈弃所谓大结。可见他并没有将八股作文法认作僵硬的教条。他在"辨字诀"里划分虚字也同样将起承转合作为重要依据。魏维新说"辨字诀""论虚字于起承转合，颇为得宜"，评论十分到位。

《举业童子问》对今天汉语文法研究乃至普通语言学理论有以下三点重要意蕴：

第一，汉语研究有必要区分口语之法和行文之法。所谓行文，既包括作文，也包括造句，还包括用辞，因为无辞不成句，无句不成文。印欧语言使用拼音字母作为文字，口语和笔语之间的相似度比较高，所以人们一般不区分口语之法和行文之法，将组词造句之法

---

[1] 缺"已乎""否乎""否与"。

统称为文法。中文的情况大为不同。中文书写系统使用的是以象形符、示意符和示音符为基础的单音节字符，字符的示音能力远逊于拼音字母，因此书面语与口语之间的差异大，而字符的基本构件和构造方式相对稳定，结果是书面语内部的代际差异小。这使得与口语脱节的文言在 20 世纪白话文运动兴起之前，一直在书面语里占据统治地位。虽然文言在当代中文里已经风光不再，既然行文之法意义上的文法以教会学习者写文章为宗旨，就应该涵盖章法、句法和辞法，而不是像西方一般文法那样通常仅涵盖形态学（morphology，一般译作"词法"）和句法。

第二，中文的文法单位不必完全按照欧洲语言的文法单位来切分。欧洲传统文法切分出来的单位一般是词干（stem）/词根（root）和缀（affix）、词（word）、语句（clause）/句子（sentence）；现代文法切分出来的单位通常是形位（morpheme，包括词干、词根和词缀）、词（word）、短语（phrase）、语句（clause）/句子（sentence）、语篇（text），不过一般文法书对语篇着墨不多。王鸣昌从八股文中切分出来的文法单位是字/辞、句、股、章、篇，《举业童子问》中对股和篇章的论述占据了全书的大部分篇幅。如果我们把字认定为文字学单位，把辞认定为与形位相当的最小文法单位，加上比辞大一级的语，把只适用于八股文的股这一级单位去掉，那么古今中文的文法单位从小到大排列就是辞、语、句、章、篇；原先的词保留下来，但仅对应英文的 word。如此一来，中文研究者就不必在中文文法是字本位还是词本位而争论不休了。

第三，中文的辞可以不必按照欧洲语言的词类来划分。欧洲语言的实词普遍存在名词性、数、格的形态变化和谓词人称、数、时态的形态变化，同时句中的主语和定式谓语还必须在人称和数上体现形态变化的一致性。对于这些语言而言，文法首先必须系统地描述实词的这些形态变化，才能说清楚一句话怎样说才对，因此欧洲语言的文法研究一般都从对词的分类描述开始，将有形态变化的各类词和没有形态变化各类词区分开来。汉语的实辞，至少是文言实辞，除了重叠之外，基本没有这类形态变化，可以借助语序和虚辞在句中灵活地担任各种语义角色，很难将一个辞固化为某一类别。《举业童子问》先将字分为实字和虚字，对前者不再进一步根据文法或句法功能分类；将后者称为辞，并按照章句功能的不同而不单是句法功能的不同，将之分为七大类。这种分类法值得今天借鉴。

参考文献

陈国华（2015）《辨字诀》：一部早于《马氏文通》的本土汉语文法，《中国语言学》第八辑，北京大学出版社。

梁　镜、蒋守诚、蒋先庚、王鸣昌（1682）《石渠阁新订举业童子问》，虞习训抄本，陈国华藏。

刘长桂、郑　涛点校（1985）《助语辞》，黄山书社。

马建忠（1983）《马氏文通》，商务印书馆。

唐　彪（2007）读书作文谱，《历代文话》第四册，复旦大学出版社。

王克仲集注（1988）《助语辞集注》，中华书局。

王鸣昌叙，蒋守诚、梁　镜、蒋先庚、王鸣昌同论（1682）《石渠阁新订课幼举业童子问》，陈国华藏。

构式研究的新视野

北京大学外国语学院　姜望琪

提要：本文试图以"那个菜我用微波炉微过了"为例，用简明的方式介绍 Goldberg 的构式语法的最新成果。重点讨论了她提出的"表达力和效率""刚刚够好的语言产出""创造性和部分能产性"三个概念之间的内在关系，论证构式语法代表了理论语言学的一个崭新发展阶段。

关键词：构式　表达力　效率　创造性　能产性

一　什么是构式

"构式"是英文 construction 的汉译。在语言学研究中，它曾经被译作"结构"。例如，布龙菲尔德的 endocentric construction 译作"向心结构"，exocentric construction 译作"离心结构"。但是，Fillmore et al.（1988）开始把它用在新的含义上，强调语法的正当单位更像传统语法、教学语法里的"构式"，而不是大多数生成语法学家主张的"规则"（rule）。Fillmore et al.（1988）指出，构式很像短语结构规则允准的核心家庭（母亲加女儿）子句法树，构式不必限于一个母亲及其女儿，它可以包含更广的句法树内容；构式不仅可以标明句法信息，还可以标明词汇、语义、语用信息；句法构式中提到的词项本身（至少在很多情况下）就可以被看作构式；构式可以是习语型的，即一个较大构式可以标明的语义/语用信息区别于可能根据较小构式（那些可以用来建构相同形态句法体的构式）的相关语义计算出来的信息。

换言之，构式是一种结构体。跟以往讨论的结构体的不同之处是：它可大可小，大到包含几个小句的复合句，小到词项；它不仅标明句法信息，而且标明语义、语用信息；它具有习语性——其整体意义不是局部意义的简单相加。这些认识在日后的研究中，特别是 Goldberg（1995）的研究中，都被充分细化，形成了比较成熟的构式理论。

Goldberg（1995）试图把构式作为理论实体，重新将其置于语言学研究的中心位置。Goldberg（1995）强调语言的基本单位是构式，研究语法就是研究构式。

Goldberg（1995）提出，完全以词汇为基础的自下而上的方法不能解释所有的英语数据。特定的语义结构及其相关的表达形式必须被看作构式，跟例示它们的词项无关。这是对传统认识的挑战。一般认为，词语是语言的最基础成分。如果把语言比作房屋，词语就是砖块，语法就是架构。Goldberg（1995）却认为，语法不是完全自下而上、从词汇到语法的，语法结构也可以反过来赋予词语新的意义。例如，He sneezed the napkin off the table（他把餐巾纸喷到了桌子下面）之所以可以接受，是因为 sneeze（打喷嚏）被用于了致使移动构式（caused-motion construction）。换言之，sneeze 的及物意义来自其所在的结构

——致使移动构式。同时，Goldberg（1995）表明，构式是一种形式跟意义之间的抽象的固定匹配，具体用什么词不重要。就上述例子而言，重要的是这个致使移动构式，用了这个构式就能表达这个意义，至于 sneeze 这个具体词的性质并不重要，所以尽管它一般是不及物的，也没关系。

Goldberg（1995）关于构式的正式定义是，C 是一个构式，当且仅当 C 是这样一种形式与意义的配对<F_i, S_i>，其 F_i 或 S_i 的某些方面是不能根据 C 的组成部分或其他已确立的构式严格预测的。[1] "不能根据 C 的组成部分……严格预测"说明 Goldberg 坚持整体不等于部分的简单相加，但"其他已确立的构式"则扩大了其适用范围，使"不能严格预测的"等同于"任意的"。

Goldberg（1995）接着提到了索绪尔的《普通语言学教程》，因为索绪尔认为，语言符号的能指与所指之间的关系是任意的，即，语素/词的形式与意义之间的关系是不可预测的。在这个意义上，词库跟语法是不能截然分开的。换言之，在 Goldberg（1995）看来，词库项目跟语法项目（如论元结构）一样，其形式或意义都是不可严格预测的，都是"构式"。如果我们沿用传统的比喻，可以说，构式相当于现代建筑中的预制板，可以很大（如句子），而最小的预制板就是砖块，即语素/词。而且盖房子不一定要从下而上，一块砖一块砖地垒起来；也可以从上而下，先把结构搭起来，再一点一点地填充砖块。在这个意义上，构式语法就像新型的建筑业，开创了一种崭新的语言研究思路。所以，Goldberg（1995）声称，构式，即形式意义配对，是古代斯多葛学派[2]以来语法研究重大进展的基础。

二 "那个菜我用微波炉微过了"

从句法结构上说，"那个菜我用微波炉微过了"这个句子是由 O + S (+"用 N_1") + V_1 这些成分构成的[3]。括号里的成分在不影响理解的情况下是可以省略的，如"那个文件我（用传真机）传过去了""那篇报道我（用翻译软件）翻出来了""那个场景我（用照相机）照过了""那篇文章我（用打字机）打好了"等。所以，这是非常普通的"S(A)VO 构式"的变形——"OS(A)V 构式"。

类似英语的 sneeze 被用作及物动词，"微"被用作动词是因为它被用在"OS(A)V 构式"里了，用认知语言学术语，就是它被"强置"[4]了。这种用法会不会流行开来，取决于用的人多不多。但是，至少有人用过，而且可以被接受，那么它就需要得到解释。

三 怎么解释这种用法

本节讨论 Goldberg（2019）提出的三种解释：表达力和效率、刚刚够好的语言产出、创造性和部分能产性。它们互相有联系，可以说是从不同角度讲述的同一个问题。

---

[1] Goldberg 后来对这个定义进行了修订再修订，详情请见姜望琪（2022）。
[2] 英文名为 Stoics，一般认为由塞浦路斯的芝诺（Zeno of Cyprus）于公元前 294 年在雅典创立。
[3] O 代表 object（宾语），S 代表 subject（主语），"用 N_1"这个成分可以标作 A（状语），但是，这里面的名词的一部分（N_1）被下文重复用作动词 V_1，为了表明这种关系，我们暂且这么标。
[4] "强置"是"强行置换"的简称，英文是 coerce，有人译作"压制"。

3.1 表达力和效率

Goldberg（2019）提出了基于用法的构式主义路径所包含的 6 条原则。其中第一条是，说话者会在遵守其言语社团的规约的同时，平衡表达力和效率这两种需要。该原则有 3 个关键词：

表达力：所选语言必须足以表达说话者的思想、信念、态度，而且听话者有能力听懂。

效率：短小精悍的构式比冗长、繁多的构式容易学、方便用。

遵守规约：学习者会设法使用语言社团其他人所使用的说话方式。

Goldberg（2019）认为，一种最具表达力的语言可能拥有无限大[1]数量的词汇和构式，每一种可能的意义差别都有一个独特的表达形式；一种最有效的语言可能只有一个容易学用的形式（可能是"啊"）。Goldberg（2019）提到了 Grice（1975）、Levinson（1987）等文献，但是漏掉了 Horn（1984）。其实 Horn（1984）的有关论述跟 Goldberg（2019）上述言论更接近。

首先，Horn（1984）也提出了两条原则：Q 原则和 R 原则[2]。其次，Horn（1984）的措辞跟 Goldberg 很像。Horn 认为，Q 原则可以称作"听话者经济原则"，它要求每一种意义都只能有一种表达方式；R 原则可以称作"说话者经济原则"，如果不加限制，它可能最终导致说话者只用一个声音（可能是"呜"）表达一切意义。

现实当然是这两个极端之间的妥协：既不是一个声音对应于一切意义，也不是一个意义只能有一个声音可以表达。一方面我们有多义词，满足了说话者的需要；另一方面，我们有同义词，用于区分细微的意义差别，满足了听话人的需要。

Levinson（1987）不同意 Horn（1984）把第二条原则叫作"R 原则"，Levinson（1987）主张叫"信息量原则"[3]。同时，他单独设立了"方式原则"。

不过，重要的是这些原则都强调人们说话时有两种需要：一是要清楚表达自己的意思，二是又不想耗费过多的精力。从本质上说，这就是出现"那个菜我用微波炉微过了"这样句子的原因。其实，我们也可以说"那个菜我用微波炉热过了"，甚至"那个菜我热过了"。只是严格地说，其意义都没有"那个菜我用微波炉微过了"清楚。同时，重复"微"字也比较省力。而且，把"微"用作动词，可能还有点新颖、别致。这也是很多网络词语大流行的一个重要原因，如"盆友""栗子""歪果仁"。

值得一提的是，Goldberg（2019）在解释表达力时，不仅提到了表达说话者的思想、信念，还提到了态度。那就是，她认为语言不仅传递思想内容，还包括态度之类的情感成

---

[1] 原文用的是"日益增大"，笔者认为这是失误，现实语言就具有"日益增大"的词汇量。根据其上下文，这里的形容词应该是"无限大"，所以做了改动。

[2] 这两条原则不能译作"数量原则""关系（联）原则"，虽然它们跟 Grice 的数量准则、关系准则有渊源。Grice 的数量准则有两条次则：（1）使你的话语如（交谈的当前目的）所要求的那样信息充分；（2）不要使你的话语比所要求的信息更充分。Horn 的 Q 原则却只包括次则（1），次则（2）跟关系准则一起属于 R 原则。而且，Horn 把 Grice 的方式准则中的四条次则拆开分别置于 Q 原则和 R 原则中。详情见姜望琪（2003）。

[3] 笔者认为 Levinson 的"信息量原则"应该更准确地叫作"最小信息量原则"，因为他的"数量原则"也是关于信息量的，只是"数量原则"要求提供"最大信息量"。详情见姜望琪（2003）。

分。这是 Goldberg 比 Grice 等语用学家更全面的地方。经典语用学理论，包括合作原则、关联理论、新格莱斯原则，都只关注信息交流，忽略情感因素，所以，人们要提出礼貌原则来加以补充。这也是最近几年社会认知语用学比较流行的原因。[1]

3.2 刚刚够好的语言产出

上一节的解释，也可以采用 2020 年 Goldberg 提交巴西语言学会组织的线上讲座的题目，称作"刚刚够好的语言产出"（Good Enough Language Production）。该讲座的完整题目是"刚刚够好的语言产出——儿童既更保守又（出于同一原因）更激进"（Good Enough Language Production: Children are More Conservative and More Ready Generalizers for the Same Reason）。其核心思想是：人们说话时往往不寻找最理想的表达方式，那样会耗费很多时间；而是满足于刚刚够好的表达方式，即既能表达自己的意思，又不需要花费太多的精力，虽然这种表达方式可能不完全符合规范。年幼的儿童受语言能力限制尤其如此，这就是为什么他们说的话常常是成人可以听懂，却不完全符合语法的原因。例如，儿童在学习英语时可能会在某个阶段把 go 的过去时说成 goed，而不是正当的 went。这种现象反映了儿童既保守又激进的特点。说他们保守，是因为他们有遵守规则的愿望，既然 work 的过去时是 worked，walk 的过去时是 walked，那么按照逻辑进行推理，go 的过去时就应该是 goed。但是，把 goed 当作 go 的过去时，也可以说是一种"过分概括"，在不应该应用规则的场合应用了规则，所以，儿童是"过分概括者"，是"比成人更愿意概括的人"。把 goed 当作 go 的过去时，也可以说是一种改变现状的举动，在这个意义上，也可以称作"激进"。

联系上文讨论的例子"那个菜我用微波炉微过了"，我们可以说，在日常说话时，人们并没有多少思考的时间，话语往往是脱口而出。说话不像写文章，你可以有充足的时间构思，反复斟酌措辞。所以，虽然你不一定刻意标新立异，却有可能说出"那个菜我用微波炉微过了"那样的话。在这个意义上，这是一种"刚刚够好的语言产出"。

3.3 创造性和部分能产性

第三种解释就是采用"创造性"这个概念。这是 Goldberg（2019）的一个重要内容。Goldberg（2019）指出，英语说话者可以把熟悉的动词创造性地应用于新的论元结构构式中。如，致使移动构式 I can't drink away their visits（我没法把他们喝走），不及物移动构式 I sloshed down the street（我晃荡到了街上），动结构式 They would swat them dead immediately after being bitten（他们被咬了以后立刻就会把它拍死）。有时，一些熟悉的名词会在匆忙中被用作动词，如，I'm gonna go benadryl myself to sleep（我要吃点苯海拉明入睡），She necklaced me with her arms（她用胳膊搂着我）。

不过，Goldberg（2019）同时认为，这种创造性是有限度的。或者说，这种能产性并不是全面的，它只是一种部分能产性。例如，英语不能说 explain me this（解释我这事），而要说 explain this to me（给我解释这事），尽管我们可以说 give me this（给我这个），tell me this（告诉我这事）。这是为什么？Goldberg 提出，"覆盖面"（coverage）这个概念可以

---

[1] 详情见姜望琪（2015，2019）、Jiang（2017）。

揭示一部分原因。所谓"覆盖面"是指一个构式覆盖的例句的多少。它取决于该构式的类频率（type frequency）、不同例句的可异性（variability）、新例句跟原例句的相似性（similarity）。这三个因素互相有关联：高频率的构式其可异性就会增加，一个被用于1000个动词的构式其例句之间的可异性肯定比只用于10个动词的构式的可异性大。如果新例句跟原例句不具有相似性，其可接受度就会降低。例如，用于英语双宾语构式的动词一般源于日耳曼语，一般较短，只有一个音节，这解释了为什么英语不能说 explain me this，explain 源于拉丁语，有两个音节。

但是，例外中间还有例外。英语的 guarantee（保障）也源于拉丁语，它却可以被用于双宾语构式。在18世纪时，很多源于拉丁语的动词都能被用于双宾语构式，如 allow（允许）、deliver（递送）、inform（通告）、procure（获得）、repeat（重复）、provide（提供）、produce（产出）等。而且，该构式的应用范围也比现在要广，很多现在不再用于该构式的动词那时都能用，如，no one shall rob me this rich purchase（没有人能把这笔大买卖从我这里抢走）、the young Benedictine holding him the torch as he wrote（在他写作的时候，年轻的本尼迪克汀为他举着火把）、an English woman clean me my house（一个英格兰女人为我打扫房间）。这说明，单是"覆盖面"不足以解释双宾语构式之类的部分能动性。

Goldberg（2019）又提出了"统计学优先"（statistical preemption）这个概念，即从统计学角度看某一形式具有优先使用的地位。她认为，形式相异但意义相近的构式之间会有竞争，这时候只有统计学优先的构式才会胜出。例如，英语的-er后缀具有能产性，加在动词后面可以构成施事名词：teacher（教师）、skier（滑雪者）、listener（听者）、speaker（说者）都是熟悉的例子。比较新的例子包括 blogger（博主）、texter（发短信者）等。但是，cooker 却不表示"厨师"，原因是虽然 cook 可以是动词"烹饪"，但 cook 同时也是名词"厨师"，而 cooker 表示"炊具"。同样，spier 不能作为动词 spy（从事间谍活动）的施事名词，因为 spy（间谍）本身又是表示该意义的名词。换言之，跟 cooker 相比，cook 具有表示"厨师"意义的优先权；或者说，这个意义已经由 cook 表示了，不需要再"创造" cooker 了。同样，跟 spier 相比，名词 spy 已经优先占有了跟动词 spy 对应的地位，不需要再创造新词了。英语这样的词语很多，虽然 coldness（冷）是跟 cold 对应的名词，跟 warm（暖）对应的名词却不是 warmness，而是 warmth。

因此，英语不能说 explain me this 的另一个原因是，这个意思通常由 explain this to me 这种形式表达了。这就是说，跟 explain me this 相比，explain this to me 具有优先使用的地位。不过，Goldberg（2019）认为这种"优先"只具有"统计学"意义。因为人们可能偶然出错，而使用 explain me this；也可能故意蔑视这种"优先"，以便逗乐；或制造令人难忘的效果，如 Goldberg（2019）的书名"Explain Me This"。

四 结语

乔姆斯基也曾强调语言的创造性，或者说，人们使用语言时总是充满了创造性。他反对"刺激加反应"的行为主义学习模式，认为人们从来都不会简单地重复听到过的话语。他提出"我们说的每句话都是新的，都是从来没有说过的，包括这句话本身"[1]。这种说法

---

1 根据1979年秋季英国利兹大学 William R. O'Donnell 句法学课堂笔记翻译。

可能有点极端，但是，"那个菜我用微波炉微过了"可能是他所谓的创造性的一个很好的例子。

乔姆斯基也承认创造性是受限制的。他接受洪堡特的说法：语言是有限手段的无限使用。这个有限手段在他看来就是规则，所以，他提出了很多规则。但是，规则总有例外，结果规则越来越复杂。最后，他提出了"最简方案"，彻底改造了原来以规则为基础的理论。在这个意义上，构式语法跟乔姆斯基理论有异曲同工之妙。

构式语法代表了理论语言学的一个崭新发展阶段。它不仅统一了认知语言学内部的隐喻研究、认知语法、认知语义学、框架语义学等各种不同研究思路，而且把生成语法派也吸引到这个方向来了，虽然细节可能有些差别。

参考文献

姜望琪（2003）《当代语用学》，北京大学出版社。

姜望琪（2015）社会认知语用学——Kecskes 语用学理论评介，《外文研究》第 1 期。

姜望琪（2019）论社会认知语用学视角——以"我不责怪中国"为例，《外语研究》第 1 期。

姜望琪（2022）"构式"定义的变迁，《语言学研究》第三十一辑，高等教育出版社。

Fillmore, C.J., Kay, P., O'Connor, M.C. (1988) Regularity and idiomaticity in grammatical constructions: The case of let alone. *Language* 64, 501—538.

Goldberg, A.E. (1995) *Constructions: A Construction Grammar Approach to Argument Structure*. Chicago: Chicago University Press.

Goldberg, A.E. (2019) *Explain Me This: Creativity, Competition, and the Partial Productivity of Construction*. Princeton: Princeton University Press.

Grice, H.R. (1975) Logic and conversation. In Cole Peter and Jerry Morgan (eds.). *Synatax and Semantics*. New York: Academic Press.

Horn, L.R. (1984) Towards a new taxonomy for pragmatic inference: Q-based and R-based implicature. In Deborah Schiffrin (ed.). *Meaning, Form, and Use in Context: Linguistic Applications*. Washington, D.C.: Georgetown University Press.

Jiang, W.Q. (2017) A socio-cognitive approach to pragmatic inference. *Intercultural Pragmatics* 14, 421—451.

Levinson, S.C. (1987) Pragmatics and the grammar of anaphora: A partial pragmatic reduction of binding and control phenomena. *Journal of Linguistics* 23, 379—434.

上古汉语非真实情态成分"其"*

日本大学文理学部 户内俊介

提要：春秋战国时代的副词"其"向来被视为一个多义词，可表达"祈使、意愿、推测、疑问、反诘"等意义。魏培泉（1999）把"其"分析为一个表示非真实（irrealis）的成分。本文对《论语》《左传》以及楚简中的"其"的用例进行调查，证实魏培泉的看法大体可从，进而阐明"其"多义性产生的原因。

关键词：非真实 副词 情态 上古汉语 其

一 引言

本文从事件真实性角度重新探讨上古汉语的语气副词"其"。这类"其"（下面称为"{其 m}"）往往被视为多义词，含有祈使、意愿、推测、疑问、反诘等义，而其本质意义和多义性产生的原因等尚未得到应有的重视。魏培泉（1999）曾提出一个看法，认为"其"是表示非真实（irrealis）的成分。本文对各种相关用例进行调查，证实魏培泉的看法大体可从，进而阐明{其 m}本身不是多义词，而是一个表达非真实事件的情态成分，祈使、意愿、推测、疑问、反诘等意义是由非真实性产生的外层意义。

二 情态成分"其"的性质

以往的研究多认为，{其 m}带有"祈使、意愿、推测、疑问、反诘"等多种意义[1]。也有研究认为，{其 m}表达单一的语气。如王力主编（1999）认为，{其 m}表示委婉的语气。何乐士（2004）认为，{其 m}带有委婉、缓和的味道。铃木直治（1994）指出{其 m}表示说话者的不确定感。山崎直树（1989）认为，{其 m}给句子添加假设语气，这种语气随上下文变化而产生各种不同的语义解释（意愿、推测、反诘等），这正是多义性产生的原因[2]。杨逢彬、陈练文（2008）认为本文讨论的{其 m}是单一功能虚词，它在句子中只起强调作用，并不改变句子原有的语气。

---

* 本文是对户内俊介（2011）和户内俊介（2018）加以删节和增补，并用中文写成的。本文得到日本学术振兴会（JSPS）科学研究补助金 18K00532、18H05219 和 22K13105 的资助。在撰写本文的过程中，承蒙北海学园大学杨安娜教授、北京大学雷瑢洵助理教授和师妹李筱婷的协助。又，南开大学谷峰教授提出过很妙的建议，在此谨致谢忱。

1 杨树达（1986：142—145）列举了5个{其 m}的义项，即"副词，殆也""时间副词，将已""反诘副词，岂也""命令副词""假设连词，若也，如也"。杨伯峻（1981：111—114）、何乐士（2004）和杨伯峻、何乐士（2001：237、340、345、356）列举了"推度、推测""未来""反诘""命令、祈使"等意义。

2 山崎直树还指出{其 m}具有主项焦点化的功能。这是因为山崎氏认为{其 m}是从代词变来的，且复指主语。但笔者对{其 m}从代词功能产生的看法持怀疑态度，这一点将在第四节详述。

上述研究虽然解释了{其 m}的表层性质，却并未追究{其 m}的本质意义与多义性产生的原因。杨逢彬、陈练文（2008）的观点一定程度上值得赞同，但其关于强调作用的观点尚有可商榷之处。山崎直树（1989）的分析有很高的参考价值，对我们启发很大。

本文认为{其 m}是一种非真实情态成分。{其 m}看似具有多种意义和性质，但其实这些都是因表示"非真实事件"而产生的外层意义。

学者中最早将{其 m}视为非真实成分的是魏培泉[1]。不过魏培泉（1999）只是直接提出结论而未进行详细的论证。魏培泉（2015）根据《左传》的各种用例认为春秋战国时期的{其 m}是表达不确定语气的情态成分，涵盖动力情态（dynamic modality）、道义情态（deontic modality）与认识情态（epistemic modality）等情态类型，并将其功能概括为非真实。

我们首先分析几个{其 m}的用例：

（1）对曰："……君其备御三邻，慎守宝矣。"（《左传·昭公七年》）
（2）舆人诵之曰："取我衣冠而褚之，取我田畴而伍之。孰杀子产，吾其与之。"（《左传·襄公三十年》）

例（1）画线部分的意思是"国君，请您防备与我们近邻的三国，慎重地保护财宝"。例（2）画线部分的意思是"若有人要杀子产，我会赞成他"。在这两个例子中，说话者讲的并不是现实，而是他假设的一个将来可能会实现的事件，换言之，是非真实的事件。

由此可见，非真实事件可以用{其 m}表达。真实（realis）的事件是不能用{其 m}表达的，这一点我们将在第五节详细分析。另外，从类型学角度看，有{其 m}的句子的语义分布与很多语言中的非真实成分所表达的语义——可能性（potential）、假设（conditional）、反事实（counterfuctual）、认识情态和动义情态（epistemic and deontic modality）、命令（command）——在很大程度上是一致的。

最早指出{其 m}是情态成分的是 Gabelentz（1881）。该书指出，如果"其 k'î"处于主语和谓语之间，便是情态助词，赋予话语某种假设、揣测的语气，这种用法的含意很广，表示此事尚未发生，但说话者希望、企盼、预见如此；说话者不知道此事是否会发生，但猜想它有可能；虽然还没有发生，却很可能成为事实；也许说话者不应该这样，但说话者斗胆如何如何。

Malmqvist（1981）也认同{其 m}是情态成分，并指出它只出现在直接引语（direct speech）中。直接引语多为会话语句，既然{其 m}只在会话语句中使用，它就无疑是体现说话者对其所言内容的主观态度的情态成分。

Pulleyblank（1995）认为，{其 m}的作用是表示某一陈述的可能性而不是其所述事实的真实性。可见，他也把{其 m}分析为情态成分。Meisterernst（2016）亦指出，{其 m}常在会话句中传达说话者的信念和他对所说内容真实性的评价。

从词类的角度来看，{其 m}出现于主语后动词前，在上古汉语中也出现于"能""肯""可"等情态成分和其他很多表示情态的副词之前，在副词层级中处于相当高的地

---

[1] 魏培泉（1999）认为，"其"主要的功能是表示"非真实"。

位[1]。由此可知，{其 m}是通过修饰整个谓语来表达说话者态度的一个情态副词[2]。

鉴于此，本文将在前人研究的基础上，具体阐述如何从非真实这个角度来说明{其 m}的多义性，以论证补充魏培泉（1999）的观点的合理性。

三　非真实与真实

开始论证之前，我们先来确认一下非真实与真实的定义。Mithun（1999：173）对两者的定义如下：

> The realis portrays situation as actualized, as having occurred or actually occurring, knowable through direct perception. The irrealis portrays situation as purely within the realm of thought, knowable only through imagination.

（"真实"把事件描写为已实现的、实现过的和正在实现的，可以通过直接的知觉得知。"非真实"纯粹地在思考领域中描写事件，只可以通过想象得知。）

Elliott（2000）对非真实和真实对立做了如下阐述：

> a. A REALIS proposition prototypically asserts that an event or state is an actualized or certain fact of reality;
> b. An IRREALIS proposition prototypically implies an event belongs to the realm of the imagined or hypothetical, and as such it constitutes a potential or possible event but it is not an observable fact of reality.

（a. 真实命题典型地断言一个事件或状态是实现化的或确定的事实。b. 非真实命题典型地意味着一个事件属于想象或假设的领域，因此它构成了一个潜在的或可能的事件，但它不是现实中可观察到的事实。）

尾上圭介认为古代日语中的"动词未然形＋ム（mu）"格式是一种陈述非真实事件的表达方式。尾上圭介（2001：481）对非真实事件的定义为：

> 这个叙述方法是"说话者在脑海中把不存在于真实世界的事件（即说话者在自己存在的真实世界中没有经验过、无法确切把握的事件）想象为一个画面"。

尾上圭介（2004：49）又对真实领域和非真实领域做了如下区分：

> 真实领域是指在说话者所属的现实世界中已发生、已实现的领域。非真实领域指的则是：①尚未在现实世界上实现的领域；②推理、推论、假定世界等观念上的领域；③虽然在现实世界里已经实现但超过说话者的经验理解的"不太清楚"的领域。

综上所述，我们可以给非真实和真实下这样的定义：

---

1 魏培泉（1999）指出，上古汉语中有"其将"语序，而无"将其"语序。Meisterernst（2016）提出如下的副词语序层次：（盖）>其/固/殆/无乃/或者/盖>必>亦>时体成分>否定词>助动词>动词。

2 魏培泉（1999）称之为"法相副词"（modal adverb）。

"非真实"是指说话者将事件理解为未实现的、或者在经验上不能认定为实现过的。"真实"是指说话者将事件理解为已实现的或者正在实现的。

从类型学角度来看，非真实成分所表达的语义比较广泛，一个成分不必只对应一个语义。根据 Elliott（2000）的考察，它涉及可能性（potential）、假设（conditional）、反事实（counterfactual）、认识情态和动义情态（epistemic and deontic modality）、命令（command）等许多方面。此外，古代日语中的"动词未然形＋ム（mu）"能表达推测、意愿、未实现、假设等多种意义。

上述的各种观点都从命题内容和现实之间的关系来考察非真实和真实的定义。另有观点认为非真实和真实反映的是说话者的话语态度（utterance attitude）。有些学者指出欧洲语言的直陈式（indicative）和虚拟式（subjunctive）的对立与非真实和真实的对立大体相当（Palmer 2001；Givón 1994）。Lunn（1995）以西班牙语为例，认为直陈式跟断定（assertion）语气有关联，虚拟式则跟非断定（non-assertion）语气有关联。Lunn（1995）指出，命题成为非断定的动因是：说话者对命题的真实性表示怀疑；命题没有实现。

Palmer（2001）赞同 Lunn（1995）的观点，他认为这个分析的重要意义在于，它相当清楚地表明了非真实标记、虚拟式的选择并不取决于事实与非事实的区别，而取决于断言什么和不断言什么的对立。也就是说，Palmer 认为非真实标记的出现受非断定语气的影响。

益冈隆志（2007：136）做了如下解释：

> 事件的真实性是指说话者把该事件解释为真实还是非真实的认识上的对立。把事件解释为真实还是非真实，跟该事件在客观上是否真实是两码事。即使客观上是真实的，有时也会被认为是非真实事件。在此所说的事件真实性，是跟事件认识方法这个说话者（表现者）的态度有关的。

也就是说，真实和非真实的选择不是取决于客观现实，而是取决于说话者对事件的主观认识。益冈隆志（2007：150）还认为：

> 所谓"断定"是指认定该事件在现实中是真实的。换言之，是判断属于真实。而"非断定"指的则是把该事件设想成可能的事件。因此可以说，它是属于现实之外的非真实领域的判断。……因此，我们可以把"断定–非断定"的对立包含在"真实世界–想象的非真实世界"这个更抽象化的对立中。

虽然 Palmer 和益冈隆志对"断定／非断定"与"真实／非真实"的看法有所不同，但是非真实情态标记和非断定语气有密切的关系，这一点无疑是值得关注的意见。

四　调查范围

本文以{其 m}的使用量较多的《论语》《左传》为主要语料，以《国语》辅之[1]。其他语料以传世文献为主，楚简为佐。时代更早的《毛诗》《尚书》《周易》以及金文和甲骨文

---

[1] 本文参考《论语》包括传世本《论语》、定州汉简《论语》以及平壤贞柏洞竹简《论语》。然而本文所引的用例所对应的出土文献不是残缺，就是完全一致，没有异文存在。因此本文引用《论语》时以传世文献为主。{其 m}虽然散见于《孟子》《韩非子》等书中，但是在这些文献中似有衰微倾向，与《论语》《左传》相比，其使用频度降低，故本文暂时不予考察。

不在调查范围之内。《论语》《左传》中引自《诗经》《书经》《易经》的部分也不入考察范围。

本文以副词{其 m}为考察对象，不考虑指示代词"其"（下面称为"{其 p}"）[1]。很多研究认为{其 m}由{其 p}发展而来[2]，但古文字数据显示{其 p}不是{其 m}的来源。甲骨文、金文中没有指示代词{其 p}，所有"其"都用为副词（即{其 m}）。西周中期以后，"其"才开始用为指示代词{其 p}，取代了更早的"厥"。楚简等战国时期的出土文献中指示代词都使用"其"。（唐钰明 1990）如果将{其 m}归源于{其 p}，那么在甲骨文时期一定会有表示{其 p}的"其"字，但是实际上并没有直接的证据，因此我们不太赞同{其 m}由{其 p}发展而来的看法。

此外，还有一个棘手的问题是{其 m}与{其 p}不容易分辨，区分标准因人而异。本文采用魏培泉（1999）的区分标准（难以判断的用例就不作为考察对象）：

> 代词"其"一般只作词组的定语或从句的主语，所以在主句动词前的"其"一般要判断为法相副词。

{其 m}通常放在主语后、动词前。跟否定词搭配时，很多时候会构成"其+否定词"的语序，也偶尔会用"否定词+其"的语序。首先看"其+否定词"语序的用例：

（3）<u>君其勿许</u>。郑必受盟。（《左传·僖公七年》）
（4）叔詹曰："<u>楚王其不没乎。</u>"（《左传·僖公二十二年》）

其次是"否定词+其"语序的用例：

（5）纳而不定，废而不立，以德为怨，<u>秦不其然</u>。（《左传·僖公十五年》）

疑问句并列时，后一句句首的连词"其"也不在本文的考察范围内。此类"其"杨树达（1986：144）释为"将也，抑也"[3]，如：

（6）楚王方侈，天或者欲逞其心，以厚其毒而降之罚，未可知也。<u>其使能终</u>，亦未可知也。（《左传·昭公四年》）[4]

例（6）中"其"在句首的位置，而且"其"所在的分句没有主语，无法根据句法位置判断"其"是情态成分还是连词。但类似句型的用例中，例（7）的"其"用在主语之

---

1 {其 p}在上古后期的语料中几乎专门用来复指（魏培泉 2004），可以用"名词+之"来取代。例如：
工欲善<u>其事</u>，必先利<u>其器</u>。（《论语·卫灵公》）
在上古汉语中，当主语或宾语是主谓结构的时候，以"名词+之+动词"的结构出现，有时以{其 p}来取代"名词+之"。例如：
吴人告败于王。<u>王恶其闻也</u>，自刭七人于幕下。（《左传·哀公十三年》）
此外，先秦时期的{其 p}不能单独用来作为句子的主语和宾语。
2 藤堂明保（1987）、山崎直树（1989）、铃木直治（1994）、Takashima（1996）等。
3 杨树达（1986：144）把这种"其"称为"转接连词"，然而如铃木直治（1994）所述，应该是"选择连词"之误。
4 {其 m}在主语为"谁""孰"的疑问句中有时不放在主语和动词之间，而放在句首，例如：
其谁曰不然？（《左传·隐公元年》）
对此魏培泉（1999）认为，"孰""谁"一般都在{其 m}后是因为它们不是普通的名词主语，而具有状语性。

前，例（8）的"其"用在连词"抑"之前，它们显然都具有连词性质。那么句式相似的例（6）中的"其"也应看成连词。

（7）今老邪？其欲干酒肉之味邪？其寡人亦有社稷之福邪？（《庄子·徐无鬼》）

（8）不知天将以为虐乎？使剪丧吴国而封大异姓乎？其抑亦将卒以祚吴乎？（《左传·昭公三十年》）

连词"其"在音义上与连词"意""抑"有密切的关系。在语义层面，它有"抑也"的训释，而且"抑"有时会通假为"意"（复旦大学出土文献与古文字研究中心研究生读书会 2010），例如：

（9）其力能至焉而弗为乎？吾弗知也。意（抑）其力固不能至焉乎？吾又弗知也。[1]（上博楚简[2]《鬼神之明》第4简）

在音韵层面，"意"和"抑"都是影母职部开口，"其"是群母职部开口，声韵相近。连词"其"跟"意""抑"或许是同源的词族，但本文暂且不把这些词和{其m}一起讨论。

五 各类{其m}结构及其含义

5.1 从主语人称来看

Malmqvist（1981）、魏培泉（1999）与何乐士（2004）都认为，{其m}的意义随着做主语的人称代词的不同而变化。我们首先看一下陈述句中做主语的各类人称代词与{其m}的搭配及其含义。

5.1.1 第二人称主语＋{其m}

（10）宋穆公疾，召大司马孔父而属殇公焉……公曰："吾子其无废先君之功。"（《左传·隐公三年》）

（11）穆叔曰："赵孟欲一献。子其从之。"（《左传·昭公元年》）

（12）公问诸臧宣叔曰："仲行伯之于晋也，其位在三。孙子之于卫也，位为上卿。将谁先？"对曰："……晋为盟主，其将先之。"（《左传·成公三年》）

以往的研究大多认为，这类{其m}表示"命令、祈使"（杨伯峻、何乐士 2001；何乐士 2004），又称作第二人称主语的必要性（necessity）（Malmqvist 1981）。例（10）画线部分的意思是"请您不要放弃先君的功绩"，例（11）画线部分的意思是"请您听从他"，例（12）画线部分的意思是"请您首先跟晋国缔结同盟"，都是要求第二人称主语实现语句所述内容事件的祈使句。主语明确的时候，可以省略，参看例（12）。总之，要求实现的事件就是未实现的、非真实的事件。

何乐士（2004）认为，{其m}在外交场合或君臣、上下、同辈之间表示尊敬、礼貌的场合用得更多，又指出{其m}常与"吾子""君""子"等第二人称的尊称搭配。然而，

---

[1] 本文对古文字释文采用宽式隶定，以通用字体书写古文字。
[2] "上博楚简"是马承源主编《上海博物馆藏战国楚竹书》第（一）册至第（九）册的简称。

"吾子"和"子"这些名称并不仅限于表示上下关系，所以{其 m}的使用也不是必须的[1]。与此相反，"君"之类的专指尊者的第二人称与{其 m}的搭配很常见。例如：

（13）夏，卫侯既归，晋侯使郤犨送孙林父而见之。卫侯欲辞。定姜曰："不可。……不许，将亡。虽恶之，不犹愈于亡乎。<u>君其忍之。</u>"（《左传·成公十四年》）

（14）对曰："……<u>君其备御三邻，慎守宝矣。</u>"（《左传·昭公七年》）

（15）公使太子伐东山。里克谏曰："臣闻皋落氏将战，<u>君其释申生也。</u>"（《国语·晋语一》）

（16）曹沫入见曰："……今邦弥小而钟愈大，<u>君其图之。</u>"（上博楚简《曹沫之阵》第 2 简）

这种{其 m}基本上都出现在下级对上级提出请求的祈使句中，如例（13）是卫侯夫人定姜氏（下级）对卫侯（上级）所说的话；例（14）是楚国大夫芊启疆（下级）对楚灵王（上级）所说的话；例（15）是晋大夫里克（下级）对献公（上级）所说的话；例（16）是曹沫（下级）对鲁庄公（上级）所说的话。

由此我们认为，{其 m}表示说话者对听话者的敬意，是一个礼貌（politeness）的表达方式。把例（10）至例（16）与下面两个无{其 m}的祈使句进行比较，就会发现两种句式之间有明显的差异：

（17）孙文子卜追之，……姜氏曰："征者丧雄，御寇之利也。<u>大夫图之。</u>"（《左传·襄公十年》）

（18）秋七月乙卯夜，齐商人弑舍而让元。元曰："尔求之久矣。我能事尔，尔不可使多蓄憾。将免我乎？<u>尔为之。</u>"（《左传·文公十四年》）

例（17）是卫定公夫人姜氏（上级）跟卫大夫孙文子（下级）所说的话，句中不用{其 m}。例（18）是哥哥对弟弟所说的话，不是"下级→上级"的对话，因此不用{其 m}。由此可知，"第二人称主语＋{其 m}"不仅表示对听话者要求实现某一个事件的意义，同时还表示对听话者的礼貌。也就是说，"第二人称主语+{其 m}"表示对听话者的"很有礼貌的命令或请求"。

非真实标记{其 m}为何成了表达礼貌的成分呢？礼貌，原本就与间接性表达有密切的关系。Leech（1983：108）提出了对礼貌程度的衡量方式：

> 提高礼貌程度的另外一个办法是，维持着同一个命题内容 X，而用间接性的语内表现行为来增加礼貌程度，越间接就越有礼貌。间接性的语内表现行为有更加礼貌的倾向，这是因为（a）它们增强了可供选择的程度，而且（b）语内表现行为越间接，其表达效力越弱，且不确定性越强。

Leech（1983：108）以让别人接电话时的表达为例，举如下六个例句，说明表达的间接性越往下越大，礼貌程度也随之逐渐增强。

---

[1] 例如：
将行，谓叔向曰："<u>吾子勉之。</u>"（《左传·襄公二十九年》）
这是卫国大夫孙文子对晋国大夫叔向所说的话，两人地位是相同的，句中不用{其 m}。

（19）Answer the phone.
　　　I want you to answer the phone.
　　　Will you answer the phone?
　　　Can you answer the phone?
　　　Would you mind answering the phone?
　　　Could you possibly answer the phone?

一般来说，礼貌可以分为两种：积极礼貌（positive politeness）和消极礼貌（negative politeness）。后者跟间接性的关系密切。Brown & Levinson（1987）指出，消极礼貌本质上以避忌为基础，主要通过两种方式实现：说话者尊重听话者不想被他人妨碍的愿望；说话者不干涉听话者的行动。本文认为{其 m}表达的是消极礼貌[1]。

总之，{其 m}的功能是将语句表示的事件置于非真实领域中，一方面表示语句内容不存在于当下的时空内，另一方面实现其间接性，从而得到扩大说话者与听话者之间的心理距离和削弱语句强制力的效果。

从类型学的角度来看，非真实确实跟礼貌有关。Palmer（2001）以意大利语和西班牙语为例，列举了虚拟式表达有礼貌的命令（polite command）的例子。他还指出有些语言中，有非真实标记的语言形式与有礼貌的命令相对应，无非真实标记的则与强制性的命令（strong command）相对应（Palmer 2001）。就{其 m}来说，有{其 m}就是表达"有非真实标记＝有礼貌的命令"，无{其 m}就是表达"无非真实标记＝强制性的命令"。

从古到今，汉语中的非真实成分并不是强制性的语法范畴。一个语句即使没有{其 m}，也能表示未实现的事件，如例（17）、例（18）。有{其 m}和无{其 m}的对立，实际上就是益冈隆志（2007）所说的"弱对立"，是有标形式和无标形式之间构成的对立。益冈隆志（2007）认为，"弱对立"中的无标形式所代表的语法意义比较稀薄。就{其 m}来说，有{其 m}的语句是积极地把语句内容放在非真实领域，而无{其 m}的语句表示其内容未必在真实领域。

5.1.2 对例外情况的探讨

在上古汉语语料中，对听话者表示"很有礼貌的命令或请求"的{其 m}，有时也与非尊称第二人称代词"女（汝）、尔"搭配。如：

（20）寺人披请见，公使让之，且辞焉，曰："……<u>女其行乎</u>。"（《左传·僖公二十四年》）

这句话是文公（上级）对寺人披（下级）所下的命令，乍看之下与本文观点相悖。但细看上下文，就可以发现这句话是文公叫手下对寺人披传达的间接命令。既然不是直接命令，也不是以单纯的上下关系来进行的对话，所以不能称之为反例。与例（20）相似的还有例（21）：

（21）王曰："令尹之不能，尔所知也。国将讨焉，<u>尔其居乎</u>。"（《左传·襄公二十二年》）

---

[1] 谷峰（2015）认为，春秋时代的"其祈使"基本上是"积极礼貌"，该观点还值得商榷。

这是楚康王（上级）对令尹子南的儿子御者弃疾（下级）所说的话，本来不需要使用{其 m}。但此时康王已经处死了子南，并希望弃疾仍然留在楚国为自己效力，为了提出这个无理的要求，特意使用{其 m}来表示恳求，所以这也是一个较为特殊的例子。

下例（22）是宋穆公（上级）对臣下大司马孔父（下级）所下的命令，句中使用{其 m}跟"吾子"搭配，看起来像是个例外。

（22）宋穆公疾，召大司马孔父而属殇公焉。……公曰："……吾子其无废先君之功。"（《左传·隐公三年》）

但该句表示的是宋穆公临终时把后事托付给孔父的情景，不是单纯地下达命令，而是一种表达"遗愿"的重要遗言。因此宋穆公此处特意使用了{其 m}。

另，下面3个例子虽然都表示对"君"的请求，却不用{其 m}，可以看作一种例外。

（23）芋启疆曰："……既获姻亲，又欲耻之，以召寇仇，备之若何？谁其重此？若有其人，耻之可也。若其未有，君亦图之。"（《左传·昭公五年》）

在这一段话中，楚王想处死晋国使者韩起和羊舌肸，而楚大夫芋启疆（下级）却进谏反对楚王（上级）。我们认为此处的副词"亦"表达了某种间接性，对语义相近的{其 m}的使用造成了妨碍。又如：

（24）北戎侵郑，郑伯御之。患戎师，曰："彼徒我车，惧其侵轶我也。"公子突曰："……君为三覆以待之。"（《左传·隐公九年》）

在这一段中，郑伯和公子突都处于外敌侵入的危急局势之中，无暇讲究礼貌客套，公子突可能因此下意识地用了无{其 m}的语句。又如：

（25）秋，齐侯盟诸侯于葵丘，曰："凡我同盟之人，既盟之后，言归于好。"宰孔先归，遇晋侯，曰："可无会也。齐侯不务德而勤远略，故北伐山戎，南伐楚，西为此会也。东略之不知，西则否矣。其在乱乎？君务靖乱，无勤于行。"晋侯乃还。（《左传·僖公九年》）

这是周的卿士宰孔跟晋献公所说的话。画线部分之所以不用{其 m}，可能是因为当时卿士和诸侯的地位等级相差无几的缘故。有关卿士身份等级的记录如下：

（26）郑武公、庄公为平王卿士，王贰于虢，郑伯怨王。王曰："无之。"故周、郑交质。王子狐为质于郑，郑公子忽为质于周。王崩，周人将畀虢公政。（《左传·隐公三年》）

杜预注：卿士，王卿之执政者。

《国语》中也有相关记录：

（27）季武子为三军，叔孙穆子曰："不可。天子作师，公帅之，以征不德。"（《国语·鲁语下》）

韦昭注：公，谓诸侯为王卿士者也。

由这些资料可知，卿士是从诸侯中任命的，卿士和诸侯之间基本没有上下之别。既然没有上下之别，例（25）不用{其 m}也没有问题。

此外，还有如下的例外：

（28）君之所欲也，谁敢违君。寡君将帅诸侯以见于城下。唯君图之。(《左传·襄公八年》)

这是晋知武子派使者子员对郑伯传达的话。句首的"唯"也常用于下级请求上级的语句中，如例（29）、例（30），其语义与{其 m}相近。我们认为"唯"的使用会影响到{其 m}的使用。

（29）为人臣不忠，当死，言而不当，亦当死。虽然，臣愿悉言所闻。唯大王裁其罪。(《韩非子·初见秦》)

（30）恐侍御者之亲左右之说，不察疏远之行。故敢献书以闻。唯君王之留意焉。(《史记·乐毅列传》)

5.1.3 第一人称主语＋{其 m}

（31）舆人诵之曰："取我衣冠而褚之，取我田畴而伍之。孰杀子产，吾其与之。"(《左传·襄公三十年》)

（32）蒲城人欲战，重耳不可，曰："……有人而校，罪莫大焉。吾其奔也。"(《左传·僖公二十三年》)

（33）诸大夫欲召狄。郤成子曰："……能勤，有继。其从之也。"(《左传·宣公十一年》)

以往的研究多认为这类{其 m}表示"主观愿望、决心或判断"（何乐士 2004），或称作第一人称主语的必要性（Malmqvist 1981）。例（31）画线部分的意思是"我会赞成他"，例（32）画线部分的意思是"我要逃跑"，例（33）画线部分的意思是"我要去他们那里"，都表示说话者设想亲自实现语句内容事件的"意愿"。当主语明确的时候，可以省略不说，如例（33）。换句话说就是说话者希望达成尚未实现的非真实的事件。在这种语句中，{其 m}产生了主观"意愿"这个外层意义。

对说话者来说，"意愿"跟未来时有着密切的关系。从类型学的角度来看，很多语言中的非真实标记既能表达未来时（Palmer 2001），也能表达意愿（Lyons 1977）。

下面我们再举一些无{其 m}的第一人称主语句，同上文有{其 m}的第一人称主语句比较一下。

（34）季武子无适子，公弥长而爱悼子，欲立之。……臧纥曰："饮我酒，吾为子立之。"(《左传·襄公二十三年》)

（35）叔伯曰："子若国何。"对曰："吾以靖国也。夫有大功而无贵仕，其人能靖者与有几。"(《左传·僖公二十三年》)

（36）僖公之母弟曰夷仲年，生公孙无知，有宠于僖公，衣服礼秩如适。襄公绌之。二人因之以作乱。连称有从妹在公宫，无宠，使间公。曰："捷，吾以女为夫人。"(《左传·庄公八年》)

我们先分析一下有{其 m}的几个句子：例（32）是重耳反驳蒲城人时说的话，例（33）是郤成子反驳大夫们的话，这些话中所假设的即将要实现的事件都是周围的人所反对的。被反对的当事人（说话者）认为"遭到周围的人反对的这件事"能实现的可能性很小。例（31）符合"第一人称主语＋{其 m}"的结构，但该句是诗歌中的歌词而非对话，自然也没有人提出反驳意见。但是"孰杀子产，吾其与之"（若有人杀子产，我会赞成他）是个假设句，也就是说"杀子产"是在假定的世界中发生的事件，而且也不是说话者（舆人）可以亲自实现的事件。所以我们可以认为从说话者（舆人）的角度来看，实现的可能性应该很小。

与此相对，无{其 m}的例（34）是臧纥对想立年少的悼子为嗣的季武子所说的话，臧纥打算尽力满足听话者（季武子）的要求，而且也没有人提出反驳意见，事件实现的可能性较大。例（35）描写的是"把功绩最大的成得臣任命为高级官员，以此实现国家安定"是件理所当然的事，实现的可能性应该也不小。例（36）画线部分的"以女为夫人"这个事件是公孙无知可以凭自己的意志决定的，实现它应该也不困难。

由以上的比较可以看出，"第一人称主语＋{其 m}"假设的是难以实现或实现可能性较小的事件，即在说话者来看是真实性较低的事件，因而我们可以说它不属于真实领域，而属于非真实领域。正因如此，非真实标记{其 m}恰好适用于假设"难以实现或实现可能性较小的事件"的句子中。

5.1.4 第三人称主语（有时是第一人称/第二人称主语）＋{其 m}

（37）城上有乌，<u>齐师其遁</u>。（《左传·襄公十八年》）
（38）孔子曰："<u>舜其可谓受命之民矣。</u>"（上博楚简《子羔》第7简）

这种{其 m}向来被解释为"时间副词，将也""推测"（杨树达 1986：143；何乐士 2004：397），或"可能性或确定性"（Malmqvist 1981）。例（37）表示说话者通过乌鸦的样子来推测齐国军队会逃跑，例（38）表示孔子想象古代圣人舜的行动。从语境来看，两个句子表达的都不是说话者直接感知的事件，而是说话者在思考领域中描写的事件，也就是非真实事件。

有时说话者在思考领域中假想的事件正是尚未发生的事件，也就是要用未来时描述的事件。因此{其 m}也可以表示未来时，这样的{其 m}的语义合乎"时间副词，将也"这个训释。这种{其 m}跟下文所述的"未实现事件的问句"中的{其 m}也有关联。

"第三人称主语＋{其 m}"只要求事件不是说话者直接感知的即可，即便事件客观上发生在过去，也不影响{其 m}的使用。在这种情况下，{其 m}有时会和助词"矣"搭配，如例（38）。总的来说，无论是已经发生在过去的事件还是将要发生在未来的事件，都能使用"第三人称主语＋{其 m}"的形式。例（37）、例（38）表示的属于前者，下例（40）则属于后者。

{其 m}的这种用法几乎都是与做主语的第三人称搭配的，但也有与第一人称或第二人称主语搭配的情况：

（39）刘子曰："美哉禹功。明德远矣。微禹，<u>吾其鱼乎</u>。"（《左传·昭公元年》）

（40）谓穆子曰："子其不得死乎。"（《左传·襄公二十九年》）

表示这种意义的{其 m}经常跟表示"推测"的语气助词"乎"搭配。我们认为，加"乎"可能是为了避免在意义上与"第一人称主语＋{其 m}"（假设实现可能性小的事件）和"第二人称主语＋{其 m}"（要求实现某一个事件）混淆。

再来看无{其 m}的第三人称主语句：

（41）宵，谍曰："齐人遁。"冉有请从之三，季孙弗许。（《左传·哀公十一年》）
（42）子曰："父在观其志，父没观其行。三年无改于父之道，可谓孝矣。"（《论语·学而》）

比较有{其 m}的例（37）至例（40）与无{其 m}的例（41）、例（42），可见{其 m}的有无能在会话句中构成"断定"与"非断定"这种次要对立。"非断定"指的是说话者不能判断命题绝对真实的态度，这与非真实情态有密切的关系，参见第三节所举的 Palmer（2001）和益冈隆志（2007）的看法。

由此我们可以作出如下分析：在例（41）中不使用{其 m}是因为说话者直接感知到"齐人逃走"这件事，例（42）则是说话者有意把"父亲死了三年以内不改变父亲的做法，就可以称之为'孝'"的这个价值观断定为不容否定的事实。与此相反，例（37）的说话者以"城上有乌鸦"这个状况为证据推测"齐人逃走"，而不是直接感知到"齐人逃走"这一事件，不能断定命题的真假，因此使用{其 m}；例（38）应是通过使用{其 m}来避免把"舜可以说是受命的老百姓"这个命题断定为真实存在的事情，以形成一种委婉的表达。

同样，我们也能从类型学的角度找到非真实标记也用于表达"推测"和"未来"的类似现象。如巴布亚诸语言（Papuan languages）的非真实标记用来表达"未来"（Palmer 2001），缅甸语（Burmese）的非真实标记用来表达"推测"（Palmer 2001）。

5.1.5 {其 m}和古日语中的"动词未然形＋ム（mu）"形式的语义分布

{其 m}因人称的不同而出现的不同的语义分布，与日语中的"动词未然形＋ム（mu）"的语义分布一致。"动词未然形＋ム（mu）"形式一向被认为具有"祈使、意愿、推测"等多种意义，但尾上圭介（2001）指出，"动词未然形＋ム（mu）"固有的语气是"虚构非真实事件"，而且"ム（mu）"原本并不具有"祈使、意愿、推测"等多样的意义。尾上圭介还认为，说话者想象句子表达的事件在某时某处存在的时候，它就表示"推测"；在第一人称领域假设事件实现的时候，它就表示"意愿"；在第二人称领域假设事件实现的时候，它就表示"祈使"。反观{其 m}，我们认为{其 m}原本也不含有"祈使、意愿、推测"等多种意义，它只是一个表示非真实领域事件的成分；{其 m}所表示的各种意义，都是因主语人称领域的不同而产生的外层意义。

因此我们认为，说话者假设非真实领域的事件实现时，{其 m}因主语人称领域的不同而带有"祈使"（第二人称）、"意愿"（第一人称）等意义。当说话者避免把事件陈述为现实领域，而假定它在非真实领域时，就产生了"推测"义。而且"祈使"（第二人称）、"意愿"（第一人称）的{其 m}又具有从非真实性引申出来的语气（即有礼貌或说话者认为难以实现或实现可能性小的事件）。

5.2 从句子功能来看

下面我们从句子的功能这个角度来探讨{其 m}。

5.2.1 问句中的{其 m}

（43）大子曰："<u>吾其废乎？</u>"（《左传·闵公二年》）
（44）王曰："<u>诸侯其来乎？</u>"对曰："必来。"（《左传·昭公四年》）
（45）文子曰："然。吾不先告子，是吾罪也。<u>君既许我矣。其若之何？</u>"（《左传·定公十三年》）
（46）其御曰："……<u>季孙若死，其若之何？</u>"（《左传·襄公二十三年》）

例（43）画线部分的意思是"我要被废黜太子身份吗"，例（44）画线部分的意思是"诸侯会来吗"，例（45）画线部分的意思是"国君已经原谅我们，我们要怎么办"，例（46）画线部分的意思是"如果季孙去世，你怎么办"。目前还没有人明确指出过，使用{其 m}的问句都是表示关于未实现事件的疑问，换言之，无论从说话者来看还是从听话者来看，询问的都是非真实事件。它的形式有两种，一种是使用语气助词"乎"的是非问句，另一种是带"若（如）……何"这个疑问结构的特指问句。

我们比较一下例（43）至例（46）与无{其 m}的问句。比较对象是不带副词和助动词的光杆动词：

（47）子路问曰："<u>子见夫子乎？</u>"（《论语·微子》）
（48）晋阴饴甥会秦伯，盟于王城。秦伯曰："<u>晋国和乎？</u>"对曰："不和。"（《左传·僖公十五年》）

例（47）画线部分的意思是"您看见我的老师了吗"，例（48）画线部分的意思是"晋国恢复平静了没有"，光杆动词倾向于表示实际体验的真实事件。既然是询问实际体验的问句，说话者就不能把它认识为非真实事件，因此无法使用非真实标记{其 m}。

值得注意的是，光杆动词不一定仅表达真实事件。但是，有{其 m}的问句只能表达非真实事件，不能表达真实事件。这就是有{其 m}句和无{其 m}句的语义对立。下面的例子是用光杆动词询问未来的事件的疑问句：

（49）楚子登巢车，以望晋军。子重使大宰伯州犁侍于王后。……"<u>战乎？</u>"曰："未可知也。"（《左传·成公十六年》）

这一段描述了楚军为了救援受晋军攻击的郑国，与晋军对峙的情景。此例之所以不用{其 m}，应该是因为说话者认知到两军快要冲突了，也就是说，在说话者来看发生武力冲突这个事件已经存在于真实领域中，不能分析为处在非真实领域。

综上所述，{其 m}的使用规律可以概括如下：当说话者感觉到语句内容的实现就在眼前，即认为该事件不属于非真实领域时，句中就不用{其 m}；当说话者不能判断句子所表示的事件能否实现，即认为该事件属于非真实领域时，句中就用{其 m}。Elliott（2000）提到，有些语言用真实标记表达迫在眼前（imminent）的事件，而用非真实标记表达潜在可能（potential）的事件。他指出，被认为一定会发生的未来事件往往会使用真实标记，而存在不确定因素的潜在事件则会用非真实标记。我们认为{其 m}的有无也能构成类似的意义对立。

此外，跟疑问词"何"搭配的"其"也可以被认为是{其 m}。例如：

（50）大宰问于子贡曰："夫子圣者与。何其多能也？"（《论语·子罕》）

（51）谓苦成家父曰："为此世也从事，何以如是其疾与哉？"（上博楚简《姑成家父》第 6 简）

例（50）画线部分的意思是"夫子，您为什么这么多才多艺呢"[1]，例（51）画线部分的意思是"您为什么这么拼命呢"。在这些情景中，说话者不能接受现实，而向对方寻求解释。带"何……其"的句子都表示对现实的"怀疑"，"怀疑"就表示说话者不想承认某个眼前发生的事实，换言之，说话者想要把某个事实理解为非真实的。这就是这些句子会带有非真实标记{其 m}的理由。

5.2.2 反诘句中的{其 m}

（52）君何患焉。若阙地及泉，隧而相见，其谁曰不然？（《左传·隐公元年》）

（53）一人为亡道，百姓其何辜？（上博楚简《容成氏》第 48 简）

例（52）画线部分的意思是"如果掘地挖到泉水，在地道见面，谁会说不行呢"。例（53）画线部分的意思是"只有君主不守正道，老百姓怎么会有罪呢（他们是无辜的）"，这些反诘句中，{其 m}往往和疑问词搭配，构成"其＋疑问词"格式[2]。

下例是在句末带语气助词"乎"的反诘句。

（54）天而既厌周德矣，吾其能与许争乎？（《左传·隐公十一年》）

此外，下例中的"其况"也可以看作一种表达反诘的格式。

（55）寡人有弟，不能和协，而使糊其口于四方，其况能久有许乎？（《左传·隐公十一年》）

"反诘"就是用疑问形式强调非真实性的修辞手法，其语句内容当然属于现实之外的非真实领域。

当然，也有无{其 m}的反诘句。例如：

（56）我实不德。齐师何罪？罪我之由。（《左传·庄公八年》）

（57）贾人曰："吾无其功，敢有其实乎？"（《左传·成公三年》）

例（56）是用疑问词的反诘句，例（57）是用语气助词"乎"的反诘句。

用疑问词和"乎"的反诘句，无论有无{其 m}，几乎都没有明显的语义差异。由此我们认为，反诘句中的{其 m}不是必需的，而应该是通过跟疑问词或"乎"搭配，积极地把语句内容事件放在非真实领域，以此来强调事件不是真实的。

---

1 Gu（2019）把"何其"的"其"看作{其 p}。
2 虽然为数极少，但偶尔可见"疑问词＋其"的语序，例如：
子产而死，谁其嗣之。（《左传·襄公三十年》）

5.2.3 复句中条件小句中的{其 m}[1]

（58）<u>君其修德而固宗子</u>，何城如之？（《左传·僖公五年》）

（59）若从君之惠而免之，以赐君之外臣首，<u>首其请于寡君而以戮于宗</u>，亦死且不朽。（《左传·成公三年》）

例（58）的意思是"如果国君修养德行并巩固公子们的地位，有什么城墙能够与之相比"，例（59）的意思是"如果由于国君的恩惠而原谅我，将我赐给国君的外臣荀首，荀首向寡君请求而将下臣在宗庙中戮诛的话，死而不朽"，两处{其 m}都处在表示"假设"的复句中的条件分句中，"假设"把句子所表达的事件放在自己的想象中，是最典型的非真实领域事件。

也有无{其 m}的条件小句，就是所谓的意合法（parataxis）。在外部形态上没有明显的标记，主要依靠意义上的关联来构成复句：

（60）<u>欲与大叔</u>，臣请事之。（《左传·隐公元年》）

（61）故秦伯伐晋。卜徒父筮之，吉："<u>涉河</u>，侯车败。"诘之，对曰："乃大吉也。三败，必获晋君。"（《左传·僖公十五年》）

比较有{其 m}的例（58）、例（59）和无{其 m}的例（60）、例（61），就可以发现前者比后者更具有反事实性。比如例（58），上下文的内容是，晋献公和他的宗子不和，献公叫太子申生自杀，并逼迫重耳和夷吾逃到国外。可见例（58）的说话者（士蔿）对献公与宗子之间的状况不满，通过提示"君其修德而固宗子"这个跟现实相反的事件来劝告献公。

例（59）画线部分表示，楚国将给晋国归还俘虏知罃时，知罃假设自己回国后会被父亲荀首和晋成公处死。但是如下例（62）所说的那样，知罃其实受到荀首和成公的宠爱，难以想象荀首和成公处死知罃的事件真的会发生。最后知罃果然没有被处死。

（62）知罃之父，成公之嬖也，而中行伯之季弟也。新佐中军，而善郑皇戌，甚爱此子。（《左传·成公二年》）

而例（60）前后的内容表示庄公正放任其弟大叔夺取自己的国土，"欲与大叔"是一个正在实现的事件。例（61）是秦国的卜徒父在秦国去侵攻晋国的路上说的话，其中"涉河"是攻进晋国时正在实现的事件。这两个例句中的假设句都不是反事实的。

总而言之，有{其 m}的条件小句，与其说是单纯的假设，不如说是表示反事实。假设句中的{其 m}把句子所表示的事件放在不跟现实世界接触的地方，以此来强调该事件不是在当时或当场实际发生的，明确表示它的反事实性。

---

[1] 把如下的"若其"的"其"解释为表示"假设"的{其 m}还是指代词{其 p}，各家的看法颇有出入。

若其不还，君退臣犯。（《左传·僖公二十八年》）

杨伯峻、何乐士（2001）把此"其"看作代词，而何乐士（2004）则把"若其"的"其"当作副词。参考下面带"若"的"若S之V"结构，本文认为"若其"的"其"是代用"S+之"作用的{其 p}，因此只把例（58）、例（59）的"S其V"结构看作{其 m}。

若楚之遂亡，君之土也。（《左传·定公四年》）

5.2.4 表示比较的"与其……，宁"结构[1]

（63）且予与其死于臣之手也，无宁死于二三子之手乎。（《论语·子罕》）
（64）礼与其奢也，宁俭。（《论语·八佾》）
（65）人谓叔向曰："子离于罪，其为不知乎？"叔向曰："<u>与其死亡若何？</u>"（《左传·襄公二十一年》）
（66）盘铭曰："<u>与其溺于人，宁溺渊</u>。溺于渊犹可游，溺于人不可救。"（上博楚简《武王践阼》第 8 简）

例（63）的意思是"与其死在治丧的人的手里，我宁肯死在你们的手里"，例（64）的意思是"礼仪与其铺张浪费，不如朴素俭约"，例（65）画线部分的意思是"比死还好"，例（66）画线部分的意思是"与其沉湎于人，不如溺水"。既然例（63）、例（64）都有主语"予"和"礼"，其后的"其"不是当主语的{其 p}，而是副词{其 m}。《论语》《左传》中没有和这种句式对应的无{其 m}的"与……，宁"结构[2]，这一点与其他{其 m}不同。因此我们无法比较有{其 m}句和无{其 m}句的意义，但是在《左传》中有像例（67）这样的带假设连词"若"的比较句：

（67）若绝君好，宁归死焉。（《左传·宣公十七年》）

这一句的意思是"与其跟国君绝交，不如下定决心回去死"，作为第一个选择项的带假设连词"若"的小句，是说话者不希望发生的事情。既然用"若"标记的条件小句是假定世界的事件，那么它所表达的真实性就比较低。我们认为，说话者之所以在自己不希望发生的事情前加上假设连词"若"，应是为了显示这件事的真实性比较弱。也就是说，使用表示假设的"若"来降低句子表示的事件的真实性，从而说话者明示该事件是自己不希望发生的。例（63）至例（66）也在不希望发生的选项中使用{其 m}，可见这些例子中的{其 m}同样表示该事件从说话者来看是个非真实事件，成为表示不希望发生的事件的标记。也就是说，{其 m}也和"若"一样，是表示假设的成分之一。

例（63）至例（67）中，无论连词"若"还是副词{其 m}，含它的小句都表示说话者不希望发生的事件。换言之，就是说话者把他不希望发生的事件认定为属于假定世界或非真实世界的事件。这大概是因为说话者不相信它会实现，因此不能以断定的语气表示。可以说，对不希望发生的事件，人们不会假定它会实现，一般不会把它放在真实领域。

Palmer（2001）指出，有些语言能用虚拟式表示恐惧的语气。以古典希腊语（Classical Greek）为例：在古典希腊语中，有一个有趣的用法，即在没有表示恐惧类意义的动词的情况下，只需在句首加否定词 mé: 的虚拟式就可以表示恐惧，这个形式通常用来表达一种不受欢迎的可能性。例如：

---

[1] Gu（2019）把"与其"的"其"看作{其 p}。
[2] 《孟子》《韩非子》《史记》等后世文献中有不带{其 m}的"与……，宁（不如）"结构，但这些书是在{其 m}呈衰退趋势后写成的，不能用来跟《论语》《左传》中的"与其"比较，因此本文暂不讨论。

（68）mé: dé: né: as hélo: si
　　　lest indeed ships take+3PL+AOR+SUBJ
　　　（我怕他们会抢走这些船去。）

Palmer（2001：134）还提到，相同格式也用来表示单纯的可能的意思。比如：

（69）mé: soús diapthéire: i gámous
　　　not your ruin+33PL+AOR+SUBJ marriage
　　　（她可能会破坏你的婚姻。）

此外，Palmer（2001）指出，To'aboita 语（南岛语系，所罗门群岛）中表示认知不确定性的格式也能表示不安的语气。

从类型学的角度看，非真实标记或不确定表现有时会表达说话者内心的不安。这种用法可以说跟{其 m}很相似。

近年来很多学者指出，在各种不同的语言中都存在真实/非真实的明显对立（Mithun 1999；Palmer 2001 等）。在欧洲语言等具有叙实语法范畴的语言中，虚拟式（subjunctive）也常常用来表现非真实。古代汉语缺乏明显的词形变化，它不用屈折等语法手段，而用{其 m}这个词汇手段来实现相当于欧洲语言虚拟式的作用。关于这一点，Palmer（2001）指出，在语气（mood）以真实和非真实为特征的语言中，它们往往以单词或单独的词缀或附着词等为标记。这个观点也符合古汉语的状况。

我们在第二节提到，山崎直树（1989）曾提出{其 m}在句中添加"假设语气"的观点。既然{其 m}是相当于虚拟式的非真实标记，我们可以说他的见解也是一语中的。

六　结语

本文通过分析含{其 m}的一些例句，证实了它是一个非真实标记，大致相当于欧洲语言虚拟式。{其 m}不是多义词，而是一个虚构非真实事件的情态成分，"意愿、祈使、推测"等都是由非真实性产生的外层意义。具体来讲，{其 m}跟第一人称主语搭配时，表示说话者这样一种意愿：希望难以实现或实现的可能性很小的事件得以实现；跟第二人称主语搭配时，表达说话者对听话者很有礼貌的命令或请求；跟第三人称主语搭配时，表达说话者的推测。这些意义都跟非真实情态标记所表示的非断定语气有关。

此外，{其 m}也可以用于表达"未来、怀疑、反诘、假设、比较"的句子中，这些含义都与{其 m}所表示的非真实性有密切关系。

参考文献

复旦大学出土文献与古文字研究中心研究生读书会（2010）《上博七·武王践阼》校读，《出土文献与古文字研究》第三辑，复旦大学出版社。

谷　峰（2015）上古汉语"其"的祈使语气用法及其形成，《语言学论丛》第五十一辑，商务印书馆。

何乐士（2004）《〈左传〉虚词研究》（修订本），商务印书馆。

户内俊介（2011）上古中国語における非現実モダリティマーカーの"其"，《中国语学》258 号。

户内俊介（2018）《先秦の機能語の史的発展——上古中国語文法化研究序説》，研文出版。

铃木直治（1994）语气词としての「其」について，《中国古代语法の研究》，汲古书院。
山崎直树（1989）先秦汉语における"其"の机能について，《中国语学》236 号。
唐钰明（1990）其、厥考辨，《中国语文》第 4 期。
藤堂明保（1987）上古汉语に於ける指示词の机能，《藤堂明保中国语学论集》，汲古书院。
王　力主编（1999）《古代汉语》，中华书局。
尾上圭介（2001）《文法と意味I》，くろしお出版。
尾上圭介（2004）《朝仓日本语讲座 6 文法 II》，朝仓书店。
魏培泉（1999）《论先秦汉语运符的位置》，In Peyraube Alain and Chaofen Sun (eds.). *In Honor of Mei Tsu-lin: Studies on Chinese Historical Syntax and Morphology*. Paris: École des Hautes Études en Sciences Sociales.
魏培泉（2004）《汉魏六朝称代词研究》，"中央研究院"语言学研究所。
魏培泉（2015）上古汉语副词"其""将"的功能与来源，《古汉语语法研究新论》，西南师范大学出版社。
杨伯峻（1981）《古汉语虚词》，中华书局。
杨伯峻、何乐士（2001）《古汉语语法及其发展》（修订本），语文出版社。
杨逢彬、陈练文（2008）对语气副词"其"单功能性质的考察，《长江学术》第 1 期。
杨树达（1986）《词诠》，《杨树达文集之三》，上海古籍出版社。
益冈隆志（2007）《日本语のモダリティ探求》，くろしお出版。
Brown, P. & Levinson, S. C. (1987) *Politeness: Some Universals in Language Usage*. New York: Cambridge University Press.
Elliott, J.R. (2000) Realis and irrealis: forms and concepts of the grammaticalisation of reality. *Linguistic Typology* 4-1, 55—90.
Gabelentz, G. (1881) *Chinesische Grammatik: Mit Ausschluss des Niederen Stiles und der Heutigen Umgangssprache*. Berlin: Deutscher Verrag der Wissenschaften.［甲柏连孜著、姚小平译《汉文经纬》，外语教学与研究出版社，2015 年］
Givón, T. (1994) Irrealis and the subjunctive. *Studies in Language* 18, 265—337.
Gu, F. (2019) Issues on the Adverb 其 *qí* in Archaic Chinese. In Barbara Meisterernst (ed.). *New Perspective on Aspect and Modality in Chinese Historical Linguistics (Frontiers in Chinese Linguistics Book 5)*. 北京 & Singapore: 北京大学出版社 & Springer.
Leech, G. (1983) *Principles of Pragmatics*. London and New York: Longman.
Lunn, P.V. (1995) The evaluative function of Spanish subjunctive. In Bybee Joan and Suzanne Fleischman (eds.). *Modality and Grammar in Discourse (Typological Studies in Language 32)*. Amsterdam & Philadelphia: John Benjamins Publishing Company.
Lyons, J. (1977) *Semantics Volume 2*. Cambridge: Cambridge University Press.
Malmqvist, G. (1981) On the functions and meanings of the graph 其 *chyi* in the *Tzuoojuann*. 《"中央研究院"国际汉学会议论文集 语言文字组》，"中央研究院"编印。
Meisterernst, B. (2016) The expression of epistemic modality in Classical and Han period Chinese. In Barbara Meisterernst (ed.). *New Aspects of Classical Chinese Grammar*. Wiesbaden: Harrassowitz Verlag.
Mithun, M. (1999) *The Languages of Native North America*. New York: Cambridge University Press.
Palmer, F. R. (2001) *Mood and Modality (2nd ed)*. Cambridge: Cambridge University Press.

Pulleyblank, E.G. (1995) *Outline of Classical Chinese Grammar*. Vancouver：UBC Press.［蒲立本著、孙景涛译（2006）《古汉语语法纲要》，语文出版社］

Takashima, K. (1996) Toward a new pronominal hypothesis of Qi in Shang Chinese. In Philip J. Ivanhoe (ed.). *Chinese Language, Thought, and Culture: Nivision and His Critics*. La Salle：Open Court.

从否定表达看先秦"VP₁ 而 VP₂"的结构性质*

北京市第一〇一中学　许典琳

提要： 本文考察"VP₁ 而 VP₂"结构的否定表达，重点描写了先秦八部文献中"VP₁ 而 VP₂"结构被整体否定时的句法语义特点和语篇分布。对"VP₁ 而 VP₂"实现整体否定需要特定条件：出现在议论语篇，表达非现实事件；否定词总是蕴含情态成分，或是显性的情态助动词，或是由句式带来的隐性情态特征；句法上被包孕，充当谓宾动词或者情态助动词的宾语。这说明"VP₁ 而 VP₂"结构不同于语言类型学中的连动结构，应分析为并列结构。最后，本文辨析了两则有争议的例句。

关键词： 否定　"VP₁ 而 VP₂"　连动结构

一　引言

上古汉语连词"而"的常见用法是连接主语相同的两项谓词性成分，如"公入而赋""叔向退而具舟"（下面记为"VP₁ 而 VP₂"）。关于先秦汉语"VP₁ 而 VP₂"是否属于连动结构，这一问题一直存在争议。归根到底在于对连动结构的定义范围不一，主要分为两派：

（1）古汉语语法学界的早期学者所说的连动结构定义比较宽泛，其内涵为：两个或两个以上动词或动词结构连用，有时间先后或主次之分，都为同一施事主语发出的动作，中间可以有连词。持这类观点的如管燮初（1981），杨伯峻、何乐士（1992），向熹（1993），赵长才（2000）[1]，梁银峰（2006），魏兆惠（2008）等。

（2）在语言类型学框架下，根据"连动型语言"的共性与类型特征而定义出的连动结构，内涵相对较窄：两个或更多的动词形成一个单谓语，不含任何外显的并列、主从或其他句法依存关系的标记成分者（Aikhenvald & Dixon 2006）。参照这一内涵，先秦汉语的"VP₁ 而 VP₂"不能视为连动结构，张敏、李予湘（2009）持这类观点。

本文考察"VP₁ 而 VP₂"结构的否定表达，着重描写"VP₁ 而 VP₂"结构被整体否定的句法语义特点和语篇分布，通过与语言类型学中典型连动结构的否定表达作比较，以此说明"VP₁ 而 VP₂"结构的性质。

关于否定词[2]在"VP₁ 而 VP₂"结构中的位置及辖域[3]，具体有三种表现：否定词居

---

* 本文为教育部人文社会科学重点研究基地重大项目"基于上古汉语语义知识库的历史语法与词汇研究"（18JJD740002）的阶段性成果。草稿蒙邵永海、孙洪伟两位先生赐教，赵月风、林智等同学也提出了不少建议，谨致谢忱。文章错误，皆由作者承担。

1 赵文区分了狭义连动式和广义连动式。后者包含了有连词连接的小类（如"弑昭侯而纳桓叔"）。
2 本文只讨论否定副词，不包括否定动词"无"。否定词"莫"的归属问题存在争议，暂不考虑。
3 本文用"[ ]"标记否定辖域。

前，仅限于否定相邻的 VP_1，如例（1）；否定词居前，否定"VP_1 而 VP_2"整体，如例（2）；否定词居后，仅否定 VP_2，如例（3）。

（1）二子从之，不[释皮冠]而与之言。（《左传·襄公十四年》）
（2）圣人，吾不[得而见之]矣。（《论语·述而》）
（3）子臧尽致其邑与卿而不[出]。（《左传·成公十六年》）

否定词居后时，连动结构和"VP_1 而 VP_2"结构表现一致，否定辖域不会出现歧义分析，因此本文只描写否定词居前的情况。

二　否定词的辖域

2.1 否定词仅否定临近的 VP_1

根据否定词的形式，可分为两类：
2.1.1 否定副词＋[VP_1]而 VP_2

（4）他日朝，与申叔豫言，弗[应]而退。（《左传·襄公二十二年》）
（5）僖子不[对]而泣，曰："君举不信群臣乎？"（《左传·哀公六年》）
（6）宣子未[出山]而复。（《左传·宣公二年》）

例（4）至例（6）的否定副词分别是"弗、不、未"，表示在不做/未实现 VP_1 的情况下完成了 VP_2。这类例子主要用于叙事语篇。

2.1.2 否定副词＋情态助动词＋[VP_1]而 VP_2

（7）丑父寝于轏中，蛇出于其下，以肱击之，伤而匿之，故不能[推车]而及。（《左传·成公二年》）
（8）楚庄夫人卒，王未能[定郑]而归。（《左传·襄公九年》）
（9）自鄢以来，晋不失备，而加之以礼，重之以睦，是以楚弗能[报]，而求亲焉。（《左传·昭公五年》）
（10）君不敢[逆王命]而复赐之，使三官书之。（《左传·昭公四年》）
（11）卫有君矣，伐之，未可以[得志]，而勤诸侯。（《左传·襄公十四年》）
（12）不能[具美食]而劝饿人饭，不为能活饿者也；不能[辟草生粟]而劝贷施赏赐，不能为富民者也。（《韩非子·八说》）

例（7）至例（12），情态助动词包括"能、敢、可以"等。这类例子既用于叙事语篇，如例（7）、例（8），也可以用于议论语篇，如例（9）至例（12）。

2.2 否定词否定"VP_1 而 VP_2"整体

根据否定词的形式，可分为三类：
2.2.1 否定副词＋情态助动词＋[VP_1 而 VP_2]
这类例子只出现在议论语篇，表达非现实事件。

（13）贤者不可[得而进]也，不肖者不可[得而退]也，则能不能不可[得而官]也。

(《荀子·富国》)

（14）今众人之所以欲成功而反为败者，生于不知道理而不肯[问知而听能]。(《韩非子·解老》)

（15）废尧、舜而立桀、纣，则人不得[乐所长而忧所短]。(《韩非子·安危》)

（16）民见憎，不能[尽力而务功]；吏见说，而不能[离死命而亲他主]。(《韩非子·用人》)

（17）欲治其国，非如是不能[听圣知而诛乱臣]。(《韩非子·外储说右上》)

以上例子，"VP_1 而 VP_2"先受情态助动词修饰，其次"情态助动词＋[VP_1 而 VP_2]"整体被否定副词否定——否定副词不是直接否定"VP_1 而 VP_2"。有一点可以作为旁证：即文献中存在大量的"情态助动词＋[VP_1 而 VP_2]"的用例，如例（18）至例（20）。例（18）"可得而闻"与"不可得而闻"对举，可说明否定副词不是直接否定"VP_1 而 VP_2"结构，而是将"VP_1 而 VP_2"降级为情态助动词的宾语，对"情态助动词＋[VP_1 而 VP_2]"这一述宾结构进行整体否定。

（18）夫子之文章，可[得而闻]也；夫子之言性与天道，不可[得而闻]也。(《论语·公冶长》)

（19）明能[照远奸而见隐微]，必行之令，虽远于海，内必无变。(《韩非子·难三》)

（20）是以臣得[陈其忠而不弊]，下得[守其职而不怨]。(《韩非子·奸劫弑臣》)

2.2.2 否定副词＋[VP_1 而 VP_2]

根据不同的语义可分为三小类：

一是表示一般性的否定副词，以"不"最常见，其次是"弗""无"等。

（21）古之全大体者：望天地，观江海，因山谷，日月所照，四时所行，云布风动；不以智累心，不以私累己；寄治乱于法术，托是非于赏罚，属轻重于权衡；不逆天理，不伤情性；不[吹毛而求小疵]，不[洗垢而察难知]；不引绳之外，不推绳之内；不急法之外，不缓法之内。(《韩非子·大体》)

（22）吾闻之，智者不[倍时而弃利]，勇士不[怯死而灭名]，忠臣不[先身而后君]。(《战国策·齐策六》)

（23）夫子之墙数仞，不[得其门而入]，不见宗庙之美、百官之富。(《论语·子张》)

（24）圣人，吾不[得而见之]矣；得见君子者，斯可矣。(《论语·述而》)

（25）他人之贤者，丘陵也，犹可逾也；仲尼，日月也，无[得而逾焉]。(《论语·子张》)

（26）今万乘之国，虚数于千，不[胜而入]，广衍数于万，不[胜而辟]。(《墨子·非攻中》)

（27）人主使人臣虽有智能不得[背法而专制]，虽有贤行不得[逾功而先劳]，虽有忠信不得[释法而不禁]。此之谓明法。(《韩非子·南面》)

（28）故敌国之君王虽说吾义，吾弗[入贡而臣]。关内之侯虽非吾行，吾必使执

禽而朝。(《韩非子·显学》)

(29) 昔者纣为象箸而箕子怖，以为象箸必不加于土铏，必将犀玉之杯；象箸玉杯必不羹菽藿，必旄象豹胎；旄象豹胎必不[衣短褐而食于茅屋之下]，则锦衣九重，广室高台。(《韩非子·喻老》)

与例（4）至例（6）相比较，这类例子只用于议论语篇，否定副词"不""弗"带有情态义，表示"不必/不能/不得"等。如例（28）与之对举的"吾必使执禽而朝"带有显性的情态成分"必"，侧面佐证了"弗"含有情态义，表示"不能"，整句表示"国力相当的国家的君主即使欣赏我的道理，我也不能使之进贡称臣。封为关内侯的人即使非难我的品行，我必定使之持鸟兽前来朝见"。

有一个问题需要思考：例（21）至例（29）中的"不/弗"与例（13）至例（17）中的"不/弗"是同一个语素还是不同的语素？有两种处理方案：（1）认为"不/弗"代表两个不同的语素，"不$_1$/弗$_1$"是个单纯的否定副词，仅带[＋否定]一项特征；"不$_2$/弗$_2$"是个复杂的否定副词，其中蕴含了情态成分，带有[＋否定][＋情态]两项特征。（2）认为"不/弗"只是一个语素，是个单纯的否定副词。所谓"[＋情态]"特征实际上是由句式所处的语篇环境赋予的。

我们发现，"否定副词＋[VP$_1$而VP$_2$]"通常出现在"话题－评论"结构中，"否定副词＋[VP$_1$而VP$_2$]"充当述题，对话题进行陈述说明。根据话题与核心动词是否有论元关系，可分为以下三种：

第一，话题是施事主语。例（21）是定之中结构做话题，后续有一连串述题围绕该话题展开论述；例（22）以"吾闻之"引出三个"话题－评论"结构。

第二，话题是受事主语。蒋绍愚（2011）归纳了《论语》中三类"话题－评论"式的受事主语句，例（23）至例（28）属于"受事（＋施事）＋不＋动词"。

第三，话题和核心动词没有论元关系。例（29）"旄、象、豹胎"为后续的陈述设立了范围和框架，与"衣短褐而食于茅屋之下"仅是松散的语义关系。

综上，我们认为"不/弗"等仅代表一个语素，所谓"否定副词＋[VP$_1$而VP$_2$]"中的"不/弗"所蕴含的情态义是由句式赋予的，具备特定的分布环境：通常只出现在议论语篇，在"话题－评论"结构中充当述题。

二是表示劝诫、禁止的否定副词"无""毋"等，表示"不要"。

(30) 故《周记》曰："无[尊妾而卑妻]，无[孽适子而尊小枝]，无[尊嬖臣而匹上卿]，无尊大臣以拟其主也。"(《韩非子·说疑》)

(31) 故曰：毋[富人而贷焉]，毋[贵人而逼焉]，毋[专信一人而失其都国焉]。(《韩非子·扬权》)

三是表判断类的否定副词"非"，表示"不是"。

(32) 离朱易百步而难眉睫，非[百步近而眉睫远]也，道不可也。(《韩非子·观行》)

(33) 且蹇叔处干而干亡，处秦而秦霸，非蹇叔[愚于干而智于秦]也，此有君与无臣也。(《韩非子·难二》)

有时候连词"而"也可以不出现，如下：

（34）千钧得船则浮，锱铢失船则沉，非[千钧轻∅锱铢重]也，有势之与无势也。（《韩非子·功名》）

（35）故饥岁之春，幼弟不饷；穰岁之秋，疏客必食。非[疏骨肉∅爱过客]也，多少之实异也。（《韩非子·五蠹》）

我们穷尽调查了先秦汉语的几部文献，有关否定词否定"VP₁ 而 VP₂"整体的具体次数如下：

类型		《论语》	《国语》	《左传》	《墨子》	《孟子》	《荀子》	《韩非子》	《战国策》	《吕氏春秋》
否定副词＋情态助动词＋[VP1 而 VP2]		2	0	3	8	1	10	25	7	6
否定副词＋[VP1 而 VP2]	不、弗	6	1	0	6	6	0	21	3	6
	无、毋	0	0	0	0	1	0	6	0	0
	非	1	0	0	5	4	3	8	5	9
合计		9	1	3	19	12	13	60	15	21

从上表可以清晰地看出，否定副词对"VP₁ 而 VP₂"实现整体否定的用例更常出现在论说性语篇中（如《墨子》《韩非子》《战国策》等），几乎不出现在叙事性语篇中（如《国语》《左传》）。

2.2.3 含有情态成分的其他否定形式

这类例子共 19 例，主要包括三小类：一是双重否定形式，如例（36）"不可不"，二是"不"之前有疑问词"何/孰/胡/谁"等，如例（37）、例（38）；三是"不"之前有其他情态成分，整体表达反诘语气，如例（39）至例（41）。

（36）夫虽无四方之忧，然谋臣与爪牙之士，不可不[养而择]也。（《国语·越语上》）

（37）今由嫪氏善秦而交为天下上，天下孰不[弃吕氏而从嫪氏]？（《战国策·魏策四》）

（38）子会而赦有罪，又赏其贤，诸侯其谁不[欣焉望楚而归之]，视远如迩？（《左传·昭公元年》）

（39）乡也胥靡之人，俄而治天下之大器举在此，岂不[贫而富]矣哉！（《荀子·儒效》）

（40）卫侯怒，王孙贾趋进，曰："盟以信礼也，有如卫君，其敢不[唯礼是事而受此盟]也？"（《左传·定公八年》）

（41）故圣人以治天下为事者，恶得不[禁恶而劝爱]？（《墨子·兼爱上》）

三 "否定词＋[VP₁而VP₂]"能否拆分为两项否定陈述？

仔细推敲否定的侧重点，否定词对"VP₁而VP₂"实现整体否定时可以细分为两类：

一类是"否定词＋[VP₁而VP₂]"逻辑上大致等于两项否定陈述的合取，否定词否定的是"VP₁而VP₂"所表达的两项命题的真实性，VP₁和VP₂之间是并列关系。

以上第二节 2.2 所举的例子都属于这种情况。比如例（14）"不肯问知而听能"逻辑上等于"不肯问知，不肯听能"；例（21）"不吹毛而求小疵"等于"不吹毛，不求小疵"，"不洗垢而察难知"等于"不洗垢，不察难知"；例（30）"无尊妾而卑妻"表示"无尊妾，无卑妻"。又如例（32）至例（35），可拆分成两个由"非"分别否定的论断，这类"VP₁而VP₂"结构在合并之初，VP₁、VP₂两个命题都包含了否定判断，相当于"非蹇叔愚于干也，非蹇叔智于秦也"。

另一类是"否定词＋[VP₁而VP₂]"逻辑上不等于两项否定陈述的合取，否定词否定的是"VP₁而VP₂"两项命题之间的逻辑关系，VP₁通常表示 VP₂ 的时间、方式、前提、原因等。

（42）晋侯将伐郑。范文子曰："若逞吾愿，诸侯皆叛，晋可以逞。若唯郑叛，晋国之忧，可立俟也。"栾武子曰："不可以[当吾世而失诸侯]，必伐郑。"（《左传·成公十六年》）

（43）目不能[两视而明]，耳不能[两听而聪]。（《荀子·劝学》）

（44）夫不可陷之楯与无不陷之矛不可[同世而立]。（《韩非子·难一》）

（45）商人用一布布，不敢[继苟而雠焉]，必择良者。（《墨子·贵义》）

（46）夫至智说至圣，然且七十说而不受，身执鼎俎为庖宰，昵近习亲，而汤乃仅知其贤而用之。故曰以至智说至圣，未必[至而见受]，伊尹说汤是也。（《韩非子·难言》）

（47）魏拔中山，必不能[越赵而有中山]也。（《韩非子·说林上》）

例（42）至例（47）都是"否定副词＋情态助动词＋[VP₁而VP₂]"。例（42）从范文子的主张"只有诸侯皆叛时，晋国才好出兵；如果只有郑国背叛就出兵，那么晋国的忧患马上就会到来"来看，可见"失诸侯"本身是有其合理性的。栾武子所表达的并非"不可以失诸侯"，而是"不可以在我们这一代失去诸侯"。例（43），古书不乏"耳聪""目明"的书证，"目不能两视而明""耳不能两听而聪"所表达的是眼睛和耳朵不能在"两视/两听"的方式下得到"明/聪"的结果；例（44）分析同此。例（45）并非说商人不敢卖东西，而表示商人不敢随随便便就出卖东西，这从下文"必择良者"可以推断出来。例（46）从伊尹最终为汤所用的结果来看，可见"未必"并非否定"见受"，而是否定"至"和"见受"之间的时间关系，表示"不一定一见到就被接受"，而是像伊尹一样，过了七十岁才能被接受。例（47）表达的是"魏国如果想要攻下中山，必定不能越过赵国而拿下中山"，"不能"所否定的是采用"越赵"的方式来获得"有中山"这一逻辑关系，而不是说魏国最后不能拿下中山。

（48）夫贪盗不[赴溪而掇金]，赴溪而掇金，则身不全。（《韩非子·守道》）

（49）故民不[越乡而交]，无百里之戚。（《韩非子·有度》）

（50）废置无度则权渎，赏罚下共则威分。是以明主不[怀爱而听]，不[留说而计]。（《韩非子·八经》）

（51）夫冰炭不[同器而久]，寒暑不[兼时而至]，杂反之学不[两立而治]。（《韩非子·显学》）

（52）礼，朝廷不[历位而相与言]，不[逾阶而相揖]也。（《孟子·离娄下》）

例（48）至例（52）是"否定副词＋[VP₁而VP₂]"。例（48），贪盗自然是愿意拾取金子的，"不"所否定的是采用"赴溪"的方式去获得金子。例（49），民众并非不结交，而是不通过"越乡"的方式结交。例（50）表示明主不会因为心里的喜爱就听从他的言语，不因为多年的情谊就和他谋事，"不"否定的是由于"怀爱而听""留说而计"这种因果关系，而非表示明主不能听信臣下、与臣下谋事。例（51）分析同例（43）"目不能两视而明"。例（52）"不历位而相与言，不逾阶而相揖"并非说在朝廷上不能说话和作揖，而是说不能以越位、逾阶等方式说话和作揖，类似例（47）。

（53）故明主之畜臣，臣不得[越官而有功]，不得[陈言而不当]。（《韩非子·二柄》）

例（53）乍一读似乎只否定了VP₂，因为陈述言论自然是臣子的职责，"不得"似乎没有否定"陈言"；但仔细体会，"不得"否定的是VP₁和VP₂之间的逻辑关系，即不得在陈言的前提下出现不当的结果。

（54）我非[爱其财而易之以羊]也。（《孟子·梁惠王上》）

（55）然方公之狱治臣也，公倾侧法令，先后臣以言，欲臣之免也甚，而臣知之。及狱决罪定，公憱然不悦，形于颜色，臣见又知之。非[私臣而然]也，夫天性仁心固然也。（《韩非子·外储说左下》）

（56）安者，非[一日而安]也；危者，非[一日而危]也；皆以积然，不可不察也。（《大戴礼记·礼察》）

与例（32）至例（33）比较，例（54）至例（56）[1]都不能拆分为两项"非"否定的论断，"非"所否定的是VP₁和VP₂之间的逻辑关系，如例（54）从上文的"何可废也？以羊易之"可知"易之以羊"是现实事件，不是被否定的对象，"非"否定的是"爱其财而易之以羊"之间的因果逻辑；例（55）"然"指称上文想要免除刑罚等一系列已然事件，且从下文"固然也"可知"非"不是否定"然"，"非"否定的是"私臣而然"之间的因果逻辑。例（56）不能表述为"安者，非安也""危者，非危也"，可见"非"侧重否定表时间范围的前项"一日"。

四 从否定词对"VP₁而VP₂"的整体否定看"VP₁而VP₂"的结构性质

关于"叔向退而具舟"这类含有连接成分的动词连用结构的性质是什么，过去存在争议。近年来学者们通过不同的句法操作检测"VP₁而VP₂"结构是否属于语言类型学上的连动结构，其中包括观察否定词居前时的辖域来判断结构的性质（张敏、李予湘 2009）。

---

1 例（55）的"然"、例（56）的"一日"都是体词性成分充当谓语，暂列于此一并讨论。

张文认为"VP₁ 而 VP₂"应当分析为并列结构，我们同意这一论断并作出进一步论证。

首先，以下三点可以说明"VP₁ 而 VP₂"不同于连动结构。

第一，否定词不能做到不否定 VP₁ 却否定 VP₂。

在典型的连动结构以及由连动结构发展而来的动补结构，VP₁ 之前的否定词可以在不否定 VP₁ 的前提下否定 VP₂，如例（57）中（b）非洲的 EWE 语（Aikhenvald & Dixon 2006：138—139），汉语的动补结构"没砍断"（"没"只否定了"断"）。

（57）(a) [deví-a   mé-tá   yi   xɔ-a   me   o]
         child-DEF NEG-crawl go   room-DEF containing.region.of NEG.
         [É-fú   du   yi]
         3sg-move.limb course go
         'The child didn't crawl into the room. It ran in'

    (b) [deví-a   mé-tá   yi   xɔ-a   me   o]
         child-DEF NEG-crawl go   room-DEF containing.region.of NEG.
         [É-ta   do]
         3sg-crawl exit
         'The child didn't crawl into the room. It crawled out'

    (c) [deví-a   mé-tá   yi   xɔ-a   me   o]
         child-DEF NEG-crawl go   room-DEF containing.region.of NEG.
         [É-fú   du   do]
         3SG move.limb course exit
         'The child didn't crawl into the room. It ran out'

但对于"VP₁ 而 VP₂"来说，如果否定词居前，却不能在不否定 VP₁ 的情况下否定 VP₂，如果要对 VP₂ 进行单独否定，必须在 VP₂ 之前加否定词，比如"发而不中"（《孟子·公孙丑上》）。

第二，否定词否定"VP₁ 而 VP₂"整体时，不是直陈式否定[1]。

典型的连动结构，否定词居前否定整个连动结构时，是对客观事实的存在否定，属于直陈式否定，如例（57）中的（c）。但是，如果要对"VP₁ 而 VP₂"实现整体否定，需要特定的使用条件：只限于议论语篇；否定词总是蕴含情态成分，或是显性的情态助动词，或是由句式带来的隐性情态特征。这种否定操作显然不同于连动结构的直陈式否定，"VP₁ 而 VP₂"并未在现实世界中获得时间、空间属性。因此，尽管两种结构都能被整体否定，但其使用环境是不同的。

第三，否定词否定"VP₁ 而 VP₂"整体时，可用于否定两项 VP 之间的逻辑关系。从上文描写可知，否定词对"VP₁ 而 VP₂"实现整体否定时，否定词有时候看似只否定 VP₁ 或者 VP₂，但实则否定的是 VP₁ 和 VP₂ 之间的逻辑关系。这类否定表现也是典型连动结构所不具备的。

其次，袁毓林（1999）指出，现代汉语的谓词性并列结构通常不能直接在该结构前加

---

[1] 有关"直陈式否定"的概念，参看袁毓林（1999）。

上"不、没有"构成否定式,但可以在并列结构之前加上"做、进行"等形式动词以实现整体否定,形式动词加名动词这种动宾构造为并列结构接受一次性的整体否定提供了一种句法机制。根据我们的观察,"否定副词+[谓宾动词+(VP₁ 而 VP₂)]"格式也可以帮助"VP₁ 而 VP₂"实现整体否定,如(58)至例(64)。从这一点来看,"VP₁ 而 VP₂"更接近并列结构,而非连动结构。

(58)今人不知[以其愚心而师圣人之智],不亦过乎?(《韩非子·说林上》)

(59)逢衣浅带,解果其冠,略法先王而足乱世术,缪学杂举,不知[法后王而一制度],不知[隆礼义而杀诗书];其衣冠行伪已同于世俗矣,然而不知恶者。(《荀子·儒效》)

(60)此以莫不犓羊、豢犬猪,洁为酒醴粢盛,以敬事天,此不为[兼而有之、兼而食之]邪?(《墨子·法仪》)

(61)闻[有吏虽乱而有独善之民],不闻[有乱民而有独治之吏],故明主治吏不治民。(《韩非子·外储说右下》)

(62)不识[坐而待伐],孰与伐人之利?(《战国策·韩策二》)

(63)夫秦非不利[有齐而得宋地]也,然其所以不受者,不信齐王与苏秦也。(《战国策·魏策一》)

(64)夫攻伐之事,未有[不攻无道而罚不义]也。(《吕氏春秋·孟秋纪·振乱》)

结合第二节的描写来看,情态助动词与谓宾动词都起到了同样的功能——使"VP₁ 而 VP₂"处于被包孕的地位。本文认为,与典型的连动结构在概念上表达一个事件不同,尽管连词"而"将前后两项 VP 整合为一项复杂的陈述,但两项 VP 在句法和语义上都具有较强的独立性,没有彻底整合为一个不可分割的事件,因此如果要对它进行整体否定,则需要将"VP₁ 而 VP₂"结构降级,使其在句法上被包孕,充当谓宾动词或者情态助动词的宾语。

五 两种有争议的例子

下面辨析两种有争议的例子。

(65)人主不餍忿而待合参,其势资下也。(《韩非子·八经》)

例(65),不同的译注本对"不"的否定辖域存在不同理解。《韩非子》校注组编写(2009:541)翻译为"君主不盛怒斥责,而要等待参验,在这种形势下,就等于帮助了臣下"。邵增桦(1983:178)翻译为"君主如不能忍耐忿怒,多方参耐,然后施行,他的权势就要被奸臣所利用了"。我们同意邵增桦的理解,"不"表示"不能",否定是"餍忿而待合参"整体。《韩非子》一书中多次提到"合参验"的重要性,不合参验会导致主上的权势被削弱。如《孤愤》:"今人主不合参验而行诛,不待见功而爵禄。故法术之士安能蒙死亡而进其说?奸邪之臣安肯乘利而退其身?故主上愈卑,私门益尊。"此处"不"只否定"合参验","不合参验"即"不待合参","主上愈卑,私门益尊"即"其势资下"。

（66）此天下之利，<u>而王公大人不知而用</u>，则此可谓不知利天下之巨务矣。(《墨子·非攻下》)

（67）盛德之士，君不得而臣，父不得而子。(《孟子·万章上》)

例（66）画线部分，现有的译注本翻译为"然而王公大人不懂得去利用"（谭家健、孙中原 2009：122），这是把"不知而用"等同于"不知用"[1]。这和处理类似于认为例（67）"得而VP"结构中的"得"是助动词，"不得而臣"是"不得臣"结构的变例。事实上，例（66）、例（67）的"不"都表示"不能"，否定两项具有并列关系的VP，VP_1 和 VP_2 之间不存在嵌套关系（杜轶 2020）[2]。例（66）画线部分应该翻译为"然而王公大人却不能知道并且运用它"。

参考文献

杜　轶（2020）先秦"得而VP"结构的句法语义特点与语篇特征，《汉语史学报》第二十二辑，上海教育出版社。

管燮初（1981）《西周金文语法研究》，商务印书馆。

《韩非子》校注组编写、周勋初修订（2009）《韩非子校注》（修订本），凤凰出版社。

蒋绍愚（2011）受事主语句的发展与使役句到被动句的演变，《汉语史学报》第十一辑，上海教育出版社。

梁银峰（2006）《汉语动补结构的产生与演变》，学林出版社。

邵增桦（1983）《韩非子今注今译》（下册），台湾商务印书馆。

谭家健、孙中原（2009）《墨子今注今译》，商务印书馆。

魏兆惠（2008）《上古汉语连动式研究》，上海三联书店。

向　熹（1993）《简明汉语史》（下），高等教育出版社。

杨伯峻、何乐士（1992）《古汉语语法及其发展》，语文出版社。

袁毓林（1999）并列结构的否定表达，《语言文字应用》第3期。

张　敏、李予湘（2009）先秦两汉汉语趋向动词结构的类型学地位及其变迁，"汉语趋向词之历史与方言类型研讨会暨第六届海峡两岸汉语史研讨会"论文。

赵长才（2000）《汉语述补结构的历时研究》，中国社会科学院研究生院博士学位论文。

Aikhenvald, A. Y. & Dixon, R. M. W. (2006) *Serial Verb Constructions: A Cross-Linguistic Typology*. Oxford: Oxford University Press.

---

1 又如例（26）"不胜而入""不胜而辟"往往被翻译为"住都住不过来""开辟都开辟不过来"，这是理解成"不胜其入""不胜其辟"。例（26）"万乘之国"是受事主语充当话题，"胜"和"入"是两项并列的动词。

2 杜文论证了上古汉语的"得而VP"结构中的"得"并非助动词，而是与VP构成并列关系的动词。

《左传》中指示代词"焉"的句法语义及篇章功能*

北京大学中国语言文学系　李泓霖

提要：上古汉语中，"焉"常出现在句末，传统训诂学将其等同于"于之""于是"；自《马氏文通》以来，学者逐渐从语法学角度考察"焉"的意义与功能，并且对"焉"的语法化过程有所关注。本文全面考察《左传》中的指示代词"焉"，区分作为谓词论元的"焉"与作为谓词附加成分的"焉"，对"焉"的句法、语义分布进行了描写，说明"焉"是上古汉语中用以指代非受事成分的特殊指示代词，不与受事成分发生混淆。同时，本文观察了两类"焉"的篇章功能，指出"焉"的语法化过程与其回指特点密切相关，《左传》中存在一类回指话题的"焉"，最易由句法进入篇章层次，发展为语气词。

关键词：《左传》　"焉"　指示代词　句法语义　语法化

一　问题的提出及既有研究回顾

本文以《左传》中的指示代词"焉"为研究对象，这类"焉"一般出现在句末，对于其性质的判定，历来众说纷纭。"焉"的性质决定了研究其句法语义的角度，因此本文首先说明这一问题，并对相关前研究加以回顾。

1.1 对"焉"性质的认识

上古汉语中，"焉"常出现在句末，传统训诂学将其称作"送句之辞""绝语之辞"[1]，或等同于"于之""于是"。《经传释词·卷二》："焉犹'于是'也……《西周策》'君何患焉？'《史记·周本纪》作'君何患于是'。是'焉'与'于之''于是'同义。"

自《马氏文通》以来，学者逐渐从语法学角度考察"焉"的意义与功能，《马氏文通》曰："'于'，介字也，不司'之'字。凡用'于之'两字之处，'焉'字代焉。"（马建忠1983：54）从意义上指出"焉"与"于之"同义。

至杨树达（1978：390），明确提出了兼词说："'焉'用同'于是'，实兼介词'于'与代名词'是'两词之用。"杨伯峻（1981：224）也认为"'焉'兼词，同'于是''于此'"。

"兼词"说影响很大，但是存在许多问题，关树法（1986）详细辨析了兼词产生的条件，指出构成兼词的两个单音词在兼词产生前需有一段相当长的、经常连用的历史，然而

---

* 论文受到教育部人文社会科学重点研究基地重大项目"基于上古汉语语义知识库的历史语法与词汇研究"（18JJD740002）、"面向上古汉语知识库的出土文献词汇语法研究"（22JJD740003）的资助，特此致谢。

1 《论语·雍也》"汝得人焉耳乎哉"句，皇侃疏："焉耳乎哉，皆是送句之辞也。"《公羊传·宣公六年》"则无人焉"注："但言焉，绝语辞。"

"于之""于是"罕有连用（《马氏文通》已经指出"于"不司"之"字），显然不具备形成兼词的条件。

另一方面，"焉"也不具备形成兼词所需的合音条件。"焉"属影母元部；"于"为影母鱼部，"之"照母之部；"是"禅母支部。无论"于之"还是"于是"，语音上都无法拼合出"焉"。

那么如何认识"焉"的语法性质呢？关树法（1986）指出，代词"焉"经常与动词、形容词或副词直接结合作它们的补语，是它特有的语法功能。本文基本同意这一看法。古汉语中，补语位置常以"於（于）"介引施动者、工具、原因、时间、处所等成分，因此给人以"焉"兼有"於（于）"和"之"功能的错觉。但实际上"焉"是一个指示代词，其指代对象为非谓词受事的名词性成分，它同时具有标明动名之间低及物性的功能。

根据董秀芳（2006），"於（于）"是非宾语名词性成分的标记，在句中出现标明动名之间的低及物性，排除将后面的名词看作宾语的可能。本文认为"焉"指代谓词的非受事成分，同样标明了动名之间的低及物性，因此常与"於（于）之""於（于）是"出现在相似的句法环境中，"焉"并非"兼有"了"于"的语义或功能，而是自身便具有这样的性质和功能。

1.2 对指示代词"焉"句法语义功能的既有研究

前辈学者已经注意到，句末"焉"的意义与其前谓语的性质密切相关。刘纶鑫（1989）考察了《左传》句末的"焉"，将"焉"出现的条件归纳为"在形容词后""在自动词述语后""在他动词述语后""在述宾结构后""在疑问句末尾"五类；黎路遐（2011）在此基础上将"焉"前谓语分为形容词、不及物动词、及物动词和动宾结构四类，指出"焉"在不及物动词和动宾结构后可能分析为语气助词，其他情况下仍为指示代词。

这一观察角度有利于对"焉"的句法语义特点和演变过程的分析，但是仍然存在一些问题。

首先，对"焉"前谓语的分类仍显笼统，没有充分考虑词义与句法的关联。通过观察语料可以发现，"焉"的意义与其前动词的语义类相关，而同一动词可能进入不同的句法结构，以满足言语交际的需求。如果仅仅根据"焉"前是及物动词或述宾结构而将其分为两类，不利于全面系统地说明其性质与功能。因此，本文根据语义对"焉"前谓词进行聚类，分别观察"焉"与谓词之间的关系。

其次，既有研究承袭传统训诂学中"焉犹之也"的说法，认为出现在及物动词后的"焉"有时相当于"之"。这样会带来指示代词"焉"功能混杂的问题，有随文释义之嫌。

本文希望通过对《左传》中指示代词"焉"进行分类描写，说明"焉"是上古汉语中用以指代非受事成分的特殊指示代词，不能直接等同于"于之/是"，也不与受事成分发生混淆。在此基础上，对"焉"的语法化过程作出思考。

二 《左传》中指示代词"焉"的句法语义分析

《左传》共检得765例指示代词"焉"，其中676例"焉"能够找到回指对象，可以看作指示代词；86例"焉"可能存在指示代词与语气词两种解读；3例"焉"只能被理解为语气词[1]。

《左传》中指示代词"焉"指代处所、对象、比较对象、施事等成分，可以出现在及物动词、不及物动词、动宾结构和形容词之后。需要说明的是，"焉"可能为动词的旁格论元，也可能并非动词论元，而是事件的附加成分。以下例子可以说明二者的区别：

（1a）初，晋侯使士蒍为二公子筑蒲与屈，不慎，置薪焉。（《左传·僖公五年》）
（1b）郑伯有耆酒，为窟室，而夜饮酒击钟焉。（《左传·襄公三十年》）

两例"焉"均指处所，处在述宾结构之后，但与动词的关系不同。（1a）例中"焉"是动词"置"的非受事论元，（1b）例中"焉"则是"饮酒、击钟"的附加成分。

《左传》中共有 42 例表"放置、安置"义的"置"，处所成分均出现[2]，说明动词"置"的语义结构中编码了"（安置的）处所"这一成分；从句法分布上来看，处所成分在"置"后用"焉"指代，或用"于""诸"介引，说明动词将其编码为非受事成分，与被编码为受事的"安置对象"存在严格对立。

（1b）例中的"焉"则并非"饮（酒）""击（钟）"的必有论元，动词"饮""击"不要求处所成分与之共现，"焉"的出现与否仅受语义表达的限制。根据句义，其他相关成分（如时间）也可以附加在事件之上，如：

（2a）齐庆封好田而耆酒，与庆舍政，则以其内实迁于卢蒲嫳氏，易内而饮酒数日，国迁朝焉。（《左传·襄公二十八年》）
（2b）左师每食击钟。（《左传·哀公十四年》）

去掉时间、处所等附加成分，该句子在句法上仍然成立。

分布上的差异说明指示代词"焉"与其前谓词性成分的关系并不一致，"焉"可能作为动词的旁格论元，为论元结构所约束；也可能是事件的附加语，不进入动词的论元结构。

当然，实际语言中动词的句法语义十分复杂，对于动词必有论元的判定也常常陷入困难。Croft（2001：274—275）认为，论元与附加语具有连续统（continuum）的性质，他以英语中"Randy chased the dog in the park"（Randy 在公园追狗）为例，指出：

"追赶"(chasing)是一项必须在某个地方进行的活动：它须发生在某一个处所，涉及追赶者和被追赶的实体。这显然不适用于所有的谓语……因此，追赶事件的处所是"chase"（追赶）这个语义结构里的次结构（substructure）……然而，在描述追赶事件的语义特征时，由"in the park"（在公园里）所表达的"chase"（追赶）的次结构远没有由"Randy"和"the dog"（那只狗）所表达的次结构显著。

---

1 语气词"焉"由指示代词"焉"语法化而来，根据语法化的渐变原则，演变过程中必然存在中间阶段，因此可以发现一些可作两解的例子。本文的处理方法是：将能够找到明确回指对象的"焉"均看作指示代词；将能够找到回指对象，但抽象程度较高，模糊性较强，非必有的"焉"看作存在指示代词与语气词两种解读的情况；将无法找到回指对象的"焉"看作纯粹的语气代词。为更加全面地研究指示代词"焉"的句法语义属性以及语法化过程，本文将过渡阶段的"焉"也作为指示代词考察。

2 《左传》中有 2 例"置"后未出现处所成分，分别为"楚人将杀之，请置之，既又请私"（《左传·昭公八年》）和"与之邑，寘之而逃，奔宋"（《左传·哀公十七年》），但此时"置"的词义已由"放置"引申为"舍弃、停止"义，语义结构发生了变化。

换言之，处所成分在该事件中处在论元与附加语的中间地带。本文认为这一观察对于古汉语同样适用，下面以《左传》中的"田"为例进行分析。

"田"表"田猎"，动词所代表的事件涉及处所，因为先秦时期的"田"并非一般捕猎活动，而是有组织、大规模的狩猎，并且常常需要排出相应的阵型[1]，采用"围猎"的形式，与捕猎的场所密切相关。《左传》中"田"表"田猎"时，14 例处所成分不出现，隐含于动词之中；9 例处所成分作为旁格论元出现，更为具体地展现了一个典型"田猎事件"。因此，可以将"田猎处所"看作"田"的"次结构"，本文称之为动词的"潜在论元"，在入句时，可能不进入动词的透视域[2]，因此处于隐含状态；也可能被激活，在句子表层得到呈现。

被编码为谓词论元（包括必有论元与潜在论元）的"焉"与谓词关系紧密，其识解在很大程度上与谓词的语义相关。结合"焉"前谓语的性质对"焉"作出说明[3]，是可行的方法；对于附加成分"焉"，其语义识解有赖于上下文提供的信息，与谓词的关系相对松散，因此本文主要从篇章角度对其进行观察。

2.1 作为谓词论元的"焉"

2.1.1 "焉"指代处所

第一，"有/无（+NP）+焉"。

《左传》中"有（+NP）+焉"共 73 例，"无（+NP）+焉"共 27 例。"焉"为"有""无"的潜在论元。

"有"表事物的存现，当"有"后 NP 出现，且为物质实体时，常与处所成分紧密关联。如：

（3）既享，宴于季氏。有嘉树焉，宣子誉之。(《左传·昭公二年》)

"焉"回指"季氏"，指代具体处所。

当"有"后 NP 为抽象度较高的事物时，"焉"的回指对象有所扩展。如：

（4a）王一岁而有三年之丧二焉。(《左传·昭公十五年》)

（4b）鲁将以十月上辛有事于上帝、先王，季辛而毕，何世有职焉，自襄以来，未之改也。(《左传·哀公十三年》)

（4a）中"焉"回指"一岁"，是一个时段，可以看作处所语义由空间域向时间域的投射。（4b）例杜预注"有职焉"曰"有职于祭事"，"焉"回指"有事于上帝、先王"，即

---

1 《左传·文公十年》："遂道以田孟诸。宋公为右盂，郑伯为左盂。期思公复遂为右司马，子朱及文之无畏为左司马，命凤驾乘媒。"杜预注"盂"曰"田猎陈名"。

2 "透视域"概念来自 Fillmore（1975）提出的事件框架理论，该理论认为，对于一个谓词，它的每一个意义用法都有一个给定的透视域（perspective），以"商业交易框架"（Commercial Transaction Frame）为例，这一事件中的要素可以概括为"买方""卖方""商品""货币"四种，但并非每个要素都进入动词的透视域。比如对于动词"buy"（买），可以只有买方与商品进入透视域，如"I bought some flowers"，而在另一些情况下，卖方与货币也可以进入透视域，如"I bought some flowers for 5 dollars from him"。

3 由于《左传》语料的封闭性以及文章篇幅限制，下文对动词作出的分类举例并不能涵盖所有进入该结构的相关动词，而更接近于对典型情况的说明。更具有周遍性的描写工作有待于对上古汉语动词体系进行更深入的考察研究后展开。

祭祀活动，可以看作空间语义向社会域的投射。总之，在"有＋NP＋焉"结构中，"焉"可以被理解为广义处所。

当"有"后NP不出现时，"有焉"多表与前文所述情况的吻合，与"有之"形成对立。

（5a）《诗》曰："于以采蘩？于沼于沚。于以用之？公侯之事。"秦穆有焉。"夙夜匪解，以事一人"，孟明有焉。"诒厥孙谋，以燕翼子"，子桑有焉。（《左传·文公三年》）

（5b）《诗》曰："慎尔侯度，用戒不虞"，郑子张其有焉。（《左传·襄公二十二年》）

（6a）子、女、玉、帛，则君有之；羽、毛、齿、革，则君地生焉。（《左传·僖公二十三年》）

（6b）前志有之曰："圣达节，次守节，下失节。"（《左传·成公十五年》）

《左传》中"有之"的"之"一定为"有"前主体所领有或存在于"有"前主体，"之"指代具体事物；而"有焉"中"焉"回指的是某种性质或特点，主体并不能直接领有，旧注中有时也反映了这一点：《左传·文公三年》杜预注"子桑有焉"曰"言子桑有举善之谋"，以"谋"为"有"的宾语，"举善"是《诗经·大雅》之义，也是"焉"实际指代的对象，可以理解为"在某一方面"，仍然可以看作是由典型处所论元抽象而来。

"无"与"有"相对，其后出现的成分也可以看作广义处所论元。如：

（7）师慧过宋朝，将私焉。其相曰："朝也。"慧曰："无人焉。"（《左传·襄公十五年》）

"焉"指"宋朝"这一具体处所，抽象度低。

（8）右无良焉，必败。（《左传·桓公八年》）

"焉"指"车右"这一位置，抽象度提高。

（9）我实不天，子无咎焉。（《左传·襄公二十三年》）

"焉"指"不天"这件事，抽象度进一步提高。

总之，动词"有、无"的语义结构中均编码处所论元，涵盖范围包括具体的处所，也可以指抽象度较高的事物、道理，均能用"焉"指代。

第二，"位移义动词（＋NP）＋焉"。

"焉"指代处所时，常为位移动词的旁格论元，《左传》中出现在这一句法位的动词有"至"（5例）、"造"（1例）、"迁"（3例）。

"至"在《左传》中一般不带宾语，"至"是不及物动词，"至"字后如果要出现所至的处所，必须以"於（于）"或"乎"字为介，战国后这一语法规则有所松动。本文考察的"至焉"与"至于／于／乎NP"平行，是动词语义结构中的潜在论元，表位移的终点。如：

（10）秦、晋为成，将会于令狐。晋侯先至焉。（《左传·成公十一年》）

"造"同样不带宾语,但处所成分一般出现,可以用"焉"指代。根据本文考察,《左传》中9例表"到达"的"造"均要求处所成分出现。如:

(11) 齐侯至自田,晏子侍于遄台,子犹驰而造焉。(《左传·昭公二十年》)

"迁"带宾语,宾语表示被迁移的对象,其后旁格成分表被迁至的处所,一般出现,可以用"焉"指代。如:

(12) 城丘皇,迁訾人焉。(《左传·昭公二十五年》)

总之,位移动词"至、造、迁"的语义结构中均编码处所论元,可以用"焉"指代。"造、迁"要求该成分在句中呈现,而"至"则不要求。[1]

第三,"放置义动词(+NP)+焉"。

《左传》中出现在这一句法位的假借义动词有"寘"(9例)、"置"(1例),后接宾语表放置物,处所为必有论元,可以用"焉"指代。如:

(13) 三月甲戌,取须句,寘文公子焉,非礼也。(《左传·文公七年》)
(14) 于是秦始征晋河东,置官司焉。(《左传·僖公十五年》)

"寘/置"偶尔可进入双宾语句。如:

(15) 寘之新箧,褧之以玄纁,加组带焉。(《左传·哀公十一年》)

第四,"其他处所相关动词(+NP)+焉"。

除"有/无"与位移动词外,还有一批动词语义结构与处所成分密切相关,本文统称为"处所相关动词",《左传》中能够进入"V(+NP)+焉"格式的有"树"(2例)、"封"(3例)、"门"(6例)。

"树"表树立,后接宾语,表"树"的对象,处所成分为潜在论元,可以在句中呈现。如:

(16) 晋其庸可冀乎?姑树德焉,以待能者。(《左传·僖公十五年》)

"封"指帝王将土地分封诸侯,后接宾语,表"封"的对象,处所成分表分封之地,一般在句中出现。如:

(17a) 二年春,诸侯城楚丘而封卫焉。(《左传·僖公二年》)
(17b) 晋荀偃、士匄请伐偪阳,而封宋向戌焉。(《左传·襄公十年》)

"门"做动词,既可指攻打城门,也可指守城门,在语境中依据主体的不同判断其语义,不带宾语,处所成分表"攻/守门"所在之地,均在句中出现,如:

(18a) 晋侯围曹,门焉,多死。(《左传·僖公二十八年》)
(18b) 及门,公孙敢门焉。(《左传·哀公十五年》)

---

1 一个可能的解释是:"至"强调动作的完成,表终点的处所成分可以不进入透视域;而"造""迁"则强调动作行为,表终点的处所成分为必有论元,否则无法完整表达事件过程。

动词"门"由名词"门"转类而来，属于处所转喻动作，而该动作（攻门／守门）与转类前的名词密切相关，动词的旁格论元实际正是名词"门"所表处所。(18b)例中"焉"指代"及门"之"门"，体现了这一点；(18a)例中"焉"回指"曹"，但根据杜注也可以看出，上下文中"焉"实际指代的是"曹城门"。因此，名—动转类的特殊来源决定了处所成分是动词"门"的必有论元。

2.1.2 "焉"指代对象

"焉"指代对象时，常与取予类事件相关，这类事件涉及对事物领有权的转移，取、予双方均存在于动词的语义结构中。无论是对实体事物的求取、假借或致送，还是对抽象事物的问询、言告，动词的旁格论元都可以用"焉"指代，与受事论元形成对立。

第一，"求取义动词（+NP）+焉"。

《左传》中出现在这一句法位的求取义动词有"求"（15例）、"乞"（2例）、"取"（18例）、"娶"（3例）、"略"（1例）、"获"（12例）、"请"（20例），表示主体从某人或某处求取、获得事物，但在语义和句法表现上不完全相同。

与动词"求""乞"相关的语义成分有求乞的"事物"和求乞的"对象"，前者被编码为动词的受事宾语，在句中直接呈现或用"之"指代；后者可以用"焉"指代，进入"求／乞+NP+焉"的句式，与"求／乞+NP$_1$+于+NP$_2$"平行。如：

（19a）向魋出于卫地，公文氏攻之，求夏后氏之璜焉。(《左传·哀公十四年》)
（19b）三年春，齐、卫围戚，求援于中山。(《左传·哀公三年》)
（20a）郤犨如卫，遂如齐，皆乞师焉。(《左传·成公十六年》)
（20b）秦景公使士雃乞师于楚，将以伐晋，楚子许之。(《左传·襄公九年》)

需要说明的是，"对象"这一旁格论元虽然存在于动词语义结构中，但未必均能在句子中得到呈现。比较《左传》中"求""乞"的句法表现，可以发现"乞"一般要求旁格成分出现[1]，而"求"则自由许多。根据本文统计，《左传》208例动词"求"中，仅62例"求"与"求乞对象"共现，该对象多为国家或具体的有生主体，具有对"求"后NP的领属权。说明"对象"成分为"求"的潜在论元，可以不进入透视域。

"取"同样表示对事物的获取，《说文·又部》："取，捕取也。从又从耳。""取"象以手取耳，从《说文》所载造字本义和早期用例来看，"取"的语义结构中最重要的成分是动作的施事和受事，而获取的来源（对象）属于潜在论元，当该成分进入透视域时，可以用"焉"指代。如：

（21a）政自之出久矣，隐民多取食焉，为之徒者众矣。(《左传·昭公二十五年》)
（21b）乡取一人焉以归，谓之夏州。(《左传·宣公十一年》)

"娶"由"取"分化而来，《说文·女部》："娶，取妇也。从女从取，取亦声。""娶"的受事被词汇化入动词词义之中，因此《左传》中"娶"后常不出现所娶之人。值得注意的是，动词"娶"与对象论元的关系较"取"显得紧密得多，一般在句中出现，可以用"焉"

---

[1] 《左传》中个别"乞"后没有旁格论元出现，但上下文能够提示"求取对象"的信息，如"及昭王在随，申包胥如秦乞师"(《左传·定公四年》)中，"如秦"提示了"乞"的对象论元，因此"乞师"可以完整表达整个事件。

指代。如：

(22) 夏，公孙兹如<u>牟</u>，娶焉。(《左传·僖公五年》)

这也从侧面印证了"取"的语义结构中编码了对象这一旁格论元，对于一般"取得"事件来说，不强调所"取"的对象（来源）；但对于"取妇"这一特定事件而言，"取"的对象（来源）十分重要。

第二，"假借义动词（＋NP）＋焉"。

《左传》中出现在这一句法位的假借义动词有"假"（3 例）、"借"（1 例）。

"假、借"的语义与"求、乞"有相似之处，同样表示主体从某人或某处求取、获得事物，不同在于"假、借"只是暂时性拥有或不完全拥有。

与动词"假""借"相关的语义成分有借入的"事物"和假借的"对象"，前者被编码为动词的受事宾语，在句中直接呈现或用"之"指代；后者作为动词的旁格论元出现，可以用"焉"指代，进入"假／借＋NP＋焉"的句式，与"假／借＋NP₁＋于＋NP₂"平行，是动词的必有论元。如：

(23a) 公还，及<u>卫</u>，冠于成公之庙，假钟磬焉，礼也。(《左传·襄公九年》)
(23b) 郑无赋于<u>司马</u>，为执事朝夕之命敝邑，敝邑褊小，阙而为罪，寡君是以愿借助焉。(《左传·襄公四年》)

第三，"进献义动词（＋NP）＋焉"。

《左传》中出现在这一句法位的进献义动词有"致"（6 例）、"献"（3 例）、"言"（1 例）。

邵永海（1990）对《左传》中的双宾语结构及"于"字结构进行了详细观察，指出能够进入"V＋NP＋于／於 NP"格式的进献义动词多表自下而上的进献。能够进入"V＋NP＋焉"格式的动词与之平行，动词后宾语为进献的内容，对象只能作为动词的旁格论元出现，可以用"焉"指代。如：

(24) <u>公</u>还，季孙宿遂致服焉。(《左传·昭公二年》)
(25) ∅与之缟带，子产献纻衣焉。(《左传·襄公二十九年》)
(26) 与之比而事<u>赵文子</u>，言伐郑之说焉。(《左传·襄公三十年》)

第四，"归还义动词（＋NP）＋焉"。

《左传》中出现在这一句法位的归还义动词有"归"（2 例）、"反"（6 例），后接宾语表归还的事物，归还对象作为动词的旁格论元出现，可以用"焉"指代，进入"归／反＋NP＋焉"的句式，与"归／反＋NP₁＋于＋NP₂"平行。如：

(27) 使司徒禁掠<u>栾氏</u>者，归所取焉。(《左传·襄公二十一年》)
(28) 皆召<u>之</u>，具<u>其</u>器用，而反其邑焉。(《左传·襄公二十八年》)

"归""反"均可表主体的位移事件，"焉"也有被识别为处所成分的可能。但处在这一位置的"焉"多指代国家或特定人群，为有生主体，因此可将"焉"看作一个对象成分。实际上，这类例子再次证明，"处所"与"对象"之间并非截然可分，可以将"对象"论元看作一个广泛的"处所"论元。

第五,"询问义动词(+NP)+焉"。

《左传》中出现在这一句法位的询问义动词有"问"(32例)、"访"(2例),其后接宾语表询问的内容,询问对象作为动词的旁格论元出现,可以用"焉"指代,进入"问/访+NP+焉"的句式,与"问/访+NP₁+于+NP₂"平行。如:

(29a)使∅赴于郑,伍举问应为后之辞焉,对曰:"寡大夫围。"(《左传·昭公元年》)

(29b)初,楚子将以商臣为大子,访诸令尹子上。(《左传·文公元年》)

询问内容一般比较复杂,可能不作为"问""访"的直接宾语出现,而是以"曰"引出一个引语小句,或者由上下文提示询问的内容。如:

(30a)周内史叔兴聘于宋,宋襄公问焉,曰……(《左传·僖公十六年》)

(30b)访于申丰,曰:"弥与绎,吾皆爱之,欲择才焉而立之。"申丰趋退,归,尽室将行。他日,又访焉。(《左传·襄公二十三年》)

由于"焉"只能指代非受事成分,而《左传》中动词"问""访"存在询问内容(受事)与对象(非受事)的严格对立,因此"问+焉"并不会构成歧义。

第六,"其他对象相关动词(+NP)+焉"。

除与取予事件相关的动词外,还有一批动词语义结构与对象成分密切相关,本文统称为"对象相关动词",《左传》中能够进入"V(+NP)+焉"格式的有"辞"(14例)、"属"(11例)、"通"(4例)、"贰"(2例)。

"辞"表"推辞、谢绝",不及物,拒绝的对象是旁格成分,在表"谢绝"义时一般出现,可以用"焉"指代。如:

(31)王弗见∅,使单襄公辞焉。(《左传·成公二年》)

"属"表"嘱托、托付",后接宾语,为嘱托的事物,对象是旁格成分,为必有论元,可以用"焉"指代。如:

(32)宋穆公疾,召大司马孔父而属殇公焉。(《左传·隐公三年》)

"通"表"私通",不及物,私通对象是旁格成分,为必有论元,可以用"焉"指代,如:

(33)公会齐侯于泺,遂及文姜如齐。齐侯通焉。(《左传·桓公十八年》)

"贰"表"离异,有二心",不及物,贰属对象是旁格成分,为潜在论元,可以用"焉"指代。如:

(34)以陈、蔡之密迩于楚,而不敢贰焉,则敝邑之故也。(《左传·文公十七年》)

2.1.3 "焉"指代比较对象

《左传》中"焉"可以指代比较对象,一般出现在"莫 VP 焉"或"孰 VP 焉"("孰

VP 焉"均为反问句）结构中，其中 VP 为形容词，共 47 例。如：

（35）受晋赂而辟之，楚之耻也。罪莫大焉。（《左传·僖公三十三年》）
（36）能与忠良，吉孰大焉？（《左传·成公十七年》）
（37）尤而效之，其又甚焉。（《左传·襄公二十一年》）

出现在 VP 位置形容词均具有程度义，如"大、甚、弱、强"。对于这类"焉"，仍然可以从论元结构的角度加以解释：形容词本身具有程度义，而"莫 VP 焉"与"孰 VP 焉"两类结构都具有否定性，表示"没有谁（什么）更……"的含义，要求出现一个比较项作为旁格论元；而（37）例中"又甚"也带有比较意味，因此比较对象必须出现作为论元，可以用"焉"指代。

2.1.4 "焉"指代动作施事

在《左传》中还能够观察到少量"焉"指代动作施事的用例，相关动词有"败"（5 例）、"歼"（2 例）。"焉"指代施事，是动词的潜在论元。如：

（38）秋，秦师侵芮，败焉，小之也。（《左传·桓公四年》）
（39）夏，遂因氏、颌氏、工娄氏、须遂氏飨齐戍，醉而杀之，齐人歼焉。（《左传·庄公十七年》）

值得一提的是，《春秋·庄公十七年》有"齐人歼于遂"句：

《穀梁传》解经曰："歼者，尽也。然则何为不言遂人尽齐人也？无遂之辞也。无遂则何为言遂？其犹存遂也。存遂奈何？曰，齐人灭遂，使人戍之。遂之因氏饮戍者酒而杀之，齐人歼焉。此谓狎敌也。"

将例（39）与《春秋》对读，可以发现"焉"指代动作施事时也与"+之"存在平行关系，而《穀梁传》对《春秋》言"齐人歼于遂"而非"遂尽齐人"的论述提示我们，这类现象的出现可能与动作施事不适于作为小句主语出现有关。例（38）中"败焉"的同义表达是"芮败秦师"，如果选取这一形式，"小之也"就无法得到自然衔接，因为整个句子是围绕"秦师"展开的，"败焉"与"小之也"的主语均为零形式，构成回指链。因此，"芮"不适于作为后续小句主语，只能用非受事成分代词"焉"指代，受到篇章因素的制约。

上文探讨了《左传》中作为谓词潜在论元的指示代词"焉"的句法语义表现，可以得出以下结论：（1）"焉"的所指与谓语的语义密切相关，需要满足其论元结构的要求；（2）"焉"均指代谓词的非受事成分，与"於（于）+之"存在平行；（3）"焉"可以指代处所、对象、比较对象和动作施事，其中"处所"抽象程度低，指代"对象、比较对象、动作施事"的功能可能由指代"处所"功能发展而来。

2.2 作为附加成分的"焉"

作为附加成分出现的"焉"，在句法上与谓词没有论元关系制约，表达内容比较灵活，但仍以处所成分最为常见。如：

（40）使营菟裘，吾将老焉。（《左传·隐公十一年》）

（41）楚令尹子元欲蛊文夫人，为馆于其宫侧，而振万焉。（《左传·庄公二十八年》）

这一类"焉"的指代对象较好得到识解。而《左传》中，还有一批意义比较模糊、用法特殊的指示代词"焉"，如：

（42）赵孟患楚衷甲，以告叔向。叔向曰："何害也……与宋致死，虽倍楚可也，子何惧焉……"（《左传·襄公二十七年》）

（43）楚人讨陈叛故，曰："由令尹子辛实侵欲焉。"（《左传·襄公五年》）

（44）君胡不胄？国人望君如望慈父母焉，盗贼之矢若伤君，是绝民望也，若之何不胄？（《左传·哀公十六年》）

以上例句中，"焉"指代的并非都是物质实体，具体所指很难找回。但可以发现，这三个句子中"焉"前内容都是围绕某个特定话题展开的，如果将"焉"的所指关联至小句话题，或许可以解释其意义。（42）例中的"焉"可以看作指代"患楚衷甲"这件事；（43）例中"由"提示"焉"可能回指"讨陈叛故"这件事；（44）例中"焉"用在比拟句末尾，可以理解为是对当前的说明对象"国人望君"这件事的一种回指。

"焉"的这一用法不能替换为"於（于）之／是"，是"焉"作为指示代词的独特性质带来的。上文已经指出，"焉"能够指代与谓语相关的非受事成分，在"话题—说明"句中，"焉"进入篇章层次，用以表达当前内容与话题相关，通过回指建立小句间的关联，能够涵盖十分复杂的语义。这时，"焉"的指代意义已经十分模糊，为进一步语法化为语气词提供了适宜的条件。

三 《左传》中指示代词"焉"的篇章功能分析

3.1 "焉"的回指特点与篇章功能

上文依据"焉"的句法、语义特点，对"焉"作出分类，分别进行了描写。根据系统功能语言学理论，指示代词具有篇章衔接、连贯的功能，句法语义的不同可能带来篇章功能的差异；而篇章功能的差异又可能成为句法语义上演变的动因。

Chafe（1976）提出了"可及性"概念，表示词汇所指的物质实体在心理上的显著度或激活度。Ariel（1988，1990）进一步提出，指称性词语是可及性标示语（accessibility markers），可以标示所指实体的不同可及性，代词及其零形式是高可及性标示语。她指出，实体的可及性主要由以下四个因素决定：（1）间隔距离；（2）竞争度；（3）显著性；（4）一致性。本节借鉴这一理论，通过观察《左传》中"焉"的回指特点与篇章衔接功能，发现作为谓词旁格论元出现的"焉"的回指距离可以较长，先行词与所指可能不同形，回指对象的识解很大程度上依赖与谓词的论元关系；而作为附加成分出现的"焉"回指不自由，对先行词要求较高，存在语法化为语气词的可能。

3.1.1 谓词论元"焉"的回指特点与篇章功能

《左传》中担任谓词论元的"焉"在回指时，其回指对象的识解与"谓词—焉"之间的论元关系密切相关。因为当谓词必有论元存在缺位时，"焉"只能被理解为该成分，不存在其他可能；当谓词的潜在论元缺位时，"焉"也有很大可能作如此理解。这种关系使实体的可及性得到显著提升,即使出现远距离回指、非同形回指、跨层回指,"焉"仍然能够找回先行词,使事件语义得到完整表达。因此在《左传》中可以看到"焉"在回指时的如下表现:

第一,远距离回指。

"焉"作为指示代词时,一般能够在句中或上一句中找到名词、代词或零形式同指指称语,但偶尔可见长距离回指。如:

(45)楚之讨陈夏氏也,庄王欲纳夏姬……王以 ∅ 予连尹襄老。襄老死于邲,不获其尸。其子黑要烝焉。(《左传·成公二年》)

"烝"指与母辈私通(《左传·桓公十六年》"烝于夷姜"杜注曰"上淫曰烝"),要求旁格论元出现,因此"焉"即指代"烝"的对象。这段文字主要讲述了围绕夏姬发生的祸乱,根据上下文,该对象显然是夏姬,所指距上一个同指的指称语 3 个小句,并且该指称语是以零形式呈现的。而"焉"距离"夏姬"这一完整名词指称语已有 10 个小句。

(46)门于巢。巢牛臣曰:"吴王勇而轻,若启之,将亲门。我获射之,必殪。是君也死,疆其少安。"从之。吴子门焉,牛臣隐于短墙以射之,卒。(《左传·襄公二十五年》)

"门"指攻城门,要求旁格论元出现,因此"焉"即指代"门"的对象,即"巢",所指距上一个同指的指称语 3 个小句[1]。

第二,跨层回指。

所谓跨层回指主要指使两种情况。(1)"焉"处在语篇叙事中,而所指对象处在直接引语中,二者不同层。(2)"焉"处在直接引语中,直接指向言语现场的实体,与语篇叙事中的指称语同指,二者不同层。如:

(47)晋侯围曹,门焉,多死。曹人尸诸城上,晋侯患之。听舆人之谋,曰:"称舍于墓。"师迁焉。(《左传·僖公二十八年》)

"迁"指迁移,"焉"表迁移的终点,是"迁"的潜在论元,回指直接引语中的"墓"。

(48)闰月,良夫与大子入,舍于孔氏之外圃。昏,二人蒙衣而乘,寺人罗御,如孔氏……子羔遂出,子路入。及门,公孙敢门焉,曰:"无入为也。"季子曰:"是公孙也,求利焉,而逃其难。由不然,利其禄,必救其患。"(《左传·哀公十五年》)

"求"指求取,"焉"表求取的对象,是"求"的必有论元。这段文字主要讲述了浑良夫与卫太子作乱于孔氏。根据上下文推断,"焉"指孔氏,并未在直接引语中出现。实际上这一例"焉"很有可能直接指向言谈现场,说话者子路在孔氏之门前,因此可以直接用指示代词进行指称。但在建构语篇时,引语中"焉"的意义仍需依靠引语外的内容确定,也可以看作一种跨层回指。

第三,不同形回指。

---

[1] 本文在计算回指距离时,将直接引语整体看作一个小句。

一般情况下，指示代词能够找到与其完全同形的先行词，但在《左传》中也能看到一些"焉"与先行词具有整体–部分关系或联想关系的情况。如：

（49）子游赋《风雨》。子旗赋《有女同车》。子柳赋《萚兮》。宣子喜，曰："郑其庶乎！二三君子以君命贶起，赋不出郑志，皆昵燕好也。二三君子，数世之主也，可以无惧矣。"宣子皆献马焉，而赋《我将》。(《左传·昭公十六年》)

"焉"指"子游、子旗、子柳"三人，语篇内找不到完全同形（即三人并称）的先行词，只有与所指存在整体—部分关系的名词形式，"焉"仍然可以回指整体。

（50）蔡景侯为大子般娶于楚，通焉。(《左传·襄公三十年》)

"通"指私通，"焉"指代所娶之女，为"通"的必有论元。"焉"的所指对象在上文并未出现，而是由"娶"触发联想回指，从而指向"娶"的受事。

第四，所指对象存在竞争。

（51）（阳虎）请师以伐鲁，曰："三加，必取之。"齐侯将许之。鲍文子谏曰："臣尝为隶于施氏矣……阳虎欲勤齐师也，齐师罢，大臣必多死亡，已于是乎奋其诈谋。夫阳虎有宠于季氏，而将杀季孙以不利鲁国，而求容焉……"(《左传·定公九年》)

"焉"指代"求"的对象，根据上下文可以判断是齐国，"齐"与"焉"之间出现了"季氏""季孙""鲁国"等名词，同样具有成为"求"旁格的可能，增加了指示代词的识解难度。

（52）夏，遂因氏、颌氏、工娄氏、须遂氏飨齐戍，∅₁醉而∅₂杀之，齐人歼焉。(《左传·庄公十七年》)

"歼"指歼灭，要求旁格论元出现，"焉"指代"歼"的施事，即"遂因氏、颌氏、工娄氏、须遂氏"，与其前零形式同指。但"醉而杀之"中"醉"的零形主语同样具有成为"歼"旁格的可能，增加了指示代词的识解难度。

综上，根据可及性理论，远距离回指、跨层回指、不同形回指及所指对象的竞争，都会降低实体的可及性。"焉"之所以仍能得到识解，是因为谓词语义结构对论元具有较强的约束作用，指代论元的"焉"能够跨越多个小句，排除指称对象的其他可能性，建立回指关系。

作为论元的"焉"回指能力较强，可以与零形式或其他指示代词同指，构成回指链，具有连贯篇章的功能。如：

（53）巫臣请使于吴，晋侯许之。吴子寿梦说之。乃通吴于晋，以两之一卒适吴，舍偏两之一焉。与其射御，教吴乘车，教之战陈，教之叛楚。置其子狐庸焉，使为行人于吴。(《左传·成公七年》)

（54）疾不可为也，∅在肓之上、膏之下，攻之不可，达之不及，药不至焉，∅不可为也。(《左传·成公十年》)

3.1.2 附加成分"焉"的回指特点与篇章功能

附加成分"焉"在回指时，常可指代事件发生的处所，一般能够在句中或上一句中找到名词、代词或零形式同指指称语，且以名词形式指称语为多，基本不发生非同形回指及跨层指。如：

（55）以大子嫈、弘与女简璧登台而履薪焉。（《左传·僖公十五年》）
（56）田于丘莸，遂遇疾焉。（《左传·昭公四年》）

回指距离近，不出现跨层回指及回指竞争对象等因素都增强了实体的可及性，使得"焉"能够得到正确解读。

本文在对《左传》中"焉"句法语义的分析中指出，附加语"焉"可以用来指代各类与事件相关的论元，具有很强的概括性。当"焉"所指对象的抽象程度增强时，逐渐由指代具体的处所、对象，扩展为可以指代某种特定情况或当下探讨的话题。如：

（57）晋，吾仇敌也。苟得志焉，无恤其他。（《左传·昭公五年》）

"晋"为判断主语，从语用角度看，也是一个话题。而"焉"可以跨过判断谓语对其进行指称。

（58）公曰："和与同异乎？"对曰："异。和如羹焉，水、火、醯、醢、盐、梅，以烹鱼肉……"（《左传·昭公二十年》）

"和"为话题，"焉"对其进行指称，后续小句也都是对这一话题的具体说明。

（59）使以十月入，曰："良月也，就盈数焉。"（《左传·庄公十六年》）

"焉"的回指对象在句中似乎无法找到，这是因为"良月也"是一个没有出现判断前项的判断句，即"（十月，）良月也"，"焉"指代未出现的判断主语，同样是一个话题。

"焉"指向话题的功能历来较少为学者关注，但却十分重要。从篇章的角度来看，"焉"回指话题，在话题与后续说明句间建立了联系，起到了语篇连贯的作用；从句法的角度来看，这一位置的"焉"不能被"於（于）＋之／是"替换，"焉"与谓语部分的关系是十分复杂多样的，说明"焉"作为指示代词，具有其独特的价值；从历时演变的角度看，这一位置的"焉"处在从句法进入篇章层次的关键阶段，是"焉"的语法化过程中重要的一环。

3.2 指示代词"焉"的语法化

自马建忠以来，学者大多同意语气词"焉"来源于指示代词"焉"，如吕叔湘（1942，1944），王力（1989），魏培泉（2004），段茂升（2005），刘利、李小军（2007），黎路遐（2011）。吕叔湘（1944：194）对此有过很精辟的论述，他说：

> 表示语气的"焉"字并不是和指示地方的"焉"字没有关系，我们不妨说前者是从后者变化出来的。"焉"字实讲是"在那儿"，而"焉"字所表语气正是这种带点指示引人注意的语气。

关于指示代词"焉"语法化为语气词的时间与机制，也有不少学者进行过探讨，刘晓南（1991）提出，（焉）由于常用于句末煞句，语感上确实已寓有语气词的作用，但还不是纯语气词，一般看作兼词。'焉'的语气词用法，从这里引申而来。第一步是指代含糊重复化，而后充当冗余成分再进一步虚化为无所指代，就成为纯语气词了。段茂升（2005）对"焉"由指示代词向语气词转化机制的分析与之类似，并进一步提出，西周末年，指示代词"焉"已经开始向语气词转化，语气词"焉"表达一种提示语气。

刘利、李小军（2007）调查了《左传》和《史记》中的"焉"，认为"焉"的使用情况构成了一个"指代词－兼词（指代＋语气）－语气词"的语法化斜坡，并且指出"焉"的语法化与主观性逐渐增强有关。

以上学者的研究从不同角度分析了"焉"的语法化过程，极具启发性。但是用语义上的"冗余、重复"来解释"焉"指称性的削弱，显得过于笼统。通过对《左传》中指示代词"焉"的详细观察与描写，我们发现不同类型的"焉"在回指时具有不同特点，在语法化进程中也异步。从"焉"的句法语义特点与篇章功能出发，或许可以对其虚化作出更为细致的说明。

作为谓词论元的"焉"与谓词联系紧密，所指对象明确，一般不会因所指模糊而发生虚化。但是，谓词语义结构的制约可能带来语义上的冗余，如：

（60）迹人来告曰："逢泽有介麋焉。"（《左传·哀公十四年》）

"焉"与"逢泽"同指，显得冗余。对于这种现象，有两种解释：第一，进入这一句子的"焉"已经发生了虚化，因此不带来语义重复；第二，"焉"仍是指示代词，它的出现满足了"有"的论元结构。根据《左传》中指示代词"焉"的总体使用情况，本文更倾向于第二种意见，即《左传》中处在这一位置的"焉"仍是指示代词，其语义虽然重复，句法上并非冗余。不过应该承认，这一位置提供了"焉"虚化的可能，因此在《左传》中可以看到个别几例只能理解为语气词的"焉"，如：

（61）灵王迁许、胡、沈、道、房、申于荆焉。（《左传·昭公十三年》）

此时"焉"不仅在语义上找不到回指对象，句法上也失去了原有谓词论元属性，成为一个语气词。但这样的例子十分罕见，说明《左传》中作为谓词论元的"焉"指代性仍然很强。

作为附加成分的"焉"在回指时，往往有两种表现：（1）回指处所等抽象度低的成分时，回指距离短，先行词明确，从而降低对"焉"识解的难度；（2）回指抽象度高的事件、情形时，"焉"往往指向小句的话题，通过话题本身的显著性，降低对"焉"识解的难度。这两种回指模式无疑都十分依赖篇章语境，当脱离具体语境后，"焉"的所指对象自然无法识别。特别是对于指向话题的"焉"，其所指并非自然实体，而是经过抽象、概括后的事件行为，容易造成语义的模糊与指代性的削弱；同时，"焉"作为附加语，在句法上的出现是自由的，由指示代词虚化为语气词，并不会带来整个句子核心论元结构的调整。因此，在这一位置上的"焉"更容易也更为普遍地发展为语气词。

四 结语

本文全面考察了《左传》中的指示代词"焉",发现其句法表现及功能常与"於(于)之 / 是"平行,但"焉"并非兼词,而是上古汉语中用以指代非受事成分的特殊指示代词,与"之"存在对立,体现了"宾语 / 非宾语"之别在上古汉语中的重要性。《左传》之后的传世文献中,"焉""之"分别逐渐模糊,这不仅是指示代词系统内部的调整,也与汉语整体语言特点密切相关,值得进一步探究。

本文区分了作为谓词论元的"焉"与作为谓词附加成分的"焉",分别描写其句法、语义特点,观察其篇章功能。文章指出,作为谓词论元的"焉"与谓词关系紧密,句法表现及篇章功能都受到论元结构的制约;作为谓词附加成分的"焉"则较少受到句法层面的限制,指称对象丰富多样,需要在语境中得到确认,因此语义有时较难识解,为进一步语法化为语气词提供了可能。本文特别指出,《左传》中存在一类回指话题的"焉",最易由句法层次进入篇章层次,发展为语气词。这一观察目前仅限于《左传》内部,对于不同语体、不同时代的作品而言,话题的指称形式是否存在差别,存在哪些差别,仍需要进一步研究。

总体而言,《左传》中的"焉"用例丰富,用法灵活,兼具典型性与多样性,是共时研究的绝佳材料。以此为基础,可以上探指示代词"焉"的来源与形成过程,下考上古以降指示代词"焉"与语气词"焉"的分化及使用情况,从而对古汉语的指示代词、称代系统作出更深入、更全面的展现。

参考文献

董秀芳(2006)古汉语中动名之间"于/於"的功能再认识,《古汉语研究》第 2 期。
段茂升(2005)《古汉语"如、若、然、焉、尔"语法化过程考察》,西南师范大学硕士学位论文。
关树法(1986)"焉"并非兼词——兼论兼词形成的条件,《辽宁大学学报》(哲学社会科学版)第 1 期。
郭锡良(2005)试论上古汉语指示代词的体系,《汉语史论集》(增补本),商务印书馆。
何乐士(2004)《〈左传〉虚词研究》(修订本),商务印书馆。
何乐士编(2006)《古代汉语虚词词典》,语文出版社。
黎路遐(2011)《上古汉语指示代词的演变》,北京大学博士学位论文。
李佐丰(2003)《上古汉语语法研究》,北京广播学院出版社。
李佐丰(2019)先秦汉语的零代词,《中国语文》第 3 期。
刘 利、李小军(2007)主观性与语气词"焉"的语法化,《汉语史研究集刊》第十辑,巴蜀书社。
刘纶鑫(1989)《左传》中的句末"焉"字,《江西大学学报》(社会科学版)第 4 期。
刘晓南(1991)先秦语气词的历时多义现象,《古汉语研究》第 3 期。
吕叔湘(1942)《中国文法要略》,商务印书馆。
吕叔湘(1944)《文言虚字》,开明书店。
马建忠(1983)《马氏文通》,商务印书馆。
潘秋平(2015)《上古汉语与格句式研究》,商务印书馆。
邵永海(1990)从《左传》和《史记》看上古汉语的双宾语结构及其发展,《缀玉集》,北京大学出版社。
王凤阳(1993)《古辞辨》,吉林文史出版社。

王　力（1980）《汉语史稿》，中华书局。
王　力（1989）《汉语语法史》，商务印书馆。
魏培泉（2004）《汉魏六朝称代词研究》，"中央研究院"语言学研究所。
谢纪锋编纂（2015）《虚词诂林》（修订版），商务印书馆。
徐烈炯、刘丹青（1998）《话题的结构与功能》，上海教育出版社。
许余龙（2002）语篇回指的认知语言学探索，《外国语》第1期。
杨伯峻编著（1981）《春秋左传注》（全四册），中华书局。
杨伯峻（1981）《古汉语虚词》，中华书局。
杨伯峻、何乐士（2001）《古汉语语法及其发展》（修订本），语文出版社。
杨树达（1978）《词诠》，中华书局。
张伯江、方　梅（1996）《汉语功能语法研究》，江西教育出版社。
周法高（1959）《中国古代语法·称代编》，"中央研究院"历史语言研究所。
Ariel, M. (1988) Referring and accessibility. *Journal of Linguistics* 24, 65—87.
Ariel, M. (1990) *Accessing Noun-phrase Antecedents*. London: Routledge.
Ariel, M. (1994) Interpreting anaphoric expressions: A cognitive versus a pragmatic approach. *Journal of Linguistics* 30, 3—42.
Chafe, W. (1976) Givenness, contrastiveness, definiteness, subjects, topics and point of view. In Charles N.Li (ed.). *Subject and Topic*. New York: Academic Press.
Chafe, W. (1994) *Discourse, Consciousness and Time*. Chicago: University of Chicago Press.
Croft, W. (2001) *Radical Construction Grammar: Syntactic Theory in Typological Perspective*. Oxford: Oxford University Press.
Fillmore, C.J. (1975) An alternative to checklist theories of meaning. In Cogen C. et al (eds.). *Proceding of the First Annual Meeting of the Berkeley Linguistics Society*. Berkeley: Berkeley Linguistics Society.

"言'乃'者内而深，言'而'者外而浅"
咽化声母说商榷

北京大学中国语言文学系　汪春涛

提要：本文主要就白一平（William H. Baxter）、沙加尔（Laurent Sagart）《上古汉语：构拟新论》（*Old Chinese: A New Reconstruction*）中着力强调的"言'乃'者内而深，言'而'者外而浅"暗示咽化声母存在这一点提出疑问，并结合前人研究、何休注释体例等认为这句注文其实是区分"乃"和"而"意义上的差别，并非注音。同时从音义结合的角度解释了注文的含义。

关键词：内而深　难也　音义结合

白一平、沙加尔《上古汉语：构拟新论》（以下简称"《新论》"）根据早期借词和原始闽语等材料将一、二、四等韵构拟出一套咽化声母[1]，但《新论》承认咽化构拟在汉语中很难找到直接证据。书中唯一一条暗示了咽化声母的存在的材料，来自东汉何休给《公羊传》作的注文。

《春秋·定公十五年》："丁巳，葬我君定公。雨不克葬。戊午，日下昃乃克葬。"这里用副词"乃"，《公羊传》没有作解释。《春秋·宣公八年》："冬，十月，己丑，葬我小君顷熊，雨不克葬。庚寅，日中而克葬。"这里用了连词"而"。都是"雨不克葬"，不能按时下葬，定公是在太阳偏西时下葬，而顷熊是在日中时下葬，比葬定公早一点。《公羊传·宣公八年》注意到这种不同的表述，作出解释说：

> "而"者何？难也。"乃"者何？难也。曷为或言"而"或言"乃"？"乃"难乎"而"也。

何休注"'乃'者何"：

> 谓问定公日下昃乃克葬。

注"曷为或言'而'或言'乃'？'乃'难乎'而'也"：

> 言"乃"者内而深，言"而"者外而浅。下昃，日映久，故言"乃"。孔子曰："其为之也难，言之得无讱乎？"[2] 皆所以起孝子之情也。"雨不克葬"者，为不得行

1　《新论》认为中古三等介音是后起的，上古一、二、四等韵带咽化声母，构拟时候在声母右上角添加咽化标记ˤ（如 nˤ），表示发音时咽腔同时收缩，阻碍了元音腭化。三等的上古声母无标记，腭化作用形成后来的三等介音。

2　引者按：见《论语·颜渊》，原作"为之难，言之得无讱乎"。

葬礼。孔子曰："生事之以礼，死葬之以礼，祭之以礼。"故不得行礼则不葬也。鲁录"雨不克葬"者，恩录内尤深也。别朝莫者，明见日乃葬也。

《新论》没有经过丝毫论证就断言，"内而深"伴随舌头收缩，作为一个让人印象深刻的咽化发音描述是非常合适的，与不带咽化的"外而浅"形成对比。构拟如下：

乃 *nˤəʔ > nojX > nǎi 'then'（A 类）

而 *nə > nyi > ér 'and, but'（B 类）

《新论》认为"内"和"外"在其他早期注释文献中也被用来指称 A 类（一、二、四等）和 B 类（三等）音节，但没有给出具体例证。

一　既往研究

关于何休的这条注解，学者有不同理解。总的来说，可以分为释义和注音两个角度。

1.1 从释义的角度解释

唐代徐彦给《公羊传·宣公八年》何休注"所以起孝子之情"作疏：

> 谓《春秋》言"而"言"乃"者，所以起见孝子之情。重难有浅深故也。

又《公羊传·成公十年》："不免牲，故言乃不郊也。"何休注："不免牲，当坐盗天牲，失事天之道，故讳。使若重难不得郊。"徐彦疏：

> 宣八年《传》云："而"者何？难也。"乃"者何？难也。曷为或言"而"？或言"乃"？"乃"难乎"而"也。何氏云：言"乃"者内而深，言"而"者外而浅。下昊，日映久，故言"乃"。然则"乃"者难之深，今《经》云"乃不郊"，故云"使若重难不得郊也"。重难之义皆出于"乃"字。

又《春秋·襄公十九年》："晋士匄帅师侵齐，至谷，闻齐侯卒，乃还。"徐彦疏：

> 云言"乃"者，士匄有难重废君命之心，故见之者，正以宣八年传云"乃者何？难也"，今又言"乃"，故以重难解之。而言重者，正以"乃"难于"而"，故彼注云"言乃者，内而深；言而者，外而浅"，故此云重难也。

这都是从意义的角度分析"乃"和"而"的区别，不涉及语音。

周振甫（2006）认为，"乃"是内而深，称"而"是外而浅，定公是鲁君，是内，感情深，所以称"乃"。顷熊是外来的，感情浅，所以称"而"。这里说明《春秋》的书法，分内外深浅。无论周氏的解释是否符合古人原意，但他是将何休"内而深""外而浅"理解为意义上的区别，不是语音上的区别。

龚祖培（1985，1989）坚持释义说。龚文考察《公羊传》注中"内""外""深""浅"等概念，认为此例"内""外"是指姬姓（定公）与外姓（顷熊），"深""浅"指受难程度的深浅，无关发音部位。他注意到何休注中涉及语音的地方都是不注就不能理解的地方，牵涉注音的用语都有"读""读言""齐人语""鲁人语"一类的标志。若以音理说解此处注文，则与何休注的整体风格不符。故龚文认为"言'乃'者内而深，言'而'者外而浅"表示定公受难深，顷熊受难浅。

1.2 从注音的角度解释

采用这种视角的一般将"言'乃'者内而深，言'而'者外而浅"与"内言""外言"放在一起讨论。

颜之推《颜氏家训·音辞篇》：

> 逮郑玄注《六经》，高诱解《吕览》《淮南》，许慎造《说文》，刘熹制《释名》，始有譬况、假借以证音字耳。而古语与今殊别，其间轻重清浊，犹未可晓；加以内言外言、急言徐言、读若之类，益使人疑。孙叔然创《尔雅音义》，是汉末人独知反语。

颜氏明确将"内言""外言"看作注音术语，其具体内涵，颜氏当时已难知晓。颜氏并没有从注音的角度去理解何休注的"内而深""外而浅"，这是值得重视的。到了后来，有人看到何休注中有"内""外"的字眼，开始从注音的角度去理解何氏的"'乃'者内而深""'而'者外而浅"。

清人卢文弨《颜氏家训注》补注举出四条例证，后世学者多所称引。卢氏《钟山札记》另有详说：

> 《汉书·王子侯年表》"襄嚵侯建"，晋灼曰："音内言嚵说。"又"猇节侯起"，灼亦云"内言鸮"。内言亦是读法。明人刻监本疑内言是《诗·巧言》，遂改"说"字为"莞"，以附会之。毛本尚作"嚵说"，盖即《虞书》之"逸说"。毛本是也。

关于外言的例证，卢氏说：

> 如何休注宣八年《公羊传》云："言乃者内而深，言而者外而浅。"亦可推其意矣。"

卢氏将何休注文中的"内""外"等同于"内言""外言"[1]，都看作"读法"，也即注音术语。他并没有论证"内而深""外而浅"为什么不是释义的术语。但是卢氏之说很有影响。

清周寿昌《汉书注校补》卷七"襄嚵侯建"下也用了卢氏的例证，并说：

> 据何注内言音深，宜重读。外言音浅，宜轻读也。案《地理志》猇，蔡谟音由，音鸮。是由为外言，故稍轻；鸮为内言，故音稍重也。

"内而深"变成了"内言音深"，"外而浅"变成了"外言音浅"。
黄侃《论反切未行以前之证音方法三》：

---

[1] 高明《高明小学论丛》："是以'内''外'析言字音，汉时何休已然。其后晋晋灼注汉书亦时用之。"也是将何休之"内""外"等同于"内言""外言"。

> 汉师读字，有举声势者；此亦审音渐密之征也。今世论音，有所谓弇、侈、洪、细、开、合、清、浊、内转、外转诸名，亦方物于古也。惟汉师所云，今有不知其解者；集而录之，不加诠说，亦疑事无质之义也。

黄侃将何休注中的例子和卢文弨举出"内言"例子归在一处。黄侃认为这些例子表明汉人已经对音节内部结构有所认识，但今人很难知道其中的内涵。

王力（1986）则仅取何休注，认为在不知道用反切来注音的时候，古人用的譬况的说法或读若法。譬况的说法例如《公羊·宣八年传》何休注云："言乃者内而深，言而者外而浅。"

林尹（1972）也举到此例，凡言内言、外言、急言、缓言者，盖系声句之有异也。

以上都是认可"言'乃'者内而深，言'而'者外而浅"为古代注音法，但是究竟代表什么意思，并未给出明确的说法。周祖谟（1966：406—407）始将其与韵母"洪""细"挂钩，"言'内'者洪音，言'外'者细音"；分析了卢文弨举出的例证，认为"嚵、猈、貏"有洪细异读，故以"内言"注其音。比如，《汉书·王子侯表》："襄嚵侯建。"晋灼曰："嚵音内言毚兔。"周文分析说：

> 案嚵，唐王仁昫《切韵》在琰韵，音自染反。（敦煌本、故宫本同。）《篆隶万象名义》《新撰字镜》并音才冉反，与王韵同。惟颜师古此字作士咸反，（今本《玉篇》同。）则在咸韵也。如是可知嚵字本有二音，一音自染反，一音士咸反。自染即渐字之音，渐三等字也。士咸即毚字之音，毚二等字也。

对"言'乃'者内而深，言'而'者外而浅"，周文分析认为，乃，《切韵》音奴亥反，为一等洪音；而，如之反，为三等细音。周文还从音理上加以解释：

> 盖音之侈者，口腔共鸣之间隙大；音之敛者，口腔共鸣之间隙小。大则其音若发自口内，小则其音若发自口杪。故曰嚵音内言毚兔。是内外之义，即指音之洪细而言无疑也。

文章论证充分，魏建功（2010）认为周氏此论"根据音理，合以例证，至当不易"。其后学者多采用周祖谟的说法。[1]李新魁（1979）认为上古音中声母有硬音和软音[2]的区别，"言'乃'者内而深，言'而'者外而浅"的"乃"和"而"的发音区别，就是硬音[n]和软音[nj]的不同。其实音理上与周氏洪细之说区别不大。谢纪锋（2012）收录另一种看法：内言指仄声字，外言指平声字。但该书没有给出出处，且无法解释"猈音内言鸮"这样的例证。

二 "内而深、外而浅"非注音

本文认为周祖谟所证"内言"为洪音，既有例证又合音理，确实"至当不易"。但周

---

[1]《新论》在注解中也提到了周祖谟的研究，认为周祖谟总结"内"表示洪音，"外"表示细音，各自代表一、二、四等和三等音节。但没有表示肯定或否定，更没有其他论证。

[2] 李新魁主张上古无介音，而声母有不同色彩。无特殊色彩者为硬音，带[j]色彩者为软音，带[w]色彩者为唇化音，带[r]色彩者为卷舌化音。[j]出现在各种声母中，后代形成三等韵介音。

文沿袭前人说法,将"内而深""外而浅"等同于"内言""外言",恐怕值得商榷。[1]理由如下:

2.1 "内""深"含义[2]

本文根据龚祖培(1985)提供的线索,对何休注中"内""深"等概念进行全面梳理。其中"内"字共出现 209 次,除"言'乃'者内而深"例,余 208 次。其中特指鲁国或与鲁国有直接关系的共 145 次,占 69.71%。[3]剩下 63 处多为"竟(境)内""封内""海内""寝内""内朝""三年之内"等时空范围,而且所指范围必定在上下文中出现。如果"言'乃'者内而深"中"内"指发音部位,按照通例应当在上下文明确指出具体的发音部位。单独言"内"而无所依傍的,一般与鲁国有关。

何休注文中"深"字出现 74 次,除"言'乃'者内而深"例,余 73 次。皆指意义上程度深,无关发音。常见于"不书齐诱杀公者,深讳[4]耻也"这种表原因的判断句以及"日者,属上有王言,今反灭人,故深责之"等表示因果关系的句子中。目的都是解释《公羊传》中用词差异,体现其微言大义、褒贬色彩。

除"言'乃'者内而深"外,何休注中"内""深"并举的例子如:

《春秋·桓公十七年》:"冬,十月,朔,日有食之。"何休注:"是后夫人谮公,为齐侯所诱杀。去日者,著桓行恶,故深为内惧其将见杀无日。"

《春秋·隐公二年》:"夏,五月,莒人入向。"《公羊传》:"入者何?得而不居也。"何休注:"入者,以兵入也。已得其国而不居,故云尔。凡书兵者,正不得也。外内[5]深浅皆举之者,因重兵害众,兵动则怨结祸,更相报偿,伏尸流血无已时。"

其中,"内"皆就鲁国而言,"深"皆指程度深,并不涉及语音。《公羊传·宣公八年》何休注"言'乃'者内而深",最后说:"鲁录'雨不克葬'者,恩录内尤深也。别朝莫者,明见日乃葬也。"所谓"内尤深",正可与前"内而深"互见。

2.2 何休音注体例

何休注中涉及注音的主要有两种情况:声训和方音。声训又可以分为三种形式:

---

1 其实,周文中"言乃者内而深,言而者外而浅"与其他三个例子也并不处在同一个论证层次。相比于"噱、猇、貘"的复杂异读,"乃、而"在语音上显然更为简单,其主要作用在于描摹"内言""外言"的发音特征,而非标注异读。

2 "外""浅"常与"内""深"对举,意思相对,此处只举"内""深"为例。

3 《春秋》以鲁史为本,或说"王鲁",故以鲁国为内。《十三经辞典·春秋公羊传卷》统计"内"字出现 67 次,其中 37 次特指鲁国。

4 "深讳"共出现 16 次,多指为鲁国国君讳饰。

5 "兵之外内"例,如《春秋·隐公十年》:"六月,壬戌,公败宋师于菅。辛未,取郜。辛巳,取防。"《公羊传》:"取邑不日,此何以日?一月而再取也。何言乎一月而再取?甚之也。内大恶讳,此其言甚之何?《春秋》录内而略外,于外大恶书,小恶不书,于内大恶讳,小恶书。"

形式	释例
A，犹 B（也）	巡，犹循也；守，犹守也，循行守视之辞。 麋之为言，犹迷也。象鲁为郑瞻所迷惑也。 蜮之犹言惑也。 鹳鸲，犹权欲。
A，B 也	末，无也。 改，更也。 分，半也。 坠，隋地也。
A，B	首，头。 迓，迎。

华学诚（2003）统计了何休注中三则方言注音材料：

《春秋·隐公五年》："五年，春，公观鱼于棠。"《公羊传》："何以书？讥。何讥尔？远也。公曷为远而观鱼，登来之也。"何休注："登读言得来[1]。得来之者，齐人语也。齐人名求得为得来，作登来者，其言大而急，由口授也。"

《公羊传·庄公二十八年》："《春秋》伐者为客，伐者为主。"何休在"伐者为客"下注："伐人者为客，读伐长言之，齐人语也。"在"伐者为主"下注："见伐者为主，读伐短言之，齐人语也。"

《公羊传·僖公十年》："然则曷为不言惠公之入？晋之不言出入者，踊为文公讳也。"何休注："踊，豫也，齐人语。若关西言浑矣。"

此外，何休注中有关注音的还有两例"据读言+地名"：

《春秋·昭公二年》："晋荀吴帅师败狄于大原。"《公羊传》："此大卤也，曷为谓之大原？地物从中国，邑、人名从主人。"何休在"大原"下注："据读言大原也。"

《春秋·昭公三十一年》："冬，黑弓以滥来奔。"《公羊传》："文何以无邾娄？"何休注："据读言邾娄。"

由上可知，何休注文中对通语中疑难字的释音一般采取声训的方式。少数剖析音节结构的注音，如"其言大而急，由口授也""长言""短言"，都与方音有关。主张"言'乃'者内而深，言'而'者外而浅"为注音说，与何休注音体例不符。

2.3 何休注"曷为或 A？或 B？"句式

刘师培（2005）收录了《公羊传·宣公八年》的例子。此外，还收录了《公羊传·隐公元年》的一处例证。《春秋》经有："公及邾娄仪父盟于眜。"《传》："及者何？与也。会及暨，皆与也。曷为或言会？或言及？或言暨？会，犹最也。及，犹汲汲也。暨，犹暨暨也。及，我欲之。暨，不得已也。"何休在"曷为或言会？或言及？或言暨？会，犹最也"

---

[1] "登读言得来"，阮元校刻《十三经注疏》本，阮元认为此处有衍文，他说："此当作'登读言得'，犹云'登读为得'也，'来'当误衍。"

下注:"最,聚也。直自若平时聚会,无他深浅意也。最之为言聚,若今聚民为投最。"在"及,犹汲汲也。暨,犹暨暨也。及,我欲之。暨,不得已也"下注:"我者,谓鲁也。内鲁,故言我。举及、暨者,明当随意善恶而原之。欲之者,善重恶深。不得已者,善轻恶浅,所以原心定罪。"

"会"(最、聚)是常用语,没有附加深浅含义,"及、暨"则附有深重、轻浅等色彩。与此相仿,何休注所谓"深浅""内外"旨在《传》的基础上进一步说明近义词间语义差别,无关语音。其他如:

《公羊传·隐公三年》:"曷为或言崩?或言薨?天子曰崩,诸侯曰薨,大夫曰卒,士曰不禄。"何休注:"皆所以别尊卑也。"

《春秋·隐公三年》:"癸未,葬宋缪公。"《公羊传》曰:"葬者,曷为或日?或不日?不及时而日,渴葬也。"何休注:"不及时,不及五月也。《礼》天子七月而葬,同轨毕至。诸侯五月而葬,同盟至。大夫三月而葬,同位至。士逾月,外姻至。"

《春秋·隐公五年》:"秋,卫师入盛。"《公羊传》曰:"曷为或言率师?或不言率师?将尊师众,称某率师。将尊师少,称将。将卑师众,称师。"何休注:"将尊者,谓大夫也。师众者,满二千五百人以上也。二千五百人称师,无骇率师入极是也。《礼》天子六师,方伯二师,诸侯一师……将卑者谓士也。"

《春秋·桓公十五年》:"郑世子忽复归于郑。"《公羊传》:"曷为或言归?或言复归?复归者,出恶,归无恶。复入者,出无恶,入有恶。入者,出入恶,归者,出入无恶。"何休注:"皆于还入乃别之者,入国犯命,祸重也。忽未成君出奔,不应绝。出恶者,不如死之荣也。入无恶者,出不应绝,则还入不应盗国。"

《春秋·文公十四年》:"冬,单伯如齐。齐人执单伯,齐人执子叔姬。"《公羊传》:"执者,曷为或称行人?或不称行人?称行人而执者,以其事执也。不称行人而执者,以己执也。"何休注:"以其所衔奉国事执之,晋人执我行人叔孙舍是也。""己者,己大夫,自以大夫之罪执之。"

《春秋·文公十六年》:"冬,十有一月,宋人弑其君处臼。"《公羊传》:"弑君者,曷为或称名氏?或不称名氏?大夫弑君,称名氏,贱者穷诸人。大夫相杀称人,贱者穷诸盗。"何休注:"贱者,谓士也。士正自当称人。""降大夫使称人,降士使称盗者,所以别死刑有轻重也。无尊上,非圣人不孝者,斩首枭之。无营上,犯军法者,斩要杀人者,刳胆。故重者录,轻者略也。"

《春秋·襄公九年》:"九年春,宋火。"《公羊传》:"曷为或言灾?或言火?大者曰灾,小者曰火。"何休注:"大者谓正寝、社稷、宗庙、朝廷也。下此则小矣。"

何休解诂《公羊传》的宗旨就是要准确阐发公羊义理。以上《公羊传》中比较用词区别的例子,何休注涉及尊卑、轻重、深浅、内外等概念,都是指向语义差别的。意在基本的概念意义之外,区分词的感情、语境等附加色彩。同样,《公羊传·宣公八年》注"言'乃'者内而深,言'而'者外而浅"也应是区分"乃"和"而"意义上的细微差别。

三 "言'乃'者内而深，言'而'者外而浅"作何解

《春秋·宣公八年》："冬，十月，己丑，葬我小君顷熊，雨不克葬。庚寅，日中而克葬。"《春秋·定公十五年》："丁巳，葬我君定公。雨不克葬。戊午，日下昃乃克葬。"

《春秋》书"雨不克葬"的只有这两处，突出了鲁国的地位。何休注言"鲁录雨不克葬者，恩录内尤深也"，"内"与"言'乃'者内而深"之"内"，都当与鲁国有关。徐彦疏"鲁录"至"深也"，"欲道外诸侯葬多矣，而无不克之文者，以其恩浅也"，"外"指其他诸侯，与内鲁相对。

按照《公羊传》"乃难乎而也"，何休注"深浅"当指"难"之深浅。但"难"字作何解，需要从音义结合的角度详加考察。

《十三经注疏》及陆德明《经典释文》此处未给"难"字注音[1]。本文结合《经典释文》给《公羊传》和何休注文所作音释，认为此处"难"当作去声。

3.1 "难也……难也……"注为去声

《春秋·隐公八年》："庚寅，我入祊。"《公羊传》："其言入何？难也。其日何？难也。"何休在前一"难也"下注："入者，非已至之文，难辞也。此鲁受祊，与郑同罪，当诛，故书入。欲为鲁见重难辞。"音义："难也，乃旦反，一音如字。注及下同。"

《春秋·庄公二十四年》："秋，公至自齐。八月，丁丑，夫人姜氏入。"《公羊传》："其言入何？难也。其言日何？难也。"音义："难也，乃旦反。下及注同。"

3.2 "重难"注为去声

《公羊传·成公十年》："其言乃不郊何？不免牲，故言乃不郊也。"何休注："不免牲，当坐盗天牲，失事天之道，故讳。使若重难不得郊。"音义："难，乃旦反。"

《公羊传·哀公六年》："诸大夫皆在朝，陈乞曰：'常之母，有鱼菽之祭，愿诸大夫之化我也。'"何休在"常之母"下注："常，陈乞子。重难言其妻，故云尔。"音义："难，乃旦反。"

3.3 "乃，难辞也"注为去声

《春秋·宣公八年》："夏六月，公子遂如齐，至黄乃复。"《公羊传》："其言'至黄乃复'何？有疾也。"何休注："乃，难辞也。上言乃复，下有卒，知以疾为难。"音义："难辞，乃旦反。"

---

[1] 未注音并不一定就是读作平声。本文考察了《经典释文》给《公羊传》传、注作的注音，其中"难"有13处未注音（不包括间接注音），只有2处确定为平声。

《春秋·昭公二年》:"冬,公如晋,至河乃复。"《公羊传》:"其言'至河乃复'何?不敢进也。"何休注:"乃,难辞也。时闻晋欲执之,不敢往,君子荣见与,耻见距,故讳使若至河,河水有难而反。"音义:"乃难,奴旦反,下'有难'同。"

孙玉文(2015)通过大量例证详细梳理了"难"字的音义关系。他认为,"难",原始词,意义为不容易,困难,平声;滋生词,意义为使遇到困难,阻碍,被阻止,去声。又由滋生词引申出责难、畏惧等义。

"难"表"责难"义,在何休注中有不少例证。如:

《公羊传·僖公十年》:"曷为不以讨贼之辞言之?惠公之大夫也。然则孰立惠公?里克也。"何休注:"欲难杀之义。"音义:"难,乃旦反。"

不过,应当注意的是,"责难"既可以指责难别人,也可以指责难自己,即表自责之义。如:

《春秋·襄公十九年》:"晋士匄帅师侵齐,至谷,闻齐侯卒,乃还。"《公羊传》:"还者何?善辞也。何善尔?大其不伐丧也。此受命乎君而伐齐,则何大乎其不伐丧?大夫以君命出,进退在大夫也。"何休注:"言乃者,士匄有难重废君命之心,故见之。"音义:"难,乃旦反。"

《春秋·庄公三年》:"秋,纪季以酅入于齐。"何休注:"言入者,难辞,贤季有难去兄入齐之心,故见之。"音义:"难辞,乃旦反,下皆同。"

"有难……之心"都是就其自身而言,当处理为"自责"义。何休关于《春秋·宣公八年》"雨不克葬"的理解,就牵涉到底责难别人还是自责的问题。

关于"雨不克葬",《春秋》三传有不同的理解。

《左传·宣公八年》:"雨不克葬,礼也。礼,卜葬,先远日,辟不怀也。"

《穀梁传·宣公八年》:"葬既有日,不为雨止,礼也。雨不克葬,丧不以制也。庚寅,日中而克葬。而,缓辞也,足乎日之辞也。"

《公羊传·宣公八年》:"顷熊者何?宣公之母也。而者何?难也。乃者何?难也。"

可见《左传》和《穀梁传》关于"雨不克葬"是否符合礼制,有很大争议。《公羊传》的解释,"难"既可以指责难,批评其"丧不以制";也可以理解为自责,自责未能按时安葬逝者。何休在后一个"难也"下注:"礼,卜葬从远日。不克葬见难者,臣子重难,不得以正日葬其君。"可见何休的理解与《左传》一致,即认为"雨不克葬"是合乎礼制的。对臣子的这一做法持肯定态度,不存在责难的意思。顾炎武《日知录》说到《春秋》葬皆用柔日[1]。"乃克葬"正体现臣子不得以正日葬其君的自责之情。

"言'乃'者内而深,言'而'者外而浅","乃"和"而"都表达了臣子不得按时安葬逝者的自责。"乃克葬"对象是鲁定公,"而克葬"对象是鲁宣公的母亲顷熊。前者的地

---

[1] 柔日,《礼记·曲礼上》:"外事以刚日,内事以柔日。"孔颖达疏:"刚,奇日也。十日有五奇、五偶。甲、丙、戊、庚、壬五奇,为刚日。……乙、丁、己、辛、癸五偶,为柔也。"

位高于后者,且后者是嫁到鲁国来的,非姬姓。故臣子对于前者未能正日以葬的自责程度更深。

四　结语

根据本文的梳理,可知"言'乃'者内而深,言'而'者外而浅"只是说明"乃"和"而"意义上的区别,并非注音。注文中虽然包含了"言""内""外""深""浅"几个字(词),但将它们随便抽出而重新组合就失去了原意,"内而深"并不等于"内言","外而浅"也不等于"外言"。

《新论》中,"言'乃'者内而深,言'而'者外而浅"作为咽化声母存在的关键证据,却没有给予任何论证。仅凭字面意思就认定"内而深""外而浅"指声母发音部位,在此基础上构建的所谓咽化声母缺乏说服力。而且,周祖谟(1966)关于"内言"的论证,材料翔实,所得结论"言'内'者洪音,言'外'者细音"也获得学界的认可。《新论》如何从韵母洪细转向声母咽化与否,需要提供论证过程,否则只能是臆想。

参考文献

高　明(1980)《高明小学论丛》,黎明文化事业股份有限公司。
龚祖培(1985)内言、外言发覆,《中华文史论丛》第二辑,上海古籍出版社。
龚祖培(1989)内言、外言盖棺,《陕西师范大学学报》(哲学社会科学版)第4期。
顾炎武著、张京华校释(2011)《日知录校释》,岳麓书社。
华学诚(2003)《春秋公羊传解诂》中的齐鲁方言及其价值,《阴山学刊》第4期。
黄　侃(1964)《黄侃论学杂著》,中华书局。
李新魁(1979)《古音概说》,广东人民出版社。
林　尹(1972)《训诂学概要》,正中书局。
刘尚慈(2010)《春秋公羊传译注》,中华书局。
刘师培(2005)《古书疑义举例补》,《古书疑义举例五种》,中华书局。
陆德明撰、黄　焯汇校(2006)《经典释文汇校》,中华书局。
孙玉文(2015)《汉语变调构词考辨》,商务印书馆。
王　力(1986)《汉语音韵学》,《王力文集》第四卷,山东教育出版社。
魏建功(2010)魏建功先生原函,《周祖谟文选》,北京大学出版社。
谢纪锋(2012)《反切》,商务印书馆。
颜之推(2003)《颜氏家训》,中国文史出版社。
周振甫(2006)《中国修辞学史》,江苏教育出版社。
周祖谟(1966)《颜氏家训·音辞》篇注补,《问学集》(上册),中华书局。
Baxter, W. H. & Sagart, L. (2014) *Old Chinese: A New Reconstruction*. Oxford: Oxford University Press.

《篆隶万象名义》梗摄字的语音特点

中国人民大学文学院　郑林啸

提要：本文将几遇数统计、反切系联法和反切结构分析法相结合，研究《篆隶万象名义》梗摄在注音上的特点，所得结论主要有：（1）梗摄共有四个韵系，耕韵系、庚二韵系、庚三清韵系和青韵系；（2）《篆隶万象名义》梗摄注音的开口度主要由反切下字决定，而被注字的开合却不是全部由反切下字决定，被注字是合口时，反切上字多为合口字；（3）《篆隶万象名义》梗摄注音所用的反切上字有非常明显的趋简、趋常用的趋势，而且比《王仁昫刊谬补缺切韵》更爱用阴声韵摄的字和平声字作反切上字；（4）庚三与清合为一韵系，构成重纽韵，二者除了反切下字可以清楚地系联为两类外，若在梗摄字的注音中反切上字出现重纽字，则 A 类绝不会作庚三类字的反切上字，B 类也基本上不作清类字的反切上字。

关键词：反切结构分析　梗摄　重纽　反切上字

　　《篆隶万象名义》（后文简称"《名义》"）是日本著名佛教大师空海据《玉篇》编撰的一部字书，也是日本现存最古老的汉字字书，较好地保留了原本《玉篇》的语音特点，是我们研究中古音的重要资料。以往对《名义》韵母系统的研究，从周祖谟、河野六郎、周祖庠、丁锋等的研究，到近年的一些博士、硕士论文，都认为《名义》中存在庚三韵系与清韵系相合，然而在《名义》梗摄的内部具体分合状况和梗摄语音特点的分析上，有的太过简单，掩盖了语音事实；或有的分析虽比较细致，但还存在分歧，需要进一步研究。

　　就目前的研究来看，虽然在周祖谟和河野六郎之后又出现了多篇《名义》的研究论文和著作，然而在梗摄的分析上，仍没有超越周、河野二人的成果。本文将在前人研究的基础上，将几遇数统计、反切系联法与反切结构分析法相结合，对目前《名义》梗摄仍需要继续研究的问题进行探索，主要包括：（1）庚三与清合并后，形成重纽韵，在等的分布和反切结构上有哪些特点；（2）《名义》在梗摄注音字的注音中反切上字、反切下字与被注字之间存在哪些结构特点。

一　梗摄各韵的分合及特点

　　通过几遇数统计软件的计算，可以得到如下结果，梗摄共有四个韵系：耕韵系、庚二韵系、庚三清韵系和青韵系。

表1 实际相逢数表

韵系	耕	庚	庚三	清	青	耿	梗二	梗三	静	迥	诤	敬二	敬三	劲	径	麦	陌	陌三	昔	锡	总计
其他	6	3	0	3	2	0	0	0	1	0	0	0	3	0	0	3	9	4	0	4	
耕	78	9	1	2	2	1	1	0	0	0	0	0	0	0	0	0	0	0	0	0	180
	庚	61	10	2	1	0	0	0	0	0	0	0	0	0	0	0	0	0	0	0	148
		庚三	27	16	1	0	0	0	0	0	0	0	0	0	0	0	0	0	0	0	81
			清	76	8	0	0	1	0	0	0	0	0	0	0	0	0	0	0	0	186
				青	120	0	0	0	0	2	0	0	0	0	0	0	0	0	0	1	260
					耿	9	3	0	0	0	0	0	0	0	0	0	0	0	0	0	23
						梗二	18	3	0	3	0	0	0	0	0	0	0	0	0	0	47
							梗三	22	2	3	0	0	0	0	0	0	0	0	0	0	53
								静	41	3	0	0	0	0	0	0	0	0	0	0	89
									迥	60	0	0	0	0	0	0	0	0	0	0	132
										诤	1	0	0	0	0	0	0	0	0	0	4
											敬二	7	4	0	0	0	0	0	0	0	22
												敬三	22	3	0	0	0	0	0	0	54
													劲	26	2	0	0	0	0	0	59
														径	21	0	0	0	0	0	49
															麦	92	11	3	2	1	204
																陌	78	2	0	0	178
																	陌三	19	1	0	48
																		昔	131	8	273
																			锡	160	334
																				……	
																				总	30816

表2 实际相逢数与几遇数的比值表

韵系	耕	庚	庚三	清	青	耿	梗二	梗三	静	迥	诤	敬二	敬三	劲	径	麦	陌	陌三	昔	锡	总计
耕	148.37	10.41	1.81	1.84	1.32	1	1	0	0	0	0	0	0	0	0	0	0	0	0	0	180
	庚	171.63	25.7	2.24	0.8	0	0	0	0	0	0	0	0	0	0	0	0	0	0	0	148
		庚三	244.23	32.73	1.46	0	0	0	0	0	0	0	0	0	0	0	0	0	0	0	81
			清	135.39	5.1	0	0	1.86	0	0	0	0	0	0	0	0	0	0	0	0	186
				青	109.4	0	0	0	0	1.8	0	0	0	0	0	0	0	0	0	0.35	260
					耿	1048.5	85.52	0	0	0	0	0	0	0	0	0	0	0	0	0	23
						梗二	502.19	37.11	0	14.9	0	0	0	0	0	0	0	0	0	0	47
							梗三	482.68	13.07	13.21	0	0	0	0	0	0	0	0	0	0	53
								静	319	7.87	0	0	0	0	0	0	0	0	0	0	89
									迥	212.22	0	0	0	0	0	0	0	0	0	0	132
										诤	3851.9	0	0	0	0	0	0	0	0	0	4
											敬二	891.34	102.75	0	0	0	0	0	0	0	22
												敬三	464.97	21.32	0	0	0	0	0	0	54
													劲	539.04	0	0	0	0	0	0	59
														径	539.04	0	0	0	0	0	49
															麦	136.24	9.33	9.44	1.11	0.45	204
																陌	151.72	7.21	0	0	178
																	陌三	508.23	2.35	0	48
																		昔	109.33	2.7	273
																			锡	88.39	334
																				……	
																				总	30816

通过反切系联，我们可以得到如下分类：

表3 梗摄反切系联表[1]

四声	耕		庚二		庚三清		青	
	开	合	开	合	开	合	开	合
平	萌莫耕 爭侧耕 莖餘耕 耕居萌 筝侧耕	閎胡泓 泓烏宏 宏胡萌 嶸胡萌	庚柯衡 衡胡庚 行遐彭 彭菩衡 羹古衡 盲莫庚	橫胡觥 觥古橫	名彌成 盈余成 成時征 誠是盈 并俾盈 聲舒盈 征之盈 明彌京 鳴美京 迎宜京 貞徵京 京居貞 驚居貞 荊景貞 生所京 兵彼榮 平皮兵	榮爲明 瓊渠營 營胡瓊	丁都庭 經離庭 庭徒丁 刑戶丁 停徒丁 靈零 霝力丁 廷達聽[2] 聽他丁	熒胡駉 駉古熒
上	幸褐耿 耿皆幸		梗柯杏 鯁古杏 並蒲鯁 杏遐梗 猛莫梗		騁勅井 整之郢 郢以井 餅卑井 井子郢 領離景 景輾影 影於景 皿明丙 丙鞞領 炳彼皿	潁唯井 穎役餅 囧俱永 永爲丙	鼎多挺 茗冥鼎 冷力鼎 挺徒鼎 訂唐挺 頂丁冷	迥胡炯 炯孔迥
去	迸彼爭		孟莫更 更古孟		政之盛 盛時政 姓胥政 淨似勁 勁居盛 性思靚 靚才性 敬繮竟 柄卑敬 竟繮慶 慶祛敬 映於敬 命麋竟	詠爲命	定達聽 聽他定	
入	革居核 核爲革 麥翩 賾 謫知革 脉莫革 隔几尼 戹猗革 軛於革	獲胡賾 馘古獲	格柯領 白菩格 額雅格 百補格 佰波格 宅除格 伯補格 額領雅格 帛蒲格	虢鉤百	辟裨尺 尺齒亦 亦余石 弈鯨石 席徐亦 跡子亦 積子亦 迹子亦 赤昌亦 璧俾亦 石時亦 益於亦 刺七亦 摘雌戟 逆魚戟 郤去戟 碧彼戟 戟居逆 劇渠戟	役惟辟	鶂牛歷 壁補歷 狄徒錫 歷力的 曆呂的 的都歷 激公狄 覓亡狄 鬩許激 歊徒的 擊故歷 甓瓶狄 迪徒的 寂徂錫 錫思的 覿達寂 敁公的 鬩都歷	鵙公璧

从上表可以看出，《名义》中梗摄的系联结果与几遇数统计结果一致，都有四个韵系：二等的耕韵系、庚二韵系、三等的庚三清韵系和四等的青韵系。

《名义》梗摄的特点，主要是通过与《切韵》系比较得来的，主要表现为：

（1）耕韵系与庚二韵系在反切比较时的混同，表明《名义》音与《王仁昫刊谬补缺切韵》（后文简称"《王三》"）音不是同一时期的语音，《名义》音当比《王三》音更存古。

---

1 表中为了保留《名义》用字的原貌，《名义》的字头及反切用字都用繁体字，不换成简体字。

2 "聽"在《名义》中只有去声"他定反"，而"廷，達聽反"当读平声，而《玉篇》"聽"字有"他丁""他定"二反切，可以推知，原本《玉篇》中"聽"当有平、去二声，《名义》在抄录时没有抄录平声反切，而"聽"在《玉篇》中本来是作平声的反切下字，《名义》未修改相应的反切用字。所以这里据《玉篇》增"他定切"一音。

从语音发展的规律上分析，庚二韵系（举平以赅上、去、入，下同）主要来自于上古的阳部，而耕韵系主要来自于上古的耕部和蒸部，《名义》中属于耕韵系，而《王三》中属于庚二韵系的有"竻笝罢槖怋𤺊町"七字，其声符都是上古耕、蒸两部的，到中古应该变到耕韵，而在《切韵》系韵书中，这些字都用庚二的反切下字，这应该是随着时间的发展，上古阳部一部分字变到庚二韵系，耕、蒸两部中的一部分字变到耕韵系，再之后，庚二和耕的读音也越来越相近，也许在一些发展快的方言中它们已经混用，而这种过程，在《名义》与《王三》的比较中能更好地体现出来：《名义》中的注音还能很好地区分来自于不同韵部的字，而《切韵》中一些后起的形声字的注音已经不能区分了。

（2）从统计结果看，庚三韵系与清韵系实际相逢数与几遇数的比值在四声中分别是：32.73，13.07，29.02，2.35，都大于 2，应该合为一个韵系。从系联的结果来看，在开口韵中去声可系联为三类，其中性、靓两字互注，不与上面的"政盛姓净劲"一类系联。曹宪《博雅音》"靓"音"耻政反，亦似政反。"《新撰字镜》注为："七政反，去。装饰、古奉朝请亦作此字。"据此可将"性靓"与"政盛姓净劲"系联为一类，这样开口和合口韵平、上、去、入四声中反切下字（除合口去、入声反切字太少外）都可系联为两类：这两类正好分别是《王三》中的庚三系类和清系类，这两类的关系正如支脂等重纽韵系中重纽三等（以下称 A 类）和重纽四等（以下称 B 类）两类，庚三韵系相当于 B 类，清韵系相当于 A 类，在唇、牙、喉音中两韵系中存在对立，知组和生母、来母出现于庚三韵系，章组和以母出现于清韵系，二者形成了重纽韵的互补关系。

二　反切结构的特点

2.1　开口度与下字关系最大，上字也有与被注字相一致的趋势

我们先来看看《名义》中的反切上字与被注字在开口度上的关系，这主要看二者在等的分布上是什么关系。下面是反切上字的等与被注字等的关系表：

表 4　反切上字与被注字开口度的关系

被注字	上字							
	一等	二等	丑	子	A	B	四等	总计
二等	203	30	140	3	6	6	2	390
丑	35	0	217	1	40	3	1	297
子	9	2	68	1	9	42	0	131
四等	214	2	137	1	6	1	28	389
总计	461	34	562	6	61	52	31	1207

说明：上字中的丑、子、A、B 都是三等字，只是我们根据李荣在《切韵音系》中的分等原则，对三等进行了细分：子类韵是微韵系、殷韵系、元韵系、庚三韵系、严韵系、凡韵系和废韵；A、B 分别指重纽四等和重纽三等；其他三等韵都是丑类。具体到梗摄，二等是庚二韵系和耕韵系，丑类是清韵系，子类是庚三韵系，四等是清韵系。

从上表可以归纳出以下特点：（1）反切上字较少使用二等韵字和四等韵字，二等、四等字作反切上字时，主要为同等的字注音；（2）丑类字主要用丑类字和 A 类字作反切上字，

子类字主要用丑类字和 B 类字作反切上字,从而再次证明,庚三与清合并后呈现的是重纽关系,清韵系与 A 类关系更密切,而庚三韵系与 B 类关系更密切;(3)反切用字尽量不用子类字,有限的 6 次子类字,有 4 次都是用"明"作反切上字,剩下的 2 次分别是"反""景";(4)二等、四等被注字主要用一等和丑类字作反切上字;(5)从总的趋势上看,上字对被注字的开口度有一定的影响。

我们再来看看反切下字与被注字开口度的关系,还是通过将反切下字与被注字在等上的分布关系来分析:

表 5　反切下字与被注字开口度的关系

被注字	下字				
	二等	丑类	子类	四等	总计
二等	390	0	0	0	390
丑类	0	297	0	0	297
子类	0	0	131	0	131
四等	0	0	0	389	389
总计	390	297	131	389	1207

这个表格非常明显,《名义》中的反切下字与被注字完全一致,说明反切下字可以决定被注字的开口大小。那么再结合上表 1 来分析,在开口度上,反切上、下字还是有一定的协调性要求的。

2.2 被注字的介音与反切上、下字的关系

被注字的介音主要是由其开、合来决定的,一般按照我们对反切的认识,被注字的开、合应该是由反切下字决定的,在《名义》中被注字与反切上、下字的关系也是这样吗?反切上字选择时有什么标准呢?

我们还是先分析反切上字与被注字在开合口上的关系,请看下表:

表 6　反切上字与被注字开合口的关系

被注字	上字		
	开	合	总计
开	614	449	1063
合	18	126	144
总计	632	575	1207

表 7　反切下字与被注字开合口的关系

被注字	下字		
	开	合	总计
开	1049	14	1063
合	55	89	144
总计	1104	103	1207

通过表 3 和表 4，我们发现一个很有趣的现象：当被注字为开口字时，其开合口主要由反切上字决定，而当被注字为合口字时，其开合口更多时候是由反切上字决定的。也就是说，有没有[-u-]介音是由反切上字决定的，当没有[-u-]介音时，主要是反切下字与被注字一致。

2.3 反切上字的摄与被注字的关系

陆志韦（1963）曾说过，反切上字的选择与收声有较大的关系，即他认为反切上字如果是阳声韵字时，会更倾向于选择后鼻音韵尾的字，而较少选择前鼻音韵尾的字，绝不会选择唇鼻音韵尾的字。而在选择用阴声韵的字作反切上字时，多用遇摄字和止摄字，其次是流摄字和果摄字。这种研究对于了解古人构造反切的原则，古音的构拟都是十分必要的。因此，我们在这里也要研究一下梗摄反切上字的选择与收声的关系。我们将《名义》中的梗摄字的反切与这些字在《王三》中的反切在反切上字摄的选择上分别列表比较如下：

表 8　《名义》中梗摄被注字反切上字所属摄的特点

四声	后鼻音韵摄				前鼻音韵摄		阴声韵摄						总计
	曾	宕	梗	通	山	臻	遇	止	流	果	假	蟹	
平	3	44	20	20	17	4	359	110	13	42	8	20	660
上	0	4	1	1	2	0	143	97	43	6	22	8	327
去	0	6	0	0	0	1	12	6	0	1	1	2	29
入	96	37	9	14	20	15	0	0	0	0	0	0	191
总数	99	91	30	35	39	20	514	213	56	49	31	30	1207
	255				59		893						

表 9　《王三》中梗摄字所用反切上字所属摄的特点

四声	后鼻音韵摄				前鼻音韵摄		阴声韵摄						总计
	宕	曾	梗	通	臻	山	遇	止	流	果	假	蟹	
平	107	2	38	2	1	13	258	84	4	28	0	0	537
上	4	0	3	0	0	0	248	64	27	1	12	8	367
去	2	0	0	0	0	0	18	0	0	0	0	0	20
入	113	121	4	3	42	0	0	0	0	0	0	0	283
总计	226	123	45	5	43	13	524	148	31	29	12	8	1207
	399				56		752						

通过比较上面两个表格，我们可以发现有以下共同点。（1）反切上字的摄完全相同：后鼻音韵摄不用江摄，因为江摄是二等韵摄，主要元音比较紧张，且与梗摄二等应该差别较大，绝不用唇鼻音韵摄和效摄。（2）阴声韵摄作反切上字的情况比阳声韵摄要多。造成这两点的原因主要是为了拼切更加协调、顺口。因为阴声韵摄没有韵尾，作为反切上字，拼切时需要抛弃的部分比阳声韵摄少，拼切更协调，更顺口。唇鼻韵尾在阳声韵中是发音部位最靠前且最后口型是闭口的，更容易造成主要元音的紧张，效摄的尾音也是闭口的，

且主要元音与元音韵尾[-u]之间差别较大，发音较长，因此都不宜作反切上字。（3）反切上字中平声字是最多的，其次是上声和入声，尽量回避用去声字。

　　同时，我们也会发现，两本书中的反切还有一些不同点，而这正是《名义》的特点所在，主要表现为：

　　（1）从声调选择上来看，虽然两书中都是爱用平声字，其次选择上声字，最不爱用去声字，但在《名义》中，平声字要比《王三》中多了 123 个，入声字少 92 个，上声和去声基本持平。

　　（2）虽然古代反切都喜欢用遇摄字作反切上字，但在《名义》中，遇摄的平声字更多，平、上、去呈现非常明显的递减趋势，而《王三》中遇摄的平声字和上声字大体持平。从具体用字上来看，《名义》中不同的遇摄反切上字有 68 个，《王三》中有 40 个，即《王三》中用字相对集中，这应该是因为字书与韵书在注音上的不同要求造成的，韵书将同音字归在一起，用一个反切标注，而字书是按字形编排的，同音字往往会用不同的反切，就会造成反切用字的分散。两书中遇摄用字的主要区别可以见下面两书中遇摄上字用了 15 次以上的统计图，虽然《名义》用字分散，但反切上字也有相对集中于某些简单字的趋势，如在匣母反切上，《名义》用"胡" 60 次，而《王三》则分散于"户" 32 次，"胡" 25 次。而《王三》中则更多地在见母字反切上字"古"的选择上体现了反切用字趋简的趋势。

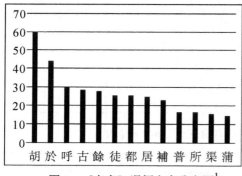 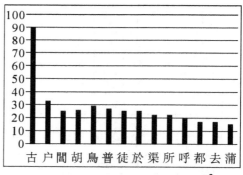

图 1　《名义》遇摄上字分布图[1]　　　　图 2　《王三》遇摄上字分布图[2]

　　（3）二书在止摄字的选择上也是有明显不同的，《名义》中止摄字比《王三》中要多，且从具体分布上来看，《名义》中所用之韵系字和支韵系字都是《王三》中的两倍，而脂韵系字在《名义》中很少用，只有 17 次。而且在止摄字的选择上，两书都是多用开口字，少用合口字。在止摄字的选择上，《名义》在字形上有明显的趋简和趋常用的趋势，"子"作反切上字最多，29 次，"之"作反切上字 17 次，"思"作反切上字 17 次，而《王三》中止摄字作反切上字最多的是"资" 15 次，其次是"私" 12 次，"之" 12 次，"子" 11 次。《名义》明显不愿意用脂韵字，其中一个重要原因，可能是"资"写起来太复杂了，所以把"资"都换掉了。"私"字虽然不难写，但《名义》更愿意用"思"来代替"私"，而且在两本书中，《名义》用"思"达 210 次，而《王三》中只有 16 次，且集中在臻摄中。《名义》中之脂韵系是合并的，即"思"和"私"应该读音上是没有区别的，为什么《名义》

---

[1] 保留《名义》原貌，反切用字不用简体字，图 3 同。
[2] 保留《王三》原貌，反切用字不用简体字，图 4 同。

这么爱用"思"而不用"私"呢？也许我们可以从常用度、词义的褒贬及"思"有语气词的用法等角度继续研究这个问题。

表10　止摄反切上字在《名义》和《王三》中的表现

韵书	止	之	志	支	纸	寘	脂	旨	至
《名义》	68	48	4	53	22	1	9	7	1
	120			76			17		
《王三》	43	17	0	28	10	0	39	11	0
	60			38			50		

（4）宕摄反切上字在两书中的梗摄也有明显的不同，《名义》中宕摄字明显比《王三》中少，《名义》中宕摄的平声字只有44个，用得最多的就是"亡"和"方"这样字形简单的字，而《王三》中宕摄的平声最多的是"郎"40次，主要集中在"郎丁反""郎击反"，而《名义》中全都换成了"力"和"来"。《王三》中宕摄平声用得第二多的是"羊"字，共26次，全部是"羊益反"这个音，而《名义》中却都换成了阴声韵字"馀""余""以"等。可以明显看出《名义》尽量不用宕摄字，可能还是从拼切协调、顺口的角度考虑的，因为宕摄平声毕竟有一个后鼻音韵尾，使其作反切上字时需要多抛弃一个音素。如果用宕摄字时，其用字也多是简单、常用的字，如"莫""亡""丈""方"等，这些字占了所有宕摄字的三分之二以上。

（5）在前鼻音韵摄的选择上，《名义》多用山摄，而《王三》多用臻摄，且《王三》中臻摄基本上都是入声字，主要是"疾"15次，《名义》中都是用的阴声韵字"似""徐""在""才"等；《王三》中用"必"13次，《名义》中用支韵系的字10次，"补"2次，"卜"1次。《王三》中用"七"8次，《名义》中也基本上都用的是阴声韵字，用"且"7次，"七"1次。《名义》中前鼻音韵摄的入声用山摄和臻摄都有，其中山摄全部是"达"字，共20次，而《王三》中在梗摄反切上字中没有用"达"的，而是较多用"特"字和"徒"字。

（6）在入声韵反切上字的选择上，两书也各有特点，《名义》中用入声字作反切上字的反切具有数量少而用字分散的特点，在191条入声反切上字的反切中共出现了34个不同的入声上字，而《王三》中用入声字作反切上字的反切则具有数量较多且用字相对集中的特点，在283条入声字作反切上字的反切中，不同的入声上字只有27个。但是在具体入声字的使用上，我们将两书中入声反切上字使用在80%以上的具体字的频率列图如下，可以看出《名义》所用的入声上字字形更简单常用。

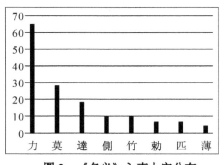

图3　《名义》入声上字分布

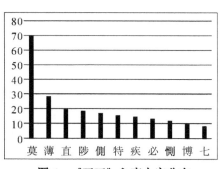

图4　《王三》入声上字分布

三 庚三清韵系的重纽韵在反切上的特点

对于重纽韵反切特点的考察，我们主要关注三个方面：反切上字的等对反切上字的选择有无影响，反切上字所属的摄对其选择有无影响，反切上字的声调对反切上字的选择有无影响。下面我们分别来分析。

3.1 反切上字的等对上字选择的影响

由于《名义》中反切下字与被注字的等非常吻合，所以在这里考察重纽韵反切特点时，我们只要看一看反切上字与被注字在等上的配合关系，就可以知道重纽韵中对反切上字选择的特点了。

表11　重纽韵中反切上字与被注字等的配合关系

被注字	上字						
	A	B	丑	子	一等	二等	总计
子（庚₃）	0	35	43	1	7	1	87
丑（清）	21	3	48	1	19	0	92
总计	21	38	91	2	26	1	179

从上表可以看出，子类韵主要用 B 类字和丑类字作反切上字，绝不用 A 类字作反切上字，表明子类韵在语音上与 A 类韵应该是有区别的，构造反切时，作切语的人故意回避 A 类字。丑类韵主要用 A 类字和丑类字作反切上字，绝不用二等字作反切上字，也很少用 B 类字。

因此，庚三清韵的重纽差别，由反切下字可以区分得非常清楚，这是《名义》所有重纽韵中在反切下字的选择上区分最清楚的一个韵系。在反切上字的选择上，也基本上是子类用 B 类，丑类用 A 类，在丑类字的选择上，无论子类还是丑类，主要用遇摄字，43 个子类被注字用丑类反切上字的情况中，有 36 次都是用遇摄字，48 次丑类被注字用丑类反切上字的情况中，有 35 次是用遇摄字。

3.2 反切上字的摄对上字选择的影响

我们再来看看在选择反切上字时，会不会受到摄的影响。将唇牙喉音的重纽韵字反切上字的摄列表统计如下：

表12　唇牙喉音重纽韵字所用反切上字的摄的分布

遇	止	流	臻	宕	梗	通	果
84	56	15	8	5	4	4	3

唇牙喉音重纽字共有 179 个，其反切上字有 84 个用了遇摄字，这其中有 56 个是鱼韵系的字（鱼韵 48 个，语韵 1 个，御韵 7 个），15 个是虞韵系的字（虞韵 11 个，麌韵 4 个），模韵系 13 个（模韵 5 个，姥韵 6 个，暮韵 2 个）。这与遇摄上字在整个梗摄的分布有区别，在重纽韵中，遇摄字更多地选择鱼韵系字，而少用模韵系字，这一方面可能出于上、下字拼合上的协调性，毕竟模韵系是一等韵，而鱼韵系是三等韵，另一个重要的原因是梗摄重

纽韵中，牙喉音字远远多于唇音字，而牙喉音中遇摄三等反切上字远多于一等反切上字。

表 13 重纽韵所用反切上字分别在遇摄三个韵系的分布

梗摄重纽韵	模韵系	鱼韵系	虞韵系	总计
梗摄	277	206	31	514
庚三清重纽韵	13	56	15	84

有 56 个用了止摄字，其中 A 类字 17 个，B 类字 34 个，还有 5 个之韵系的丑类字，据我们对《名义》止摄字的分析，脂之韵系合并，合并后之韵系的字都具有 A 类的性质，而这些止摄反切上字在构造反切时，也是 A 类和丑类与丑类梗摄字相拼，B 类止摄字与子类梗摄字相拼。

有 15 个反切上字用了流摄字，其中用"口"字 6 次，用"丘"字 4 次。有 8 次用了臻摄字，都是入声字，其中"乙"字用了 4 次，"匹"字用了 3 次，"一"用了 1 次。可以看出，在构造反切时，还是会受到韵摄的影响，最爱用遇摄字、止摄字和流摄字，这与陆志韦（1963）的研究结果基本相同，也与上文的分析一致。

3.3 反切上字中入声字大幅减少

在《名义》梗摄重纽韵中，平声上字最多，有 114 次，占到重纽韵反切上字的 64%；上声上字出现 41 次，占 23%，去声上字出现 14 次，入声上字出现 10 次，可以看出，这也与上文梗摄上字的声调分布不太一致，主要区别在入声上字上。梗摄被注字的入声上字占全部反切上字的将近 16%，远多于去声反切上字，而在重纽韵中入声上字在比例上大大减少了，这应该提示我们，入声韵尾与重纽韵之间可能存在着某种不协调的成分。

参考文献

昌　住（1973）《新撰字镜》，临川书店。
戴　震（2017）《方言疏证》，上海古籍出版社。
段玉裁（1981）《说文解字注》，上海古籍出版社。
顾野王（1985）《原本玉篇残卷》，中华书局。
顾野王（1987）《大广益会玉篇》，中华书局。
胡吉宣（1989）《玉篇校释》，上海古籍出版社。
李建强（2017）《敦煌·对音·初探》，中国社会科学出版社。
李　荣著、黄笑山校订（2020）《切韵音系》，商务印书馆。
龙宇纯（1968）《唐写全本王仁昫刊谬补缺切韵校笺》，香港中文大学发行。
陆德明撰、张一弓点校（2012）《经典释文》，上海古籍出版社。
陆志韦（1963）古反切是怎样构造的，《中国语文》第 5 期。
罗常培、周祖谟（2007）《汉魏晋南北朝韵部演变研究》，中华书局。
吕　浩（2007）《〈篆隶万象名义〉校释》，学林出版社。
邵荣芬（2008）《切韵研究》（校订本），中华书局。
释空海编（1995）《篆隶万象名义》，中华书局。

徐通锵（2004）《汉语研究方法论初探》，商务印书馆。
许　慎（1963）《说文解字》，中华书局。
余迺永（2000）《新校互注宋本广韵》（增订本），上海辞书出版社。
郑林啸（2007）《〈篆隶万象名义〉声系研究》，河北大学出版社。
周法高（1952）三等韵重唇音反切上字研究，《历史语言研究所集刊》第二十三本，"中央研究院"历史语言研究所。
周祖谟（1966）《问学集》（全二册），中华书局。
周祖谟（1983）《唐五代韵书集存》，中华书局。
周祖庠（2001）《〈篆隶万象名义〉研究》第一卷·上册，宁夏人民出版社。

"语讹"考九则*

北京大学中国语言文学系　唐　琪

提要： "语讹"一词在南北朝以后的古书常见，反映了与语音相关的讹误情况，而且大多属于当时的口语现象。本文对语讹的形式和共性进行了分析，并以实例分析语讹材料对应的语音事实，发现语讹材料反映的可能是后代音变产生前的变异阶段，也可能是古音在不同语言群体中的残留，又或是不同群体对外族词的不同对音形式。

关键词： 语讹　汉语史　变异研究　扩散式音变

○　前言

"语讹"一词多见于南北朝及之后的古书旧注、笔记、诗话等材料，指与语音相关的讹误情况，另亦有"声讹""音讹"表达相似的概念。

传世文献中"语讹"最早见于东晋葛洪《肘后备急方》卷五："取蒲公草捣敷肿上，日三四度易之，俗呼为蒲公英，语讹为仆公罂是也。"已指言语讹误，但其亦另有他义，唐代韩愈《落齿》"语讹默固好，嚼废软还美"中"语讹"形容的是人年老时口齿不清的样子。最早将"语讹"作为词语专门收录的是宋代《太平广记》引唐代李肇《国史补》所记："司空于頔以乐曲有《想夫怜》之名，其名不雅，将改之。客笑曰：'南朝相府曾有瑞莲，故歌为《相府莲》，自是后人语讹。'"南宋孙奕《示儿编》卷十八有"声讹"字类，专门收集当时人误读字音之例。此后，明清时人笔记、读书札记中对"语讹"亦有关注，如明代杨慎《丹铅总录》卷十三中有"订讹"篇，其所收之讹既有字讹，亦有音讹；钱大昕《十驾斋养新录》卷十一特有"水经注难尽信"一条，关注了《水经注》中两处与语音相关的讹误现象，并进行考订。另外，钱氏《声类》卷四有"古读""音讹"两篇，其所收材料，一部分字音反映的是上古的一字异读情况，如"百音陌。《周礼·甸祝》：'掌四时之田，表貉之祝号。'注：'杜子春读貉为"百尔所思"之百。'"说明"百"在上古有明母一读。"百"字明母一读可以进行谐声，如"陌""貊"，详可参考孙玉文（2018）。另一部分则为古读中的"语讹"现象，列十二条，所记史料以南北朝至隋唐为主，如"杨为䕫。《隋书·五行志》：'时人呼杨姓多为䕫者。'"另，《文选·王僧达〈祭颜光禄文〉》"文蔽班杨"李善注引郭璞《三苍解诂》曰："杨，音盈。"说明隋开皇初"杨"确有"䕫"音一读。又《五行志》中提及隋炀帝本名"杨英"，隋时迷信反语，即两字反切上下字交换后

---

* 本文受到教育部人文社会科学重点研究基地重大项目"基于上古汉语语义知识库的历史语法与词汇研究"（18JJD740002）、"面向上古汉语知识库的出土文献词汇语法研究"（22JJD740003）的资助，特此致谢。

再切成为新词。而"杨英反为嬴殃",文帝"闻而不怿,遽改之",正是因为"杨"有"嬴"音,而"嬴殃"在口语所闻即"杨殃",不吉利。颜师古《匡谬正俗·卷六·杨》:"杨姓旧有盈音,盖是当时方俗,未可非也。"钱大昕对于这一音读的来源则以"语讹"为因。而"语讹"究竟是什么,后人多以"声近""声转"模糊地进行解释,对其反映的具体"讹误"或音变现象挖掘不够,甚为可惜。如《资治通鉴·晋纪九》:"猗卢遣其子六修将兵助琨戍新兴。"胡三省注:"考异曰:'晋《春秋》作"利孙"。按:利孙即六修也,胡语讹转耳。余按孔颖达曰:'声相近者,声转字异。'"其中,"声"包括传统音韵学分析中的声母、韵母和声调,但记录时囿于古音学的限制,未能细究。清代胡明玉著《订讹杂录》将形、音、义形成的讹误分类考订,刘淑华(2016)对其进行研究。

现代学者也关注到了古代汉语音转、音讹现象,王晓坤、李无未(1996)对南宋《示儿编》中"声讹"进行系统整理,由其中俗读字音归纳出的南宋时音音系与《中原音韵》存在对应关系;吴泽顺(2005)梳理了古代汉语中与音转相关的术语体系和时间层次,其中就包含了"语讹",归入泛指音转一类中;吴泽顺(2011)又讨论了历史文献中的音讹类型,以人名、地名、国名、称谓分类,以政治、俗化、雅化、对音无定字等理由对音讹进行解释,但这一描写是粗线条的,并未对其所反映的具体语音现象进行讨论。此外吴泽顺(2004,2007)、牛汝辰等(2015)对音转现象的具体规律、制约机制和成因从语音、语义等方面具体分析,具有一定的启发性。

"语讹"现象从形式上可以理解成"甲,X人讹为乙",即在记录者的观察中,存在某一群体,把"甲"读作与"乙"相同的语音形式,这一群体与记录者之间具有方言差异或语言差异,抑或社会差异。以前文"时人呼杨姓多为嬴者"为例,实际上相当于,"杨,时人讹为嬴","时人"与记录者的差异是语言的社会差异。

从关系上来说,"甲"是记录者所用的语言系统的形式,"乙"是记录者以自身语言系统的形式去记录他人语言系统的情况,是系统中的异源材料。甲乙之间的关系必然满足以下的条件:(1)甲和乙在各自不同的方言中表达的是同一或相似的概念事物;(2)在记录者的方言中,甲和乙的音值是不相混同,可区分的;(3)在记录者的方言中,存在与异源材料"乙"语音相似的词"Y"。所以在记录者眼中,甲在其他方言中读成了自身语言的"Y",记为乙。

以"杨,时人讹为嬴"为例:(1)"杨""嬴"都是在指称"杨姓";(2)记录者区分"杨""嬴"的音值(或包含音类);(3)"时人"称"杨姓"的音值接近于记录者语感中的"嬴",所以记成"嬴"。

甲乙之间可能存在音类的对应,具有历史同一性;也可能是不同人群用不同的词指称同一事物。音类的对应与否不是讹误的必要条件。

为了区分语言的内部演变与跨语言接触,从语讹发生的两种语言之间的关系分类,可以分成两类:一是同一语言中的"语讹",二是涉及两种或两种以上语言的"语讹"。

一 同一语言中的"语讹"现象

1.1 "塞种"讹为"释种"

《史记·大宛列传》:"乌孙,在大宛东北可二千里。行国随畜。"《正义》:"乌孙,本塞种,塞本'释'字,谓佛姓释氏也。胡语讹转。"

《汉书·西域传》:"乌孙国,……本塞种也。"《张骞传》:"月氏已为匈奴所破,西击塞王。"颜师古注:"塞音先得反,西域国名。即佛经所谓释种者。塞、释声相近,本一姓耳。"

上例指出"塞种"为"释种"之语讹。据《汉字古音表稿》,"塞",心母职部开口一等,《诗经·大雅·常武》中"塞""来"职之合韵;"释",书母铎部开口四等,《楚辞·九章·惜诵》中"释""白"押韵,《哀郢》中"跖""客""薄""释"押韵。按照张守节、颜师古所注,从字音整体的角度出发,二者音近。

从声母来看,"塞"是精组,"释"是章组,章组在上古汉语中当为舌音,与端组接近,比如"都"(端母)、"猪"(知母)、"诸"(章母)从"者"得声,"种"(章母)、"动"(定母)从"重"得声,等等。按照东晋的梵汉对音材料,章组字系统对应梵文 c[tɕ]组,一般认为此时的章组声母已经变为齿音字,与精组接近。从"塞""释"音近,可推知汉代或许章组已经有从舌音变为齿音的倾向。

从韵部来看,古音表中二者所归主要元音较远,但事实上,"释"在上古汉语中存在异读,《广韵》《集韵》皆未收录。《史记·留侯世家》:"释箕子之拘。"《集解》引徐广曰:"一作式。"说明"释""式"在此形成异文。大徐本《说文·采部》引孙愐《唐韵》注"释"音为"赏职切",与"式"同音,即书母职部开口三等,说明"释"在汉代确有职部一读。而"塞""释"二字用作译音时,所取之音时存即可。综上可知,"塞""释"二字在西汉时期的确存在音近而讹的条件。

1.2 "种山"讹为"重山"

《水经注·渐江水》:"而伏剑于山阴,越人哀之,葬于重山。"杨守敬注:"《越绝书》八,种山者,句践葬大夫种。《续汉志》注引作重山。《御览》四十七引孔晔《会稽记》,重山,大夫种墓,语讹成重。"

上例指出"重"为"种"之语讹。首先,本条材料中存在三个时代:一是郦道元著《水经注》的北魏;二是杨守敬指出"语讹"的清末;三是《水经注》所记内容的春秋末年。杨守敬所引材料试图证明"种山"为原书之旧,南北朝时《水经注》《续汉志注》中的"重山"为讹误。那么杨守敬认为的讹误始生时代即南北朝时期,我们首先看此时的语音情况。根据《广韵》,"重""种"韵同声异,"重"为澄母,"种"为章母,上古章组为舌音,东晋以降变为齿音,声母已远。正是基于时音已远,杨守敬断定书中所记"重山"为语讹。但事实上,我们需要关注史实的发生时代"重""种"之间的关系。钱大昕《十驾斋养新录》"舌音类隔之说不可信"一条已经注意到:"古人多舌音,后代多变为齿音,不独知彻澄三母为然也。如《诗》'重穋'字《周礼》作'种稑',是'重''种'同音。陆德明云:'禾边作重,是重穋之字,禾边作童,是穜艺之字。今人乱之已久。'"即"重""种"在上古时期形成异文，二字同音。所以《水经注》《续汉志注》所记"重山"并非语讹，而是古读、古代书写的保留。杨守敬以后代已经变化的语音来观察春秋时代的语言事实，以其为"语讹"，为杨氏失考。

1.3 "长分""张方"讹为"张夫人"

《洛阳迦蓝记》："中朝时以谷水浚急，注于城下，多坏民家，立石桥以限之，长则分流入洛，故名曰长分桥。或云：晋河间王在长安遣张方征长沙王，营军于此，因名为张方桥也。未知孰是。今民间语讹，号为张夫人桥。"

上例指出"长分""张方"讹为"张夫人"，这是两字讹为三字之例。《洛阳迦蓝记》，北魏杨衒之撰。名"长分桥"为中朝时事。"中朝"指何时？卷二有"此桥南北行。晋太康元年中朝时市南桥也"句，周祖谟《校释》："四朝者，即中朝也。谓晋之武、惠、怀、愍四世也。"说明杨衒之所言"中朝"乃为晋武帝时。名"张方桥"为晋河间王时，晋河间王为武帝堂弟。说明此桥名的来源可追溯至晋武帝时代，并且两种说法在北魏时都通行。今"号为张夫人桥"为北魏时事，与晋武时期相距约二百五十年左右。

按《广韵》，"方"，府良切，帮母阳韵开口三等字，"夫人"一词从音义匹配的角度看有两解，但前有姓氏则当取"夫"为帮母平声三等一读，汉代列侯之妻及天子之妾皆称夫人，如"戚夫人"。汉代亦有男子名为"夫人"者，《汉书·郊祀志下》："丁夫人、雒阳虞初等以方祠诅匈奴、大宛焉。"颜师古引韦昭注："丁，姓；夫人，名也。"方、夫皆为帮母三等字，轻重唇分开后皆为非母。"人"为日母真韵三等字。"夫人"二字合为"彬"字，《广韵》府巾切。按《说文·人部》："份，文质备也。彬，古文份从彡、林。林者，从焚省声。"音"份"平声。从"夫人"合音的角度看，"夫人"不能合为"方"音，真韵、阳韵并不混同，且距离较远。其合音与"分"更近，"分"作分流义当取府文切，声同，文韵、真韵音近，皆为合口，具备语讹的条件。

所以从音理上，今所讹之"张夫人桥"，"张"或为"张方"之"张"，抑或"长分"之"长"语讹，"夫人"当为"长分"之"分"音离析语讹的结果，"分"位于三音词的中间音节，受前后音节的影响容易产生音变。从历史事实看，一字讹为二字是孤立的语音现象，这说明口语中，尤其是语流中产生的讹混具有一定程度的任意性。

1.4 "隆"讹为"龙"

《旧唐书·玄宗本纪》："上所居里名隆庆，时人语讹以'隆'为'龙'。"

上例指出"隆"讹为"龙"。《旧唐书》编纂于五代，距唐未远。其取材多自唐代历朝所修实录。此条所记为玄宗时事，即讹误现象的始生时代是玄宗朝。据《广韵》，"隆""龙"声同韵异。"隆"为东韵三等，"龙"为钟韵三等，二者音近，确有产生语讹的条件，而此时所记者将其定为语讹，说明二者音类尚未混同。从《广韵》韵目所归纳的押韵时同用独用条例看，"东"为独用，与"冬、钟"不混。按照语音发展的过程，东冬钟三韵唐末已混同，李涪《刊误》："法言平声以东农非韵，以东崇为切。上声以董勇非韵，以董动为切。去声以送种非韵，以送众为切。入声以屋烛非韵，以屋宿为切……何须东冬中终妄别声律？"其中"董""动"为东韵上声，"勇"为钟韵上声；"屋""宿"为东韵入声，"烛"

为钟韵入声。李涪言下之意即按照当时的口语"董"与"动"、"屋"与"烛"为同类切下字，说明东韵与钟韵已经发生混同。李涪为唐昭宗时代担任官职，玄宗朝后一百五十至一百八十年左右。而东钟于押韵中产生合押情况则反映在更早的诗歌中，李商隐《少年》："外戚平羌第一功，生年二十有重封。直登宣室螭头上，横过甘泉豹尾中。别馆觉来云雨梦，后门归去蕙兰丛。灞陵夜猎随田窦，不识寒郊自转蓬。""功""封""中""丛""蓬"为韵脚。其中，"封"为钟韵平声字，其余皆为东韵平声字。李商隐为唐宪宗时人，玄宗朝后一百年左右。那么从语音发展的视角看，"隆"语讹为"龙"既反映了玄宗朝时东、钟的音类尚未混同，又反映了时人在此二字上已经有了混同的迹象。从宏观的角度看，东钟合流在汉语史上是无例外的音变，从微观的角度看，东钟合流的过程应当是从一部分人开始再扩散至所有人，包含人群的代际替换，反映了词汇扩散的过程。

1.5 "匡胤"讹为"香印"

《青箱杂记·卷二》："太祖庙讳匡胤，语讹近香印，故今世卖香印者不敢斥呼，鸣锣而已。"

上例指出"匡胤"讹为"香印"。《青箱杂记》，闽人吴处厚撰。为宋人记宋时事之笔记，反映同时代的语音情况。

据《广韵》，"匡"为溪母阳韵合口三等字，"香"为晓母阳韵开口三等字。"匡""香"声母为牙喉音，韵同，音近，具备"语讹"的条件。同时，此处讹误或许反映了一定程度的方言语音信息，官话中"溪""晓"二母音近，但并不混同。而在部分南方方言中，部分晓母字读如溪母，如闽语；粤语部分溪母字读如晓母。推至宋代的语音，据李红（2011）考察，朱熹《诗集传》中存在"晓匣"与"见溪"互注之例，如"姱，《广韵》苦瓜切，叶音户""刳，火吴反。《广韵》苦胡切"。一般来说，《诗集传》注叶韵不必改声母，而牙喉音四等俱全则更无改声母适应等呼的需求，那么从朱熹注音是为了便于吟诵《诗经》的目的来看，这一互注情况应当反映的是时音及方音的情况。所以"匡"语讹近"香"，确有"语讹"的条件。

据《广韵》，"胤"为喻母震韵开口三等字，"印"为影母震韵开口三等字。"胤""印"韵同声近，具备"语讹"的条件。从语音史的发展来看，北宋邵雍所撰《声音倡和图》中将影母字与喻母字排列在一起，定其为清浊之别；据王力（1982）考察朱熹反切后提出朱熹时喻母已经并入影母，如"远，叶於园反""矣，叶於姬反"，其中"远""矣"为喻母、"於"为影母；而《中原音韵》中从喻母字与影母字混合排列可知，此时喻母已经完全与影母合流。从本条语讹来看，影母、喻母在北宋初年的口语中是能够进行分别的，但由于音近，在一部分人的口语中已经产生讹混，反映了语音发展的趋势。

1.6 "祯"讹为"蒸"

《青箱杂记·卷二》："仁宗庙讳祯，语讹近蒸，今内庭上下皆呼蒸饼为炊饼。"

上例指出"祯"讹近"蒸"。据《广韵》，"祯"为知母清韵开口三等字，"蒸"为章母蒸韵开口三等字，二字音近但不混同。

从声母看，"祯"为知母、"蒸"为章母，北宋邵雍《声音倡和图》中知、照已经音近，但并未混同；南宋朱熹的反切中已经体现出了知照合流，如"中，诸仍反""展，诸延反"，"中""展"为知母，"诸"为照母，至《中原音韵》则各小韵同音字中知三、照三已经完成合流。

从韵摄看，"祯"属梗摄、"蒸"属曾摄。据周祖谟（1966）研究，北宋邵雍《声音倡和图》声图排列次第反映出梗摄与曾摄已经合流，声二"青静嶝"同在一位，"庚梗径"同在一位。同时考察欧阳修诗词韵中曾梗混用不分。

此处"祯""蒸"音近，声韵皆反映了语音发展的信息，在宋仁宗朝二者字音称以语讹，说明并未混同，而在《中原音韵》"庚青"中"祯""蒸"排列在同一条目下，二字完全同音。

除此之外，"祯"字在宋元时期的语音存在特殊音变，辽代僧行均所撰《龙龛手鉴·示部》"祯"字注音"音真"，即[-n]尾，而非[-ŋ]尾，说明"祯"存在异读；明代为北曲注音的《度曲须知·北曲正讹考·庚青》条下有："祯，叶征，不作真"，说明其时口语中"祯"已经变为前鼻尾，时人已不知"祯"有后鼻一音。这一音变过程与曾梗合流当为同时进行，完成时间较晚，但《中原音韵》并未反映。

二　不同语言中的"语讹"现象

2.1 "白翟"讹为"白室"

《元和郡县图志·关内道三》："禹贡雍州之域，春秋时为白翟所居。"注引《隋图经》云："义川本春秋时白翟地，今其俗云丹州白室，胡头汉舌，其状似胡，其言习中夏。白室即白翟语讹耳，近代号为步落稽胡，自言白翟后也。"

上例指出胡人语称"白翟"为"白室"，"室"为"翟"之语讹，"室"为胡语在通语中的音译。既书"今其俗云"，那么"今"即《隋图经》的纂辑时代。由《隋书·郎茂传》所记："茂撰《州郡图经》一百卷奏之，赐帛三百段，以书付秘府。"据华林甫（2006）考证，该书即《隋图经》，郎茂撰成后由官方颁行。那么书中所指"语讹"的发生时代即隋代。据《广韵》，"室"为书母质韵，"翟"有两读，从音义匹配的角度看，当取定母锡韵一读，即"狄音"一读，原因如下：此处所记"白翟"，在《左传》中所记皆作"白狄"，说明"翟""狄"在"白翟"一词中形成异文。同时，《诗经·大雅·绵》："古公亶父，陶复陶穴，未有家室。"毛传："古公处豳，狄人侵之。"陆德明《释文》："翟音狄。"既说明陆德明所见古本此处作"翟"，并且说明此处音"狄"。

虽然《隋图经》于隋时纂辑，但所记史实乃春秋时地名"白翟"于今音的讹误情况，涉及古今语音对应的问题。从讹误的始生时代考虑，春秋时"白翟"为族名，又可指该民族所居住的范围。据《中国历史地图集》所考，"白翟"在洛水与东侧黄河主流之间的狭长地带，春秋时称为白翟，秦汉时为上郡、三国及西晋时代为羌胡、东晋时归前秦、南北朝属北魏朔方郡、隋时为延安郡。《隋图经》所云之"义川""丹州"乃北魏置郡后始有其称，隋代沿袭。由此可知，在春秋以后，地名"白翟"已经逐渐被弃用，同时隋代族名也已经发生变化，即《隋图经》所云"近代号为步落稽胡"。若"白室"为胡语对译"白翟"的讹误，那么始生时代当为地名"白翟"通行或沿用的时代，故而应当在上古时期就已发生。

那么上古时期"狄""室"之间的语音关系如何呢？据《汉字古音表稿》，"狄"为定母锡部开口四等字，"室"为书母质部开口三等字。从声母看，"狄"为端组，"室"为章组，由前文"'塞'讹为'释'"条可知章组与端组在上古时期音近；从韵部看，"狄"为锡部、"室"为质部，二者主要元音相同，韵尾不同，"狄"为[-k]，"室"为[-t]，理论上二者可以通转。如"避""跸"二字，《周礼·大司寇》"凡邦之大事，使其属跸"注："故书跸作避。"上古"避"在锡部，"跸"在质部。又如"匹""辟"二字，《释名·释亲属》："匹，辟也。"声训，"匹"在质部，"辟"在锡部。由此可知，在上古时期"狄""室"二字在字音上是较为接近的，在音理上是有可能混同的。

综上，《隋图经》所言胡语"室"为"翟"之语讹，亦"室"为"狄"之语讹，讹误的始生时代当为上古时期，而《隋图经》所记录的"今"，反映的是上古讹误沿袭至隋的现象。

2.2 "祁连"讹为"綦连"

《北齐书·綦连猛传》："綦连猛，字武儿，代人也。其先姬姓，六国末，避乱出塞，保祁连山，因以山为姓，北人语讹，故曰綦连氏。父元成，燕郡太守。"

上例指出北人语讹，以"祁连"为"綦连"。《北齐书》为唐初李百药奉诏所编，距北齐王朝约六十年，所反映的语音信息当为时音。据《广韵》，"祁"有两读，《汉书·武帝纪》："与右贤王战于天山。"颜师古曰："即祁连山也。匈奴谓天为祁连。祁音巨夷反。今鲜卑语尚然。"巨夷反，则当取群母脂韵一读。"綦"，群母之韵。二者声同韵近，具备语讹的条件。同时，既为语讹，"綦连"事实上是北方方言所说"祁连"在官话中的音译，说明隋末唐初官话中"脂""之"并不混同。而北方方言语讹，或为音近发生讹误，亦或脂之音类无别。关于"脂""之"在语音发展过程中的分合，据周祖谟（1966）考察《篆隶万象名义》中原本《玉篇》残卷的反切，对比《切韵》分韵，指出《玉篇》中"脂""之"合为一部，反映的是南朝吴地音系。据何大安（1981）研究南北朝韵部演变，指出"脂之"相押的特点只出现在南方的齐、梁、陈、北周、隋。说明在六七世纪的南方方言中，"脂""之"音类无别，那么《切韵》音系"脂""之"分立应当依据北方方言的特点。根据此条语讹，可知唐初以长安音为代表的北方官话音系中"脂""之"是不混同的。而此所指"北人语讹"，基于北方方言脂之分立的音类系统，当为音近而讹。这一音近，从语音史的角度看，也反映了脂之合流的倾向，据《封氏闻见记·卷二·声韵》："国初，许敬宗等详议，以其韵窄，奏合而用之。"指出许敬宗奏请《切韵》同用独用例，《广韵》韵目下有"支与脂之同用"之语。平田昌司（2002）以先天二年（713）至同光三年（925）进士科诗赋为据，编《唐人功令谱》，分析唐人科举考试中"独用、同用"的演变，指出"支"独用，"脂之"同用的历史事实，说明至晚玄宗朝始，"脂""之"音类已经无别，距《北齐书》成一百年左右。

2.3 "皮陀"讹为"韦陀"

《百论疏·卷上之下》："外道十八大经，亦云十八明处。四皮陀为四。复有六论，合四皮陀为十。复有八论，足为十八。四皮陀者：一、荷力皮陀（Ṛgveda），明解脱法；二、治受皮陀（Yaju-rveda），明善道法；三、三摩皮陀（Sāmaveda），明欲尘法，谓一切婚嫁欲乐之事；四、阿闼皮陀（Atharvaveda），明咒术算数等法。本云皮陀，此间语讹，故云韦陀。"

上例指出对音中的语讹，梵语"veda"一音由"皮陀"讹为"韦陀"。《百论疏》为隋代吉藏疏，语讹所反映的当为时音。据《广韵》，"皮"为并母支韵字，"韦"为喻三微韵字。从语音史的角度看，不论是并母与喻三，还是支韵与微韵，在隋代都并不混同，微韵与止摄合流的趋势在唐代中期才开始显现，在音理上难言讹变。由于"皮陀"和"韦陀"都是梵语"veda"的对音，此处"皮陀"讹为"韦陀"，不应当简单地理解成"皮"讹变为"韦"，而是应该看作是两种不同的对音策略。

梵语的"ve"是由浊唇齿擦音与半高不圆唇前元音构成的一个音节，从辅音看，并母和喻三都为浊音，并母发音部位在双唇，与唇齿的[v]相类；而喻三虽然发音部位与[v]不同，但从发音方法上属于擦音，与同为擦音的[v]相类。所以从辅音上而言，并母和喻三都可以与[v]相匹配。从韵母条件来说，按王力先生的拟音，支韵拟为*e，与梵语相近；而微韵拟为"*ĭwəi"，乍一看与"e"相距甚远，"e"何以与合口相对？对音要考虑音节整体的相似性，由于以"韦"对"ve"，声母的唇齿特征在喻三没有得到对应，故而以合口韵的介音[u]对应[v]的唇齿特征，而[əi][e]都有不圆唇、半高的特征。尽管微韵与[e]不相似，但"韦"与"ve"从音理上是能建立起对应的。

综上，从语言内部的证据，我们很难说明"皮陀"为何讹为"韦陀"，但从对音策略的角度，我们可以发现，"皮陀"与"韦陀"，应当是不同人对梵语"veda"的不同译音，吉藏保留了"皮陀"，而部分时人选择"韦陀"。

三 小结

本文依照时间顺序，按内部差异和跨语言差异区分开两类语讹现象。值得说明的是，尽管文中区分两类，但从语讹现象所展现的语音信息而言，两类事实是相近的。所有语讹现象都含有最基本的语音信息：在记录者的语言里，原形式与语讹形式是存在对立的。同时，由于语讹的认定带有记录者的主观性，所谓"甲讹为乙"，只是说明在记录者的听感中，该语言读音同"乙"。有可能该语言尚区分甲乙两个音类，也有可能甲乙已然合并，统一作"乙"。"长分桥"讹为"张夫人桥"一例当属前者，"分"与"夫人"应当不是音类上的混同，而只是音值上的讹变。而"隆"讹为"龙"一例，从汉语史上来说略早于东钟韵合并的时代，故而更可能是两类开始合并，音值都读为"龙"。由于文本中所谓的"语讹"带有记录者强烈的主观性，所以也不能断言在其他语言中就一定混同不分，只是我们可以斟酌汉语史的已知事实，找出更有可能性的选项。

从语讹现象，我们可以发现汉语史上发生的音变，在其发生之前，已经有不同人群在口语上有所讹误，这些社会变异为后来进一步的演变提供了基础，如东钟合韵、脂之混同、梗曾合流，都不是随着时间推移一蹴而就的音变，而是经历了人群的扩散，语讹现象为我们提供了观察扩散的窗口。另一方面，语讹现象也暗示了语音合流的方向性，玄宗时东钟混同作"钟韵"、北人脂之混同作"之韵"，宋人梗曾合流近"曾摄"。基于韵书和反切的研究只能知道音类的分合，但语讹现象能提供一部分音值的信息，以及音类分合后以谁为主等信息，这些信息可以让我们的构拟更加准确。

同时，语讹包含了多元的现象，有些讹误不与后来的音变相关，可能是反映了古音在方言里的残留，如后人以为"种"讹成"重"，但实非语讹；有些讹误反映了当时的变异，但是这些变异没有发展成新的语音规律，如"匡"讹近"香"，不过这些变异有可能在汉语方言中被继承，闽方言中部分晓母字读同溪母、粤方言中溪母开口字读同晓母，与这一语讹反映的事实相仿。此外，如果语讹涉及跨语言的材料，那也有可能反映了不同地方的对音选择，如"veda"，"v"或对为並母，或对为喻母三等，这些材料也可以看作是历史上的语言接触现象。

古籍中多存"语讹"的描述，尽管"语讹"的记录者没有良好的语言观，不知区分古今中外，但这些语讹的材料仍然反映了不同的语音事实，而且绝大多数是口语的材料，是重要的历史语音材料。我们应当对已有的语讹材料进行进一步的分析，剖析其中所包含的语音事实以及其汉语史价值。现有的汉语史材料无论是韵文、反切，很多时候都是反映士人阶层的读书音，对当时民间不同人群的口语音的反映有所缺乏，语讹材料虽然散乱，却正好可以填补口语音材料不足的空白，值得我们重视。

参考文献

郭锡良编著、雷瑢洵校订（2020）《汉字古音表稿》，中华书局。
何大安（1981）《南北朝韵部演变研究》，台湾大学博士学位论文。
胡鸣玉（1985）《订讹杂录》，中华书局。
华林甫（2006）《隋图经》辑考，《地方文献国际学术研讨会论文集（2004）》，北京图书馆出版社。
李　红（2011）《朱熹〈仪礼经传通解〉语音研究》，厦门大学出版社。
李吉甫撰（1985）《元和郡县图志》，中华书局。
刘淑华（2016）《胡鸣玉〈订讹杂录〉研究》，湖北大学硕士学位论文。
牛汝辰、程　锦、牛劲梅、曾　钰（2015）新疆地名音转溯源规律研究，《测绘科学》第 2 期。
平田昌司（2002）切韵与唐代功令——科举制度与汉语史第三，《东方语言与文化》，东方出版中心。
钱大昕（1935）《十驾斋养新录》，商务印书馆。
钱大昕（1985）《声类》，中华书局。
吉　藏（1977）《百论疏》，广文书局。
孙玉文（2018）从谐声层级和声符异读看百年来的上古复辅音构拟，《民俗典籍文字研究》第 1 期。
王　力（1982）朱熹反切考，《龙虫并雕斋文集》（第三册），中华书局。
王晓坤、李无未（1996）南宋《示儿编》"声讹"中的"俗读"音，《延边大学学报》（哲学社会科学版）第 2 期。
吴泽顺（2004）论音转的制约机制，《古汉语研究》第 4 期。
吴泽顺（2005）音转术语体系钩沉，《古汉语研究》第 3 期。
吴泽顺（2007）论音转规律的例外性，《古汉语研究》第 4 期。
吴泽顺（2011）论历史文献中的音讹现象，《励耘学刊》（语言卷）第 2 辑，学苑出版社。
杨守敬、熊会贞（1971）《杨熊合撰水经注疏》，台湾中华书局。
中国历史地图集编辑组编辑（1975）《中国历史地图集》，中华地图学社。
周祖谟（1966）《问学集》（全二册），中华书局。

读诗札记

陕西师范大学文学院 郭芹纳

提要：本文就阅读古典诗歌注本时所见的不明古音、不辨古义、不究古词等问题予以辨析正误。虽一词一字之释，亦必依据训诂学、汉语史和诗律学的原则与方法，多方搜求资料，从平仄对仗、语法构词、古音古义、词语演变、方言印证诸方面入手，力求多角度、多层次地予以分析论证，既体现出学术性，又兼顾趣味性、通俗性，希望于诗歌词语的注释、诗词知识的普及与提高，乃至辞书编撰及方言考求等皆有所助益。

关键词：移改 解 吹 思 绿酒 翠黛 秦方言

一 "轻易改"还是"轻移改"

胡光舟、周满江主编（1990：359－360），选录了杜牧的《商山富水驿》，兹照录如下：

> 益戆由来未觉贤，终须南去吊湘川。
> 当时物议朱云小，后代声华白日悬。
> 邪佞每思当面唾，清贫长欠一杯钱。
> 驿名不合轻易改，留警朝天者惕然。

对于尾联，编者是这样注释的："这两句说：驿名不应该轻易改动，要留着警诫那些路过此驿到长安朝见天子的人，让他们有所警惕。"

根据编者的注释可知，本书是将尾联出句的"轻易"视为一个副词。这样一来，就出现了两个问题。

从格律来看，此诗尾联出句第六字当用平声，但"易"属仄声字，且其对句第五字并没有补救（"者"亦为仄声字），这显然不合格律，而是否为"拗而未救"，亦不可贸然结论。

查《全唐诗》，该句后三字作"轻移改"，不仅合律，而且其切分也与前者不同：前者为"轻易—改"，后者为"轻—移改"。于是，这便产生了第二个问题：我们在阅读此诗时，到底以何者为是呢？

王力（1980）指出，当我们读古书的时候，所应当注意的不是古人应该说什么，而是古人实际上说了什么。怎么判定古人实际上是怎么想的呢？这就要从古人诗作用词的具体情况予以全面的调查，才能够得出正确的结论。那么，古人的诗作中有无"移改"呢？经过我们的初步调查，就看到了唐代、宋代和明代诗人的一些用例。例如：

到头分命难移改，解脱青襦与别人。（孙元晏《郭璞脱襦》）
　　自言万物有移改，始信桑田变成海。（李端《赠康洽》）
　　天道不移改，佛心化有情。（宋太宗《缘识》）
　　天心子半无移改，细玩尧夫至日诗。（胡一桂《至日建中次季真韵》）
　　帝去鼓声息，沉吟世移改。（黄省曾《读山海经（三首）》）

　　以上诗例中的"移改"，都表示"改变"之义，这就说明，在唐宋以至明代诗人的笔下，他们是将"移改"视为一词来使用的。也正因为如此，《汉语大词典》便收其为词。它不仅以上文所引之李端《赠康洽》的诗句为书证，而且还引用了《水浒传》第七十九回中的用例："自古王言如纶如綍，因此号为玉音，不可移改。"可见，唐宋以降，人们使用"移改"，已经是相当普遍的了。
　　"移改"又可以作"改移"。目前，我们在宋人的诗词中，见到较多的用例。如：

　　冬至子之半，天心无改移。（邵雍《冬至吟》）
　　春事有代换，梅心无改移。（熊禾《探梅》）
　　日月有盈亏，妾心无改移。（无名氏《菩萨蛮》）

　　可见，"移改"是一个同义并列式的复合词。
　　表示"轻率，随便"之义的"轻易"，应当是近代才开始使用的——这是根据《汉语大词典》所引明代的书证而推断的。其书证为《三国演义》第五十六回："今为汝家之事，出兵远征；劳军之礼，休得轻易。"但是，这里的"轻易"还不是副词，只是一个词组，"轻"表示"随便，轻易"之义，"易"表示"改易，改变"之义。目前，我们在唐人的诗作中，可以视为副词者，只见到一例，这就是晚唐诗人杜荀鹤的《恩门致书远及山居因献之》："时难转觉保身难，难向师门欲继颜。若把白衣轻易脱，却成青桂偶然攀。身居剑戟争雄地，道在乾坤未丧间。必许酬恩酬未晚，且须容到九华山。"颔联出句的"轻易"与对句的"偶然"相对，并且用在动词"脱"字之前，应当属于副词。
　　在宋人与明人的诗作中，也只各见一例。宋代牟巘《赠罗竹山术者》其三："鞾纹纸帐稻畦衲，楉枂地炉煨芋供。此是人间真富贵，莫将轻易许渠侬。""轻易"用在动词"许"之前，可视为副词。明代郭登《楸子树》："花枝烂熳色更好，诐辞轻易可信耶？"此诗言自己窗前移植的楸子树第一年就开花了，但是"人言此特余气耳，来岁未必能芬葩"。到了第二年，当"千株万卉皆萌芽"的时候，"独有此树犹枯枿"。作者为之"我征前言苦不乐"。然而没有想到的是，当他病愈推窗之后，却看到楸子树"葱葱满树开成霞"。于是，他感慨地唱道："花枝烂熳色更好，诐辞轻易可信耶？""诐辞"谓"偏邪不正的言论"。"轻易"用在动词性词组"可信"之前，可视为副词。
　　总之，与现代汉语中的副词"轻易"基本一致的用例很少，这就说明在唐宋时代，用作副词的"轻易"，尚未得到广泛使用。
　　我们发现，在诗人的笔下，"轻"和"易"常常都是单独使用的。"轻"多为"重"的反义词，表示"轻小""轻便"等义。"易"则多表示"容易"之义。例如，王维《归辋川作》："菱蔓弱难定，杨花轻易飞。"此言杨花因为轻而容易飞扬。以下三例，亦皆类此：

　　君恩如海深难竭，妾命如丝轻易绝。（鲍溶《辞辇行》）

新班人少先投卷，下水船轻易到家。（刘克庄《送陶仁父》）
萼密聊承叶，藤轻易绕枝。（皇甫汸《题茉莉二首》）

"易"表示"容易"之义而单独使用的诗例更多。例如：

华颜易改，良愿难谐。（南北朝谢惠连《秋胡行》）
浮云易改色，衰草难重芳。（邵谒《金谷园怀古》）
白衣苍狗易改变，淡妆浓抹难形容。（戴复古《黄州栖霞楼即景呈谢深道国正》）
绿发朱颜易改，青春白昼难留。（尹志平《西江月》）

"易"也可以构成"容易"一词。例如：

草就篇章只等闲，作诗容易改诗难。（戴复古《昭武太守王子文日与李贾严羽共观前辈一两家》）
东风还是去年香，不比人心容易改。（范成大《嗅梅》）

上述情况说明，唐宋时期，"轻"与"易"还很少构成"轻易"这一组合。

我们不知道胡光舟、周满江主编（1990）选择"轻易"之所据为何，但是，根据以上简要分析，我们还是主张当以《全唐诗》中的"移改"为是，这样才符合古人的用词惯例，而不应解释为"驿名不应该轻易改动"。

顺便说明一下，《汉语大词典》将"移改"解释为"移动改变"，则有望文生义之嫌——其中的"移"也是"改变"之义，不当有"移动"之训；《汉语大词典》也收入了"改移"一词，但是并没有解释为"改变移动"，而是解释为"更改；改变"。这样的解释，才是准确无误的。

二 解者，能也——兼谈古典诗歌注释的一个问题

近日复读中华书局《宋诗一百首》，该书系"古典文学普及读物"，其中所选刘子翚《汴京纪事六首》之五如下：

梁园歌舞足风流，美酒如刀解断愁。
忆得少年多乐事，夜深灯火上樊楼。

对于第二句中的"解"字，该书这样注释："解：懂得，会。这句说：喝了好酒容易醉，就能够斩断了烦恼。"

"解"有"懂得，会"的意思，这是不错的，但是，根据"依文作解""随文作注"的要求来看，就显得不够准确、明了。其实，诗句中的"解"，就是"能，能够"之义——这个意思在注释者的释句中已经使用了"就能够斩断了烦恼"。

"解"有"能、能够"之义，在古人的诗词中，可以经常见到。例如：

解落三秋叶，能开二月花。（李峤《风》）

此诗所吟对象为"风"，故而诗句之义是说，风能吹落三秋的黄叶，能吹开二月的鲜花。这里以"解"与"能"对举，就是人们常说的"同义对文"，其目的就是为了避免用

词的重复。

> 童子解吟长恨曲，胡儿能唱琵琶篇。（唐宣宗《吊白居易》）

诗句是说，连童子都能够吟诵白居易的《长恨歌》，胡儿都能够吟唱白居易的《琵琶行》。这种"同义对文"的情况甚多。例如：

> 风生解刺浪，水深能捉船。（简文帝《棹歌行》）
> 酒能祛百虑，菊解制颓龄。（陶潜《九日闲居》）
> 入春解作千般语，拂曙能先百鸟啼。（王维《听百舌鸟》）
> 樱桃解结垂檐子，杨柳能低入户枝。（张谓《春园家宴》）
> 莺能歌子夜，蝶解舞宜城。（李商隐《俳谐》）
> 解舞细腰何处往？能歌姹女逐谁回？（杜牧《悲吴王城》）
> 解舞何须楚，能筝可在秦？（吴融《和韩致光侍郎无题三首十四韵》）

以上各例中的"解"，都与"能"形成"同义对文"，只是相互变换使用罢了。

另外，还可以见到一种"四字格"的"对文"。下列例句中的"解舞能讴""能歌解舞"即是。

> 柔和性气，雅称佳名呼懿懿；解舞能讴，绝妙年中有品流。（苏轼《减字木兰花》）
> 须要能歌解舞。（丘崈《洞仙歌》）
> 今日能歌还解舞。（程文海《蝶恋花 戏题疏齐怡云词后》）

我们知道，语言中的词汇和语法、语音比较起来，发展变化是最快的。在不同的历史时期，一个词语往往会产生新的词义。"解"字自然也不例外。按照《说文解字》的说解，"解，判也"，是个"从刀判牛角"的会意字，其本义是"分解，解剖"，即《汉语大词典》所释"用刀分割动物或人的肢体"。"庖丁解牛"句中的"解"，最能体现它的本义。由此本义，逐渐引申出许多新义——其中的"理解，懂得"就是我们今天的常用意义。根据人们的考察，到了魏晋南北朝之后，它又有了"能够"的意思。所以《汉语大词典》便为"解"字设立了一个义项"能够，会"。我们认为，这一设立是合理有据的。用这个意义来解释下列诗句，则准确无误。例如，罗隐《西施》："家国兴亡自有时，吴人何苦怨西施！西施若解倾吴国，越国亡来又是谁？"诗句是说，西施如果能够倾灭吴国，那么，让越国灭亡的又是谁呢？范仲淹《定风波》有"莺解新声蝶解舞"句，即谓"莺能新声蝶能舞"，非谓"莺懂得新声懂得舞蹈"。下面两例亦同此。杨万里《东窗梅影上有寒雀往来》有"寒雀解飞花解舞，君看此画古今无"句，谓"寒雀能飞花能舞"。陈宓《丹桂》："自是仙家别样妆，风来疑解舞霓裳"，谓"风来疑能舞霓裳"。

"解吟"一词，在唐宋人的诗词中，应用甚多。如：

> 潘生若解吟，更早生白发。（刘驾《苦寒吟》）
> 推琴当酒度春阴，不解谋生只解吟。（郑谷《春阴》）
> 前程好景解吟否，密雪乱云缄翠微。（王安石《送僧游天台》）
> 雨过山如画，风生竹解吟。（赵汝育《次龙吟寺壁间韵》）

"解吟",即谓"能吟",表示"能作诗"或"能吟诗"之义,当是由"解吟咏"与"解吟诗"而来。

  化得邦人解吟咏,如今县令亦风流。(刘禹锡《答东阳于令寒碧图诗》)
  赖得刘郎解吟咏,江山气色合归来。(白居易《忆旧游 寄刘苏州》)
  教得滁人解吟咏,至今里巷嘲轻肥。(苏轼《次韵王滁州见寄》)
  可惜当时好风景,吴王应不解吟诗。(白居易《重答刘和州》)
  巴猿学导引,陇鸟解吟诗。(李洞《圭峰溪居寄怀韦曲曹秀才》)
  谁向空山弄明月,山中木客解吟诗。(苏轼《虔州八境图八首》之八)
  谁解吟诗送行色,茂陵多病老相如。(王禹偁《送河阳任长官》)
  谁解吟诗追李杜,何须涉海访蓬壶。(陈藻《山中有感》)

由以上例句可见,"解吟"当是"解吟咏""解吟诗"的省说。这些"解"都是"能,能够"的意思。

"解"的这个意思,直到元代还可以见到使用。例如,元戴善夫《风光好》第三折:"古人云:十年不识君王面,始信婵娟解误人。""解误人",能误人也。

将"解"注释为"懂得,会",由"会"进而引申出"能够"之义,这可能是注释者的意图。但是,这样的注释,对于当代的读者,难免有些繁复,容易令读者误解。因为现代的读者大多都不会辨别出串讲中的词语与核心词语的对应关系,即找出"能够"与"解"的对应关系,从而明白诗句中"解"字的确解。《宋诗一百首》中的这一注释,未能将串讲与释词统一起来,这就给了我们一个重要的启示:即面对今天的读者,释词更应当准确、明了,并且需要注意释词与串讲的统一、协调。

三 说"吹"

唐代诗人张昔《小苑春望宫池柳色》云:

  小苑春初至,皇衢日更清。
  遥分万条柳,迤出九重城。
  隐映龙池润,参差凤阙明。
  影宜宫雪曙,色带禁烟晴。
  深浅残阳变,高低晓吹轻。
  年光正堪折,欲寄一枝荣。

第五联"深浅残阳变,高低晓吹轻"中的"吹",师长泰、蒋蔚奎编注(1998:75):"晓吹:晓风吹拂。"

说注释者不明"吹"的意思吧,注文中分明用到了"晓风";说他知道"吹"的意思吧,注文中的"吹拂"却显然是多余的——用了"吹拂",则"晓吹轻"中的"轻"字就难以处理了。看来,注释者还是用"晓风"对译"晓"字,用"吹拂"对译"吹"字,这就误将"吹"字理解为动词了。唐诗中不仅有"晓吹",还有"晚吹"。例如:

独折南园一朵梅，重寻幽坎已生苔。无端晚吹惊高树，似衮长枝欲下来。（杜牧《伤猿》）

檐滴春膏绝，凭栏晚吹生。（李咸用《春晴》）

笳随晚吹吟边草，箭没寒云落塞鸿。（刘长卿《观校猎上淮西相公》）

这几个"晚吹"，就不能注释为"晚风吹拂"。可见，注释者将此"吹"理解为动词，实在是一处误解、误注，究竟原因，盖因不明"吹"可做名词也。

此诗为排律，据平仄言，此"吹"必为仄声；就对仗论，"晓吹"与"残阳"相对，"吹"为定中词组的中心词，不当为动词；依语法言，"轻"系谓语，"晓风"为主语，与其出句的"残阳变"的结构相同。凡此三说，皆证明诗中之"吹"必为名词也。

"吹"做名词，古人早有说明：《广韵》寘韵（支韵的去声）作"尺伪切"（读 chuì），并引《礼记·月令》为证："命乐正入学习吹。""习吹"，即"学习管乐器的吹奏"。引申之，可以指"管乐器"，也可以指"管乐之声"。再引申，则可以指"风"，张昔之诗中正用此义。

"吹"做名词，读去声，在唐宋人诗作中常见。例如，司空图《杨柳枝寿杯词十八首》："乐府翻来占太平，风光无处不含情。千门万户喧歌吹，富贵人间只此声。"蔡希寂《陕中作》："川原余让畔，歌吹忆遗棠。"杜牧《题扬州禅智寺》："谁知竹西路，歌吹是扬州。""歌吹"指"歌声和乐声"。乔知之《从军行》："玉霜冻珠履，金吹薄罗衣。""金吹"，指秋风。孟浩然《渡扬子江》："海尽边阴静，江寒朔吹生。"马戴《旅次夏州》："怅望胡沙晓，惊蓬朔吹催。""朔吹"，指"北风"。韦庄《夏夜》："蛙吹鸣还息，蛛罗灭又光。""蛙吹"，则指青蛙的鸣叫声。

直到"五四"之后，"吹"的名词义仍被学者文人所知晓。如鲁迅《呐喊·社戏》："他们换了四回手，渐望见依稀的赵庄，而且似乎听到歌吹了。"在现代汉语中，"吹"的名词义已经消亡，故而鲜为人知。然而，研习古典诗歌者，却不可不察也。

四 "秋思"之"思"，旧读去声

中央电视台"经典咏流传"节目播出了马致远的《秋思》。此曲享誉极高，被誉为"秋思之祖"，因此，有必要讨论"思"字的读音问题。

魏晋时期，人们对汉语声调的认识上升到了自觉的程度。连梁武帝也向其臣周舍询问"何谓四声"，周舍答以"天子圣哲"，既回答了平上去入的四声问题，又赞美了帝王。到了唐代，人们更加看重"四声别义"的作用。陆德明的《经典释文》，就特别注重音义关系。例如，《诗经·周南·关雎》"君子好逑"，陆德明在"好"字下注："毛，如字。郑，呼报反。""如字"，是古人注音的专用术语，表示"读如本音"的意思。"毛，如字"是说，毛亨理解这个"好"是"美好"之义，读如本音，不破读。"郑，呼报反"，则说明郑玄理解这个"好"是"喜好"之义，应读为去声，这就是所谓的"破读"。可见，声调不同，其义则异。怨不得陆德明对读为去声的"好"字，常常加以注音。如《诗经·郑风·将仲子》小序之注："（叔）段好勇而无礼。"陆德明注："好，呼报反。"又，《小雅·鹿鸣》："人之好我，示我周行。"陆德明又注："好，呼报反。"于此可见陆德明对"注音即释义"的重视。

"思"有平声和去声之别,《广韵》中已区分得十分清楚。之韵有"思,思念也。息兹切。又息吏切"。又去声志韵有"思,念也。相吏切。又音司"。王力(1958:136)有言:"'思'字动词当以用平声为正例,名词当以用仄声为正例;凡动词用仄声,或名词用平声者,都该认为例外。例外晚唐以后才有。"

　　"秋思",《汉语大词典》解释为"秋日寂寞凄凉的思绪"。这显然是视"思"为名词,应读为去声。这在唐宋以来的诗作中,可以看到许多例证。例如,李嘉佑《司勋王郎中宅送韦九郎中往濠州》:"送远添秋思,将衰恋岁华。"洪咨夔《秋半闻莺》:"木叶青黄几栗留,尽情啼破两山幽。怕人冷落生秋思,故作春声为遣愁。"何景明《秋夜》:"泠然感秋思,况复听征鸿。"这些诗句中的"思",都位居出句末字,必须读为去声。杜甫《即事》颈联:"秋思抛云髻,腰支胜宝衣。"此联的平仄是"仄仄平平仄,平平仄仄平"。"思"字居出句第二字,亦必为去声。

　　在前人诗作中,还可以看到"春思""乡思""才思""旅思"等词语。

　　"春思"表示"春日的思绪;春日的情怀"之义,其"思"自是名词,当读去声。例如,辛弃疾《同杜叔高祝彦集观天保庵瀑布》:"竹杖芒鞋看瀑回,暮年筋力倦崔嵬。桃花落尽无春思,直待牡丹天后来。"唐彦谦《柳》:"春思春愁一万枝,远村遥岸寄相思。"此联中的两个"思",皆为名词,读去声。

　　"乡思",为"对故乡的思念"。"思"显然为名词。若调换词序,说成"思乡",那它就是动词了。杜牧《送友人》:"夜雨滴乡思,秋风从别情。"诗人以"(别)情"对"(乡)思",属于名词对;且"思"为出句末字,必为去声。

　　"才思"表示"才气和思致"之义,也是名词。李渔《闲情偶寄·词曲·恪守词韵》中说:"李白诗仙,杜甫诗圣,其才岂出沈约下?未闻以才思纵横而跃出韵外,况其他乎?"韩愈《晚春》:"草木知春不久归,百般红紫斗芳菲。杨花榆荚无才思,惟解漫天作雪飞。"贯云石《双调·清江引·惜别》:"若还与他相见时,道个真传示:不是不修书,不是无才思,绕清江买不得天样纸。"

　　"诗思"谓"做诗的思路、情致"。韦应物《休暇日访王侍御不遇》:"怪来诗思清人骨,门对寒流雪满山。"缪鉴《题竹》:"瘦因诗思苦,贫为利心轻。"

　　"文思"犹"文才"。贾岛《送卢秀才游潞府》:"边日寡文思,送君吟月华。"

　　"藻思"谓"做文章的才思"。宋庠《春日楼上有寄》:"张衡藻思能多少,玉案貂襜各自愁。"

　　"旅思"谓"羁旅的愁思"。沈颂《旅次灞亭》:"闲琴开旅思,清夜有愁心。"

　　上述例句中的"思",或为出句末字,或与名词相对,或依曲谱,都当读为去声。

　　例外的情况也是存在的。例如,黄庭坚《答李康文》:"才甫经年断来往,逢君车马慰秋思。幽兰被迳闻风早,薄雾乘空见月迟。每接雍容端自喜,交无旦晚在相知。深惭借问谈经地,敢屈康成入绛帷。"张旭《柳》:"濯濯烟条拂地垂,城边楼畔结春思。请君细看风流意,未减灵和殿里时。"此二例中的"秋思""春思"之"思"分别与"迟""知""帷"和"时"相押,当为平声无疑,这是"思"做名词而读平声的例外。

　　"思"做动词而读为去声的例子,如杜甫《释闷》:"天子亦应厌奔走,群公固合思升平。"句中"思"与"厌"相对,其为动词显而易见。然而,如作平声则成"三平调",故仇兆鳌注明"去声"。

现代汉语中"思"只有阴平声一读,所以《新华字典》和《现代汉语词典》只标出阴平声。《汉语大词典》也是只注今读,同时,又列出《广韵》的两个反切。这种处理方法,对一般的读者似乎没有多大作用,因为大多数人不了解"反切"。1980 年修订版《辞源》是为阅读古籍和文史研究工作者服务的工具书,它将"思"分为阴平声和去声两个条目。去声之下,释为"心情,情思"。这样的处理方式,是值得《汉语大词典》借鉴的。

五 绿酒飘香待君尝

现代的人们常喜欢用"灯红酒绿"来形容夜宴之盛美,如《恨海》第十回:"一时灯红酒绿,管弦嘈杂,大众猜拳行令起来。"又《人民文学》1981 年第四期:"陈设考究的餐厅里,乐声悠扬,舞影婆娑,灯红酒绿。"也许,你会以为这是文人在玩弄笔墨,因"灯红"而造出了一个"酒绿"。其实不然,"酒"和"绿"确实有不解之缘。古人的诗中,就常见"绿酒"一词。例如,陶渊明《诸人共游周家墓柏下》:"清歌散新声,绿酒开芳颜。"黄滔《寄罗郎中隐》:"绿酒千杯肠已烂,新诗数首骨犹存。"杜甫《独酌成诗》则云:"灯花何太喜?酒绿正相亲。"为什么古人把美酒称为"绿酒"呢?据说古人在酿酒的时候,酒面上往往浮起一层绿色的泡沫,古人把它叫作"绿蚁"。因此,诗人们不仅喜用"绿"字来形容酒之纯美,也常常喜用"绿蚁"来指代美酒。如,白居易《问刘十九》:"绿蚁新醅酒,红泥小火炉。晚来天欲雪,能饮一杯无?"在《雪夜对酒招客》一诗中,作者一开始就唱道:"帐小青毡暖,杯香绿蚁新。"如此温暖的环境,诱人的酒香,嘉宾岂能不至?宋代词人也常以"绿蚁"代酒。如,李清照《渔家傲》中即以"共赏金尊沉绿蚁,莫辞醉"这样的佳句劝客进酒。《大圣乐·初夏》中有"浅斟琼卮浮绿蚁"这样优美的词句。古人于正月旦开始造酒,至八月酒熟而纯,故称之为"酎"。于是,纯美的"绿蚁",又被称为"绿酎"。如李商隐《乐游原》:"拂砚轻冰散,开尊绿酎浓。"由于古代的"醅""醑""醪"等词都是酒的不同称谓,所以,它们都可以和"绿"结合起来,构成新词。于是,"绿醅""绿醑""绿醪"等词语,也就作为美酒之称出现在诗人的笔下。如,胡曾《姑苏台》:"吴王恃霸弃雄才,贪向姑苏醉绿醅。"白居易《自宾客迁太子少傅分司》:"何言家尚贫?银榼提绿醪。"就连唐太宗也以"绿醑"入诗,其《春日玄武门宴群臣》诗中就说:"清尊浮绿醑,雅曲韵朱弦。"据《湘州记》载:"湘州临水县有酃湖,取水为酒,名曰酃酒。"于是,喜好以"绿"名酒的古人,又将"酃酒"称为"绿酃"。元稹《饮致用神曲酒三十韵》:"七月调神曲,三春酿绿酃。"由于"绿"和酒的关系日益密切,以致于人们把喝酒的酒杯也称为"绿尊"。王勃《郊兴》:"山人不惜醉,唯畏绿尊虚。""绿尊虚"即"酒杯空"也。又如,钱起《送族侄赴任》:"此时知小阮,相忆绿尊前。""绿尊前"亦即"尊前"。由以上所述可以看出,"绿"与"酒"的关系实在是日亲日密,因而,发展到后来,人们便径直用"绿"来指代"酒"了。如杜甫《对雪》:"瓢弃尊无绿,炉存火似红。"所谓"尊无绿",也就是说"杯中无酒"了。可见,"灯红酒绿"一词,的确还是有其来历的,并非是文人的虚构。

六 绿蛾青鬓翠黛长

古人喜用"绿"字,不仅表现在与"酒"的关系上,而且还反映在与鬓发的关系上。润泽光亮的乌发,诗人们称之为"绿发"——这在今天似乎是难以想象的,而在古人的笔下,却是一个美好的形容词。如李白《游泰山》:"偶然值青童,绿发双云鬟。"活脱脱地描绘出一个将乌发挽成双鬟的可爱的青童形象。"绿发"是年轻人的特征,因此,古人又用它指代年轻人。如许浑《送人之任邛州》:"绿发监州丹府归,还家乐事我先知。"这里,就用"绿发"指代年轻的"监州"。鬓发乌黑而光泽诱人,古人称之为"绿鬓"。如崔颢《卢姬篇》:"卢姬少小魏王家,绿鬓红唇桃李花。""绿鬓红唇",既可以形容年轻貌美的女子,也可以描写年轻漂亮的男子。直到清代,诗人们还沿用"绿鬓"一词。如孙原湘《三桥春游曲》:"严墓松杉半作薪,高眠春草石麒麟。不知却与双翁仲,阅尽朱颜绿鬓人。"而女子的一头秀发,则又称为"绿鬟"。如白居易《闺妇》:"斜凭绣床愁不动,红绡带缓绿鬟低。"古人不仅用"绿"来形容乌发,而且还用"绿蛾""绿黛"来形容女子的秀眉,这大概是古时候的女子用一种叫"黛"的东西将眉毛画成青黑色的缘故吧。如许浑《送客自两河归江南》:"遥羡落帆逢旧友,绿蛾青鬓醉横塘。"又徐陵《杂曲》:"绿黛红颜两相发,千娇百念情无歇。""绿黛"与"红颜"相映,更显出女子的娇艳。可见,一个平平常常的"绿"字,却与古人的生活有着多么密切的联系啊!

也许是一提起"绿"字,人们便会联想到"翠"字的缘故吧,在古人的笔下,凡是用"绿"字来形容的鬓发眉黛,往往也都可以用"翠"字来形容。所以,"绿发"可以说成"翠发"。如王勃《采莲赋》即云:"复有诸宫年少,期门公子,翠发娥眉,赪唇皓齿。"又周邦彦《西平乐》:"追念朱颜翠发,曾到处,故地使人嗟。""绿鬓"说成"翠鬓"的,如柳永《促拍满路花》:"香靥融春雪,翠鬓軃秋烟。楚腰纤细正笄年。""翠鬟"既是女子的乌发,自然可以用来借指美女。如高蟾《华清宫》:"何事金舆不再游,翠鬟丹脸岂胜愁?"又梅尧臣《次韵和永叔退朝》:"吟寄侍臣知有意,翠鬟争唱口应干。"用"翠蛾""翠黛"称眉的用例也很多。如薛逢《夜宴观妓》:"愁傍翠蛾深八字,笑回丹脸利双刀。"又杜甫《陪诸贵公子丈八沟携妓纳凉晚际遇雨》:"越女红裙湿,燕姬翠黛愁。"有时候,也直呼为"翠眉"。如卢纶《宴席赋得姚美人拍筝歌》:"微收皓腕缠红袖,深遏朱弦低翠眉。"据崔豹《古今注》记载,魏代宫女好画长眉,到晋代却多作"翠眉"。看来,"翠眉""翠黛",其来已久。

"绿发""翠黛"之类的词语,古人又说成"青发""青鬓""青蛾",等等。如孟郊《秋怀》之八:"青发如秋园,一剪不复生。""青发",即黑发。贺铸《行路难》:"酌大斗,更为寿,青鬓常青古无有。""青鬓"即指乌黑的鬓发。又陈陶《洛城见贺自真飞升》:"朱顶舞低迎绛节,青鬟歌对驻香軿。"这里的"青鬟"借指美人。"青蛾"与"绿蛾""翠蛾"的意思相同,说的都是美女的一弯秀眉。如刘铄《白纻曲》:"佳人举袖辉青蛾,掺掺擢手映鲜罗。"在元曲中,还有"青黛蛾"这一更美的词儿呢。如《货郎旦》中即唱道:"你爱他眼弄秋波色,眉分青黛蛾。""青黛"原是一种黑色的颜料,古时候女子常常用它来画眉,所以,李白在《对酒》一诗中就写道:"青黛画眉红锦靴,道字不正娇唱歌。"

七 读诗常忆秦方言

长安自古帝王都,关中曾在相当长的时间内位居我国的文化中心地带;陕西地域辽阔,民人淳厚,民风古朴……这些因素,使得我们陕西方言中至今还保留着相当丰富的历史词语。仅以诗歌而言,其中就有不少的用例。

我们的陕西方言词语,有的可以径直追溯到上古时期。比如,陕西话中常说的"嫽",

就能够在《诗经》中发现它的源头。《诗经·陈风·月出》唱道:"月出皎兮,佼人僚兮。""僚"即"嫽"。给《诗经》作注的汉代学者毛亨说:"僚,好貌。"汉代的另一位大学者扬雄在其《方言》一书中也说:"嫽,好也。"此后,这个词便一直保存下来。不过,大多是以复合词的形式出现的。如唐代的白行简在其《三梦记》中记有这样的诗句:"鬓梳嫽俏学宫妆,独立闲庭纳夜凉。""嫽俏",就是形容美好、俏丽的样子的。又如,陕西人口语中常说的"倩",也可以在《诗经》中见到。《卫风·硕人》篇是这样描写卫国的贵夫人庄姜的容貌的:"手如柔荑,肤如凝脂。领如蝤蛴,齿如瓠犀。螓首蛾眉。巧笑倩兮,美目盼兮。"唐代的大学者孔颖达说,"倩"就是用来形容"巧笑之状"的。尔后,"倩"也可以泛指姿容之美好。"倩女"即指"美丽的少女"。杜约夫《拟李商隐〈无题〉诗》云:"楚曲风烟愁倩女,武陵花月梦仙郎。"与"倩"有关的"倩俊""倩俏""娇倩"等词,或用以形容人物之俊美,或用以形容人物之俏丽,或用以形容人物之娇美。而我们陕西人则常常把可爱的小儿叫作"倩蛋蛋",也都保留了"倩"的"美好""可爱"之义。

可以在唐诗宋词中找到其源的陕西方言词语,数量就更多了。我们在阅读唐宋诗人的作品时,对一些普通话中所没有的词语,往往就可以利用陕西方言来加以解说。这样不但准确无误,而且还可以收到事半功倍的效果。例如,白居易《二月五日花下》:"闻有酒时须笑乐,不关身事莫思量。"王建的《秋日后》亦云:"住处近山常足雨,闻晴晒暴旧芳茵。"这两句中的"闻"都是"趁"的意思,和我们陕西话中的意思相同。像"趁热吃",陕西话就说成"闻热吃"。"趁凉",陕西话说成"闻凉"。又如,宋代著名词人柳永的《木兰花令》中写道:"不如闻早还却愿,免使牵人虚魂乱。"又段成己《行香子》:"自叹劳生,枉了经营,到而今一事无成,不如闻早,觅个归程。"其中的"闻早",也是"趁早"的意思。可见,"闻有酒"也就是"趁有酒"之义;"闻晴"亦即"趁晴",因为住处近山多雨,晴日难得,所以才有闻晴暴芳之举。再如,现代人对"他谁"一词常常感到新奇。这是因为在普通话中已经没有这个词语了。但是,"他谁"是我们陕西方言中的一个极为普通的常用词。王汶石《井下》:"八叔半辈子倒求过他谁吗?慢说自家侄儿!"柳青《创业史》:"他谁爱那么笑话人?"路遥《不会作诗的人》:"他谁不这样想问题,一天起来混日子,光会哄人,不干实事,他谁就没脸!他谁反对我们这样想,反对我们这样做,他谁就是我们的仇人!"在宋人的笔下,常常可以见到这个词。辛弃疾《满江红》:"层楼望,青山叠,家何在?烟波隔,把古今遗恨,向他谁说。"又何梦桂《沁园春》:"问天道,看是他谁戏我,我戏他谁?"这些"他谁",都是"谁"的意思,跟我们陕西话一样。

如果我们自己的方言中有某个词,那么读起古人的作品来,自然会感到十分方便。如司马光《和复古大雨》:"白雨四注垂万绠,坐间斗寒衣可增。"苏轼《六月二十日望湖楼醉书》:"黑云翻墨未遮山,白雨跳珠乱入船。"我们陕西人一看诗句中的"白雨",就知道是"暴雨"的意思,而不会理解为与"绿水""青山"相类似的结构。在古人的诗作中,还常常见到一个"投"字。王安石《观明州图》:"投老心情非复昔,当时山水故依然。"夏元鼎《水调歌头》:"顺风得路,夜里也行船。岂问经州过县,管取投明须到。"我们陕西人看到"投老""投明",就知道是"等到老""等到天明"的意思。你看,我们的方言土语,不也是很古雅的吗?

这种古雅的方言例证,还可以举出很多。如,杜荀鹤《自遗》诗:"百年身后一丘土,贫富高低争几多?"杨万里《舟中夜坐》:"与月隔一篷,去天争半蓬。""争几多",即"差几多";"争半蓬",即"差半蓬"。陕西人一看自明,绝对不会理解为"争夺""争取"的"争"。谢逸《江神子》:"夕阳楼外晚烟笼,粉香融,淡眉峰。记得年时相见画屏中。"卢挚《清平乐》:"年时寒食,直到清明日。草草杯盘聊自适,不管家徒四壁。今年寒食无家,东风恨满天涯。早是海棠睡去,莫教醉了梨花。""年时"即"去年",陕西人一览便晓。顾云《天威行》:"金蛇飞状霍闪过,白日倒挂银绳长。"诗句中的"霍闪",就是我们陕西话中的"闪电"。这些词语在陕西人看来都是极为普通的,而语言文字学家却为考求它们付出了大量的劳动。

至于有些令专家学者颇费斟酌的词语,也常常可以借助我们陕西方言得到解决。例如,薛能《寄终南隐者》:"扫坛花入篲,科竹露沾衣。"诗中的"科竹",就颇令今人费解。可是,将"砍""砍伐"之义说成"科",在我们陕西广大地区却是随处可闻的。王汶石《风雪之夜·春夜》中就说:"树不科不长,竿不扶不正。"我们用这个意思去理解诗意,不就涣然冰释了吗?白居易诗"日暮半炉麸炭火"中的"麸炭"究为何物?陕西的老年人都知道是"木炭"。在唐宋元明时代,是一个常用词。《三遂平妖传》第九回:"一架子馒头、炊饼,都变做浮炭也似黑的。"这就是一个证明。只是现在的大多数人已经不知道罢了。有感于此,我不禁叹曰:"读诗常忆秦方言,无穷乐趣得永年。"

参考文献

广东广西湖南河南辞源修订组、商务印书馆编辑部编(1980)《辞源》(修订本),商务印书馆。
汉语大词典编辑委员会、汉语大词典编纂处(1986)《汉语大词典》,汉语大词典出版社。
胡光舟、周满江主编(1990)《古诗类编》,广西人民出版社。
华学诚汇证(2006)《扬雄方言校释汇证》,中华书局。
陆德明(1983)《经典释文》,中华书局。
彭定求等编(1960)《全唐诗》,中华书局。
阮　元校刻(1980)《十三经注疏》(全二册),中华书局。
师长泰、蒋蔚奎编注(1998)《历代诗人咏兴庆宫诗选注》,西安出版社。
王　力(1958)《汉语诗律学》,上海教育出版社。
王　力(1980)训诂学上的一些问题,《龙虫并雕斋文集》(第一册),中华书局。
许　慎(1963)《说文解字》,中华书局。
中国社会科学院语言研究所编(1998)《新华字典》(1998年修订本),商务印书馆。
中国社会科学院语言研究所词典编辑室(2005)《现代汉语词典》(第5版),商务印书馆。
中华书局上海编辑所编辑(1959)《宋诗一百首》,中华书局。
周祖谟(1960)《广韵校本》(全二册),中华书局。

"杜鹃"词义引申折射出的若干词义理论问题

北京大学中国语言文学系 孙玉文

提要："杜鹃"指杜鹃鸟和杜鹃花的两个词义之间存在引申关系，分析两义之间的引申关系涉及词义及词义引申的若干理论问题。本文先从古人语感、动植物词之间的平行引申和典故义的特殊平行引申，论证"杜鹃"由指杜鹃鸟引申指杜鹃花，这种引申符合词义平行引申的规律，然后论证典故义是词义的有机部分。有很多典故义不是词的理性义，而是非理性义或反理性义。作者主张词义不仅包含理性义，而且包含非理性义和反理性义；词义可以分为反映义、语言系统义、语用义三大类，典故义是反映义的一部分。分析词义引申，需要从反映义、语言系统义、语用义三方面入手，在反映义的词义引申分析中，只有重视典故义，才能揭示一些词义引申的线索及其规律，并由点及面，通过"杜鹃"一词及相关诸词分析了典故义的词义特点及引申规律。

关键词：杜鹃 词义 词义引申 典故义

〇 引言

词义引申是世界语言的普遍现象。我国有三千多年从不间断的古书传世，反映的词义引申现象是最复杂的，最方便探讨词义引申的规律。古今学人为此做了大量有益的工作，但很多现象没有引起重视，因此对词义引申的规律揭示得不够。"杜鹃"的词义引申就是其中一例。

书面汉语中写成同样汉字的单音词和复音词，无论字义是单义还是多义，我们都叫作"同一词形"。单音词"辟、花"和复音词"牺牲、包袱"，都有两个以上的意义，但写作同一个词形。同一词形的多义现象，可以分单音词和复音词两方面来分析。单音词中，人们将所记录下来的一字多义的字义关系分为本义、引申义、假借义三种；复音词中，同一个词形的多义现象，假借问题不突出，更多的是区别词义引申和词形偶同的问题。古代汉语"武夫"这个词形，指武士，是合成词；指一种像玉的石头，是联绵词，也写作"碔砆"。"武夫"两种用法之间没有引申关系，只是一种同形词。"果然"一指饱足貌，一指一种长尾猿，两义之间可能没有关系，罗愿《尔雅翼》以为意义上可以牵合起来，但有待验证。这是传统的理论框架，具有概括性。

当今编写古汉语辞书，排列单字一形多义的各义项，一般是先本义，后引申义，最后排假借义；对复音词的一形多义，先将同形词分开，再顺次排本义、引申义。事实上，在辞书中登录的单字或复音词的一形多义，有些是编纂者真正确定了本义、引申义、假借义或字形偶同的，但有很多并没有真正解决问题，只是采取了模糊性的处理策略。要区别引申义和假借义，或字形偶同，希望在词义引申理论上有所突破，将辞书编纂中处于模糊地带的那些词，能逐步确定各个义项是本义还是引申义，这需要做很多具体而琐碎的工作。

"杜鹃"既指杜鹃鸟，又指杜鹃花。杜鹃鸟分布很广，我国常见的是四声杜鹃，主要分布于东部沿海地区，从东北直至海南岛都有，国外广泛分布于东南亚；叫声响亮，四声一度。杜鹃花原产地主要在东亚和东南亚一带海拔 500 米至 2700 米的地方，野生物种多分布于中国、日本、老挝、缅甸和泰国。这就决定了：世界上很多语言中不可能独自产生"杜鹃花"这个概念，但汉语有。如果"杜鹃"指杜鹃鸟和杜鹃花两义之间具有引申关系的话，那么汉语这种引申是独特的现象。某词由甲义引申出乙义，跟客观环境有关，但有些具有民族性和时代性。

"杜鹃"的词义引申关系涉及词义、词义引申的多方面问题，既往的研究远远不够，本文希望通过这个典型个案，由点及面，讨论相关词义理论问题。

一 杜鹃鸟的古代各种异名

杜鹃鸟种类很多，我国古代早已有所认识，各地对杜鹃鸟有不少叫名，有些叫名反映了该鸟的不同类别，说明杜鹃鸟对古人生活影响不小，古人很关注它。杜鹃鸟伴随着美妙的传说，有的叫名可能是古代文人临时创造的词，不一定在社会上流行，或流行得很广。

下面以《本草纲目》第四十九卷《禽部》"杜鹃"条为线索，列举一些异名：

鹈鴂。《楚辞·离骚》："恐鹈鴂之先鸣兮，使夫百草为之不芳。"王逸注："鹈鴂，一名买䴗，常以春分鸣也。"洪兴祖补注以为鹈鴂与杜鹃是两种鸟："鹈，音提。鴂，音决。一音弟桂，一音殄绢……按《禽经》云：'巂周，子规也。江介曰子规，蜀右曰杜宇。'又曰：'鹍鴂鸣而草衰'，注云：'鹍鴂，《尔雅》谓之䴗，《左传》谓之伯赵。'然则子规、鹍鴂，二物也。"这是说，《离骚》的这个"鹈鴂"，有人理解指杜鹃，有人以为指伯劳。《文选》载张衡《思玄赋》："恃己知而华予兮，鹍鴂鸣而不芳。"李善注："《临海异物志》曰：'鹍鴂，一名杜鹃，至三月鸣，昼夜不止，夏末乃止。'"杜鹃是一种候鸟。所谓"至三月鸣，昼夜不止，夏末乃止"，是说杜鹃鸟夏历三月迁徙而来，夏末仍能听到它的啼叫。依上古音，"鹈鴂"分别是脂部、月部（有长短入声读法），不过在一些方言中，脂部、支部很早相混，中古韵书"鹈、鹍"同音。所以"鹈鴂"又作"鹍鴂"，"鹍"支部字。

"鹈鴂"也作"鸭擣"，《广雅·释鸟》："鸭擣，子䴗也。"曹宪《博雅音》："鸭，弟，又啼。擣，古惠、古二。"也作"鸭鴂"，裴务齐《切韵·霁韵》："鸭，鸭鴂鸟。""鸭"原应是元部字，可能汉代开始又读成支部，这是《博雅音》读"弟"或"啼"的前身。汉代元部变支部不是个别的，《汉书》有"金日磾"，《金日磾传》："金日磾，字翁叔。"颜师古注："磾音丁奚反。"磾，《广韵》都奚切引《说文》："染缯黑石，出琅邪山。"磾、鸭是同样的韵部变转。"鸭擣"二字还有都读阳声韵的，《汉书·扬雄传上》载《反离骚》"徒恐鸭擣之将鸣兮，顾先百草为不芳"，颜师古注未见收录萧该的《汉书音义》，但宋祁《宋景文笔记》卷中引萧该："该案，苏林：'鸭擣音殄绢。'"鸭、擣二字都保留了阳声韵读法，"擣"可能是由"鸭"同化产生了 n 韵尾。

杜鹃鸟和伯劳鸟有时难分清，"鹍鴂"也指伯劳。古人认为"鹍鴂"得名于所指鸟的叫声。三国魏曹植《贪恶鸟论》："屈原曰：'恐鹍鴂之先鸣，使百草为之不芳。'其声鹍鹍然，故以其音名，俗憎之也。"曹植以为"鹍鴂"指伯劳，是一种恶鸟，他说"鹍鴂"得名于伯劳鸟的叫声。如果"鹍鴂"既可指伯劳，又可指杜鹃，那么它总有一个是模仿伯劳或杜鹃的叫声造的词，另外一个是先造的词的引申义。

鸣鸠。《艺文类聚》卷五七引南朝宋谢惠连《连珠》："盖闻春兰早芳，实忌鸣鸠，秋菊晚秀，无惮繁霜。"

鹖鸠。《广雅·释鸟》："鹖鸠，子鹞也。"《博雅音》："鹖，买。鸠，古彼。"也作"买鹝"，《汉书·扬雄传上》载《反离骚》："徒恐鹖鸠之将鸣兮，顾先百草为不芳。"颜师古注："《离骚》云：'鹖鸠之先鸣兮，使夫百草为之不芳。'雄言终以自沈，何惜芳草而忧鹖鸠也？鸠，鸠字也。鹖鸠鸟，一名买鹝，一名子规，一名杜鹃，常以立夏鸣，鸣则众芳皆歇。鹖音大系反。鸠音桂。鹖字或作鶷，亦音题。鸠又音决。鹝音诡。"上古音"鹖""鸠"都是支部，"鹖鸠"应该是叠韵联绵词。

子巂。最早见于《说文解字》"巂"下注。"子巂"的"巂"是异读字，《尔雅·释鸟》"巂周"，有人以为即燕子，但郭璞注："子巂鸟，出蜀中。"《释文》"户圭反"，邢昺《尔雅疏》采郭璞说："子巂鸟也……今谓之子规是也。"《尔雅翼·释鸟》："子巂，出蜀中，今所在有之。其大如鸠，以春分先鸣，至夏尤甚。日夜号深林中，口为流血……亦曰杜鹃，亦曰周燕。"子巂的"巂"，很晚才注成见母读音，原来可能只读匣母。上古"巂"是匣母支部，"规"见母支部。如此，"子巂"跟"子规"不同音，应是不同的词。后来在口语中"子巂"一词逐步不用，人们用"子规"去读"子巂"，"巂"也就读成见母，"子巂"跟"子规"同词了。《集韵》"雉鸠巂"有"均窥切"一读，这是子规的"巂"。《尔雅翼》说子巂"日夜号深林中，口为流血"，应该指八声杜鹃。

姊归。上古已出现。《文选》载宋玉《高唐赋》："姊归思妇，垂鸡高巢，其鸣喈喈，当年遨游。"李善注引郭璞及"或曰"："子巂鸟，出蜀中。或曰即子规，一名姊归。"宋陆游《春晚杂兴》："蒲深姑恶哭，树密姊归啼。"

秭鸩。《史记·历书》："于时冰泮发蛰，百草奋兴，秭鸩先滜。"集解："徐广曰：'秭音姊，鸩音规。子鸠鸟也，一名鹖鸠。'"索隐："……言子鸠鸟春气发动，则先出野泽而鸣也。……鹖音弟，鸠音桂。《楚词》云'虑鹖鸠之先鸣，使夫百草为之不芳'，解者以鹖鸠为杜鹃。'"

上古"姊归""秭鸩"都出现了，但"归"见母微部字，"鸩"见母支部字，它们在《广韵》中也不同音。因此，"姊归""秭鸩"可以算作两个不同的词。也有可能，在上古方言中，比如楚地方言，这两个词已混同一词。

《史记·历书》集解引徐广，说"子巂"即"子规"，"一名姊归"，也说明"子巂、子规、姊归"不是一个词不同的写法，而是三个不同的词，它们的读音有区别。

子规。"子规"的"规"是假借字，写作"子规"，出现较晚。本字是"雉"或"鸩"，见于《集韵》，《广雅·释鸟》拿"子鸩"解释"鹖鸠"。"鸩"可能是据"规"字改造来的，跟原来以"夫"做声旁的"雉"或"鸩"同形。写作"子规"，至晚唐已出现，《文选·宋玉〈高唐赋〉》"姊归"，李善注："或曰即子规。"《埤雅·释鸟》："杜鹃，一名子规。"唐杜甫《子规》："两边山木合，终日子规啼。"本来，"姊归"和"子规"不同音，"姊、子"不同，"归、规"不同。但"子规"出现很晚，它出现时支韵和微韵已混同，于是"归、规"音同。因此，"姊归"和"子规"可以算作同一个词。

催归。唐韩愈《赠同游》："唤起窗全曙，催归日未西。"宋彭乘《墨客挥犀》卷七："唤起、催归，二禽名也……催归，子规也。"赵长卿《临江仙·初夏》："韶光老尽起深思。

日长庭院里，徙倚听催归。"

"子鹃、子嶲、子规、鶗鴂、催归"这些异名，李时珍都以为是模仿子规鸟叫声而得名的，《本草纲目》卷四十九《禽部》"杜鹃"条："鹃与子嶲、子规、鶗鴂、催归诸名，皆因其声似，各随方音呼之而已，其鸣若曰不如归去。"鹃、嶲、鶗、鴂，声母相同、相近，这没有问题；鹃，元部；嶲、鶗，支部；鴂，月部。月部和元部相通，汉代方言有支、耕二部和月、元二部相通的证据，《说文·虫部》："蚰，虫曳行也。从虫，中声。读若骋。"中，月部；蚰，元部；骋，耕部。《说文·革部》："鞃，骖具也。从革，蚰声。读若骋蜃。"鞃，耕部。《说文·心部》："懁，急也。从心，睘声。读若绢。"睘，耕部；懁，元部；从"睘"声的"嬛"归元耕二部。《说文·儿部》："兀，高而上平也。从一在人上。读若夐。"兀，物部；它的同源词"元"，元部；夐，耕部。《说文·走部》："趨，走意也。从走，夐声。读若繘。"趨，《广韵》多读，香兖切、许县切，来自汉代元部；许秽切，来自汉代月部；居聿切，来自汉代物部。《说文·女部》"嬴"下注："按秦、徐、江、黄、郯、莒，皆嬴姓也。嬴，《地理志》作盈。又按：伯翳，嬴姓，其子皋陶偃姓，嬴、偃，语之转耳，如娥皇女英，《世本》作女莹，《大戴礼》作女匽，亦一语之转。"因此，"鹃、嶲、鶗、鴂"应有同源关系；或者都是模仿子规鸟的叫声分别造的词，模仿的声音相近，所以看起来"子鹃、子嶲、子规、鶗鴂、催归"等词读音相近，不一定是一个词一声之转变来的。

杜宇。杜宇本是蜀王望帝名，引申指子规鸟。宋刘克庄《忆秦娥·暮春》："枝头杜宇啼成血，陌头杨柳吹成雪。"这是由人名引申指动物。今所见古书，最早记录蜀王望帝跟子规鸟关系的是《说文·隹部》"嶲"下说："（嶲）周，燕也。从隹；屮象其冠也；冎声。一曰：蜀王望帝淫其相妻，惭亡去，为子嶲鸟。故蜀人闻子嶲鸣，皆起云'望帝'。"这说法可能来自《蜀王本纪》。旧题扬雄《蜀王本纪》（已佚，有明人辑佚本）："后有一男子，名曰杜宇，从天堕，止朱提。有一女子，名利，从江源井中出，为杜宇妻。乃自立为蜀王，号曰望帝……望帝积百余岁，荆有一人，名鳖灵……与望帝相见，望帝以鳖灵为相……鳖灵治水去后，望帝与其妻通。惭愧，自以德薄不如鳖灵，乃委国授之而去，如尧之禅舜……望帝去时子鴂鸣，故蜀人悲子鴂，鸣而思望帝。望帝，杜宇也，后天堕。"旧题师旷撰、张华注《禽经》（可能是唐宋时人所作）："（子规）蜀右曰杜宇。"蜀右，应指川西一带。

子鹃。晋常璩《华阳国志·蜀志》："杜宇称帝，号曰望帝……遂禅位于开明，帝升西山隐焉。时适二月，子鹃鸟鸣，故蜀人悲子鹃鸟鸣也。"

杜鹃。至晚南北朝已出现。理论上，这个词可能是截取"杜宇"的"杜"，加在"鹃"字之前组成的一个合成词，也可能是"鶗鴂"一声之转变来的。《本草纲目》卷四十九《禽部》"杜鹃"条："蜀人见鹃而思杜宇，故呼杜鹃。"据此，李时珍以为"杜鹃"是"杜宇"和"鹃"字组合而成的。王念孙《广雅疏证》"鶗鴂，子鴂"条取后者："鶗鴂、杜鹃，一声之转。"两种意见不可能都成立，但很难取舍。"鹃"字单用作"杜鹃鸟"讲很晚，它跟"嶲、鶗、鴂"在方言中可能音近，此前"鹃"出现在"子鹃"一词中，可能也是模拟杜鹃叫声造的词。南朝宋鲍照《拟行路难十九首》之七："中有一鸟名杜鹃，言是古时蜀帝魂。声音哀苦鸣不息，羽毛憔悴似人髡。"《禽经》"（子规）蜀右曰杜宇"注引南朝梁李膺《蜀志》："望帝修道，处西山而隐，化为杜鹃鸟，或云化为杜宇鸟，亦曰子规鸟。至春则啼，闻者凄恻。"唐杜甫《杜鹃行》："君不见昔日蜀天子，化作杜鹃似老乌。寄巢生子不自啄，群鸟至今与哺雏。"

楚鸟。唐张籍《和周赞善闻子规》："秦城啼楚鸟，远思更纷纷。况是街西夜，偏当雨里闻。"刘得仁《送蔡京侍御赴大梁幕》："同城各多故，会面亦稀疏。及道须相别，临岐恨有余。梁园飞楚鸟，汴水走淮鱼。众说裁军檄，陈琳远不如。"楚，应取"凄楚"义，刘得仁诗"楚鸟"是借"楚"的"楚地"义对仗。

啼鹃。宋韩淲《浣溪沙·怨啼鹃》："睡鸭炉温吟散后，双鸳屏掩酒醒前。一番春事怨啼鹃。"文天祥《金陵驿》："从今别却江南路，化作啼鹃带血归。"

杜魄。唐李频《送于生入蜀》："况又将冤抱，经春杜魄随。"武元衡《送柳郎中裴起居》："望乡台上秦人在，学射山中杜魄哀。"

杜宇魂。唐谭用之《忆南中》："林间竹有湘妃泪，窗外禽多杜宇魂。"

蜀魄。唐司空图《注愍征赋述》："其寓词之哀怨也，复若血凝蜀魄，猿断巫峰。"李咸用《题王处士山居》："蜀魄叫回芳草色，鹭鸶飞破夕阳烟。"来鹄《寒食山馆书情》："蜀魄啼来春寂寞，楚魂吟后月朦胧。"

蜀魂。唐李商隐《燕台四首·右夏》："蜀魂寂寞有伴未？几夜瘴花开木棉。"

蜀帝。唐李群玉《乌夜啼》："既非蜀帝魂，恐是恒山禽。"鲍溶《湘妃列女操》："三湘测测流急绿，秋夜露寒蜀帝飞。"

蜀鸟。唐杜荀鹤《酬张员外见寄》："啼花蜀鸟春同苦，叫雪巴猿昼共饥。"

怨魂。唐温庭筠《锦城曲》："怨魄未归芳草死，江头学种相思子。"

怨鸟。《埤雅·释鸟》："杜鹃，一名子规，苦啼。啼，血不止。一名怨鸟，夜啼达旦，血渍草木。"《禽经》："鹪、巂周，子规也，啼必北向。"注："《尔雅》曰'巂周'，瓯越间曰怨鸟，夜啼达旦，血渍草木。凡鸣，皆北向也。"可能主要指八声杜鹃，此鸟繁殖期常整天不停地鸣叫，阴雨天鸣叫更频繁，叫声凄厉、哀伤。

谢豹。《禽经》："江介曰子规。"注："啼苦则倒悬于树，自呼曰谢豹。"这是认为"谢豹"得名于子规叫声。此鸟得名，还有一种通俗词源，恐根据不足。《树萱录》："昔人有饮于锦城谢氏，其女窥而悦之。其人闻子规啼，心动，即谢去。女恨甚，后闻子规啼则怔忡若豹鸣，使侍女以竹枝驱之曰：'豹，汝尚敢至此啼乎？'故名子规为谢豹。"此词至晚唐代已出现。唐顾况《送大理张卿》："白沙洲上江蓠长，绿树村边谢豹啼。"雍陶《闻杜鹃二首》之一："碧竿微露月玲珑，谢豹伤心独叫风。"宋陆游《老学庵笔记》卷三："唐顾况《送张卫尉》诗曰：'绿树村中谢豹啼。'若非吴人，殆不知谢豹为何物也。"可见"谢豹"是唐代方言词，可能是吴地方言词。

上面所列表示杜鹃鸟的词不少，只有"杜鹃"除了指杜鹃鸟，还指杜鹃花。这些词都没有"杜鹃"一词常见。如果"杜鹃花"义是"杜鹃鸟"义引申出来的话，这应是"杜鹃"有这种词义引申关系的一个前提条件。

二 杜鹃花的古代各种异名

据《本草纲目》卷十七《草部》"羊踯躅"条，杜鹃花有"黄踯躅、黄杜鹃、羊不食草、闹羊花、惊羊花、老虎花、玉枝"等异名，杜鹃花科的品种不同，有些异名是指不同的品种。

早期有"羊踯躅"一词。羊踯躅是杜鹃花的一种，即黄杜鹃。古人已认识到此花毒性很大，羊见了它，就会踟蹰不前；吃了它，就会踟蹰而死。秦汉时佚名《神农本草经》（已佚，有辑本）的《下品·草部》有"羊踯躅"，为有毒植物。吴普《本草》（已佚，有辑本）："羊踯躅花，神农、雷公：辛，有毒，生淮南，治贼风、恶毒、诸邪气。"《本草纲目》卷十七《草部》"羊踯躅"条引陶弘景："羊食其叶，踯躅而死，故名。"崔豹《古今注》卷下："羊踯躅，花黄。羊食之则死，羊见之则踯躅分散，故名羊踯躅。"后省称"踯躅"，宋苏轼《踯躅》："枫林翠壁楚江边，踯躅千层不忍看。"这个意义的"羊踯躅"也叫"黄杜鹃、老虎花、闹羊花"。

红踯躅。这是红杜鹃。唐白居易《题元八溪居》："晚叶尚开红踯躅，秋芳初结白芙蓉。"宋洪迈《容斋随笔》卷十："润州鹤林寺杜鹃，乃今映山红，又名红踯躅者。"

山石榴。这也是红杜鹃，是在"石榴"之前加一个"山"字组词，石榴多有开红花者。唐白居易《山石榴寄元九》："山石榴，一名山踯躅，一名杜鹃花。杜鹃啼时花扑扑……商山秦岭愁杀君，山石榴花红夹路。题诗报我何所云，苦云色似石榴裙。"杜牧《山石榴》："似火山榴映小山，繁中能薄艳中闲。"

映山红。原来可能专指红杜鹃，扩大指一切杜鹃花。《本草纲目》卷十七《草部》"羊踯躅"条："一名红踯躅，一名山石榴，一名映山红，一名杜鹃花。其黄色者，即有毒羊踯躅也。"沈作宾《嘉泰会稽志》卷十七《木部》"杜鹃花"条："杜鹃花以二三月杜鹃鸣时开，一名映山红，一名红踯躅。会稽有二种：其一先敷叶后着花者，色丹如血；其一先着花后敷叶者，色差淡。近时又谓先敷叶后著花者为石岩以别之。然乡里前辈，旧但谓之红踯躅，尚未谓之石岩，不知石岩之名起于何年。荆公《送黄吉父归临川》诗云：'亦见旧时红踯躅，为言春至即伤心。'则江西亦谓之红踯躅也。"

杜鹃。至晚唐代已出现，晚于杜鹃鸟的"杜鹃"。原可能指红杜鹃，后扩大指整个杜鹃。唐李白《泾溪东亭寄郑少府谔》："杜鹃花开春已阑，归向陵阳钓鱼晚。"李绅《新楼诗·杜鹃楼》："杜鹃如火千房拆，丹槛低看晚景中。"宋张翊《花经》有"杜鹃"。明胡震亨《唐音癸籤·诂笺五》："润州鹤林寺杜鹃，今俗名映山红，又名红踯躅者，此花在江东，弥山亘野，殆与榛莽相仍。"

山鹃。出现较晚，可能泛指各色杜鹃。明徐弘祖《徐霞客游记·楚游日记》："其处山鹃盛开，皆在水涯岸侧，不作蔓山布谷之观。"杜鹃花长在山上，"杜鹃"已有"杜鹃花"义，于是可以截取"鹃"字，跟"山"组成"山鹃"一词。

上面所列指杜鹃花的词不少，只有"杜鹃"既指杜鹃鸟，又指杜鹃花。笔者在《谈根据同义词平行的例证区别词义引申和用字假借》中，提出根据同义词、反义词、类义词平行引申的办法区别词义引申和用字假借，论证采用这种办法能解决部分问题。表达"杜鹃鸟"和"杜鹃花"不可能有反义词；"杜鹃"一词有指鸟和指花这两种意义，而其他表示"杜鹃鸟"和"杜鹃花"的同义词都没有这两种意义。要解决"杜鹃"指鸟和指花之间的词义是否有引申关系，采用同义词、反义词的词义平行引申的办法无法解决问题，必须采取其他的途径，类义词的词义平行引申能帮助解决这一问题。

三 "杜鹃"由指杜鹃鸟引申指杜鹃花

如果"杜鹃"指杜鹃花是由杜鹃鸟一义引申而来的话，那么这种引申属于词义的转移。一般情况下，词义转移都比较容易理解，但是"杜鹃"涉及典故、传说。先看看古人的语感是怎样的，他们是怎么说的。

3.1 古人所认识的杜鹃鸟和杜鹃花之语义联系

词义具有社会性，要研究"杜鹃"指鸟和指花到底有没有引申关系，要看古人对杜鹃鸟和杜鹃花之间词义联系的认识。

杜鹃花有红色的，还有别的颜色的，但人们特别看重红杜鹃。南北朝以来，人们都说到杜鹃花是杜鹃鸟滴血而成。就科学的角度说，这是很荒唐的看法，但这在词义中可以容纳，因为虚概念也是词义的一部分。产生这种看法，可能是有的杜鹃鸟满嘴红色引起的联想，这种杜鹃鸟，它的口腔上皮和舌部都是红色，叫声凄厉，这足以引起古人联想到杜鹃啼得满嘴流血。

至晚南北朝时，社会上已有杜鹃鸟哀鸣啼血之说。《本草纲目》卷四十九《禽部》三"杜鹃"条引南朝宋刘敬叔《异苑》："有人山行，见一群，聊学之，呕血便殒。人言此鸟啼至血出乃止，故有呕血之事。"引《荆楚岁时记》："杜鹃初鸣，先闻者主别离，学其声令人吐血，登厕闻之不祥。"宋罗愿《尔雅翼·释草》"蕩"条引《荆楚岁时记》："三月三日，杜鹃初鸣，田家候之。此鸟鸣昼夜，口赤，上天乞恩，至章陆子熟乃止。"唐慎微《证类本草》卷一九"杜鹃"："初鸣先闻者，主离别。学其声，令人吐血。于厕溷上闻者不祥，厌之法，当为狗声以应之。俗作此说。按《荆楚岁时记》亦云有此言，乃复古今相会。鸟小似鹞，鸣呼不已。《蜀王本纪》云：'杜宇为望帝，淫其臣鳖灵妻，乃亡去，蜀人谓之望帝。'《异苑》云：'杜鹃先鸣者，则人不敢学其声，有人山行，见一群，聊学之，呕血便殒。'《楚词》云'鹈鴂鸣而草木不芳，人云口出血，声始止，故有呕血之事也。'"

唐宋诗歌，大量反映杜鹃啼血，字里行间往往反映出杜鹃啼血跟杜鹃花的关系，可见这是一种社会共识。唐顾况《子规》："杜宇冤亡积有时，年年啼血动人悲。若教恨魄皆能化，何树何山著子规。"雍陶《闻杜鹃二首》之一："碧竿微露月玲珑，谢豹伤心独叫风。高处已应闻滴血，山榴一夜几枝红。"韩偓《净兴寺杜鹃一枝繁艳无比》："蜀魄未归长滴血，只应偏滴此丛多。"蔡京《咏子规》："千年冤魄化为禽，永逐悲风叫远林。愁血滴花春艳死，月明飘浪冷光沉。"成彦雄《杜鹃花》："杜鹃花与鸟，怨艳两何赊。疑是口中血，滴成枝上花。"宋释绍昙《偈颂一百一十七首》之四十四："赢得春山哭杜鹃，鲜血染花枝，声声怨。"真山民《杜鹃花得红字》："归心千古终难白，啼血万山都是红。"释如净《偈颂三十八首》："咄，杜鹃啼血滴花红。"

有的诗尽管没有明确说出杜鹃花是杜鹃鸟滴血而成，但是行文中隐含了这个传说。例如李白《宣城见杜鹃花》："蜀国曾闻子规鸟，宣城又见杜鹃花。一叫一回肠一断，三春三月忆三巴。"白居易《琵琶行》："其间旦暮闻何物？杜鹃啼血猿哀鸣。"杜牧《杜鹃》："杜宇竟何冤，年年叫蜀门？至今衔积恨，终古吊残魂。芳草迷肠结，红花染血痕。山川尽春色，呜咽复谁论？"

这些诗歌都揭示了杜鹃花是杜鹃鸟哀叫时嘴中滴血形成的，通过"红色"的义素将"杜鹃"一词指鸟又指花的意义联系起来了。这种说法正是"杜鹃"在唐代开始指杜鹃花之前或同时出现的，绝非偶然。这说明唐代以前，人们认为"杜鹃"这个词含有杜鹃鸟哀叫时会啼血的意义，这可以称为义素。如果没有这个义素，"杜鹃"就不可能由指杜鹃鸟引申指杜鹃花。明黄仲昭《八闽通志》卷二十五《食货·土产·花之属》："俗传杜鹃啼血，滴地而成此花，故名。"这跟南北朝以来杜鹃的文化含义一致，正确揭示了杜鹃花得名之由。

上文说到，"杜鹃"一词可能是截取"杜宇"的"杜"和"子鹃"的"鹃"形成的合成词。这也从一个侧面说明表示杜鹃鸟有不少同义词，它们都没有发展出指"杜鹃花"的词义，只有"杜鹃"发展出此义。还有几个跟杜鹃啼血的故事联系在一起都指杜鹃鸟的词，"杜宇"当然不适合引申出"杜鹃花"一义，"杜魄、蜀魂"等不一定在口语中有生命力，而且产生较晚，所以没有发展出"杜鹃花"一义。

有个别人试图撇开杜鹃啼血的传说，单纯从杜鹃鸟叫时杜鹃花始开的角度解释"杜鹃花"跟"杜鹃鸟"的关系。宋谢维新《古今合璧事类备要·别集》卷三十《花门·杜鹃花》："杜鹃花，一名山石榴，一名山踯躅，蜀人号曰映山红，所在深山中多有之……而花极烂熳。杜鹃啼时始开，故名焉。"明林有年《安溪县志》卷一《地舆类》："杜鹃花一名'山石榴'，一名'山踯躅'，一名'映山红'。有深红、浅红及紫，三月盛开杜鹃苦叫之时，故名。古词：'开时偶值杜鹃声。'俗云：'杜鹃啼血，滴地而成。'未可信也。"清陈元龙《格致镜原》："《涌幢小品》：杜鹃花以二三月杜鹃啼时始开，故名。"

这说法的好处是认识到"杜鹃"指鸟和指花不是不相干的两个词，其间具有引申关系。缺点是：此说跟人们对杜鹃鸟和杜鹃花之间关系的文化含义的认识不一致；不能解释清楚，杜鹃开花时发出叫声的不止杜鹃鸟，还有相当多鸟类，为什么人们偏偏选择"杜鹃"一词引申指杜鹃花；指杜鹃鸟的同义词还有"子巂、姊归"等一些，人们为什么只用"杜鹃"引申指杜鹃花？不跟杜鹃啼血联系起来，就难以解释清楚这种引申现象。事实上，杜鹃下面还有很多种属，各种杜鹃除了开红花，还开紫色、白色、黄色、蓝色等多种颜色的花。人们由"杜鹃鸟"引申出"杜鹃花"，是从红色杜鹃花那里得名的，尽管别的颜色的杜鹃花跟红杜鹃一起开花；所以"杜鹃"指杜鹃花，最早的例证都反映人们跟红杜鹃联系起来。这也说明，认为"杜鹃"指杜鹃花是它开花时跟杜鹃鸟啼叫的时间吻合引起词义引申，缺乏解释力。根据一种鸟开始啼叫的时间引申出此时开花的一种植物，还缺乏其他佐证材料。

3.2 是否可以认为"杜鹃"指鸟、指花是巧合

下面来看看，不接受古人的语感，也就是认为"杜鹃"指鸟和指花之间不存在引申关系，会带来一些什么问题。

"杜鹃"是一个双音词，它指杜鹃鸟，产生于南北朝；指杜鹃花，产生于唐代。因此，"杜鹃"先指杜鹃鸟，后指杜鹃花。字形上也有一点暗示作用：杜鹃的"鹃"从"鸟"，所以"鹃"是为杜鹃鸟造的字，不是为杜鹃花造的。"杜鹃"指杜鹃鸟，以及人们给这个用法赋予的典故义跟蜀王杜宇的关系十分清楚，而杜鹃花跟杜宇没有直接的关系。杜鹃花跟蜀王杜宇有关系，但它必须要通过杜鹃鸟作为中介，这也说明"杜鹃"指杜鹃花晚于指杜鹃鸟，有历史的逻辑性。现在需要论证的是，"杜鹃"指鸟和指花，这两个词义之间是引申关系，还是假借关系。

词义引申指一个词发展出跟本义或引申义有词义关联的其他词义。同一个词形的新义和原义如果没有意义关联，那么两个意义之间就不存在引申关系。按照这个要求，同一个词形的两个意义之间如果有引申关系，那么它们之间一定要有相同的意义内容，而这种意义内容不是强加给甲义和乙义之上的。问题来了：如果"杜鹃"一词指鸟和指花之间有引申关系，那么杜鹃鸟和杜鹃花这两个义位之间共同的意义内容在哪里？如果找不出，就不

能证明"杜鹃"指鸟和指花之间有词义引申关系。

汉语单音词中，一字假借为他字的现象比较普遍。双音词中，这种假借现象不能说没有，但罕见。如果是假借关系，"杜鹃"指花，是假借原来记录指鸟的"杜鹃"，那么就要追问：既然"杜鹃"指花不是指鸟的"杜鹃"引申来的，那么它是怎么来的？很显然，别的任何双音词都解释不了"杜鹃"指花的来源。只有接受了"杜鹃"指花是指鸟的引申义的说法，才能讲清楚"杜鹃"指花的来历，前人的诗文材料也显示"杜鹃"指鸟和指花之间的语义关联。这种关联，就事实本身来说，我们没有很好的理由给予否定。于是我们要问，前人指出的这种关联是否符合规律？也就是，有没有其他同类的现象可以证明"杜鹃"指鸟和指花符合词义引申的规律？

"杜鹃"由指鸟引申指花，这属于词义转移。在涉及词义转移的词义引申现象中，新义和旧义的联系有时最难把握。"涕"由指眼泪引申指鼻涕，"闻"由指耳闻引申指鼻嗅，"土"由指泥土引申指树根，这些词两个意义之间的联系相对容易找出来，但是像"杜鹃"指鸟和指花这两个词义，如果仅仅局限于"杜鹃鸟"和"杜鹃花"之间的理性义，那么它们之间的意义联系就很难找到。

人们之所以认为"杜鹃"两个词义之间有联系，是因为：一方面，"杜鹃"指鸟在前，指花在后，在大家接触到的汉语材料中，"杜鹃"指花找不到另外的来源；另一方面，在"杜鹃"指花之前，已经有汉语材料显示，人们认为杜鹃鸟是蜀王杜宇变来的，而杜鹃花是由杜鹃啼血变来的。这是一种社会心理，不是个别人的见解。

下面要证明："杜鹃"由指鸟引申出指花，尽管没有同义词、反义词这样平行的例证，但是可以从同类词的平行引申的角度证明它符合引申的普遍规律。

3.3 动植物词之间词义的引申关系

中古以前，汉语有不少动植物词词义之间具有引申关系，越往上古追溯，越是这样。王引之《经义述闻》卷二十八《葵芦萉》条："《尔雅》所释……或木与虫同名，'诸虑，山櫐''诸虑，奚相'是也。或草与虫同名，'莪萝'之与'蛾罗'，'蚍蜉'之与'蚍蚨'，'果蠃'之与'果蠃'，'芦萉'之与'蠦蜰'，是也。凡此者，或同声同字，或字小异而声不异。"王国维《尔雅草木虫鱼鸟兽释例》揭示《尔雅》有不少词具有这种发展关系，比王引之研究更趋深入。因此，早期汉语动植物词词义之间具有引申关系，很容易理解。有的是表示植物的词引申表示动物，例如"蒺藜"，本来指茨，是"茨"的分音词，一种多刺的植物。引申指一种虫子，有人说是蜈蚣，有人说不是，但都以为得名于"多刺"义。《尔雅·释虫》："蒺藜，蝍蛆。"郭璞注："似蝗而大腹，长角，能食蛇脑。"邢昺疏："《广雅》云：'蝍蛆，蜈蚣也。'郭云：'似蝗而大腹，长角，能食蛇脑。'则非蜈蚣也。《庄子》云'蝍蛆，甘带'是也。"邢疏说郭璞不是理解为蜈蚣，理由不充足。无论"蒺藜"这动物是不是指蜈蚣，其得名应该是，此虫形似茨，有角刺，故以"蒺藜"名之。这些动植物词之间的词义引申，多集中于联绵词，而且多通过相似引申的途径进行。有的词表示植物义是由表示人、动物义引申来的，汉魏以后，动植物词之间的这种词义引申方式没有绝迹，除了利用相似引申，还多采取借代的修辞方式来产生新义。相似引申、借代引申，有人分别归入"隐喻"和"换喻"。例如：

（1）"鳑魮"既指鳑魮鱼，也指乌药树。前者是本义，后者是引申义。宋罗愿《尔雅翼·释鱼二》"鳜鯞"条:"鳜鯞,似鲫而小,黑色而扬赤,今人谓之旁皮鲫,又谓之婢妾鱼。"《本草纲目》卷三十四《木部》"乌药"条:"其叶状似鳑鲏鲫鱼,故俗呼为鳑鲏树。"

(2)"乌桕(臼)"既指乌桕鸟,也指乌桕树。唐张祜《溪上小斋》:"杜鹃花落杜鹃叫,乌臼叶生乌臼啼。"说明"乌桕"有二义,乌桕鸟跟乌桕树相关联。明杨慎《征人早行图》:"杜鹃花下杜鹃啼,乌臼树头乌臼栖。"乌桕鸟,也叫"鸦舅",宋梅尧臣《朝》:"青苔井畔雀儿斗,乌臼树头鸦舅鸣。"明郭登《自公安至云南辰沅道中谒山王祠》:"山王庙在山深处,鸦乌乱啼乌桕树。"应该先指鸟,后指树。指鸟见于南北朝,《乐府诗集》载南北朝《乌夜啼·可怜乌臼鸟》:"可怜乌臼鸟,强言知天曙。无故三更啼,欢子冒暗去。"《读曲歌》:"打杀长鸣鸡,弹去乌臼鸟。愿得连冥不复曙,一年都一晓。"杨慎《丹铅录》:"乌臼,五更鸣,架架格格者也。如燕,黑色长尾,有歧。"叫"鸦舅",唐代有用例,唐吴融《富春二首》之二:"二月辛夷犹未落,五更鸦舅最先啼。"指树见于唐朝,温庭筠《西洲曲》:"门前乌臼树,惨澹天将曙。"《本草纲目》卷三十五《木部》"乌桕木"条:"乌桕,乌喜食其子,因以名之……或云:其木老则根下黑烂成臼,故得此名。"如果乌桕指鸟和指树之间有词义引申关系,先有乌桕鸟,后有乌桕树,那么后一种说法难以成立。第一,它说的是乌桕树的得名,不是讲乌桕鸟跟乌桕树之间的引申关系。第二,要使后一种说法成立,必须先有乌桕树,后有乌桕鸟;但仍然没有解释指鸟和指树是怎样的引申关系。

(3)"妓女"本指女性的歌舞艺人为职业的女子,她们能够使人身心愉快,忘记烦恼。《后汉书·光武十王列传·刘康列传》:"错为太子时,爱康鼓吹妓女宋闰,使医张尊招之不得,错怒,自以剑刺杀尊。"萱草,古人认为此草具有使人忘记忧愁的功效,据《本草纲目》卷十六《草部》"萱草"条,它又叫"忘忧、疗愁",《吴普本草》叫"妓女",可见称此草为"妓女"至晚三国时已然。

(4)"徐长卿"本是人名,引申指一种药草。相传徐长卿经常用这种草治邪病,故名。《本草纲目》卷十三《草部》"徐长卿"条:"徐长卿,人名也,常以此药治邪病,人遂以名之。"称这种药草为"徐长卿",很早已开始,《本草纲目》接着说:"《名医别录》于有名未用复出石下长卿条,云一名徐长卿。陶弘景注云:此是误尔。方家无用,亦不复识。今考二条功疗相似。按《吴普本草》云:徐长卿一名石下长卿。"可见称该药草为"徐长卿"至晚三国已然。

(5)"刘寄奴"本是南朝宋武帝刘裕的小名,引申指一种药草,治金创有特效,相传刘寄奴用这种草治金创,故名。南朝宋刘敬叔《异苑》卷四:"宋武帝裕字德舆,小字寄奴。微时伐荻新洲,见大蛇长数丈,射之伤。明日,复至洲,里闻有杵臼声,往视之,见童子数人皆青衣,捣药。问其故,答曰:'我王为刘寄奴所射,合散傅之。'帝曰:'王神何不杀之?'答曰:'刘寄奴王者,不死,不可杀。'帝叱之,皆散,仍收药而返。"《南史·宋武帝纪》也有记载,文字小异。《本草纲目》卷十五《草部》"刘寄奴草"条引《南史》后云:"宋高祖刘裕……每遇金创傅之即愈。人因称此草为刘寄奴草。"

(6)"杜仲"本是人名,引申指杜仲木,也叫"思仲、思仙"。据说是杜仲经常种植此木而服食得道,故名。《本草纲目》卷三十五《木部》"杜仲"条:"昔有杜仲服此得道,因以名之。思仲、思仙,皆由此义。"方以智《通雅》卷十九《称谓》:"杜仲种棉丝树,故呼杜仲是也。"

(7)"癞蛤蟆"本是动物,引申指一种植物。清吴其濬《植物名实图考》卷十九"癞蝦蟇"条："癞蝦蟇产南康庐山。赭根细须，大如指，青茎蔓生。近根四叶对生，极似玉簪花叶而小，梢叶错落。近叶发小枝，上缀青菁葖，细如粟米成穗，开五瓣小黄花。庐山灵药，塞壑填溪；记载缺如，服食无方。余遭采访，多不识名。偶逢樵牧，随其指呼。"

这7个例子，"鳉鱼"跟"蒺藜"一样，属于形状相似的引申，容易理解。其他几个似乎都跟借代的修辞手法有关，起先是借代一下，固定下来，就成为一个词义。"乌桕"的词义引申是借乌桕鸟的所在指乌桕树：先有乌桕鸟，后根据乌桕鸟喜栖息于乌桕树，吃乌桕树子，引申指乌桕树。"妓女、徐长卿、刘寄奴、杜仲"是借人的特殊作用或贡献引申指相关草木。这些事实表明，专名也有内涵和外延。"杜鹃"由指鸟引申指花，可以算形状相似的引申，杜鹃鸟所啼之血跟杜鹃花花色形状相似；但跟一般的形状相似不一样，就理性义说，杜鹃鸟不直接跟血相关联，但实际上关联起来，这是典故义引起的。像上面的例子中"徐长卿、刘寄奴、杜仲"都跟典故义有关。

四 从"杜鹃"的词义引申看典故义

典故词不包括由典故造成的固定语。典故词，指根据传说和典籍中的故事凝结而成的词，或指摘取典籍中的字词组合而成的词。很多人都注意到典故词，典故词的存在是客观事实。据《汉语史稿》，典故"隐含着一个历史故事或传说"，王力先生谈典故和词汇史的关系，主要从造词或构造成语的得名来由的角度去分析的。一个典故词起先必然带有典故义，从这个角度说，典故义也是一个客观存在。例如"推敲"，它指斟酌字句，跟贾岛"鸟宿池中树，僧敲月下门"的"敲"是用"推"字好还是"敲"字好的典源密切相关，起先用来指"斟酌字句"，这个典故义带进去了，后来普遍使用，典故义才逐步退出。严格地说，典故义是典故义素。

现在要进一步论证：使用典故，不仅可以产生一大批典故词语，还可以由原来的词义引申出新词义。有些词义引申由典故引起，没有以前的典故，某词就不可能产生某种引申义。从这个角度也能证明典故义是一种客观存在，"杜鹃"的词义引申符合这种引申规律，它是按典故义从"杜鹃鸟"引申指"杜鹃花"的，这个典故义可以用"杜鹃啼血"来概括。

典故、传说能导致词义引申，答案是肯定的，上面所举"徐长卿、刘寄奴、杜仲"的词义引申都是源于典故、传说，它们指植物的词义，都不是临时的语境义，而是固定的词义。有时候，典故、传说带来临时性的语境义和固定词义很难区分，这是因为修辞上的临时用法和固定词义产生的心理基础、思维活动和语言机制是一样的，固定义要经过临时义这一阶段。只不过临时性的语境义是个别社会成员在个别语言片段中临时使用一下，昙花一现，固定义是社会让某些语境义固定下来，被全社会广泛采用而成为语言义罢了。

下面的例子没有明确区分修辞上的临时义和词义上的固定义，旨在说明这种意义确实存在，无论它是临时义还是固定义：

（1）文园。《汉语史稿》举出了"文园"一词，本指孝文园，即汉文帝的陵园，典出《史记·司马相如列传》"相如拜为孝文园令"。后人借此暗指司马相如，唐刘知几《史通·序传》："至马迁又征三闾之故事，放文园之近作，模楷二家，勒成一卷。"宋司马光《和李八丈小雪同会有怀邻几》："空叹高歌如郢客，愧无佳赋似文园。"又泛指文人，唐杜牧《为人题赠二首》其一："文园终病渴，休咏《白头吟》"。宋张元干《十月桃》："有多情多病文园，向雪后寻春，醉里凭阑。"可以说，没有司马相如拜文园令这个典故，就不可能用"文园"来暗指司马相如和文人。司马相如是文人，但由于"文园"指汉文帝的陵园的词义时，带有"相如拜为孝文园令"这个典故义，才有这样的词义引申。

（2）"何首乌"，本来是唐代人名，引申指一种植物，也叫"夜交藤"。唐李翱于元和八年（813）写的《何首乌录》首次叙述了"何首乌"指植物名的来历："有何首乌者，顺州南河县人。祖能嗣，本名田儿，天生阉，嗜酒。年五十八，因醉夜归，卧野中。及醒，见田中有藤两本，相远三尺，苗蔓相交，久乃解，解合三四。心异之，遂掘根持问村野人，无能名。曝而干之，有乡人麦良戏而曰：'汝阉也。汝老无子，此藤异而后以合，其神药，汝盍饵之？'田儿乃筛末酒服，经七宿，忽思人道。累旬力轻健，欲不制，遂娶寡妇曾氏。田儿因常饵之，加餐两钱。七百余日，旧疾皆愈，反有少容，遂生男，乡人异之。十年生数男，俱号为药。告田儿曰：'此交藤也，服之可寿百六十岁，而古方本草不载。吾传于师，亦得之于南河，吾服之，遂有子。吾本好静，以此药害于静，因绝不服。汝偶饵之，乃天幸。'因为田儿尽记其功，而改田儿名能嗣焉。嗣年百六十岁乃卒，男女一十九人。子庭服，亦年百六十岁，男女三十人。子首乌服之，年百三十岁，男女二十一人……老人言讫，遂别去，其行如疾风。浙东知院殿中孟侍御识何首乌，尝饵其药，言其功如所传。出宾州牛头山，苗如萆薢，蔓生，根如杯拳，削去侧皮，生啖之，南人因呼为何首乌焉。"如果没有何首乌一家祖孙三代服食夜交藤而延年益寿、人丁兴旺的典故义，"何首乌"一词就不可能发展指一种植物，所以人名"何首乌"含有典故义。

（3）"嫦娥"，本来叫"姮娥"，西汉避文帝刘恒讳，改称嫦娥，据说是月中女神。《淮南子·览冥训》："譬若羿请不死之药于西王母，姮娥窃以奔月。"高诱注："姮娥，羿妻。羿请不死之药于西王母，未及服之，姮娥盗食之，得仙，奔入月中，为月精也。"后来借指月亮，王安石《试院中》之二："咫尺淹留可奈何，东西虚共一姮娥。""姮娥"指人名时，带有"月神"的典故义，所以才可以借指月亮。

（4）"桂、桂花（桂华）"，本指桂花树，也指它开的花。《说文·木部》："桂，江南木，百药之长。"《楚辞》中大量使用"桂"来构词，例如"栌树、桂栋、桂櫂、桂枝、桂州"。《汉书》已有"桂花"一词，指桂花树。古人很早就以为月亮中有桂花树，因此也管月亮叫桂、桂花（桂华），桂花也指月光。北周庾信《舟中望月》："天汉看珠蚌，星桥视桂花。"唐骆宾王《久戍边城有怀京邑》："葭繁秋色引，桂满夕轮虚。"王维《鸟鸣涧》："人闲桂花落，夜静春山空。"韩愈《明水赋》："桂华吐耀，兔影腾精。"

（5）"蟾蜍"，本指癞蛤蟆。《尔雅·释鱼》："鼁𪓰，蟾诸。"古人以为月亮中有蟾蜍，据长沙马王堆汉墓帛画，月中有蟾蜍和兔子。《淮南子·精神训》："日中有踆乌，而月中有蟾蜍。"《后汉书·天文志上》"言其时星辰之变"南朝梁刘昭注："羿请无死之药于西王母，姮娥窃之以奔月……姮娥遂托身于月，是为蟾蠩。"于是"蟾蜍"引申指月亮。唐杜甫《八月十五夜月二首》之二："刁斗皆催晓，蟾蜍且自倾。"刘商《胡笳十八拍》之第十一拍："几回鸿雁来又去，肠断蟾蜍亏复圆。"徐凝《和侍郎邀宿不至》："蟾蜍有色门应锁，街鼓无声夜自深。""蟾蜍"指癞蛤蟆时，带有"月中蟾蜍"的典故义，所以才可以借指月亮。

（6）"鸿雁"，本指一种候鸟，人们可以根据它的迁徙来确定节候。很多人说，古代并没有用鸿雁来传递书信，但《汉书·苏武传》："数月，昭帝即位。数年，匈奴与汉和亲。汉求武等，匈奴诡言武死。后汉使复至匈奴，常惠请其守者与俱，得夜见汉使，具自陈道。

教使者谓单于，言天子射上林中，得雁，足有系帛书，言武等在某泽中。使者大喜，如惠语以让单于。单于视左右而惊，谢汉使曰：'武等实在。'"由于有这个典故，因此"鸿雁"引申指书信。杜甫《天末怀李白》："鸿雁几时到，江湖秋水多。"

鸿雁传书的典故之所以产生，可能是因为古人很早发现有些鸟类能传递书信，可能包括信鸽。古书上记载飞鸽传书的材料很晚，最早见到的是唐五代的记载。五代后周王仁裕《开元天宝遗事》卷上"传书鸽"条："张九龄少年时，家养群鸽。每与亲知书信往来，只以书系鸽足上，依所寄之处，飞往投之。九龄目之为飞奴，时人无不爱讶。"由于早期没有留下飞鸽传书的典故，因此指称真正能传递书信的信鸽的"鸽"一词反而没有发展出"书信"义，可见典故对一些词的词义引申具有决定性作用。"鸿雁"自《汉书·苏武传》以后，带上"鸿雁传书"的典故义，发展出"书信"义。

（7）"凤凰"，本指凤凰鸟，一种传说中的鸟，古代是否真的有这种鸟，有待研究。《诗经·大雅·卷阿》："凤皇鸣矣，于彼高冈。"郑玄笺："凤皇鸣于山脊之上者，居高视下，观可集止，喻贤者待礼乃行，翔而后集……凤皇之性，非梧桐不栖，非竹实不食。"如果没有这种说法，"凤凰"不可能引申为比喻地位高贵或德才兼备的人。汉刘桢《赠从弟》之三："凤凰集南岳，徘徊孤竹根。"

（8）"青鸟"，本指一种有三足的神鸟，传说中西王母的使者。《山海经·大荒西经》："有三青鸟，赤首黑目，一名曰大鵹，一名少鵹，一名曰青鸟。"注："皆西王母所使也。"旧题汉班固《汉武故事》："七月七日，上于承华殿斋。日正中，忽见有青鸟从西来。上问东方朔。朔对曰：'西王母暮必降尊像。'……有顷，王母至……有二青鸟如鸾，夹侍王母旁。"于是借"青鸟"指信使。唐李商隐《无题》："蓬山此去无多路，青鸟殷勤为探看。"如果没有这些典故，人们就不会知道有这种神鸟，更不会引申指信使。

（9）"楷"本指一种树，也就是黄连树。它又有"法式，模范"义。二义之间是有引申关系的，这跟典故义有关。《说文·木部》："木也，孔子冢盖树之者。从木皆声。"许慎之所以加注"孔子冢盖树之者"，是因为他想说明楷树和法式义之间的关系。《说文系传》："臣锴按：《史记》注，孔子卒，弟子各持其乡土之树来种。鲁人世世无能名其树者。又曰：孔子冢上特多楷树，其域中不生荆棘、刺人草。"段注以为"楷"有"法式，模范"义，是通"稽"："《皇览》云：'冢茔中树以百数，皆异种，传言弟子各持其方树来种之。'按楷亦方树之一也。《儒行》曰：'今世行之，后世以为楷。'楷，法式也。楷之言稽。我稽古，而后世又于此焉稽也。"《皇览》之说跟《说文》其实不矛盾，清王绍兰《说文段注订补》批评说："《酉阳杂俎·木篇》：'孔子墓上特多楷木。'《续集·支植下》又云：'蜀中有木类柞，众木荣时枯柹，隆冬方萌芽布阴，蜀人呼为楷木。'《淮南草木谱》：'楷木生孔子冢上，其干枝疏而不屈，以质得其直也。'然则楷木隆冬萌芽布阴，其干枝不屈而直，故因以为楷式字，取木质为义也。段氏以《儒行》上言'古人与稽'，遂谓楷之言稽，已属臆说。又云：'我稽古，后世又于此焉稽'，义更迂曲矣。"王氏的批评有理。若是，"楷"有"法式，模范"义，跟孔子墓上有楷树的典故有关。

（10）"甘棠"本指一种树，《诗经》已出现。它后来又有"具有美政和遗爱的地方官吏或官府"以及"地方官吏或官府的美政和遗爱"的意义，例如唐刘禹锡《送王司马之陕州》："暂辍清斋出太常，空携诗卷赴甘棠。"《同乐天送令狐相公赴东都留守》："从发坡头向东望，春风处处有甘棠。"之所以有这种引申，是因为《诗经·召南·甘棠》有："蔽茀甘棠，勿翦勿伐，召伯所茇。蔽茀甘棠，勿翦勿败，召伯所憩。"郑玄笺："召伯听男女之讼，不重烦劳百姓，止舍小棠之下而听断焉。国人被其德，说其化，思其人，敬其树。"于是人们用这个典故借指"具有美政和遗爱的地方官吏或官府"和"地方官吏或官府的美政和遗爱"。如果没有这个典故，就不可能产生这样的词义引申，因此"甘棠"产生了甘棠听讼的典故义。

上面这些典故词如果形成固定义，那么所形成的就是引申义。这种引申现象是类义引申，例如"何首乌、楷"等，都是由历史故事、传说和用语引起的，是在借代的基础上形成的。如果没有这种典故，没有形成典故义，就不可能有这种引申。不加进典故义的因素，就不可能合理解释这样的词义引申，不同的义项之间只能理解为没有引申关系，这不符合事实。因此，汉语词义中确实存在典故义。

"鸿雁传书"的传说，还没有像"杜鹃啼血"的传说那样在南北朝至隋唐的民间具有强大的生命力，但足以引起"鸿雁"由指鸟转指书信。它的使用者多限于文人，使用场合有限；这些词的典故用法，有些可能还处于修辞阶段，没有形成一个固定词义。但它们跟词义引申的理路一致，因此可以用来分析典故义。"杜鹃"指杜鹃花则不然，它在民间生根开花，为社会普遍接受，因此古代口语中仍在沿用。

由典故引起的词义引申现象，在我国古代特别多，决不可忽视。之所以能有这种引申，是因为人们给它们的原义赋予了典故带来的意义，也就是典故义，"杜鹃"由杜鹃鸟引申指杜鹃花符合古代词义引申规律。

五 从"杜鹃"的词义引申看词义

既然汉语的词义结构中存在着典故义，既往对典故义没有给予足够的重视，在此基础上对词义的认识就不够全面，因此很有必要结合典故义对词义的性质作出新探讨。

词义是一种社会性的客观存在，处在系统中，这由任何语言中都有同音词、同义词、多义词、上下位词、反义词和词义的引申、词义运用中的纠错、中外词义的比较等无数事实都可以得到证明。什么是词义？中外的解释不下几十种，人们由此来构建自己的词义分析系统。造成言人人异的一个重要原因是：词义太复杂，我们对词义包括哪些方面，收集的材料以及关注的方面很有限；大家一般都是根据自己的理解去解释什么叫词义，大多都有一定道理，但缺乏可操作性的标准和办法，对复杂的词义现象解释力不太强。有一点可以肯定：理解什么是词义，不能仅仅根据辞书的释义。好辞书的释义，除了有意识地舍弃词在上下文中的临时义，它还有简明性的要求，不可能将社会共同体对一个词的所有认识成果，包括具有区别特征的所有意义内容都反映进去。当然，有不少大型古汉语辞书，例如《辞源》，很重视典故的典源，并写进辞书中，这在客观上是注意到典源义的存在，是可取的举措。

汉语有三千年的古书，从泛时的角度看，词量极大，反映出来的同音词、同义词、多义词、上下位词、反义词和词义引申现象在世界已知的语言材料中应该是最复杂的，可以利用这些角度作为可操作性的标准来认识词义，从千差万别的词义异同中进行抽象、综合，得出词义的构成元素。

词义体现或表达着社会集体经验的固定认识，反映着社会共有的精神活动，是对对象的一般特征固定性的认识总和，这种认识当然是从社会的个体开始的，但它必须得到社会的认可；这就决定了它跟概念有关而不同，词义不等同于科学概念。它一方面联系着社会对事物的认识，一方面又受制于语言系统，才能具有交际和思维功能。因此，除去上下文语境产生的词义临时性变体，词义可以大别为三类：一是词对客观万象的反映义，二是词在语言系统中的系统义，三是词在使用中的语用义。社会在使用一些词时，会添加形象色彩、表情色彩、修辞色彩、风格色彩、地域色彩，等等，因此会产生语用义。不同的词在这三类意义中的权重不一样，例如绝大多数虚词更多地具有系统义，包括聚合意义和组合意义，语法意义格外突出。"杜鹃"一词的词义引申既关联反映义，也关联语用义。

对于"概念"的认识，我采用大家公认的理解：反映客观事物的一般的、本质的属性的一种思维的基本形式。有人以为词义的核心是表达概念，其他都是附加义，附加义在词义引申中一般不起作用。我认为仅仅将表达概念看作是词义的核心，这是有问题的。很多词义并没有反映客观事物的一般的、本质的属性，而是反映一个社会共同体中一代代积累下来的共识，这些共识不一定都合乎科学的要求。将形象色彩、表情色彩、修辞色彩、风格色彩、地域色彩等附加色彩都放到附加义，这也是有问题的。我们必须区分两类"附加义"，一类是依赖上下文语境才具有的，一类是融入固定词义的"附加义"，只有后者才是词义的部分内容。像"杜鹃"指杜鹃鸟，它的典故义显然不属于概念的范畴，也不是上下文语境带来的那种附加义，不将它纳入词义的核心，就不能解释它的词义引申现象。

因此，词的反映义非常复杂，研究得不够，可以分为理性义、非理性义、反理性义等。理性义相当于逻辑上的实概念，非理性义、反理性义相当于逻辑上的虚概念。不引入非理性义、反理性义的概念，就不能科学、有效地揭示词义。理性义大致相当于逻辑学上的概念，指社会所反映的思维对象的本质属性；非理性义指社会对思维对象的不符合其本质属性的认识；反理性义指社会对思维对象的违背其本质属性的认识。为了便于称述，我们借用逻辑学的术语，并且认为词的理性义和非理性义都包括外延义和内涵义。虚词也表达理性义，因此有外延义；一些虚构的，在现实中没有指称的词也有外延，其外延是虚构的对象本身。有时候，一个词的理性义和非理性义掺杂在一起，因为词义是对不同时代的人认识成果的概括和固定，而人们的认识不免有彼此不一的地方，有真理和谬误混杂的地方。例如"心"，古人既认为它是指心脏，这里面包含着对"心"理性义的认识；又认为它是思维的器官，由此引申出指思想、感情，影响至今，这里面包含了对"心"的非理性义的认识。社会对理性义的认识随着时代的变化会产生差异，今天的释义受近代科学影响，往往注重词的理性义，但古人对于"杜鹃"的词义，非常重视它的非理性义，不引入"杜鹃啼血"这样的非理性义，就不可能讲清"杜鹃"的词义引申。

释义的科学性不体现在采用的词义解释是否符合当今自然科学家们的前沿性认识成果，而是要通过科学的方法去揭示社会对于词义的共识。能准确揭示这种共识，释义就算是具有科学性；反之，就不算科学的释义。美国语言学家布龙菲尔德在他的《语言论》第九章《意义》中说："为了给每个语言形式的意义下一个科学的准确的定义，我们对于说话人的世界里每一件事物都必得有科学的精确知识。人类的知识跟这种要求比较起来，实际的范围太小了。只有当某个言语形式的意义在我们所掌握的科学知识范围以内，我们才能准确地确定它的意义。"（布龙菲尔德 1980：166）我认为，像布氏这样的要求去解释词义，不免偏狭，实际上也不可能准确揭示社会对于词义的共识，这些词共识中包含有非理性义、反理性义。但布氏的这种见解在我国还有一定影响。

对词义本质的认识不能等同于对该词所指事物的本质属性的认识，也就是不等于它的科学概念。因为词义不仅存在于一个人的大脑中，而且主要是一种社会性的共识，这种共识可以反映事物的本质，也可以歪曲事物。所以，有时候，自然科学家们的研究结论可能跟这种社会共识相矛盾。例如"水"，这是一个天天都要用的词。今天人们往往根据科学家们对水的认识去释义："最简单的氢氧化合物，化学式 H_2O。无色、无味、无臭的液体，在标准大气压（101.325 千帕）下，冰点 0℃，沸点 100℃，4℃时密度最大，为 1 克/毫升。"这当然没有错，但是这不是社会对"水"这个词词义的认识，更不是古代对"水"这个词词义的认识。社会上不完全是这样认识"水"的词义的，人们的共识，都认为水有颜色，有味道，有气味，例如可以说"白水、黑水、绿水、臭水"，可以说"故乡的水真甜"，等等。根据自然科学研究的成果对一个词进行解释，并不能代替对词义本质的揭示。如果完全按照自然科学的研究结论，"心"的"思想的器官，思想，感情"这样的义项在社会上就不能使用，辞书也不能收录。有的词义所指的是世界上本不存在的事物，但是人们认为是实有的，这样的词还能引申出不少的词义，例如"鬼"，科学证明它所指的事物是虚妄不实在的，因此是个虚概念，但是这不妨碍"鬼"这个词词义的真实存在，它的引申义从古至今都有不少。

大家公认，词义引申，引申义和原义之间一定会有语义联系。因此，我们应该接受这样一个事实：凡词义引申，无论是实词向实词、实词向虚词、比较实的虚词向更虚的虚词的引申，引申义一定会遗传原义之间的一些内容，这种内容，有人叫义素。例如"鸿雁"本来指一种鸟类，但是它既然通过借代的方式发展出"书信"一义，因此古人所认识的指鸟类的"鸿雁"这一词义在历史上某些时期还应该包括"古人认为可以用来传递书信"的词义成分。从"杜鹃"的引申来看，典故应该是词义的一部分。

"杜鹃"由杜鹃鸟引申指杜鹃花，跟古人认为杜鹃鸟啼血会变成杜鹃花的社会性认识有关，没有这种认识就不会有这种引申。照引申义的规律，新义和旧义之间有词义联系。这种联系只能建立在上面所说的对词义的社会性认识基础上。因此，"杜鹃鸟啼血会变成杜鹃花"这种由典故带来的社会性认识应该是"杜鹃鸟"和"杜鹃花"这两个词义之中共有的意义，必须要算作是这两个词词义的一部分，至少要算作是"杜鹃鸟"一义的义素。这种社会共识，是古代汉语使用者一般都承认的意义，也就是典故义。

六 从"杜鹃"的词义引申看典故义的传递性

上面说到，很多人注意到汉语中有相当数量的典故词语。有时候，人们不是依据典故带来的义素给原来的词添加新义素，而是另造新词将这个义素表达出来，像"杜魄、杜宇魂、蜀魄、蜀魂、蜀帝、蜀鸟"等表示"杜鹃鸟"一义的词，都是根据杜鹃啼血的典故、传说而创造的新词。这些新词中，无疑包含了杜鹃啼血的义素，这个义素成为它们词义的必有部分。还应注意：有些词是原来就有的，后来人们将典故义糅合到这个词的词义中去，使这个词在不改变原义的情况下，增加新义素。例如表达"杜鹃鸟"的概念跟杜鹃啼血的典故、传说最直接的词是"杜宇"，"杜宇"由人名引申指杜鹃鸟，将杜鹃啼血的义素带了进去。但这个意义不限于"杜宇"一词，它又传递到同义的"杜鹃、子巂、子规、谢豹"等词中去了，使这些词增添了新义素。这说明同义词的词义可以具有传递性。

典故义的传递性，在其他一些词的词义发展和新创词中也存在。例如"雁、鸿雁"等词，先秦已经出现。当时不可能发展出"书信"义，等到《汉书》出来以后，人们读《苏武传》，才借助修辞手段，让"雁、鸿雁"产生出"书信"义。后来产生的表达"鸿雁"概念的词，也传递了鸿雁传书的义素，所以也都引申出"书信"义。"片雁"指孤雁，引申指书信；"塞雁"指塞外的大雁，引申指远方的书信，宋张元干《兰陵王》："羞衾凤空展，塞鸿难托，谁诉潜宽旧带眼。"有时候创造新词，将鸿雁传书的义素融进新词中，形成典故词。例如"信鸿"，指传递书信的雁，宋李之仪《采桑子》："明朝去路云霄外，欲见无从。满袂仙风，空托双凫作信鸿。"再如"甘棠"产生"具有美政和遗爱的地方官吏或官府"义后，由此产生的与此有关的一些词也传递了甘棠听讼的义素，例如"棠"，唐孟浩然《送韩使君除洪州都曹》："勿翦棠犹在，波澄水更清。""棠树"，唐许浑《郡斋夜坐寄旧乡二侄》："三月已乖棠树政，二年空负竹林期。""棠影"，唐颜萱《送羊振文归觐桂阳》："红旆正怜棠影茂，彩衣偏带桂香浓。""棠阴"，唐杜牧《陕州醉赠裴四同年》："凄风洛下同羁思，迟日棠阴得醉歌。""棠梨"，唐刘商《送元使君自楚移越》："东风二月淮阴郡，唯见棠梨一树花。""憩棠"，宋梅尧臣《送棣州唐虞部》："风俗已如此，憩棠无讼争。""讼棠"，宋洪适《贺方镇江启》："讼棠可欷，曾无步武之遥；荫樾焉依，更借齿牙之助。"

"杜鹃"指鸟具有"杜宇"的典故义之后，这个意义仍具有传递性，这是它引申指"杜鹃花"的语义基础。表示"杜鹃花"的意义，只有"杜鹃"一词传递了杜鹃啼血的义素，所以典故义的传递性并没有传递到所有的同义词当中，像"映山红、山石榴、山榴"等词就没有传递杜鹃啼血的义素。

典故义具有历史性，当这种义素还没有产生时，当时的词义就不可能带上这种义素；当这种义素变得不为人所知或不为更多人所知时，这种义素会慢慢消失。例如杜鹃啼血的义素原来可能只在蜀地传播，汉代以后才为更多人所知，而"鷤𪃟（鹈鴂）"先秦已出现，到汉代，逐步少有人使用，以至于到了曹魏时代的《广雅》，《释鸟》中说"鷤𪃟、鶗鴃，子鴂也"，这是将"子鴂"作为当时的常用词，将"鷤𪃟（鹈鴂）、鶗鴃"作为非常用词来进行解释的，因此"鷤𪃟（鹈鴂）"没有传递杜鹃啼血的义素。元明以后，杜鹃啼血的义素远没有南北朝至唐宋那么流行，所以今天不同方言区产生的一些表示"杜鹃鸟"的词就没有传递该义素。随着杜鹃啼血的典故、传说在社会生活逐渐磨损、消失，于是"杜鹃"一词指鸟、指花时，所携带的典故义消失了，今天辞书解释"杜鹃"的词义，很少将这个典故义放进去。

像"姊归"这种并没有改变词义原来的所指，而只是添加新义素，或者减少原来义素的词义变化，在语言中比比皆是。这些添加的义素，有些是实概念，有些是虚概念。由添加虚概念的部分可以说明，人们添加新义素，并不是认识的深化的看法所能概括的，但它丰富了词义。

七 从"杜鹃"的词义引申看词义引申

"杜鹃"的词义引申给词义引申研究带来新问题。汉语有 3000 多年从不间断的古书材料，是世界上研究词义引申最好的语料，但我们对汉语词义引申的认识还有限。登录在汉语辞书的字头下面的一字多义现象，我们没有办法都确定哪些是词义引申，哪些是用字假借，有时候说是假借，但其实是引申；反过来也一样。从理论上说，既然词义引申和用字假借都是客观存在，是有规律可寻的，那么我们就有可能区别它们。

上面说到，词义可以大别为反映义、语言系统义、语用义，词义引申也可以大别为这三大类，分为反映义引申、语言系统义引申、语用义引申。每一个词义引申都会跟这三大类发生关系，只不过各具体词的词义引申有所侧重。例如语言系统义引申，包括语法意义，任何一个词都在使用中实现自己的价值，都会受语法结构制约，尤其是实词虚化，一个词经常出现的语法结构会引起一个实词变成虚词，一个虚词变成更虚的词，这当然跟该词的理性意义有关。更多时候，理性意义不是该虚词虚化的决定性因素，语法意义起决定性作用。"是"由指示代词发展为系词，"无"由否定动词发展为句末语气词，都侧重语法意义的演变。再如语用义引申，"朕"本是全民共用的第一人称代词，自秦始皇独用以后，就成了皇帝的专用自称，词义可以算改变了，带有皇权色彩；"啥"可能是"什么"的急读造词，原来是方言词，相当于"什么"；吸收进共同语以后，跟共同语的"什么"并存，因此"啥"在共同语中的用法就带有地域的语体色彩，词义发生了语用义改变，跟它在方言中的语用义不同。

在汉语的词义引申中，语言系统义、语用义的词义引申研究得很薄弱，反映义研究得充分一些。由于反映义词义引申的复杂性，反映义事实上研究得也很不充分。造成这种窘境的一个重要原因是，我们对区别词义引申和用字假借的材料收集得远远不够；有的材料是注意到了，但没有朝这个"区别"的方向思考，造成视而不见；有的是朝这个方向去思索，但自觉的意识不够，就事论事，缺乏必要的抽象化，影响了词义引申的研究。"杜鹃"由"杜鹃鸟"引申指"杜鹃花"，这种引申就是人们忽视的一个个案，这种词义引申用既往抽象出来的引申方式、引申规律去分析，难以对号入座。要想真正揭示词义引申的规律，必须在既有研究的基础上，全面搜集整理各方面的材料，多做微观发掘，发掘以前没有注意到或注意得不够的词义引申现象；突破既有认识，从多方面进行规律性研究。"杜鹃"的词义引申符合词义引申规律，但这种引申不可能由指杜鹃鸟的理性意义解释清楚。

词汇学界很早就借鉴音位分析的方法分析词义，人们管一个词义叫一个义位，管组成一个义位的若干语义成素叫义素。高名凯（1995）将义素分为概念义素和附加义素，或称超概念义素。概念义素是义位的典型变体，因此是第一性义素；表感情、修辞、风格、形象的这些意义色彩，属附加义素，一般依附于上下文才能存在，因比是第二性义素。影响到词义引申的，是概念义素，附加义素可以使词义发生改变，但不会影响词义的质变。不过，《语言论》没有怎么关注典故、传说跟词义的关系；高先生常常将表感情、修辞、风格、形象的这些意义色彩，一股脑儿归到它的第二性义素，忽视了还有相当多色彩意义并不依赖上下文存在。"杜鹃"的词义引申，能加深对词义引申的认识。如果将典故义看作是"附加义"，那么这种附加义显然导致了词义的质变。高先生不得不承认，"第二性语义成素的变化，也可能在某种情况下，使语义单位发生质变"（高名凯 1995：252）。

词义引申，不是指词义在上下文中发展出临时性意义，而是指词义在语言历史上发展出另一个固定的意义。词义并不都按照它原来的理性意义来引申，非理性意义以及其他意义也在词义引申中起关键作用。有两种情况：一是有些词的原义本来是非理性义，例如"青鸟"是一种不存在的鸟，这个非理性义引申出"信使"义；二是有些词的原义夹杂着理性义和非理性义，例如"杜鹃"，由它指"杜鹃鸟"的非理性义引申出"杜鹃花"义。人们探讨词义引申，往往只注意理性义的引申，没有注意非理性义在引申中的重要作用，因此总结出来的词义引申规律缺乏更强的解释力。

"杜鹃"由"杜鹃鸟"引申指"杜鹃花",似乎可归为词义相似一类,杜鹃花是杜鹃鸟啼血变成的,杜鹃所啼之血的颜色跟红杜鹃相似;又似乎可归为词义相关一类,杜鹃啼血并非确有其事,是一种传说,是人们认定杜鹃鸟和杜鹃花有联系。相似和相关,后来又有人分别换成"隐喻"和"转喻(也叫'换喻')",跟西方学者的研究挂钩。既然以往探讨词义引申的规律主要是就词的理性义而言的,那么"杜鹃"的词义引申是相似、相关引申所不能涵盖的。它的词义引申应该属于典故义的词义引申。

古人认为有的植物由人、动物或动物的某些部分变来。"䔤草",据说是天帝之女变成的。《山海经·中山经》:"又东二百里曰姑媱之山。帝女死焉,其名曰女尸,化为䔤草,其叶胥成。其华黄,其实如菟丘,服之媚于人。"郭璞注:"一名荒夫草。"张华《博物志》卷三:"右詹山帝女化为詹草,其叶郁茂,其华黄,实如豆,服者媚于人。""右詹山"当为"姑媱山","詹草"当为"䔤草"。"灵芝",古人以为由天帝季女瑶姬的精魂变来。《太平御览》卷三百九十九《人事部四十·应梦》引《襄阳耆旧记》:"王悦而问焉,曰:'我,帝之季女也,名曰瑶姬,未行而亡,封巫山之台,精魂依草,实为茎之,媚而服焉,则与梦期,所谓'巫山之女''高唐之姬'。闻君游于高唐,愿荐枕席。'王因幸之。"《水经注·江水》:"宋玉所谓:'天帝之季女,名曰瑶姬,未行而亡,封于巫山之台。精魂为草,实为灵芝。'""茅蒐",又叫地血、茜草,它的根绛红色,可以做染料。古人认为是人血变来的。《说文·艸部》"蒐"下说:"蒐,茅蒐,茹藘。人血所生,可以染绛。"所以"蒐"字是从艸、从鬼的会意字。

根据这些材料可知,古人认为有的植物由人、动物或动物的某些部分变来,因此当初这些词的词义之中,存在着跟人、动物或动物的某些部分相关的感性义。《说文》更将这种感性义放到了释义当中,作为"茅蒐"词义的一部分,值得重视。可能更早的时代,会有更多的植物古人认为是由人、动物或动物的某些部分变来的,随着认识的进化,这些比较原始的认识没有传承下来。

有些词的典故义是词义引申的基础。既往有人以为词的理性意义是词义引申的基础,这有一定片面性。"杜鹃"由指杜鹃鸟引申为指杜鹃花,跟人们所持杜鹃鸟啼血会变成杜鹃花的社会性的认识联系在一起,这种认识在"杜鹃"一词中是一种典故义,能说明有的典故义是词义引申的基础。不研究典故义在词义引申中的作用,研究词义引申就会有片面性。

一般都认识到比喻和借代等修辞手法在词义引申中的重要作用,这是很对的。但有些比喻义和借代义能出现,离不开典故义。典故义的词义引申在典故词中表现得非常突出。现代人不大喜欢用典,这类词义引申现象较少,理解起来会有隔膜。"杜鹃"的词义引申,不仅仅涉及用典,还涉及借代。

"杜鹃"词义引申的规律性和系统性很难仅用同义词、反义词词义平行引申来的规律来揭示,需借助同类词的平行引申规律来揭示,还要借助修辞学上的借代来说明。借代是常见的修辞手法。

八 结论

根据以上的讨论,我们可以概括一下:

"杜鹃"的词义引申牵涉到许多词汇、词义现象，是探讨词汇、词义的一个绝好的观察窗口。其中，"杜宇"一词非常关键。"杜宇"本是蜀王望帝名，传说杜宇变成杜鹃鸟而去，于是"杜宇"由人名引申指鸟名。这是典故、传说引起的词义演化，说明"杜宇"指人名和鸟名中都包含了望帝变杜鹃鸟的典故、传说，典故、传说可以成为词义的一部分，可以成为典故义。

　　"杜鹃"指鸟时，跟指鸟的"杜宇"是同义词，于是"杜宇"的典故义也投射到"杜鹃"一词之中，"杜鹃"也含有"杜宇"的典故义，这说明同义词的词义可以具有传递性。当"杜鹃"指鸟具有"杜宇"的典故义之后，这个意义仍然具有传递性，这是它引申指"杜鹃花"的语义基础。

　　"杜鹃"先指杜鹃鸟，然后指杜鹃花。它指杜鹃花是由指杜鹃鸟引申而来的。由"杜鹃鸟"引申指"杜鹃花"，跟典故、传说有密切关系。有些杜鹃鸟口腔上皮和舌部都是红色的，给人一种满嘴都是鲜血的感觉，古人误以为它啼得满嘴流血，并且跟蜀王望帝的传说联系起来，形成"杜鹃啼血"的典故、传说，产生典故义。然后跟红色的杜鹃花联系起来，引申指杜鹃花。

　　典故义必须是词义的一部分，有些词的词义完全表达虚概念，有些词的词义是实概念和虚概念掺杂在一起，它们的词义引申是由虚概念引起的，实概念不能解释它们的词义引申。"杜鹃"指杜鹃鸟时，所表达的"杜鹃啼血"的词义是虚概念，它引申指杜鹃花是由杜鹃鸟表达的虚概念带来的。因此，对于词义的认识，不能仅仅局限在它的理性意义上。

　　词义不应该只是实概念才可以引申，大量的词义引申是由虚概念造成的。既往的研究，一般都是在实概念的基础上分析词义引申的，这种研究模式有缺陷。通过"杜鹃"等词的词义引申可以确切地知道，词的非理性义、反理性义，也就是虚概念都会带来词义引申，这是必须重视的方面，因此分析词义引申的模式、途径、条件等，必须研究虚概念引起的词义引申。

参考文献

布龙菲尔德著、袁家骅等译（1980）《语言论》，商务印书馆。
高名凯（1995）《语言论》，商务印书馆。
高守纲（1994）《古代汉语词义通论》，语文出版社。
郭锡良（2005）王维《鸟鸣涧》的"桂花"，《汉语史论集》（增补本），商务印书馆。
郭锡良（2010）《汉字古音手册》（增订本），商务印书馆。
郭锡良（2017）再谈《鸟鸣涧》的释读问题，《汉语研究存稿》，中华书局。
郭锡良编著、雷瑭洵校订（2020）《汉字古音表稿》，中华书局。
贾彦德（1999）《汉语语义学》，北京大学出版社。
蒋绍愚（2015）《汉语历史词汇学概要》，商务印书馆。
罗积勇（2005）《用典研究》，武汉大学出版社。
石安石（1993）《语义论》，商务印书馆。
孙玉文（2020）谈根据同义词词义平行的例证区别词义引申和用字假借，《字学咀华集》，北京大学出版社。
王　力（2013）《汉语史稿》，《王力全集》第一卷，中华书局。

王　力（2013）《汉语词汇史》,《王力全集》第四卷，中华书局。
王国维（1983）《尔雅草木虫鱼鸟兽释例》,《王国维遗书》第六册，上海古籍书店。
王念孙著、张其昀点校（2019）《广雅疏证》（点校本），中华书局。
王　宁（1996）《训诂学原理》，中国国际广播出版社。
吴其濬（2018）《植物名实图考》，中华书局。
张联荣编著（2000）《古汉语词义论》，北京大学出版社。

汉语历史文献中的闽方言词举隅*

武汉大学文学院　刘翔宇

提要：本文将现代方言与古代文献相结合，讨论峬/埔（平地）、富˘（小土山）[1]、瘄（天花）、经˘（瓶子）、簚（梭子蟹）、孤˘猿˘（猫头鹰）这六个闽语词，它们在文献中的记载都至少可以追溯到宋代。
关键词：闽语　词汇　文献　方言

闽语是汉语方言中最有特性的一支。历史文献中关于闽语的记载不多，但仍然值得挖掘。刘晓南（2008）和黄沚青（2014）在这方面做了很好的工作，不过仍有未尽之处。本文将在前辈时贤的基础上讨论六个词，希望对闽语词汇史的研究有所帮助。

文中在引用方言材料时，用1、2、3、4、5、6、7、8代表阴平、阳平、阴上、阳上、阴去、阳去、阴入、阳入。某方言若发生了调类的合并或不区分某些调类，就把不同的数字用"-"连接。闽北方言声调的甲乙两类用a、b表示。如果因为连续变调等因素不易判定本调，则直接标调值。

一　峬/埔（平地）

闽南区、莆仙区以及邻近的福清有一个当"平地"讲的词，读如阴平调的"布"。

　　福建福清：βuo¹（β是声母类化的结果）。溪～：河滩。
　　莆田（东海）：βɔu¹（β是声母类化的结果）。草～：草坪。
　　厦门、漳州、泉州：pɔ¹，①平地；水边的沙洲：草～｜球～_{球场}｜溪～　②闽南地名常用字。如前埔、后埔、顶埔。
　　广东潮州（19世纪）：pou¹, an open level space. 一#块#平～阔阔[2]: a spacious level arena. 大～县离这#块#若远：How far is your district city from here? 草～: a meadow; a grassy plain. 山～: a plain at the base of a mountain.
　　海丰：pou¹，①坪；平地：草～；②国内地名用字：黄～｜大～；③海丰地名用字：下～｜～下｜李厝～｜寨仔～｜～陇宫｜～仔峒｜沙～。

这个词的音韵地位相当于帮（非）母遇摄一、三等平声，现在一般写作"埔"，常见于地名。《八闽通志·山川·仙游县》："山之下有平埔十余里，宋黄定斋建书堂其麓。"《泉

---
* 本研究得到教育部人文社会科学青年项目"汉语方言有音无字词的纂集和比较研究"（23YJC740037）和北京大学中文系李小凡方言学奖的资助。
　1　"="代表同音字，后同。
　2　"#"代表训读字，后同。

州府志》卷三："吴盈埭……见今溪沙积压,且为平埔矣。"福州话韵书《戚林八音》过韵（*-uo/uoʔ）边字头（*p-）阴平调有"埔"字,注曰"平～"。明清地方志中"埔"用例甚多,此不备举。

"埔"明代开始变得多见,明以前只有极个别用例。在这种情况下,我们不能拘泥于字形,要扩大考察的范围。其实,这个词宋代即见于文献记载,只不过字形作"峬"。宋福清人林亦之《祭林斯容文》："岌然伯兄,纍纍病躯。乃自朱崖,随一蛮奴。骸骨两函,出入崎岖。十日五日,行店俱无。夜所投宿,路傍草峬。"《三山志》[1]中有王峬、峬塘等地名。陆游《予初仕为宁德县主簿而朱孝闻景参作尉情好甚笃》："白鹤峰前试吏时,尉曹诗酒乐新知。伤心忽入西窗梦,同在峬[2]村折荔支。"漳州龙溪人陈淳《和丁祖舜绿笋之韵》："哦风径游卫山峬,溢耳谣言如春敷。猗猗青青发三叹,熟察其调未免粗。"福清人陈藻《丹井怀叔达》："夕阳书不到,残月梦相随。晚岁伤心事,松峬独语谁。"莆田人刘克庄《跋孚若赠翁应叟岁寒三友图》："易结千金客,难扶六尺孤。凭君传掬泪,一为洒西峬。"《永乐大典》卷 5343 引《三阳志》[3]："由东以入广者,至潮有一江之阻……由潮而南,百三四十里间,聚沙弥望,四无人居,路入平峬,无寸阴可以少憩。""峬"本来见于"峬峭"一词,指山形好貌,也泛指风姿、文笔优美。《广韵》注音"博孤切",释义"峬峭,好形貌,出《字林》"。当"平地"讲的"峬"与此无关,它是记录方言词的,与"峬峭"的"峬"是同形字。从文献记载来看,宋元时"峬"的分布范围与现在基本相当,但在福清以北的闽东区也有出现。

这个词也许与"布"有词源上的联系。"衍"有散开、分布的意思,又指低而平坦之地,可见"敷布"和"平地"这两种意义是可以产生关联的。

二　富=（小土山）

建瓯一带有一个当"小土山"讲的词。

福建建瓯：py^{2a-5},小土山,常用作地名:～头｜～上｜官～。

这个词分布范围不大,但文献记载相当早。南宋朱熹《与魏诚之书》："俚俗谓坂为富,如此间大富、藉富皆坂字也。"这是对当时闽北方言的记录。《建宁府志》卷二十有地名"茶墥",《建阳县志》卷二有地名"大墥坪",《瓯宁县志》卷二有地名"下墥水尾"。建瓯话韵书《建州八音》鱼韵（*-y）边字头（*p-）第二环（阴去）有"墥"字,注曰"地名"。现在的建瓯话"富"读作 xu^{2a-5},但更早时应有重唇的读法（参考厦门 pu^5、福州 pou^5）。在"富"还保留重唇读法的时期,这个词应该与"富"同音。

再往前,这个词应该可以追溯到"赋"。《原本玉篇残卷》："赋,方句反。《说文》,丘名也。《广雅》,赋,土也。《声类》,小陂也。"《重修玉篇》："赋,方句切,丘名,又小阜。"音义皆合。《说文》和《广雅》"赋"字的释义不很明确,段玉裁和王念孙皆无注,所以这里未引。

这个词可能与"阜"有词源上的联系。"阜"与"富=/赋"意义相近,读音也在可通转

---

1 《三山志》是福州的地方志。

2 原注：峬音逋。

3 《三阳志》是潮州的地方志,以潮州所领海阳、潮阳、揭阳三县得名。

的范围之内。

三 瘰（天花）

雷州话有一个指天花的词，与"鲁"同音，方言字写作"瘰"。

广东雷州：leu^3，天花，急性传染病，症状是先发高烧，全身出现红色丘疹，变成疱疹，最后变成脓疱，十天左右结痂，痂脱落后的疤痕就是麻子。

这个词在明清闽南话和官话的对照词汇集《正音乡谈》和《官话汇解》中有记载：

【乡】瘰畏触；【正】痘子怕秽伤畏也；【乡】瘰凹 【正】痘子陷了旱[1]。（《正音乡谈》）

〇出鲁 正：出痘子。（《官话汇解》）

黄沚青（2014）曾经讨论过"瘰"，但可惜文献记载只追溯到明代的《佛说化珠保命真经》，该文献中有"瘰痘"的用例。其实，这个词是这种疾病在汉语中最早的名称之一（另一个是"豌豆疮"，后世的"痘"来源于此），比"天花"要早得多：

比岁有病时行，仍发疮头面及身，须臾周匝，状如火疮，皆戴白浆，随决随生，不即治，剧者多死。治得差后，疮瘢紫黑。弥岁方灭此恶毒之气。世人云永徽四年此疮从西东流，遍于海中……以建武中于南阳击虏所得，仍呼为虏疮。（《肘后备急方》卷二）

《肘后备急方》原为葛洪所作，后经陶弘景增补。根据唐代《外台秘要》的引文我们可以将葛洪的原文与陶弘景的增补分开：

比岁有病天行，发斑疮头面及身，须臾周匝，状如火疮，皆戴白浆，随决随生，不即疗，剧者数日必死。疗得差后，疮瘢紫黯。弥岁方灭此恶毒之气也。世人云以建武中于南阳击虏所得，仍呼为虏疮。（《外台秘要》卷三引《肘后》）

陶氏云……云永徽四年，此疮从西域东流于海内。（同书卷三引《文仲》）

年号"永徽"盖误，可能应是"元徽"或"永嘉"。（马伯英 1994）宋代的《伤寒总病论》和明初的《普济方》都已指出，"虏疮"即豌豆疮，也即天花。

庞曰，天行豌豆疮，自汉魏以前经方家不载，或云建武中南阳征虏所得，仍呼为虏疮。（《伤寒总病论》卷四）

夫天行豌痘疮，自西汉以前经方不载，或云建武中于南阳征虏所得，呼为虏疮。次而大小儿相继传染，为受虏之疫气故也。后世明医经方始说痘疮斑疹。（《普济方》卷四百二《婴孩痘疹门》）

随着时间的流逝，"虏疮"的得名之由逐渐被人遗忘，于是遂有造"瘰"字者。明清时，"虏疮"一词在通语中已经不用，但还存在于闽南话中。到20世纪，这个词在闽南话

---

[1] 这里的"旱"是给"陷"注音的。

的多数地方也消失了（被"珠"取代），只有雷州一隅还有保存。至于"天花"之名，它的产生是非常晚的，从笔者检索的结果来看，大概到明代才有用例。

四 经=（瓶子）

闽南话用 kan^1 指瓶子，有人写成"矸"，莆仙区也用这个词：

福建仙游：$kɛŋ^1$，小坛。
莆田（东海）：$keŋ^1$（eŋ 对应仙游的 ɛŋ），坛子（口小肚大的陶瓷容器，多用装酒、醋、酱油等）。
厦门、漳州、泉州：kan^1，①瓶子：～仔｜玻璃～｜酒～；②量词：一～酒（豆油、药水、醋、水）。

闽南话的 an 和 at 有两个不同的来源：一类来自山摄开口一、二等，对应仙游的 aŋ/aʔ，这一类是文读音；另一类来自曾摄、梗摄的三、四等和臻摄三等（个别来自山摄四等），对应仙游的 ɛŋ/ɛʔ，这一类是白读音。表示瓶子的这个词符合闽南 an/at-莆仙 ɛŋ/ɛʔ这组对应，说明其韵母应来自曾、梗、臻摄，例字见表 1。

表 1 闽南 an/at 对应莆仙 ɛŋ/ɛʔ 的例字

例字	厦门	仙游	例字	厦门	仙游
瓶	pan^2	$pɛŋ^2$	□瓶子，坛子	kan^1	$kɛŋ^1$
亭	tan^2	$tɛŋ^2$	牵	k^han^1	$k^hɛŋ^1$
陈姓	tan^2	$tɛŋ^2$	密	bat^8	$pɛʔ^8$
等	tan^3	$tɛŋ^3$	踢	t^hat^7	$t^hɛʔ^7$
蛏	t^han^1	$t^hɛŋ^1$	值	tat^8	$tɛʔ^8$
趁	t^han^5	$t^hɛŋ^5$	笛	tat^8	$tɛʔ^8$
鳞	lan^2	$lɛŋ^2$	栗	lat^8	$lɛʔ^8$
曾姓	$tsan^1$	$tsɛŋ^1$	漆	ts^hat^7	$ts^hɛʔ^7$
层	$tsan^2$	$tsɛŋ^2$	贼	ts^hat^8	$ts^hɛʔ^8$

这个词宋代即有记载，字写作"经"。"经"是梗摄四等字，与我们推断的音韵地位相符。材料中的"晋安"是旧地名，宋时已废。东晋南朝时有晋安郡，辖今福建东部及南部，治侯官（今福州），又有晋安县，后改为南安：

陶人之为器，有酒经焉。晋安人盛酒以瓦壶，其制小颈，环口，修腹，受一斗，可以盛酒。凡馈人牲，兼以酒置，书云酒一经或二经，至五经焉。他境人有游于是邦，不达其义，闻五经至，束带迎于门，乃知是酒五瓶为五经焉。（宋赵令畤《侯鲭录》卷三）

可见这个词的历史是相当悠久的。

五　蠘（梭子蟹）

闽语中有一个指"梭子蟹"的词。

福建浦城（石陂）：tɕʰie$^{1-4a-8a}$，一种海蟹。
建瓯：tsʰie$^{4a-6-8a}$，梭子蟹，一种海蟹。
南平（洋头）：tɕʰie$^{1-8}$，梭子蟹。
沙县：tsʰie$^{4-8}$，梭子蟹。
宁德（虎浿）：tʃʰet^{8}（齿音只有一套），梭子蟹，是一种海里的螃蟹。
周宁（咸村）：ɕit^{8}（咸村发生了 *tɕʰ>ɕ 的音变），梭子蟹，是一种海里的螃蟹。
古田（大桥）：tɕʰiek^{8}，梭子蟹，是一种海里的螃蟹。
福州：tsʰieʔ^{8}，梭子蟹。
厦门、漳州、泉州：tsʰiʔ^{8}，梭子蟹。
广东潮州：tsʰiʔ^{8}，似蟹，但壳两端更尖。
雷州：tsʰi^{4}（厦门收喉塞尾的阳入雷州并入阳上），一种海蟹，身体成棱形，背壳有斑纹，离开海水后不易存活，价钱比蟹便宜。
海南海口：si^{4}（s 对应厦门的 tsʰ；厦门收喉塞尾的阳入海口并入阳上），梭子蟹，海蟹的一类，头胸部的甲略呈梭形，螯长而大，常栖息在海底。

很多论著已经指出，这个词的本字是"蠘"。《广韵》注音"屑韵昨结切"，释义"蠘似蟹，生海中"。北宋傅肱《蟹谱》："小者谓之蟛蚎，中者谓之蟹，匡[1]长而锐者谓之蠘（音截），甚大者谓之蝤蛑。"又："于天圣末忽生白蟹（即海中所生蠘是也，但蠘不生于淡水，今忽有，因号白蟹。）"亦作"蟣"。南宋洪迈《容斋四笔》卷六："予家楚，官游二浙、闽、广，所识蟹属多矣，亦不悉与前说同，而所谓黄甲、白蟹、蟳、蟣诸种，吕图不载。"再向前追溯，这个词应该就来自"截"。《证类本草》卷二十一引《图经》："阔壳而多黄者名蟣，生南海中，其螯最锐，断物如芟刈焉。"《三山志》卷四十二："蟣，壳锐而膏黄，螯锃利，断截如剪。"螯锐利、切割能力强是这种蟹的特征，以"截"得名是很自然的。《八闽通志》卷二十五："蟣，似蟹而大，壳两旁尖出而多黄，螯锃利，截物如剪，因以得名。"其说甚是。

六　孤=猿=（猫头鹰）

沿海闽语的一些方言"猫头鹰"有特别的说法。

福建宁德（虎浿）：ku^{3} oŋ^{2}，猫头鹰。
周宁：ku˧ oŋ˧，猫头鹰。
古田（杉洋）：ku^{3} uoŋ^{2}，猫头鹰。
厦门：kɔ^{1} ŋ^{2}，猫头鹰。
漳州：kɔ^{1} uĩ^{2}，猫头鹰。

这个词的第一个音节厦门和漳州与"孤"同音，古田（杉洋）、宁德（虎浿）与"古"

1　"匡"指螃蟹的背壳，参见《汉语大字典》"匡"字条。

同音，第二个音节从厦门、漳州和古田杉洋看可能来自臻摄合口、山摄合口或宕摄合口。宁德虎浿有-m、-n、-ŋ 三套鼻韵尾，周宁有-n、-ŋ 两套鼻韵尾，根据这两个方言可以排除宕摄。这个词在地方志中有记载，时代早至南宋：

  鸮，《闽中记》，似鹏而小，一名𪄉鹠。方言曰孤猨。（宝祐《仙溪志》[1]卷一）
  鸮，即鸱鸮，俗名孤猨，一名鹏，一名训狐。首类猫，有毛竖两旁如耳。其目夜明昼暗。（万历《古田县志》卷五）

福州等地的说法有所不同，第一个音节是"猫"，第二个音节与上面的方言同源。
福建福州：猫=王=鸟 ma˧ uoŋ˧ ʒeu³ 或 猫=王= ma˧ uoŋ²，猫头鹰。
这个词在明代见于载籍：

  训狐，俗名猫圆。（万历《福州府志》卷八）
  𪄉鹠……小者俗呼猫猨，所至多不祥。（嘉庆《连江县志》卷三）

西部闽语的说法又有不同，第一个音节与古田（杉洋）、宁德（虎浿）等地相同，第二个音节是"顶="或"董="。

  福建建瓯：古=顶=鹠 ku²ᵇ⁻³ teiŋ²ᵇ⁻³ iau⁴ᵃ⁻⁶⁻⁸ᵃ，猫头鹰
  永安：古=董=鸟 ku³ taŋ³ tso³，猫头鹰
  漳平（永福）：古=顶= kou³ tin³，猫头鹰

这个词在地方志中也有记述：

  鸮，俗呼古鼎。（弘治《八闽通志》卷二十五）

再往前追溯，沿海闽语指"猫头鹰"的词的第二个音节应该来自"萑"。《说文》："萑，鸱属，从隹，从 ⺹ 。有毛角，所鸣其民有祱……读若和。"大徐胡官切。《尔雅·释鸟》："萑，老鵵。"郭璞注："木兔也。似鸱鸮而小，兔头，有角，毛脚，夜飞，好食鸡。"《经典释文》："萑，音桓。"除了闽语，"萑"可能还见于吴语。吴语不少地方用一个读音接近"逐魂"的词指猫头鹰，其第二个音节也许与"萑"有关（游汝杰、杨乾明编纂 1998）。第一个音节的"孤="或"古="大概来源于拟声，其分布范围不限于闽语，这里就不细说了。

七　结语

以上我们讨论了岬/埔（平地）、富=（小土山)、瘭（天花）、经=（瓶子）、簜（梭子蟹）、孤=猨=（猫头鹰）这六个闽语词，它们在文献中都至少可以追溯到宋代。从这些词中，我们可以看出以下几点。

（1）方言词由于没有规范的字形或本字过于生僻，在文献中常有不同的写法。如能将记录同一个词的不同字形串联起来，对方言词的研究大有帮助。像词义为平地的"埔"，如果拘泥于字形，便不易找到早期的用例。

（2）有些方言词在找到本字后还可以进一步追溯，比如当梭子蟹讲的"簜"，最终来

---

[1] 《仙溪志》是仙游的地方志。

源于"截"。

（3）双音词在邻近方言中常有一个音节同源、一个音节不同源的现象。这种情形可说是汉语方言中双音词分布的常态。注意到这一点，不仅对现代方言双音词的研究有益，对古代文献中双音词的研究也有启发。

另外，我们也要承认古代文献对方言词的记载有其局限性。一般来讲，地名、动植物名、器物名、亲属称谓等名词比较容易见于记载，动词则难得一见，而动词恰恰是方言词中最有特色的部分。这一点我们也不能苛责古人，其实，即使是现代的关于方言的著作，其词汇表有时仍有名词细而动词少的弊病。

参考文献

蔡国妹（2016）《莆仙方言研究》，厦门大学出版社。
陈贵秀（2016）《周宁方言研究》，北京语言大学博士学位论文。
陈鸿迈编纂（1996）《海口方言词典》，江苏教育出版社。
冯爱珍（1993）《福清方言研究》，社会科学文献出版社。
冯爱珍编纂（1998）《福州方言词典》，江苏教育出版社。
黄沚青（2014）《明清闽南方言文献语言研究》，浙江大学博士学位论文。
李如龙（2001）《福建县市方言志 12 种》，福建教育出版社。
李如龙、潘渭水编纂（1998）《建瓯方言词典》，江苏教育出版社。
李永明（1959）《潮州方言》，中华书局。
刘晓南（2008）《汉语历史方言研究》，上海人民出版社。
罗志海编纂（2009）《海丰方言辞典》，天马出版有限公司。
马伯英（1994）《中国医学文化史》，上海人民出版社。
秋谷裕幸、陈泽平（2012）《闽东区古田方言研究》，福建人民出版社。
游汝杰、杨乾明编纂（1998）《温州方言词典》，江苏教育出版社。
张振兴（1992）《漳平方言研究》，中国社会科学出版社。
张振兴、蔡叶青编纂（1998）《雷州方言词典》，江苏教育出版社。
郑君龙（2016）《延平洋头方言语音研究》，青海师范大学硕士学位论文。
周长楫主编（2006）《闽南方言大词典》，福建人民出版社。
周长楫、林宝卿编著（1992）《永安方言》，厦门大学出版社。

Fielde, A. M. (1883) *A Pronouncing and Defining Dictionary of the Swatow Dialect.* Shanghai: American Presbyterian Mission Press.

北大汉简《妄稽》词语考释四则*

北京大学中国语言文学系　雷瑭洵

提要：《妄稽》是北京大学藏西汉竹书中的一篇，该篇的整理报告已为学界提供良好的研究基础。但该篇残缺较多，编联、释读等方面还有不少争议。本文对其中四处词语的解释做了讨论："庨子"读为"多子"，表示"众人"之义；"惧尳"读为"惧魅"，使鬼魅害怕；"流项"读为"瘤项"，表示长瘤的脖子，"𤄷"指脖颈上装饰的不圆的珠子、动物形的组件；"涶浅"读为"唾溅"，表示"吐唾沫"之义。

关键词：北大汉简　《妄稽》　释文

一　庨子

简 16：谋毋失庨子。

"庨子"，整理者读为"夥子"，注：

> 庨，同夥，其义为"众"。司马相如《上林赋》："鱼鳖讙声，万物众夥。"

王宁（2016）读为"庨子"，"庨"为"炊"之假借字，意义为"炊子、妻子"。喜岛千晴（2017），许云和、郑晴心（2019）将"庨"与"朋"字联系起来。白于蓝（2017）将该句断在"庨"之后，"谋毋失庨"读为"谋毋佚庨"，"佚庨"为同义复词。今按："庨（侈）"为歌部字，而该段押之部上声，韵脚字依次为"否、有、妇、子、止、已、以、子、母"，若从断在"庨"之后则押韵不协，今不从。

孟飞（2019）直接将"庨子"读为"多子"：

> 庨同"多"，"多子"谓众卿大夫，语例见《尚书·洛诰》："予旦以多子，越御事，笃前人成烈，答其师，作周孚先。"孔颖达疏："子者，有德之称，大夫皆称子，故以多子为众卿大夫。"此当举国政大事为言，故下文以"殷纣大乱，用被（彼）亶（妲）己"举例。

整理者对文意把握准确，"庨子"表众人。做决定前需要广泛地征求意见，如《尚书·洪

---

* 本文为"古文字与中华文明传承发展工程"资助项目"出土文献疑难词语考释"（G3443）、教育部人文社会科学重点研究基地重大项目"基于上古汉语语义知识库的历史语法与词汇研究"（18JJD740002）的研究成果。在撰写过程中，承邵永海、唐琪诸位先生指正多处，谨表衷心感谢，文中若有错误概由本人负责。又为节省篇幅，本文在引用诸家说法时不加先生等尊称，敬祈见谅。

范》："汝则有大疑，谋及乃心，谋及卿士，谋及庶人，谋及卜筮。"又如《左传·襄公八年》："谋之多族，民之多违，事滋无成。"本文赞同孟飞（2019）的意见，读为"多子"，文例见于《尚书·洛诰》，孔颖达疏为"众卿大夫"。《逸周书·商誓》："尔多子其人自敬，助天永休于我西土。""多子"亦见于出土简帛，清华简做《周公之琴舞》简9："者（诸）尔多子，达（逐）思忧之。"简13："咨尔多子。""多"作定语，训为"众"。

"多"增"广"写作"庈"，未见。但原字可增"广"形后成为异体字，或原字与增"广"形后之字可相通假，可形成异文。形成异体的如：

  庥—休　《说文·木部》："庥，休。或从广。"
  廖—侈　《说文·广部》："廖，广也。从广，侈声。"段玉裁注："《广雅》曰：'廖，大也。'今人曰侈敛，古字作廖廉。"
  庲—恢　《隶释·山阳太守祝睦碑》："君膺庲懿量。"洪适注："庲，即恢字。"
  㢒—架　《正字通·广部》："㢒，俗字。通作架。"
  廲—訾　《集韵·支韵》"将支切""訾，或作廲。"
  㦽—或　《玉篇·广部》："㦽，或古字。"

形成通假的如：

  庭—廷　《尔雅·释诂下》："庭，直也。"郝懿行《义疏》："庭者，廷之假音也。"
  庵—奄　《隶释·卫尉衡方碑》："庵离寝疾，年六十有三。"洪适注："庵为奄。"
  废—发　《墨子·非命上》"废以为刑政"清孙诒让《间诂》："王云：'卢说非也，废，读为发。'故中篇作'发而为刑政'，下篇作'发而为政乎国'。发、废古字通。"
  廥—音　《战国策·东周策》"廥夫空"，鲍注："'廥''音'字同，小臣也。"

这类例证甚多，兹不一一列举。故"庈"也可能是"多"增"广"形而成的异体。

与"多子"平行的结构，还有"多士""多方""多邦""多人""多薪"等。其中的"多"都可训为"众多"，如：

  多士　《尚书》有《多士》篇，旧题孔安国传："所告者即众士，故以名篇。"《诗经·大雅·文王》："思皇多士，生此王国。"孔颖达疏："皇天命多众之士，生之于我周王之国。"《周颂·清庙》："济济多士，秉文之德。"郑笺："济济之众士，皆执行文王之德。"清华简（三）《周公之琴舞》简1："周公作多士儆（儆）悠（毖）。"
  多方　《尚书》有《多方》篇，旧题孔安国传："众方天下诸侯。""多方"在该篇中凡13见。伪古文《泰誓下》："惟我有周，诞受多方。"旧题孔安国传："言文王德大，故受众方之国，三分天下而有其二。"
  多邦　《尚书·大诰》："大诰尔多邦。"旧题孔安国传："顺大道以诰天下众国。"
  多人、多薪　上博四《多薪》简2："多薪多薪，莫奴（如）松杍（梓）。多人多人，莫同父母。"

"多"位于名词前做定语的用法，来源很早。叶玉森指出："殷人谓群曰'多'。《尚书》中屡见此习语。多君、多尹、多臣、多父、多老、多寇等亦时见于卜辞。"（转引自于省吾主编1996：3324）李学勤（1983）认为殷墟卜辞里的多君（多尹）即商的朝臣，多子族是由大臣或诸侯的亲族组成的队伍。虞万里（2001）列出甲骨文中"多字结构"有五十余种，试举例如下（引自《甲骨文合集》，以下简称"合"）：

  多父 壬午卜其延……岁于多父。（合 27492）
  多妣 贞侑于多妣。（合 2519）
  多母 甲申卜，王大卫于多母。（合 19971）
  多妇 丙午贞多妇无疾。（合 22258）
  多子 勿乎多子逐鹿。（合 10306 正）
  多君 辛未王卜曰……余告多君曰殷卜有祟。（合 24135）
  多生 ……子王卜……多生曰……暨……（合 24144）
  多工 甲寅……史贞多工无尤。（合 19433）
  多方 丁酉卜，其乎以多方屯小臣。（合 28008）

亦见于金文当中（引自《殷周金文集成》，以下简称"集成"），如：

  多君 三左三右多君入。（小盂鼎，集成 2839）
  多友、多朋友 命其永以多友簋食。（命簋，集成 4112）
         用朝夕乡厥多朋友。（¥兽鼎，集成 2655）
  多公 用格多公。（沈子它簋盖，集成 4330）

不过，金文和后世文献中的"多"字结构，其丰富程度不如甲骨文。虞万里（2001）认为，甲骨文中的"多"与后世的"多"不同，"是殷商民族的常用词"，"它随着殷商的灭亡，被周民族的常用词'者（诸）'所替代而逐渐消亡"。不过，作为殷商语言的痕迹，"多"的这种用法一直留存在后世语言中，上文已举《左传》中"多族"之例，文献中还有"多福""多物""多兽""多官"，如：

  多福 唯厚德者能受多福。（《国语·晋语六》）
  多物 择臣取谏工而讲以多物。（《国语·郑语》）
  多兽 焚林而田，偷取多兽，后必无兽。（《韩非子·难一》）
  多官 今恃多官众吏，官立丞监。（《商君书·禁使》）

  这些例子中的"多 X"，句法核心在"多"后的名词性成分上，"多"应分析为做定语，为"众多"之义，应是源自甲骨金文中"多"的用法。
  《妄稽》中"多子"之例，出现在妄稽所引庶人之言中。俗语或存古，或反映方言，这一例"多子"，可与甲骨文中"多"的用法相参照，由于时代的变迁，"多子"不再指"众多的公卿大臣"，而是在家族中由庶出的支派形成的群体。"谋毋失廖（多）子"，"失"训为"去也""弃也"，字面上指"谋划事情不要遗忘了同族之人"，也就是劝说周春当与同族之人共同谋划，参考更多人的意见。

二 惧彪

简 17：璽（尔）貌可以惧彪（魅）。

整理者注：魅，同魅，鬼怪。（62页）

"魅"为"魅"之异体。《说文·鬼部》："魅，老精物也。从鬼、彡。彡，鬼毛。魅，或从未声。"二字实同。

这一句引自姑舅对妄稽的评价。妄稽试图劝说姑舅不要为周春纳妾，姑舅用"可以惧魅"来形容妄稽的样貌。"魅"为"鬼怪"，可从。"惧"，整理者未注，这里用为使动，"使……恐惧"。貌丑惧魅，这种说法源自当时的傩礼。掌驱鬼之职的方相氏，蒙熊皮，戴黄金四目后，面目可怖。如《周礼·夏官·序官》："方相氏，狂夫四人。"郑玄注："方相犹言放想，可畏怖之貌。"又《方相氏》："方相氏掌蒙熊皮，黄金四目，玄衣朱裳，执戈扬盾，帅百隶而时难，以索室驱疫。"郑玄注："冒熊皮者，以惊驱疫疠之鬼，如今魌头也。"

郑玄注用"魌头"来描述方相氏的装束。"魌头"即"䫏头"，一般认为是驱鬼时所戴的面具，外形丑陋。《说文·页部》："䫏，丑也。从页，其声。今逐疫有䫏头。"《淮南子·精神》："视毛嫱、西施犹䫏丑也。"高诱注："䫏，魌头也。方相氏黄金四目衣赭，稀世之䫏貌，非生人也，但像其耳目䫏丑，言极丑也。"《荀子·非相》："仲尼之状，面如蒙倛。"杨倞注："倛，方相也。"《非相》中罗列大量丑陋之貌，而用"蒙倛"来描述孔子之丑貌，这也反过来说明方相氏装束之丑陋。钟玲（2016）所载成都双流陶家渡出土东汉陶方相俑，可反映本文所描述方相之样貌。

方相氏样貌丑陋而行驱鬼魅之职，这是汉代时人的语言文化背景。因此，周春之父母言"尔貌可以惧魅"，是说妄稽之貌丑陋，如方相氏戴魌头，可以行驱鬼之事。有趣的是，在后世文献中，记载了黄帝次妃嫫母为方相氏之事，宋代张君房《云笈七签》引《轩辕本纪》："帝周游行时，元妃嫘祖死于道……令次妃嫫母监护于道，以时祭之，因以嫫母为方相氏。"唐代《琱玉集》第十四《丑人篇》记载："嫫母，黄帝时极丑女也。锤额颡頯，形粗色黑，今之魌头是其遗像。"可见在传说中嫫母与方相氏、魌头存在关联，而后文妄稽自辩时直接举出嫫母之例，意指嫫母貌丑而行正，简18"嫫（嫫）母事舜"或许可以视为妄稽针锋相对的辩解。

三　流项㶄

简29—30：流项[之]有㶄（璣）

原简"项"后一字残泐，原整理者未释，网友落叶扫秋风释为"之"[1]。"有"后一字原释为"璣"，据红外图版当从水旁作，杨鹏桦（2019）释为"㶄"，读为"璣"。网友ee、萧旭（2016）提出本句应断在"㶄"字之后[2]，本文从之。从押韵来看，这段文字韵脚在微部（孙玉文2019），"㶄"从"幾"得声，属微部，韵脚字分别为"衣、㶄（璣）、裴"，押韵和谐。

流项，原无注。今按："流"读为"瘤"，"瘤项"指长瘤的脖颈。项，指脖子的后部，也泛指脖子，如《史记·酷吏列传》："东郡弥仆锯项。"汉代刘向《新序·杂事二》："肥项少发。"《论衡·骨相》："东门有人，其头似尧，其项若皋陶，肩类子产然。"又《说文·疒部》:"瘿,颈瘤也。"《释名·释疾病》:"瘿,婴也,在颈婴喉也。"颈部的肿瘤如同围在颈上,故由表示缠绕的"婴"得名。《慧琳音义》卷八十七:"九瘿,婴郢反,项瘤也。"张家山汉简《脉书》简4:"(病)在颐下,为瘿。"

项上长瘤,为丑人之貌,齐有宿瘤女。汉代刘向《列女传·齐宿瘤女》:"宿瘤女者,齐东郭采桑之女,闵王之后也。项有大瘤,故号曰宿瘤。"又《宋史》卷二百八十三《王钦若传》:"钦若状貌短小,项有附疣,时人目为瘿相。"《宋史》的年代虽然较晚,但人的审美仍然保持一致。

"流"与"瘤"古音相同,可以通假。两字在上古均为来母幽部字,《广韵》均为力求切。《释名》用"流"来解释"瘤"的词源,《释疾病》:"瘤,流也,血流聚所生瘤肿也。""瘤"从"留"得声,出土简帛中多见"流"与"留"相通之例,如《妄稽》简59:"吾周留(流)天下,大未有许闻。"张家山汉简《脉书》简52:"留(流)水不腐。"马王堆帛书《天下至道谈》简50:"汗留(流)至国(腘)。"

"璣"字未见于传世字书。既有研究多读为"璣",《说文·玉部》:"璣,珠不圜者。"(从段玉裁改)文意为脖颈上装饰璣一类的珠子。从出土材料来看,汉代颈项部的串饰,除了用圆形的珠之外,还有管、瓶、花蕊等形状,也可以用小鸟、鸡、鸭、羊、蚕、龟、狮子、辟邪等动物做组件。卓文静(2016)展示了为江苏扬州邗江西湖胡场M14出土项饰,有珠、管、双胜、辟邪、鸡、鸭、壶等。那么,"璣"当指这一类管形、瓶形的珠子;下文云"狗""马",应当是描述项饰中的动物形组件之貌。卓文静(2016)还指出,这些瑞兽形组件的造型大多相似,均蹲伏于地、昂首、两眼前视。这说明项饰中的动物多为静态,而下文妄稽项饰中动物被描述为:"狗桀狙、马趯(跃),往来之裴裴。"从"趯(跃)"来"往来裴裴"看,显然是一幅动态的图景。因不合当时的审美,被视为一种丑陋的装饰。萧旭(2016)将"桀狙"读为"猲獢""遏趝"等,状狗疾走之貌。合于文意,今从之。

综上,该句言妄稽项上有瘤,佩饰由"璣"和动物等构成的串饰。

四 洦浅

简57:趣进洦浅,以时间之。

"趣"字原作"跪",据网友杨元途改(张传官2017)。整理者根据"跪进"注"趣进"为"捧着奉进"。"洦"同"唾",唾沫。"浅",溅,喷射。孟飞(2019)将"进"解释为"饮、进食",并引陶潜《杂诗》其二:"一觞虽独进,杯尽壶自倾。"

"进"解释为"进食",从之。又作"餕"。《礼记·祭统》:"百官进,彻之,下餕上之余也。"郑玄注:"'进'当为'餕',声之误也。""餕"可以指吃剩的食物,也可以指吃剩下的食物。《说文·食部》:"餕,食之余也。"《仪仪·士昏礼》:"媵餕主人之余,御餕妇余。"

"洦浅"读"唾溅",萧旭(2016)引传世文献证之:

浅,读为溅,字亦作洓。《说文》:"溅,污洒也。一曰水中人。"段玉裁曰:"《史记·廉蔺传》作'溅',杨泉《物理论》作'洓'。皆音子旦反。'中'读去声。"《玄应音义》卷7:"唾溅:又作溅、洓二形,同。"正作"唾溅",亦作"唾洓"。《玄应音义》卷3:"浇溅:下又作溅、洓二形,同,子旦反。《说文》:'溅,相污洒也。'《史记》

'五步之内，以血溅大王衣'作'溅'，扬（杨）泉《物理论》云'恐不知味而唾唌'作'唌'。江南行此音，山东音湎，子见反。"此段说所本。

中古时期的文献中"唾溅"表示吐唾沫之义，如西晋竺法护译《度世品经》卷三："又诸菩萨，常加愍哀，众生之类，斫头断其手脚，割其耳鼻，挑其两眼，骂詈毁辱，瓦石打掷，扠蹹搜搣，唾溅调戏，皆能忍之。"玄应《一切经音义》卷第七《度世经》第三卷："唾溅，又作潵、唌二形，同。子旦反。《说文》：水污洒曰溅也。"又《佛升忉利天为母说法经》卷下："其佛若入郡国县邑、邦域村落，人民见之皆共骂詈诽谤毁辱唾贱，瓦石打之。""唾贱"即"唾溅"。《法苑珠林》卷三十一《感应缘·吴居士徐光》："（徐光）常过大将军孙琳门，褰裳而趋，左右唾溅。或问其故，答曰：'流血覆道，臭腥不可。'"三例"唾溅"均是吐唾沫之义。此处应该也是承续上文，描述妄稽对虞士的虐待之貌。

由此联系上博简，《凡物流形》（甲：简 14；乙：简 9）："夫雨之至，孰霍瀌之。"下句宋华强（2010）读为"孰唾津之"，"津"表示出汗或滋润[1]。从传世文献和《妄稽》的用例来看，"瀌"应读为"溅"。"瀌"从"麃"得声，"麃"有阳声韵读，宋跋本《切韵·纸韵》"池尔反"："麃，解麃。又子见反。"《霰韵》作见反："麃，此解麃字。"《龙龛手镜·广部》："麃……又作见反。"[2]从"麃"得声之"薦"上古归入元部，"麃"上古亦可归入元部，可通"溅"。上博简简文"夫雨之至，孰唾溅之"，义即为询问："雨水的到来，是何人吐唾沫所成？"后字不必解为通"津"，也不必增加"汗液"之义。

参考文献

白于蓝（2017）《简帛古书通假字大系》，福建人民出版社。
北京大学出土文献研究所编（2015）《北京大学藏西汉竹书》（肆），上海古籍出版社。
雷瑭洵（2019）北大汉简《妄稽》校读拾遗，"楚简研究会"第 1 回，日本东京。
李学勤（1983）释多君、多子，《甲骨文与殷商史》第一辑，上海古籍出版社。
孟　飞（2019）北大藏西汉竹书《妄稽》篇校读丛札，《简帛》第十九辑，上海古籍出版社。
宋华强（2010）上博竹书《凡物流形》释读札记（六则），《简帛》第五辑，上海古籍出版社。
孙玉文（2019）从出土文献和长韵段等视角看上古声调，《阅江学刊》第 3 期。
王　宁（2016）读北大简四《妄稽》零识，简帛网，http://www.bsm.org.cn/?hanjian/6751.html。访问日期：2019 年 2 月 15 日。
喜岛千晴（2017）读北大汉简《妄稽》札记，复旦大学出土文献与古文字研究中心网，http://www.fdgwz.org.cn/Web/Show/3173。访问日期：2019 年 2 月 15 日。
萧　旭（2016）北大汉简（四）《妄稽》校补，复旦大学出土文献与古文字研究中心网，http://www.fdgwz.org.cn/Web/Show/2853。访问日期：2019 年 2 月 15 日。
许云和、郑晴心（2019）北京大学藏西汉竹书《妄稽》释读斠正，《岭南学报》复刊第十一辑。
杨鹏桦（2019）楚简汉简韵文释读琐记，《简帛研究》二〇一九（春夏卷），广西师范大学出版社。
虞万里（2001）由甲骨刻辞"多字结构"说到"多""诸"之音义及其民族与时地，《中国文字研究》第二辑，广西教育出版社。

---

1 宋华强（2010）引用原整理者、何有祖、郭永秉等先生释读意见，兹不赘述。
2 三处注音参宗福邦等（2019）。

于省吾主编（1996）《甲骨文字诂林》，中华书局。
张传官（2017）北大汉简《妄稽》校读与复原札记，《出土文献》第十一辑，中西书局。
钟　玲（2016）四川汉代考古资料中的方相氏图像，《四川文物》第 1 期。
卓文静（2016）汉唐时期的颈饰，《大众考古》第 6 期。
宗福邦、陈世铙、于　亭主编（2019）《古音汇纂》，商务印书馆。

《辞源》（音序版）编辑方案的研究*

商务印书馆古代汉语辞书编辑室　乔　永　南通大学文学院　周远富

提要：《辞源》（音序版）是《辞源》修订百年历史上在内容编排形式上的一次重大变化。本文探讨了《辞源》（音序版）的编辑思路与编排做法，提出了《辞源》（音序版）编辑的难度和需要注意的问题。本文认为理顺音义关系与义项的排列、分合之间的关系是编辑加工工作的重点，复词注音是难点，并提出要解决历史音变的描写和读音规范等问题。《辞源》（音序版）编排查检方便，符合大多数人的使用习惯，符合读者的需求和社会的发展。

关键词：《辞源》（音序版）　音序法　部首法　多音字　复词

一　缘起

2015年，《辞源》（第三版）出版了。总结会后，紧接着，馆里要求就《辞源》多版本的开发提出方案。《辞源》（第三版）的一卷本、四卷本很快提上日程。2016年初，音序版交给我来做编辑方案。刚好这时南通大学周远富教授的《辞源》音义关系相关研究获国家社科基金资助。我邀请他和我一起完成这个方案。

《辞源》从1915年初版、1939年合订本到1979年修订本，到2015年第三版，一百多年来，一直都采用部首法编排。因为这种编排方法有着悠久的历史，从东汉许慎的《说文解字》到明代梅膺祚《字汇》、清代的《康熙字典》等，都采用部首法进行编排。无论是《说文解字》的造字法540部，还是《字汇》的检字法210部，部首法都是一种非常科学的汉字分类方法。

但是，随着时代的变迁，部首编排的弊端也日益显现出来。

第一，就检索而言，部首法不能一贯到底，需要与笔画数结合起来编排，因而无法一次完成查检，速度慢。所以，部首法是一种多元复合编排方法，并非一种高效的检索体系。一些出版机构在重印《说文解字》等古代语文辞书时，已经附录了音序索引。

第二，部首法至今没有统一的国家标准，以部首法编排的一些近现代重要辞书如《康熙字典》《辞源》《汉语大字典》《汉语大词典》等，其部首体系在数量、分部、顺序上都有很大不同，读者难以掌握和记忆。

第三，随着《汉语拼音方案》的制定、使用，近几十年来，很多青年读者，特别是青

---

* 本文初稿写于2016年底，感谢周洪波总编辑的支持，也感谢数字出版马益新主任的支持，他们不厌其烦地将我们的有关排序从部首转换成音序的建议、需求付诸实践，直到得到满意的结果。近几年来，我由于到西北分馆任职，有关《辞源》（音序版）的研究主要由周远富教授进行。他长期从事《辞源》音义研究，对《辞源》有很深的感情，他主持的《辞源》审音概述，凡90万字，多有创获。为了保持原貌，本文发表时未作大的改动，过去的一些想法做法也许已不合时宜，请方家指正。

少年学生以及母语为非汉语的二语学习者，他们从开始识字就学习、使用《新华字典》和《现代汉语词典》等，对音序法非常熟悉，很少有人使用部首法。我们曾经在清华大学中文系做过调研，大多数硕士、博士研究生对汉字部首及其拆分规则都很陌生，绝大多数中青年读者在使用《辞源》时，大都是使用书后的汉语拼音索引或四角号码索引进行查检。

第四，读者的查检方式变了，辞书的编排方式必须跟着变。2009年，《辞海》（第六版）开始采用音序版排序。据说，第一年《辞海》就售出10万套，是第五版前10年总销量的5倍。这给我们的震动很大。我们当时就意识到，推广拼音方案已经影响到了读者辞书检索模式，而辞书检索模式又影响到了销售。所以，在2009年编纂《辞源》修订方案中，我们就有意识地注意了这个问题，在字头注音上为今后改成音序本做了相应的准备。

第五，汉语拼音排序是一种多层类推法，在一次性完成查检上虽然也有一些问题，但主要在语音内部顺次使用。更重要的是，汉语拼音有国家统一的标准，随着近几十年来的推广和普及，已经在世界范围内得到承认和广泛使用。《新华字典》《现代汉语词典》和《古汉语常用字字典》等都是用拼音排序。特别是《辞海》2009年音序版的成功转型，为我们树立了榜样。拼音字母的音节和顺序，已在大多数读者特别是年轻读者的脑中生根，对他们来说，查阅以汉语拼音顺序编排的中文辞书与查阅英文词典没有多大差别。因而汉语拼音排序应是目前诸多排序方式中的最佳方式。

第六，音序编排法事实上在中国古代已很发达，韵书出现之后，绝大多数的语文辞书以及一些类书都是按照韵部的顺序排列汉字和词语的。与此相应的，部首编排法已经不占主流。《新华字典》《现代汉语词典》的现代语文辞书按音序编排，事实上也是古代韵书编排方式的延续。

由于上述原因，《辞源》（第三版）出版后，项目组一致认为，大型辞书音序法编排查检方便，符合大多数人的使用习惯，符合读者的需求和社会的发展，我们必须对汉字提取繁难与多歧的部首编排做一次大改变，使用国际通用的音序编排法推出新版。

二 抽样报告

根据馆领导的意见和要求，我们选择26个字母中任一字母的一部分做音序版专项编辑加工，就音序版编排后情况给出编辑加工意见。在与数字中心马益新协商后，我们在音序编排的样稿中选择D母第100页dan音节到第200页dian音节为考察对象，就字头、复词的排序和汉语拼音、中古反切、上古音等修改情况进行整理，将音序排列结果提交馆领导，以确定音序版编辑原则和模式。

D母是一个大字母，收字多。字头与复词共6484条。我们随机选择的D母100—200页稿件中，共涉及221个字头，从dan音节"膽"到dian音节"掂"，30个字头有两个音项，3个字头有三个音项，共约257个音项，复词条目600余条。利用计算机对所选部分进行音序排列，经过检核，我们发现：（1）221个单字头的排序没有错误；（2）多音的单字头如"当"dāng、dàng，下面跟的复词【当$_1$年】【当$_1$日】【当$_1$时】和【当$_2$年】【当$_2$日】【当$_2$时】，当$_1$、当$_2$也都没有错；（3）【鼟霴】【鼟鼟】，【当户】【当互】【当扈】，两组复词读音完全相同，按笔画数多少排。这些都没有错误。这些发现给了我们信心，利用电脑重新排音序是可以完成的。

但是，《辞源》是大型历时性语文辞书，有相当数量的汉字，人们只能识其形而难以记其音，不同于一般的中小型的共时语文辞书。用音序编排法，也就存在其不便使用的缺陷。而且，由于汉字的音与义在历史上经历了复杂的变化，引发出的新问题也需要我们加以解决。

核心问题是多音字字头的排列和复词中多音字的定音。

第一，多音字的编排体例模式，是按照《新华字典》《现代汉语词典》，还是按照《古汉语常用字字典》等辞书的字头编排方式，需要研究确定。这三部辞书的排序各有特点，但似乎都不适合《辞源》。

第二，复词中许多人名、地名和专有名词中的多音字，多有特殊读音，需特别小心，稍不注意就会排错位置。要经过考证才能决定。

第三，复词中的多音字的排序问题需要进一步确认。复词中的第二个字，如果是多音字，到底读什么音。例如：

【当句对】句，排成了 g 音。
【党长】长，排成了 c 音。
【荡骀】骀 dài，排成了 t 音。
【蹈籍】籍 jí。践踏。排在了【蹈常习故】之前。
【导行费】行，排在 h 音。到底是读 x 还是 h，在【道行仙】中排在了 h 音下。
【倒行逆施】行，排在了 h 音。
【倒景】景，排在了 j 音。
【道调】调 diào，排在了 t 音。
【道藏】藏 zàng，排成了 ch 音。
【道藏辑要】藏 zàng，排成了 ch 音。
【德县】县名。排在了【德性】之后，【德阳】之前。
【登丁】丁 zhēng，排在了 d 音。
【登朝】朝，排在了 zh 音。
【等差】差 cī，等级次序。"差"排在了 ch 音。
【等衰】衰 cuī，排在了 sh 音。
【砥行立名】磨炼德行，建立功名。行，排成了 h 音。
【地行仙】行，排成了 h 音。
【地钱草】排在了【地纪】后，【地角（jiǎo）】前。注意，钱 1. jiǎn ㄐㄧㄢˇ 即浅切，上，狝韵，精。元部。2. qián ㄑㄧㄢˊ 昨仙切，平，仙韵，从。元部。
【地媪】地神。也叫地母。排在了【地鹬】【地肤（fū）】之后。
【典校】官名。"校"排在了 j 音。
【刀耕火种】排在了【刀耕火耨】之前。
【得意忘言】排在了【得意忘形】之前。
【地乌桃】排在了【地蜈蚣】之前。

这样的问题都是电脑随机排出来的，合适不合适，对不对，需要我们认真处理。

当然，《辞源》部首编排本中已经注意了这类问题，进行了特别处理，为音序版编排做好了准备。例如：

【得閒[1]】 ㊀（~jiàn）有隙可乘，得到机会。《管子·幼官》："障塞不审，不过八日，而外贼得閒。"《史记·吕太后纪》："太后欲杀之，不得閒。"后来亦称得解为得閒，犹言会心、领悟，如说读书得閒。㊁（~xián）得閒暇。《楚辞》屈原《九歌·山鬼》："君思我兮不得閒。"唐韩愈《昌黎集》四《东都遇春》诗："得閒无所作，贵欲辞视听。"

【得解】 ㊀（~jiě）获释。《三国志·魏·武帝纪》："出关，过中牟，为亭长所疑，执诣县，邑中或窃识之，为请得解。" ㊁（~jiě）有所领悟。《艺文类聚》七六南朝梁王筠《国师草堂寺智者约法师碑》："随类得解，俱会真如。" ㊂（~jiè）得荐举。指经州试合格，得州长官具解文荐举赴礼部应试。《宋史·选举志》二："乃诏转运司令举人具元符以后得解、升贡、户贯、三代、治经，置籍于礼部，以稽考焉。"参阅《文献通考》三十《选举》三。

【地藏】 ㊀（~cáng）埋藏于地下。《礼·礼运》："故天望而地藏也。"《注》："地藏谓葬。"《孔子家语·问礼》："形体则降，魂气则上，是谓天望而地藏也。" ㊁（~zàng）地窖，地下室。《说文》："窖，地藏也。"《北史·皮景和传》："密从地藏，渐出饼饭。" ㊂（~zàng）佛教菩萨名。佛教传说，释迦佛圆寂后，地藏自誓，必须尽渡六道众生，方始成佛，因现身人天地狱之中，救众生苦难。见《地藏菩萨本愿经》。

我们要做的是一以贯之，把每个字的读音都确定下来，然后严格按照音序排列。

三　个案研究

1979 年的《辞源》修订本收字头 12922 个，《辞源》2015 年第三版共收字头 14210 个。两次修订对所有收字都注了汉语拼音，唯有"塯"字，没有注音。在《辞源》（第三版）审音的编辑加工时，我们已关注了此字，限于时间，没有解决。在做音序版时，必须解决"塯"字注音问题，否则正文排在哪儿呢？

"塯"字条位于《辞源》（第三版）第 869 页，释义如下：

> 塯，字书不载。明周昌晋《鹾政全书》上《盐产晒盐法则》："海滨潮水平临之处，择其高露者，用腻泥筑四周为圆而空其中，名曰塯。仍挑土实塯中，以潮水灌其上。于塯旁凿一孔，令水由此出为卤。"清阮元《揅经室续集》六《惠潮海边四咏盐塯》诗，自注说："粤盐由晒而成，其灰池俗名为塯。"

《辞源》1915 年初版未收"塯"，1939 年合订本也未收"塯"。1979 年修订本收了此字。释义是：

> 塯，字书不载。清阮元《揅经室续集》六《惠潮海边四咏盐塯》诗，自注说："粤盐由晒而成，其灰池俗名为塯。"

本次修订时，修订者补充了明周昌晋的《鹾政全书》的语料，但仍未找到注音，没有解决读音注音问题。

---

1 閒，义项㊀今作"间"，义项㊁今作"闲"。

我们查遍了古今的字书、韵书和现代辞书，包括《说文解字》《集韵》《字汇》《字汇补》《康熙字典》《中华大字典》《汉语大字典》等，均没有发现收有此字，也找不到此字注音的任何信息。

遍查文献，在《康熙字典》（增订版）的"丑集·土部"中，收录了此字并注了音，但是没有注音来源的信息。

塯［lòu］〖32.11.14〗民国《海南岛志》第十六章《盐业》第三节《盐之种类及其制法（二）》盐塯：盐塯系用以渗漏卤水者，方形，高约三尺，深约二尺，四边砌石，底架竹木，上铺竹筏或茅草，以盛咸砂，场旁凿一小池，通窦于塯底。

据此可以判定，"塯"字可能是产生比较晚的一个俗字。从《辞源》引书看，大约产生在明代。从"瀚堂典藏"[1]网络检索结果来看，该字出现最早使用最多是在清乾隆时期，且比较集中地出现在广东、海南等的地方志上，如《海丰县志》《潮阳县志》《高州府志》《吴川县志》《海南岛志》等。和它同声旁的字，《辞源》收了"漏"字。《辞源》"漏"字下有两个读音：

漏　1. lòu　卢候切，去，候韵，来。侯部。
　　 2. lóu　《字汇》卢候切。音楼。侯部。

《说文·雨部》有"屚"字，注：屋穿水入。"屚"是"漏"的古字。段玉裁注："今字作漏，漏行而屚废矣。"《汉语大字典》《汉语大词典》均注"屚"是"漏"的古字。《新华字典》《现代汉语词典》"漏"均注音 lòu。

这个字的字音字义应该在粤方言里还有保留。

既然此"塯"与"漏"字同声旁"屚"，那我们可否根据同声旁的读音，就暂给它注读为 lòu，排入 L 母。许振生老师支持我们的想法。如果学界有不同意见或新的材料证据，待以后查另有据，再改正。

笔者请教了唐作藩、鲁国尧、李开等先生，也咨询过孙玉文、杨军、蔡梦麒等学长，他们都同意"塯"注 lòu 音。为了听取学术界和广大读者的意见，我将此段文字发表在《辞书研究》2017 年第 3 期上。今择其要，转述于此，还是希望听取更多的意见。

四　《辞源》全书的注音问题

汉字属于表意体系的文字，在造字之初用一个字形记录一个音节、一个语素，但随着新词的不断产生，词义发生引申、假借、转移等变化，再加上语音的演变等因素，使得原有汉字字形所负载的音义信息逐渐增多，一形一音一义就变为一形多音多义。

《辞源》音序本的开发，编排模式上，需要我们解决以下几个问题。

一是出现大量的字头。多音字分列字头，许多两个、三个或更多音的字，就会在不同的字母音节中出现多次。《辞源》现有字头 14210 余个，按 A、B、C、D 音序排列后，估计在 28455 个左右。

二是在复词里有些字找不到音，无法电脑排序，只有人工干预。例如"丑集"的复词

---

[1] 网址为 https://www.hytung.cn。

"咕唧"：小声说话。《红楼梦》七："他师父一来了，余信家的就赶上来，和他师父咕唧了半日。"而《辞源》中字形是"咕唧"，电脑不识别。这样的字还有：古憿、呼籲、周紈、咳嗫、商飇、商飇馆、念吀、唒₂喽喽、喔蹧、嚯喋、地鷊、地薵、塘圫、填㧱、奸孽，等等。这些复词的第二个字在《辞源》中有些有音，有些没音，因为字形问题没有标注，计算机就无法判断排在什么地方，必须人工干预，这些在抽样部分中，电脑提示有 300 余字。

三是有些多音字字头下的一些词义或复词的有机联系的词义，因为读音不同分见于两处或多处。

《辞源》多音字字头共 4245 个，通过对《辞源》字头抽样统计分析，因异读而分列两处或多处的单字条占全书三分之一以上。其中因异读分列 4 到 5 处的就很常见。

例如"乐"字，共有 6 个音项。

  乐 1. yuè 五角切，入，觉韵，疑。药部。
  ㊀音乐。五声八音的总名。《易·豫》："先王以作乐崇德。"《吕氏春秋·古乐》："昔葛天氏之乐，三人操牛尾，投足以歌八阕。"也指奏乐，演唱。《礼·乐记》："比音而乐之。"又《曲礼》下："岁凶，年谷不登，……士饮酒不乐。"疏："士平常饮酒奏乐，今凶年犹许饮酒，但不奏乐也。"
  ㊁乐器。《周礼·春官·典同》："掌六律六同之和，以辨天地四方，阴阳之声，以为乐器。"《史记·周纪》唐司马贞《索隐·述赞》："太师抱乐，箕子拘囚。"
  ㊂《诗》《书》《礼》《乐》《易》《春秋》称六经。参见"乐经"。
  ㊃乐工。《论语·微子》："齐人归女乐，季桓子受之。"
  ㊄姓。战国时有燕将乐毅。
  2. lè 卢各切，入，铎韵，来。药部。
  ㊀喜悦，愉快。《诗·小雅·常棣》："宜尔家室，乐尔妻帑。"《论语·学而》："有朋自远方来，不亦乐乎。"
  ㊁安乐。《史记·乐书》："而民康乐。"正义："乐，安也。"参见"乐₂土"。
  ㊂乐于，乐意。见"乐₂成㊀"、"乐₂业"。
  ㊃泛指声色。《国语·越》下："今吴王淫于乐，而忘其百姓。"注："乐，声色也。"
  3. yào 五教切，去，效韵，疑。药部。
  喜爱。《论语·雍也》："知者乐水，仁者乐山。"《晋书·阮籍传》："籍平生曾游东平，乐其风土。"
  4. liáo （旧读 liào）《集韵》力照切，去，笑韵，来。宵部。同"療"（疗）。见"乐₄饥"。
  5. luò 见"乐₅托"。
  6. lào 《集韵》力角切，入，觉韵，来。见"乐₆亭"。

如果"乐"的每个音项都出字头，就要出 6 次，这非常占用篇幅，不符合经济实用的特点，但最方便快捷。

是参考《新华字典》《现代汉语词典》还是《古汉语常用字字典》等不同辞书的字头排序，需要根据《辞源》的特点仔细斟酌确定。项目组约请专家做过几次讨论，报请馆领导定夺。

五　初步方案

根据与相关专家和领导的讨论，确定以现有《辞源》（第三版）为底本，将十二集部首排列始一终亥的顺序，改为按音序排列始 A 终 Z。

5.1 关于单字字头

《辞源》14210 个字头，单字条目指词典里用大号字编排的字的条目。该条目中仅有一个汉字用大号字，而其注释均用小号字。

对于字形相同而读音和字义不同的，则分立条目。例如：

> 好 1. hǎo　呼晧切，上，晧韵，晓。幽部。
> ㈠ 女子貌美。《战国策·赵三》："鬼侯有子而好，故入之于纣，纣以为恶。"《诗·郑风·叔于田》："不如叔也，洵美且好。"
> ㈡ 善，美好。《诗·周南·关雎》："窈窕淑女，君子好逑。"又《小雅·常棣》："妻子好合，如鼓瑟琴。"
> ㈢ 完毕。唐韩偓《香奁集·无题》诗："妆好方长叹，欢余却浅嚬。"
> ㈣ 便于，合宜。唐杜甫《杜工部诗史补遗》四《闻官军收河南嚬北》："白日放歌须纵酒，青春作伴好还乡。"
> ㈤ 甚，很。《红楼梦》四二："说的好可怜见儿的，连我们也软了，饶了他罢。"
> 2. hào　呼到切，去，号韵，晓。幽部。
> ㈠ 喜爱，亲善。《诗·小雅·彤弓》："我有嘉宾，中心好之。"《左传》隐二年："春，公会戎于潜，修惠公之好也。"
> ㈡ 孔。璧孔，钱孔。《周礼·考工记·玉人》："璧羡度尺，好三寸以为度。"《尔雅·释器》："肉倍好，谓之璧。"《注》："肉，边；好，孔。"《隋书·食货志》："（梁）武帝乃铸钱，肉好周郭，文曰五铢，重如其文。"

对于字形和字义相同而读音不同，每个音各有适用范围的，也分立条目。例如：

> "剥" bāo [动] 去掉外面的皮或壳：～花生｜～皮。
> "剥" bō 字义同"剥"bāo，专用于合成词或成语，如剥夺、生吞活剥。

对于字形和读音相同而在字义上需要分别处理的，也分立条目，同时在字的右上方标注阿拉伯数字。例如：

> "按[1]"　àn ❶[动]用手或指头压：～电铃｜～图钉。……
> "按[2]"　àn ❶<书>查考；核对：有原文可～。……

5.2 关于多字条目

多字条目均采用小号字排印。
字形同而音、义不同的，分立条目。例如：

【公差】gōngchā [名]❶等差级数中任意一项与它的前一项的差永远相等，这一相等的差叫作公差。如在等差级数 2＋5＋8＋11＋14＋……中，3 为公差。❷机器制造业中，对加工的机械或零件的尺寸许可的误差。

【公差】gōngchāi [名]❶临时派遣去做的公务：出～。❷ 旧时在衙门里当差的人。

字形同音同而在意义上需要分别处理的，也分立条目，同时在【 】的右上方标注阿拉伯数字。例如：

【大白】¹ dàbái ⟨方⟩[名] 粉刷墙壁用的白垩。
【大白】² dàbái [动]（事情的原委）完全清楚：真相～｜～于天下。

如何做到保持音序编排法查检方便的优点，又能尽可能避免上述弊端呢？我们主张，辞书所收词语总体上按每个词的通行（常用）读音的音序编排，对其因语音变化形成的不同义项在同条内分项列出。这样，既可以免除目前单纯的音序编排带来的翻检之劳，又可以照顾到多音词语内在的系统性。在这方面，商务印书馆出版的《古汉语常用字字典》的编排方法是最值得借鉴的。该《字典》是供现代读者学习古汉语使用的中型语文工具书，按通行的"汉语拼音字母次序排列"，《凡例》中说明："字条按音序排列。一个字头一般只出现一次。但有些字，两种读音都很常见的，也在另一读音下重出字头，标明互见。如'朝'收在 34 页 cháo 下，但在 370 页 zhāo 下重出字头，标明'见 34 页'。"

部首排序版《辞源》"朝"字条如下：

朝 1. zhāo 陟遥切，平，宵韵，知。宵部。
㈠早晨。《论语·里仁》："朝闻道，夕死可矣。"㈡一日，一整天。《孟子·告子》下："虽与之天下，不能一朝居也。"㈢初。《荀子·礼论》："然后月朝卜日，月夕卜宅，然后葬也。"㈣姓。春秋蔡有大夫朝吴。见《左传》昭十五年。

2. cháo 直遥切，平，宵韵，澄。宵部。
㈠古时凡访人皆称朝。后来专指臣见君为朝。《书·舜典》："群后四朝。"《孟子·公孙丑》下："孟子将朝王。"指臣朝君。《春秋》隐十一年："滕侯薛侯来朝。"指诸侯相见。《史记·项羽纪》："项羽晨朝上将军宋义。"指僚属谒长官。《史记》一一七《司马相如传》："临邛令（王吉）缪为恭敬，日往朝相如。"指拜访朋友。《礼·内则》："男女未冠笄者，……昧爽而朝。"指子女问候父母。㈡聚会。《礼·王制》："耆老皆朝于庠。"《注》："朝，犹会也。"㈢朝廷，帝王受朝议事之处。《孟子·梁惠王》上："使天下仕者皆欲立于王之朝。"引申为政事。《吕氏春秋·直谏》："（荆文王）得丹之姬，淫期年不听朝。"㈣汉唐称郡治为郡朝，府治为府朝，藩王为藩朝。晋末刘裕为宋王，南朝宋末萧道成为齐王，称霸朝。自宋以后专称皇帝之朝。㈤朝代。指整个王朝或某一皇帝的整个统治时期。《文选》晋傅长虞（咸）《赠何劭王济》诗："赫赫大晋朝，明明辟皇闱。"唐杜甫《杜工部草堂诗笺》十八《蜀相》："三顾频繁天下计，两朝开济老臣心。"两朝，指蜀先主刘备、后主刘禅。㈥宫室。《老子》："朝甚除，田甚芜，仓甚虚。"三国魏王弼《注》："朝。宫室也。"㈦介词。对，向。《水浒》二一："宋江便望杌子上朝着床边坐了。"㈧潮水。通"潮"。见"潮₂汐池"。㈨姓。唐有拾遗朝卫。见宋邵思《姓解》三《卓》。又作"晁"、"鼂"。

3. zhū《集韵》追输切，平，虞韵，知。

见"朝₃那"。

我们的音序版《辞源》编排方案是：

按 A—Z 的顺序排列单字，某多音字第一次出现时，排列所有的音、义、证；其他音出现时，标明该字第一次的页次，见"某页"。

比如"朝"字，在 A—Z 的顺序中，cháo 最先出现某页，则在此处排列"朝"字的全部内容，在 zhāo 音、zhū 音处，标明"见某页"。

至于复词，如某多音字是首字，则读其中一个音的字所领起的词，按第二字的音序依次排列；如第二字是同音字，则按照其笔画数排列；如笔画数相同，则再按笔画顺序依次排列。如第二字相同，则按照第三字的音序（和笔画数、笔画顺序）依次排列。以此类推。这样，某字领头组成的词，分别排列在三个不同的音下面，一目了然，也省却加注下标"1、2、3"的工序。如"朝"是第二字（或第三字，或第四字，等等）则加注其对应的汉语拼音。

六 音序版研究的启示

近些年，对《辞源》音序编排的必要性与重要性的呼吁，日渐高涨，对一些编排的可行性，也进行了深入的讨论。在研究排序的过程中，我们更为关注的是学术性与技术性，对以《辞源》为代表的大型历时语文辞书音义关系进行了较为深入的研究。

在《辞源》（第三版）出版以后，我们对百年《辞源》的历史继承和现代创新，从编纂理念，到字头、注音、释义、书证以及插图、索引等方面，进行了全面的梳理和认真的研究。对有些字如"塌"字、"打"字的读音和变化，进行深入的阐释。同时，结合国家社科基金项目"大型历时语文辞书音义关系研究"，逐字逐条，穷尽比较《辞源》第二版和第三版的注音情况，分别制成《单字注音总表》和《复词注音总表》。从修订体例和审音原则的贯彻执行，注音的增补、删并、改正，审音的成绩与今后工作的思考等方面，进行考察、统计、研究。

经过 5 年多的深入探索，周远富主持完成研究报告《〈辞源〉审音概述》，约 90 万字。在理念上，我们注意总体把握古代语言学史上音义契合关系的研究成果，注意个别字、词的注音、释义等细节问题，考虑古汉语音义契合关系研究和现代辞书编纂两个相对独立系统互为结合的全局问题，在《辞源》自身体系的完备性、系统性上下功夫；重视《辞源》修订，注意与《汉语大字典》《汉语大词典》的比较，也重视《辞源》的研究，理清其历史发展的脉络，更重视已有成果的检视与反思，努力促进中国语文辞书编纂、修订、研究的进一步发展。

在方法上，方案设计时我们注意系统梳理与个案分析相结合，通过搜集整理古汉语形音义的研究成果，对相关的研究程度有全面的认识。定量统计与定性分析相结合，通过解剖 D 母这只小麻雀，对百年来《辞源》的编纂、修订过程中遇到的音义等方面的问题有清楚的认识。历时比较与共时描写相结合，比较不同时期《辞源》不同版本在处理这些问题上的发展变化以及比较同类大型辞书对相关问题的处理方式，从而对古汉语音义契合关系研究与辞书编纂之间的关系有比较深入的认识。

通过分析研究，我们发现从音义关系的层面上，《辞源》（第三版）全面清理了以下问题。（1）古音与今音的对应问题，现代汉语拼音与中古反切的对音关系，如何做到既体现语音的历时性，又准确反映语音的共时性；通假字、异体字的今读问题；冷僻字的今读问题；注音统一问题。（2）释义方面主要考虑多义项词语的语义系统内部关系的问题，即本义和各引申义之间的关系还是不同子义项之间的关系，也就是探讨不同义项从何而来的问题。另外，从辞书编纂的角度还需要关注音同形同但义不同的这类词语。（3）从整体上，主要考虑如何处理好音义之间的关系。汉字是形音义的结合体，形义的最初结合是字本义，音义的最初结合是词本义，编纂辞书应该把有文献依据的字、词本义作为第一义项。因此，《辞源》在修订过程中，力求将形音义三者结合起来，"以形求本义、以音求本义、以语言材料定本义"，理顺音义关系与义项的排列、分合之间的关系；同时注意区别"多义词"与"语音通假"的界限，在注音上解决历史音变的描写和读音规范等问题。（4）从具体的审音细节上看，注音缺漏，注音错误，音项顺序，近代音注等编校问题，需要进一步研究。

商务印书馆一直倡导，在辞书编纂与修订工作中，必须研究先行，关照实践。这是辞书编纂与修订的既定方针，也是辞书编纂的必由之路。《辞源》修订应最大限度地体现古汉语音义研究的成果，这是应用科学对基础理论的检验。商务印书馆在《辞源》修订工作中团结并形成一支辞书队伍，培养一批辞书人才，发表一批辞书成果，促进辞书学学科发展、学术研究与编辑、校订、出版的完美结合，也显得尤为迫切。

在以上的理论思考和实践探索基础上，我们提出了《辞源》（音序版）的编辑方案与思路。一家之言，挂一漏万，期待学界多多关注这项工作，尽快出版，满足读者的需要。也期待《辞源》（音序版）能早日与读者见面。

参考文献

辞海编辑委员会编纂（2009）《辞海》（第六版彩图本），上海辞书出版社。
高小方（2019）《〈辞源〉修订匡改释例》，商务印书馆。
《古汉语常用字字典》编写组（1993）《古汉语常用字字典》（修订版），商务印书馆。
汉语大词典编辑委员会、汉语大词典编纂处（1986）《汉语大词典》，汉语大词典出版社。
汉语大字典编辑委员会编纂（2010）《汉语大字典》（第二版），四川辞书出版社、崇文书局。
何九盈、王　宁、董　琨主编（2015）《辞源》（第三版），商务印书馆。
梅膺祚撰、吴任臣编（1991）《字汇　字汇补》，上海辞书出版社。
乔　永（2016）《〈辞源〉史论》，商务印书馆国际有限公司。
乔　永（2017）《辞源》"塌"字音考，《辞书研究》第 3 期。
王宏源增订（2015）《康熙字典》（增订版），社会科学文献出版社。
许　慎（2008）《说文解字》，中华书局。
中国社会科学院语言研究所编（2011）《新华字典》（第 11 版），商务印书馆。
中国社会科学院语言研究所词典编辑室（2016）《现代汉语词典》（第 7 版），商务印书馆。
周远富、刘　翠（2018）"打"字都瓦切的来源，《语文研究》第 1 期。
周远富等（2019）《辞源》审音概述（稿）。

【王力学派研究】

谈谈王力学派及其研究*

北京语言大学文献语言学研究所

北京文献语言与文化传承研究基地　华学诚

提要：王力是中国现代语言学的重要奠基者，王力学派是客观存在，开展王力研究和王力学派研究是当代中国语言学及其历史研究的需要。王力研究已经取得了丰硕成果，王力研究首先是王力学术思想的研究，意义重大；孙玉文等著文就王力"会搭架子"所进行的精到分析，是成功的王力研究个案。王力学派研究需要大力开展，王力亲传弟子如董同龢等是首要研究对象；郭锡良在训诂词汇研究中明显表现出王力学术思想的深刻影响，也体现出对王力学术思想的传承与光大。

关键词：王力　王力学派　学术思想　当代中国语言学

本文拟谈三点：一是王力、王力学派及其研究，二是王力研究的成果与出色个案，三是王力学派研究的个案尝试。第一点介绍一些情况和设想，第二点宏观描述加个案介绍，第三点则是我自己的一个研究实践。谨请读者批评指正。

一　王力、王力学派及其研究

2015年秋天，在中华书局和北京大学中文系联合举办的《王力全集》首发式上，我提出应当开展王力学派研究。李无未先生在这次会议上也提出"要研究王力学术谱系"，提法不同，主旨大致相近。在2020年9月20日郭锡良先生九十华诞庆寿会上，我再次呼吁推动王力学派的研究。同年11月21日在北京大学中文系主办的"王力学术研讨会"上，我提交的书面发言还是谈王力学派研究问题。现在把这几次发言的内容综合一下，简要回答为什么要开展王力学派研究这个问题。

第一，王力先生是中国现代语言学的重要奠基者。王力先生在中国语言学的各个方面都取得了开创性成就，他为中国现代语言学的建立、发展开辟了康庄大道。

20世纪30年代，王力先生出版了《中国音韵学》，这部著作评述了今音学、古音学和等韵学，并介绍了高本汉的研究和学说，这是汉语语音史和音韵学史的最早探索，此书影响深远。同样是在30年代，王力先生出版了《中国现代语法》，到40年代则分为《中国

---

* 本文是由2021年5月14日北京大学"王力学术讲座"演讲整理稿删改而成，雷瑭洵、陈建军两位年轻学友在资料上襄助不少，谨致谢忱。

现代语法》《中国语法理论》两种书，这两种著作立足于汉语事实及其特点，探讨并构建了汉语语法系统与理论，努力摆脱西方语法学模式，"论证了依附西方语法来建立汉语语法体系是流弊甚多而走不通的绝路"（郭锡良 2017：409），具有开创意义、引领作用，更具有深远意义。20 世纪 50 年代，王力先生出版了《汉语史稿》，深入探讨汉语语音、语法、词汇的历史演变与发展，提出分期，总结规律，首创了汉语历史学科。60 年代，王力先生开始发表中国语言学史研究的文章，并在 80 年代初出版了我国第一部《中国语言学史》。王力先生还在实验语音学、方言学、词源学等很多领域取得了丰硕成果，25 卷 37 册《王力全集》，巨著皇皇，是中国语言学的宝贵财富，也是我们不断学习、研究的对象。

王力先生著作等身，很多著作都已经成为经典，这些宝贵遗产对中国语言学的未来仍将发挥巨大影响力。郭锡良先生曾经对王力先生的历史地位有过一段概括，他说："王力先生是现代中国语言学的奠基人之一，是 20 世纪中国语言学界的一个杰出代表，他学贯古今，汇通中外，既继承了我国两千多年来语文学的优良传统，又吸收了西方现代语言学的理论、方法，为建立中国现代语言学的学科体系作出了多方面的、开创性的贡献。"（郭锡良 2017：405）郭先生的概括是非常精辟的，这也已经成为学界的基本共识。

第二，冠绝一代的伟大宗师王力先生与王力学派。王力先生一生从教，培养了一批语言学人才，主编的教材更是嘉惠无数学子。

1932 年学成回国后，王力先生在清华大学讲授普通语言学和中国音韵学；1937 年抗战爆发后，王力先生先是在长沙临时大学任教，后来到西南联合大学教书；1946 年王力先生被聘为中山大学文学院院长，创办语言学系；1954 年，中山大学语言学系合并到北京大学中文系，王力先生奉调北京大学，一直工作到去世。五十多年的高教生涯，王力先生培养了一批批语言学人才，构成了中国语言学界专家队伍梯度出现的历史奇观。王力先生在 20 世纪 60 年初期主编的《古代汉语》教材，更是惠及了一代代学子，这一教材既是权威，也是经典，至今仍在国内高校普遍使用，也适用于自学古汉语，一直广受欢迎。

关于学派，一般认为大致有三大类型，包括师承性学派、地域性学派、问题性学派。这是从学派形成的角度来分类的。其实这三类既有区别，也有联系。中国自古就有非常优良的学派传统，师承性学派更是最主要的形式，所以《辞海》对学派的解释直接侧重于这一特点：所谓学派，就是"一门学问中由于学说师承不同而形成的流派"。根据这一定义，王力学派已经客观存在很久很久了。

王力先生早已不是作为学者个人而存在，而是作为一个学派的标志而存在。宋绍年先生 2020 年 10 月 23 日在广西的发言也谈到了王力学派问题，他的观点我深表赞同。他说："王力先生是一位语言学大师，他有着完整而独特的一整套学术思想，王力先生的学术理念和学术思想滋养了几代学者，支撑起了一个学派。"王力先生弟子众多，再传弟子、三传四传弟子更多，加上服膺王力先生的学问、学习王力先生著作成长起来的一批批后生，已经成为当代中国语言学界的重要方面军，甚至是重要的主力军。

我曾拜托北京大学雷瑭洵博士帮我整理一份王力弟子名录，他给我提供了一份初稿，这个初稿肯定还需要不断补充、考订。但仅从这个初稿已经不难看出，王力先生亲传弟子的阵容和雄厚实力；如果把再传、三传、四传弟子都能联系起来，建构出李无未先生所说的学术谱系，不难想见这是一支多么庞大的队伍。

王力先生学生名录（稿）
雷瑭洵 整理

一、执教清华大学前（1932 以前）
　　朱光

二、清华大学时期（1932—1937）
　　【按出生年月排序】
　　吴宗济　许世瑛　董同龢　傅　懋　赵仲邑
　　郑林曦　张清常　马　蒙　张　琨

三、西南联大时期（1937—1946）
　　1935 级本科　周定一　阴法鲁　陈士林
　　1936 级本科　胡竹安
　　1938 级本科　吴宏聪　姚殿芳
　　1939 级本科　李　荣　梁东汉　马汉麟　王　均　朱德熙
　　1940 级研究生　殷焕先

四、中山大学、岭南大学时期（1946—1954）
　　【按出生年月排序】
　　黄家教（硕士）　黄伯荣（硕士）　钱淞生（硕士）　宋长栋（硕士）
　　许国枢　　周耀文　［英］韩礼德（M.A.K.Halliday）（进修生）
　　麦梅翘　　唐作藩　饶秉才　黄　伊　林穗芳　［越］阮绍光
　　欧阳觉亚　许绍早　詹伯慧　胡瑞昌　黎昌灏

五、北京大学时期（1954—1986）
本科
　　1951 级　蔡日英　杨耐思　吉常宏　陈慧英　刘钧杰　李思敬　田瑞娟
　　1952 级　左言东　陈振寰
　　1953 级　唐启运　罗耀云　张耀庭　傅淑敏　杨永泉　刘钧杰　傅雨贤
　　　　　　向光忠　何耿丰　王兴汉　程祥徽　徐　青　胡安良　谢晓安
　　　　　　李作南　王宗孟　李行健
　　1954 级　温端政　曹先擢
　　1955 级　潘兆明　鲁国尧
　　1956 级　洪成玉　何乐士　何九盈　程湘清　王绍新
　　1957 级　金　敫　王　锳　王恩保　冯志伟　蒋绍愚
　　1958 级　张兴亚　田小琳
　　1959 级　孟守介　鲁启华　杨克定
　　1960 级　余德泉
　　1961 级　邵敬敏
　　1963 级　张双棣

研究生
　　1954 级　向　熹　祝敏彻　郭锡良　齐冲天　孙宝琳
　　1955 级　刘钧杰　李思敬

1956 级　刘宗邦　陈振寰
1960 级　鲁国尧
1964 级　王开莲
1978 级　李佐丰　曹宝麟　殷正林　宋绍年　刘燕文
1985 级　耿振生

科研助手、助教、进修教师

【按出生年月排序】
滕画昌　吴进仁　陈世民　黄　钺　许绍早
何耿丰　左言东　刘宋川　张双棣

主要参考文献:《北京大学中文系系友名录（百年版）》《纪念王力先生九十诞辰文集》《王力先生百年诞辰纪念文集》《中国语言学人名大辞典》。

第三，王力学派研究有很多工作值得去做。学习王学、研究王学、继承王学、光大王学，已经成为一项重要而紧迫的历史任务。中国语言学界的现实更需要王学，尤其是更需要王学的思想、理论、方法与精神。

王力学派研究工作的开展，有很多有价值的事情值得去做。在"王力研讨会"上，我曾提出七点建议：（1）北京大学率先成立"王力学派"研究机构，取名研究所、研究中心等都可以，首先把大旗举起来；（2）北京大学应加大支持力度，不断做好王力语言学奖的评审，把王力学术讲座打造成品牌，推动设立语言学最高教席"王力讲席教授"，全球招聘；（3）由北京大学牵头，创造条件成立"王力学派研究会"，团结学界力量，提供交流平台，推动王学的研究；（4）北京大学与广西合作，设立王力学派研究基金会，支持王力学派研究机构、研究组织、研究刊物、研究课题、奖项评审等；（5）在郭锡良、鲁国尧先生主编的《中国语言学》集刊上开辟王力学派研究专栏，鼓励其他语言学刊物登载相关文章，积极筹备《王力学派研究》学术辑刊；（6）号召、鼓励有条件的高校或科研单位成立相关研究机构，特别是所在单位专家中有王力先生重要弟子的，更应该积极响应；（7）鼓励、欢迎有条件的单位指导学生在王力学派范围内选择学位论文题目，积累一段时间之后出版"王力学派研究丛书"。

上面这些建议，是从"工作"的层面提出来的。如果从研究层面去思考，关于王力学派研究的内容自然十分丰富。首要课题当然是王力研究，包括王力年谱、王力传记、王力交游、王力语言学研究、王力其他方面的研究、王力思想研究，等等，每个内容又有很多可以深入探讨的具体题目。其次是关于传承王力学说的重要弟子研究。单是清华大学、西南联大时期，王力先生的学生后来成为著名语言文字学家的就有董同龢、李荣、梁东汉、马汉麟、王均、殷焕先、朱德熙等学者，这些学者又培养了很多杰出的学生，薪火相传，生生不息。王力先生的学生中每一位有成就的学者都值得专门研究。比如董同龢先生，他跟随王力先生学习音韵学，王力先生的《汉语音韵学》就是根据他的听课笔记整理而成的。董同龢先生一生成就卓著，1949 年随史语所迁去台湾后，又培养出很多著名语言学家，龙宇纯、杜其容、郑再发、丁邦新、梅广、郑锦全等著名学者都是他的学生，研究台湾地区的语言学和中国当代语言学史，董同龢先生和他的学生是绕不开的。

二 王力研究的成果与出色个案

关于王力研究,事实上已经取得了不少成绩。我的博士研究生陈建军帮我整理了一个著作目录、一个论文目录,这两个目录在进一步完善之后可以发表出来供读者参考。仅从这两个目录来看,研究论著总量已将近500,足以显示王力研究成果确实非常丰富,王力研究正呈现出方兴未艾的态势。过往的这些研究都是自发的,当我们真正认识到王力研究、王力学派研究对于中国语言学的历史反思和未来发展有多么重要的时候,当我们自觉地有效组织起来开展王力研究、王力学派研究的时候,我相信,王力研究、王力学派研究一定能够形成更加生机勃勃的大好局面。

王力先生一生的科学研究成就,特别是语言学研究成果,非常丰富,25卷37册《王力全集》就是证明。认真学习、消化吸收王力先生的具体成果,继承发展王力先生的学术事业,自然有很多工作可做,意义也非常重大。但最重要、意义最大的,我认为应该是对王力先生语言学理论与方法的研究,特别是对王力先生学术思想的研究,因为这类研究关乎中国语言学的昨天、今天和明天,比起具体领域的研究来说,这样的研究无论是现实意义还是历史意义,都要重大得多。这里举一个研究个案,即孙玉文先生和他的弟子刘翔宇博士最近合写的一篇文章,文章题目是《王力先生中国语言学研究对建构系统的不懈追求》。这是一篇王力研究的出色个案,也是极有意义的研究样本。这篇文章还没有公开发表,征得孙先生同意,简单提要如下。如果介绍得不准确、表述有错讹,责任在我。

文章首先指出,王力先生语言研究的重要特点是"会搭架子"。文章说,人们经常评论王力先生"会搭架子",这从一个侧面道出了王力先生研究中国语言学极为重视系统建构的鲜明特色。

系统是一个具有某种特定功能的有机总体,由相互独立又相互依存、联系、作用的不同部分构成,语言符号是由不同层级构成的复杂社会系统。语言研究中,给一门学科"搭架子"和对其中个别字词句的微观考察都可以是系统研究。人们说王力先生"会搭架子",一般指他在对汉语进行精细的微观研究基础上成功构建了多种宏观性系统。王力先生在汉语音韵学、汉语语法学、汉语史、汉语词汇学、中国语言学史、汉语诗律学等许多方面都做出了创立学科体系的贡献,其中创造性最大的当数1957—1958年出版的《汉语史稿》,这是中华人民共和国成立以后中国语言学的一项前无古人的杰出成就,也是中国语言学史上的一项标志性成果。

人们说王力先生"会搭架子",还指他对于理论创新有自觉追求,通过成功构建研究汉语的多种宏观性系统,率先揭示了大大小小的中国语言学规律,达到原创或集成。王力先生的系统构建,是中国现代学术的一种巨大存在,王力先生是中国语言学真正伟大的一代宗师。

文章概括了王力先生"搭架子"的科学做法:占有材料、重视例外、吸收精华。王力(2015b:359)在《我的治学经验》中说:"科学研究并不神秘,第一是要有时间,第二是要有科学头脑。有时间才能充分占有材料,有科学的头脑才能对所占有的材料进行科学的分析。古今中外有成就的科学家都是具备这两个条件的。"这两条经验是王力先生学习和研究实践的总结,表达了他所认定的从事中国语言学系统研究的基本条件。王力先生在占有材料上舍得花工夫。文章引用了王力先生自己的话予以证明。王力先生28岁时出版《老子研究》，他在附记中说："今人喜言归纳，实则恒用演绎。凡利于己说者，则搜罗务尽；不利己说者，则绝口不提。舍其不利己说者而观之，诚确乎其不可拔矣；然自欺欺人，莫此为甚。余为是篇，于老子全书，几无一语未经道及，宜无片面观察之嫌。顾彼此相较，则吾术为拙；往往一语龃龉，全章改作。非不知弃全取偏之易为力，羞而不屑为也。"（王力2014：69）[1]王力先生批评的现象，今天依然存在，甚至有过之而无不及。

研究语言系统，必然面临对非系统部分的例子的分析，也就是对例外的处理。语言是一种高度复杂的社会系统，非常便于人们观察系统中所夹杂的非系统部分。这些例外，绝大部分直接关涉语言演化，有些跟语言演化无关。治汉语史学科，时空矛盾更加突出，面对的例外更多，必须钻研历代古书才能解决。王力先生一直注重材料中的例外，提出利用"系统"的方法来克服"非系统"带来的干扰。他在《中国文法中的系词》中说："有些依上古文法写下来的文章，后代的人看去不顺眼，就在传写的时候有意地或无意地添改了一两个字，使它适合于抄书人的时代的文法……我们研究文法史的人，对于这类事实却绝对不该轻易放过。"王力（2015a：237—238）针对此类情况，提出了解决问题的办法："严守着'例不十，法不立'的原则，凡遇单文孤证，都把它归于存疑之列，以待将来再加深考"，"如果我们在某一时代的史料中，只在一个地方发现了一种特别的语句构造方式，那么就不能认为通例，同时也就不能成为那时代的文法。纵使不是传写上的错误，也只能认为偶然的事实罢了。"

王力先生能在中国语言学研究方面搭起多种学科框架，跟他充分吸取古今中外学术精华有极大关系。王力先生搭建不同学科的框架，都有中外比较的视野，框架总体和研究思路主要接受了西方的影响，具体内容则主要采纳我国的学术精华。王力先生创立不同学科框架，根据不同研究条件和需要，灵活吸收，不同学科体系吸收学术精华的侧重点也不完全一样。汉语诗律学、中国语言学史研究吸收我国古代相关成果尤多。中国语言学史对我国历代语言学的分析、评价，都建立在细读原著的基础之上，往往要言不烦，恰如其分。汉语史学科框架的建立则深受欧美语言学，特别是苏联的影响。19世纪后半叶以来，欧洲人就写出了英语史、德语史、法语史、俄语史等著作；苏联车尔内赫1954年出版了《俄语历史语法》。王力先生仿照欧洲一些单一语言演变史，主要是苏联多部俄语史著作建立汉语史框架，这些借鉴在王力先生《汉语史教学一年的经验和教训》一文中有详细阐述。

文章探讨了王力先生为什么善于"搭架子"和"搭架子"的意义。王力先生为什么善于构建中国语言学的学科系统，这可从他的求学历程和学术抱负方面去探讨。

王力先生的系统构建，一个重要的来源就是，他很早就系统阅读中西语言学及相关学科那些建立系统框架的著作。据王力先生《我是怎样走上语言学的道路的》一文介绍，他20岁时就开始阅读语言学方面的著作。中国古代不乏建构学术框架的语言学著作，音韵学方面尤其显著。例如上古音研究，顾炎武、江永、段玉裁、孔广森等学者都建构了各自的上古韵部框架，王力先生之前的章炳麟、黄侃等也都建立了他们的上古声韵系统框架。王力先生深受这些著作的启发，建立了自己的上古音系统。清末中国人仿照西方模式写出了一些建立中国语言学分科框架的著作，例如《马氏文通》，王力先生26岁时就详细阅读了

---

[1] "知"，中华书局版误作"如"，此引据原版核改。

这部书。留学法国以后，不仅从老师那里学，更阅读了西方学者大量的语言学著作。他的博士论文《博白方音实验录》，征引了鲁斯洛《法语发音概要》、高本汉《中国音韵学研究》；王力先生的《汉语音韵学》附录的《汉语音韵学参考书》中征引了多部英法文写的关涉系统框架的著作。方光焘先生说，王力的汉语语法研究"受到房德里耶斯《语言论》一书的理论的影响。同时，他又采纳了美国语言学家布龙菲尔德的某些学说。他所受到的最大的影响是丹麦语言学家奥托·叶斯伯森的'三品说'"（方光焘 1997：180），这是有根据的。

孙先生文章认为，中国语言学的真谛远远没有穷尽，我们需要在王力先生等先贤研究的基础上，不断整合中国语言学的不同学科，分支、裂化原有学科，扎实推进，不断逼近中国语言学的真谛，这是我们的时代使命。从这个角度说，王力先生构建中国语言学不同学科体系的实践，会带给我们多方面的启示。

我说孙玉文先生的这篇王力研究文章是一个成功的典型个案，就是指这篇文章不仅探讨了王力先生的研究方法，而且是在研究王力先生的学术思想，其意义远高于对具体学术成果的评介。

三 王力学派研究的个案尝试

王力研究已经取得了不少成果，但王力学派研究还没有真正开展起来；王力学派的学术谱系有待完整、系统地建构，王力学派研究更有赖于自觉、有组织的开展。王力学派研究的一个主要内容就是，王力先生亲传弟子的研究。王力先生的这些学生所取得的成就中，自然会体现王力先生的学问和思想，值得进行专门的系统研究，这也是当代中国语言学史和中国语言学未来发展的必然要求。

为庆贺郭锡良先生九十华诞，去年我邀请专家撰写了一批文章，孙玉文先生、邵永海先生、王立军先生分别就郭先生在语音史研究、语法史研究和文字学研究方面所取得的成就撰写了评述文章，我和我的博士生刘静也合作完成过一篇，即《郭锡良先生的训诂词汇研究》。这几篇文章是有组织地对王力先生的弟子、王力学派的重要传人郭锡良先生所进行的专题研究，也是我们对王力学派研究的一个个案尝试。

郭先生跟随王力先生学习、工作了 32 年，认真阅读郭先生的著作和文章很快就能发现，郭先生的所有研究都深受王力先生的影响，郭先生的成就中充分体现着他对王力先生学术思想的传承与发扬。在语音史、语法史等研究领域，郭先生如何积极继承、光大王力先生的学术思想，可以参看前面几位先生的大作。在训诂词汇研究方面也同样体现着这样的精神，下面简要介绍一下我和学生所撰写的文章，这篇文章的删节本发表在《古汉语研究》2020 年第 3 期上。这里概括出五大点。

第一，郭先生在汉语史研究中重视系统性和历史变异性。孙玉文先生的文章说，王力先生特别"会搭架子"。搭架子的本质就是重视系统、重视系统构建。郭锡良先生的训诂词汇研究也"特别重视语言的系统性和历时变异性，不孤立地观察问题，不以今律古"（郭锡良 2005：2）。

"反训"是传统训诂学中的一个说法，这一现象是东晋郭璞最先提出来的。这一说法，后来的训诂学家有人赞成，有人怀疑甚至反对。20 世纪 80 年代曾经有过一阵子热烈讨论[1]，肯定和否定"反训"的意见都有，郭先生明确表示"反训不可信"。因为郭先生认为，语言是人类的交际工具，"在共时的语言词汇系统中，具有正反两个对立意义的词是很难存在的"（郭锡良 2005：511）。当然，共时现象和历时现象不是截然分开的，也有交叉的可能，尤其是有些词义演变完成所经历的时期比较长，这种共存现象就难以避免。所以郭先生说："我并不反对这种提法的合理性，但是反义的长期同时并存，这是需要考证的，要用大量材料来说明"（郭锡良 2005：523）。

《左传·隐公元年》"多行不义，必自毙"一句中的"毙"，从古到今都有人解释为"死"。郭先生认为这是错误的，"'毙'字的古今义是不同的，古义是'倒下'，今义是'死'"（郭锡良 2005：551）。郭先生这个结论是建立在对先秦十几部古书深入、细致的调查研究基础上的，他认为"毙"在汉代才产生了"死"这个新义。郭先生还进一步考察了相关的同源字，他指出："从'毙'的古今义及它与'獘、敝、獙、弊'等字的关系，我们可以看到，词义是有时代性的，也是有系统性的；训释词义一要有明确的时代观念，二要能从词汇的系统性来考察它与同源词的关系。"（郭锡良 2005：556）

第二，郭先生强调在古文阅读理解中重视字词句落实和知人论世。王力先生在主编《古代汉语》时特别强调字、词、句落实，要求文选注释时贯穿始终。郭先生深刻理解王力先生的这一要求，指出"读古典作品，首先就要落实字、词、句，进一步就要知人论世"（郭锡良 2017：380）。

王维有一首题《鸟鸣涧》的诗："人闲桂花落，夜静春山空。月出惊山鸟，时鸣春涧中。"有编注者把这首诗中的"闲"注释为"安静"，把"桂花"当作桂树所开之花。郭先生认为这是不对的。首先，"闲"和"静"的意思并不相同。先生说："'闲'是闲暇、空闲、悠闲，重在表示没有事情、没有活动，与'忙'相对。'静'是安静、清净、寂静，重在表示没有声响、安定不动，与'动'相对。'闲'一般是没有安静义的。诗中'人闲'与'夜静'对举，更说明诗人在两句诗中要表达的重点是不同的。"（郭锡良 2005：563）诗中的"桂花"实际上是指代月光。郭先生指出，"花"是"华"的六朝后起字，都有花朵、光华两音两义。隋唐时"光华"一般写作"华"，但仍有写作"桂花"来指代月或月光的，例如梁文简帝《望月诗》"桂花那不落，团扇与谁妆"，庾信《舟中望月》诗"天汉看珠蚌，星桥视桂花"，李贺《有所思》诗"自从孤馆深锁窗，桂花几度圆还缺"等。为了证明鸟鸣涧这个地方在春天确实没有桂花，郭先生还从三个方面做了细致论证。在回答蔡义江先生的质疑时，郭先生又做了更为翔实的考证，包括实际勘察。

李白《望天门山》诗："天门中断楚江开，碧水东流至此回。两岸青山相对出，孤帆一片日边来。"这首诗是描写李白自己站在哪儿望天门山的呢？有人认为是站在岸上，有人认为是站在船上。郭先生说，认为站在岸上是"让李白站错了地方"（郭锡良 2005：558），因为"两岸青山相对出"中一个"出"字说明，整个诗是"动景"，"只能是李白乘船经过天门山了[2]望两岸山景时才会有这样的感受。"（郭锡良 2005：557）李白一生中曾经多次"过

---

[1] 董璠发表的《反训纂例》（《燕京学报》1937 年第 22 期）是"反训"专题研究的第一篇文章，40 年代齐佩瑢在《训诂学概论》里对"反训"有批评性讨论，五六十年代关于"反训"的专论有 5 篇，70 年代末至 85 年前后则有 30 篇左右，参见拙作《五十年来"反训"研究情况综述》[《昭通师专学报》（哲学社会科学版）1986 年第 3 期]。遗憾的是，限于当时报刊发行、手工检索和所在大学的资料条件，本人撰写此文时没有见到郭先生的文章。

[2] 原文作"了"。

天门山",而《望天门山》这首诗应该是写在"他刚回江南不久",这时李白结束了在北方不能施展抱负的漫游生活,心情大好,所以"乘船再过天门山,深为长江浩浩荡荡、开山断石、一往无前的气势所感动"(郭锡良 2005:559),而在没有落魄离京漫游齐鲁梁宋之前,过天门山不应有"孤帆一片日边来"的感情,安史之乱后李白已经年过六十,以戴罪之身再过天门山也不可能有这种感情。

第三,郭先生坚持用系统性的观点看待词义发展和同义词辨析。郭先生研究词汇、词义更是十分注重系统性,他说:"词汇是发展的,词义是不断演变的。"(郭锡良 2005:530)他还说:"不但词义具有系统性,词汇的组成也具有一定的系统性。"(郭锡良 2005:535)所以,无论是掌握古汉语词义还是辨析古汉语同义词,都要时刻注意历史演变,注意系统性。

词义具有明显的时代性。比如"先秦'寺'有侍奉的意思,见于《诗经》《左传》和《韩非子》,只用于'妇寺'或'寺人'";"秦代以后用宦官担任外廷的重要职务(九卿),于是把他们任职的官署称作'寺',如太常寺、大理寺、太仆寺、鸿胪寺等"(郭锡良 2005:530);"东汉以后,'寺'的词义扩大,凡官署皆可称'寺'";"六朝以后,'寺'一般只保留佛寺的意义"(郭锡良 2005:531)。所以,在阅读古书时需要根据作品的时代来理解"寺"的意义,不了解词义具有时代性就可能以今律古,结果则似是而实非。各个意义之间有内在联系的一词多义也是词义发展形成的。比如"行",甲骨文的字形象十字路口,本义是道路;由"道路"引申为"走路""行走",由"行走"引申为"走了""离开",由"行走"还引申为"实行",由"实行"再引申为"行使""使用"。从本义到各个引申义,这是慢慢形成的,因而具有时代性,各个引申义之间具有不一样的关系,这构成了词义的系统性。词义的系统性是词的意义关系,词汇的系统性则是词际之间的关系;"在词汇组成的系统性方面,我们需要重视两个问题,一是同义词的辨析,二是同源词的探求"(郭锡良 2005:535)。

郭先生重视同义词辨析,并且做了不少具体辨析工作。他说,王力主编《古代汉语》教材中"六节词义分析举例,也有一半以上是由我执笔"(郭锡良 2017:2)的。郭先生在同义词的辨析实践中,不仅重视辨析同义词之间在意义、用法、色彩等各方面的细微差别,而且尤其重视时空观念和系统性。"军"和"师"都是集体名词,指军队,但"在先秦'师'字一般指出征在外的军队,而'军'字则不是。汉代以后,多用'军'字指军队,'师'字逐渐很少用来指军队,'军'字也就可以指出征在外的军队"(郭锡良 2017:34)。"兵"的本义是兵器,"卒"是步兵,"战国以后,'兵'也可以当军队讲","汉代以后,'兵'逐渐与'卒'完全同义,可以用来指士兵。"(郭锡良 2017:35)"持、操"是词汇发展中积累起来的一组同义词,都有用手拿的意思,但它们的意义是有细微区别的,因为有了这种细微差别而丰富了汉语的词汇,也因为有了这些细微差别而使汉语的表达更精确。比如"执"的本义是捕捉俘虏或犯人,在它丰富的引申义中则蕴含着一个特点,即"把东西拿紧、把事物掌握牢固"(郭锡良 2017:77);而"'秉'的词义特点不在于是否把东西拿得紧,而在于表示一只手从旁拿着东西,并附有小心地把东西拿平的意思,因此有'秉公、秉承、秉烛'的说法"(郭锡良 2017:78)。

第四,郭先生对系统性的重视还体现在对同源词和音义关系研究上。汉语同源词(同根词)的探求,关涉词汇系统性的研究,郭先生认为这是与同义词辨析一样值得重视的问题;在具体的词汇、词义研究中,注意音义关系,做到音义互求,这也是郭先生在研究实践中非常重视的。

汉语同源词（同根词），"同西方语言学中不同语言中的同源词不是一回事，而是相当于西方一个语言中由相同词根派生出来的词。"（郭锡良 2005：252）词义构词、音变构词这两种构词方式"始终是先秦重要的构词方式，同源词也大都产生在这个时期"（郭锡良 2005：258）。词义构词法形成同音的同源词，例如"道"，"道路"义引申出"流水通行的途径"，这是近引申义，两个意义属于一词多义；引申为"道理，规律"，引申为"述说"，这两个意义就是远引申义，可以视为分化出两个同源词，字形不变。字形不变，一词多义和同源词的界限不易分清；产生分化字之后，判断起来就容易一些了。比如"尊"，本义是"盛酒的器具"，引申为"尊崇，高贵""尊重，敬重"；后来引申义成为常用义，本义反而不为人所熟知，于是为本义造了分化字，作"樽"、作"罇"。"人有用叫做'才'，木有用叫做'材'，物有用叫做'财'。它们的共同义素是'有用'。人才的'才'也常写作'材'。"（郭锡良 2005：255）音变构词法则形成音近的同源词，它们是"通过音节中的音素变化构造意义有联系的新词"（郭锡良 2005：255）。比如"渴""竭""歇"，溪、群、晓旁纽，同属牙喉音，月部叠韵。"人缺水欲饮为渴，江河缺水为竭、为歇。水竭则尽，水歇则止，用于抽象事物为尽、为止"（郭锡良 2005：256）。他如"创、伤"义近，初、审邻纽，同属舌齿音，阳部叠韵；"斯，析"义近，心母双声，支锡对转，等等。

郭先生和王力先生一样，特别重视中国传统语言学的成果。他说："贯串各篇论文的共同思想是：汉语史研究的各个领域都既要继承我国传统语言学的严谨学风和研究成果，又要吸收国外现代语言学的理论、方法。"（郭锡良 2005：2）郭先生在词汇研究中注重以音求之，在语音研究中重视以义证之，强调音义互求，这些都是对我国传统语言学特别是乾嘉以来语言研究的优秀传统的继承。比如南北朝时期，第三人称出现了新的形式，其中之一就是"渠"，那么"渠"是从哪里来的？吕叔湘先生推测"渠"可能是"其"的变式，郭先生认为有道理，并解释道："大概是因为'其'字发展到六朝有文白两读，文读随着之部其他字的读音演变了，而用作第三人称代词的白话读音却基本保存古代的读音，跟来自鱼部的'渠'的读音相近或相同了。"（郭锡良 2005：12—13）[1] 郭先生利用音义关系讨论实词的例子更多，如"宴飨、飨祀义后来作'飨'，面向义后来作'嚮'，二字在《广韵》中声音有上、去之别，但在甲骨文中字形无别，去声后起，甲骨文中声音可能相同，因此'乡'由宴飨义引申为面向义是词义造词"（郭锡良 2005：147）。"饑"和"飢"经常被理解错了，今天则常常被人误认为就是繁简字，其实不然。因为"'饑'和'飢'古音本不同，'饑'是见母微部，'飢'是见母脂部。意义分别也十分清楚。……[饑][2]是指年成不好，没有粮食吃。……[飢]是肚子饿，与饱相对。在上古文献中，《左传》《公羊传》《穀梁传》'饑、飢'决不相混"（郭锡良 2017：43）。郭先生还注意结合方言讨论音义关系，如有人认为"盖"字有见母覃韵上声读法，"壣"是后人造的方言字。郭先生说："'盖'和'壣'是语义、用法有部分交叉而语音上并无联系的两个词。"（郭锡良 2017：278）"'盖'本是指盖屋用的茅草编织物，而'壣'是指带盖的器皿。"（郭锡良 2017：279）"不管是指'盖'这个词还是这个字，都不应有'见母覃韵上声'这个音读"，"'壣'不是后造方言字。"（郭

---

[1] 郭锡良先生也指出了另外一种可能性，即"'渠'并非从'其'演变过来的，而是跟'伊'一样，同是方言词"。
[2] 引者加，下"[飢]"同。

锡良 2017：283）

第五，郭先生基于汉语历史事实提出汉藏语同源词研究中的"三隔"问题。王力先生既重视继承，更重视借鉴。郭先生提出，汉藏语同源词研究要摈弃"三隔"，正是科学吸收国外现代语言学的理论与方法的体现。

音隔，"即从古音上说不通"（郭锡良 2005：482）。有人认为汉语的"壩"和藏语的"rags 堤坝"是同源词，并且用它们来证明汉语上古去声有*-s 尾。郭锡良（2005：482）反驳说："先不管去声来自*-s 尾的说法是否能成立。我们从声韵谈起，'壩'是二等字，可以有个 -r-，可是它的声母是帮母，跑到哪里去了呢？汉语'壩'的上古音与藏语的音对得上吗？这就是音隔。"郭锡良（2005：483）指出："说有*-s 尾，也是一种音隔，形成双重音隔。其实'壩'是后起字，始见于《集韵》，怎么可能有*-s 尾呢？怎么会与藏语有同源关系呢？"

义隔，即"意义上有隔阂，比较的两个词意义上有差别，不易相通，拐弯抹角，勉强凑合上"（郭锡良 2005：483）。有人认为"岁"与藏语的"skyod-pa 行走，逾越，时间之逝去"是同源词。郭先生说："汉语'岁'这个字词在甲骨文中就出现了，表示岁星、岁时的意义。……根据藏文文献记载，它[1]创始于松赞干布时期，7 世纪中叶才使用十二年循环纪年，9 世纪才使用六十年循环纪年。汉历和藏历相差一两千年，汉语中由天文、历法的发展而产生的专用字词'岁'，怎么会同藏文的 skyod 是同源呢？"从词义的角度做一下简单考察，就能清楚地看到，"'岁'的一系列意义是：岁星（木星）、年成、年岁（由岁星运行一次到泛指一年）、年龄单位；从来也没有表示'时间之逝去'这样的意义，更没有'行走''逾越'的意义。"（郭锡良 2005：460）

类隔，即"把借词算做同源词，我们就把它叫做'类隔'"（郭锡良 2005：485）。有人认为汉语的"栋"和藏语的"gdung 梁，栋材"是同源词。先生说："'栋'和'梁'非一物，而且'梁'本指木桥，引申为屋梁；它们是房屋建筑发展到相当高程度以后才会出现的文化词语。如果原始社会古人曾长期巢居或穴居，汉族和藏族的先民在新石器时代分开的时候，不可能出现这种科技词语。"（郭锡良 2005：485—486）

郭锡良先生的词汇、语法研究常常紧密结合，这也是系统性观念的深刻体现。比如郭先生对先秦汉语构词法进行过全面系统的研究，并有不少发现。郭先生指出，"甲骨文中没有与'之''兹'相对立的指示代词"，"甲骨文中的指示代词的体系只有一类，这是同周秦以后的指示代词的体系不同的"（郭锡良 2005：85）；"战国中晚期以后'於'已基本上取代了'于'，此后的典籍，大多只在引用古籍时才用'于'字，或者是方音或仿古的影响，仍有用'于'的"（郭锡良 2005：227）；"'以'在甲骨文中是一个动词；在西周金文中已虚化为非常活跃的介词，并有了连词的用法；春秋战国时期变化更大，主要用作介词、连词，并进一步构成固定结构，转化成构词语素。中古以后介词'以'逐渐衰落"（郭锡良 2005：233）。"到了周代，汉语的名词、动词、形容词的语法功能日益复杂化、多样化，从而形成了三类词多功能交错的局面"（郭锡良 2005：268），加上它们"在结合关系方面也有了发展"（郭锡良 2005：276），从而带来了词类活用、词的兼类现象的发展。等等。这些既是语法问题，也是词汇问题。

此外，在词典编纂问题上，郭先生发表了一些重要意见，关于词义概括性、同一性等

---

1 指藏历。

问题则是他反复强调的,其中王力先生思想的影响也十分明显。比如郭先生说,"重视词义的概括性无疑是应该的"(郭锡良 2005:576),在词典中"扩大词义的概括性",是"王先生《理想的字典》的核心思想,即词义的系统性、历史性统一的基础"(郭锡良 2017:387),义项太多"是目前一般字典、辞书存在的首要问题"(郭锡良 2017:388)。"王力先生为《王力古汉语字典》写的《序》中说:'一般字典辞书总嫌义项太多,使读者不知所从,其实许多义项都可以合并为一个义项,一个是本义,其余是引申义……'"(郭锡良 2017:387)。

在我们学习郭锡良先生训诂词汇研究论著的过程中,时时感受到来自王力先生学术思想的深刻影响,也时时感受到郭先生对王力先生学术思想的传承与光大。如果能有效地有组织地展开王力学派的研究,王力先生及王力学派对中国语言学的贡献将会得到全面深入的阐述,中国语言学的未来道路如何走也将会从中得出有重大历史意义的结论。

参考文献

方光焘(1997)《方光焘语言学论文集》,商务印书馆。
郭锡良(2005)《汉语史论集》(增补本),商务印书馆。
郭锡良(2008)汉藏诸语言比较研究刍议,《中国语言学》第一辑,山东教育出版社。
郭锡良(2017)《汉语研究存稿》,中华书局。
华学诚(1986)五十年来"反训"研究情况综述,《昭通师专学报》(哲学社会科学版)第 3 期。
华学诚、刘 静(2020)郭锡良先生的训诂词汇研究,《古汉语研究》第 3 期。
宋绍年(2020)纪念王力先生诞辰 120 周年座谈会发言,北大学人微信公众号"语言学微刊"(pkulingua),2020 年 10 月 29 日。
王 力(2014)《龙虫并雕斋文集外编》,中华书局。
王 力(2015a)《龙虫并雕斋文集》(一),中华书局。
王 力(2015b)《龙虫并雕斋琐语》,中华书局。

王力《论理学》的逻辑学体系

——兼与章士钊、陈望道的逻辑体系比较

西南大学文学院　张春泉

提要：语言学家王力先生的《论理学》具有较为完备的学术体系，从王力等著名语言学家在逻辑学史上的造诣可以看出，逻辑是语言学现代化的重要基石。王力《论理学》常常以逻辑学的方式探究和陈述逻辑学问题。《论理学》在逻辑界定上十分重视思维运用。《论理学》的逻辑体系要素是演绎和归纳。王力的逻辑学体系更接近于西方逻辑，相比较而言，章士钊的逻辑学体系更倾向于中国传统逻辑，陈望道在讲因明学时也讲到了逻辑，更倾向于印度逻辑。有意思的是，在概念术语的表述上，相对更重视西方逻辑的王力先生给"逻辑"的名称是更具中国话语特色的"论理学"，而相对更重视中国传统逻辑的章士钊先生给"逻辑"的名称则是"逻辑"。或许这正是一种别具匠心的中西融通。三家逻辑学体系都注重学科视域的融通，重视学术话语表述的深入浅出。

关键词：王力　《论理学》　逻辑学体系　演绎　归纳

语言学家王力（1900—1986）博古通今，学贯中西，是一座学术丰碑。"王力先生在中国这片土地上，为中国语言学现代化事业辛勤奋斗了半个多世纪，他的教学、研究都涉及语言学的方方面面，做了许多开创性的工作，不断有新的创见、新的成果。在研究领域广阔、成果丰富、学生众多等方面，恐怕很难找到有与王先生比肩者"（郭锡良 2011）。王力先生治学的代表性领域是语言学，同时在其他领域也有重要贡献，诚如向熹（2017）所言，"王力先生在中国语言学各个方面都有巨大成就，硕果累累。他又是著名翻译家、诗人、散文家，扬名中外。他就是一座学术丰碑"。王力还是一位逻辑学学者[1]，于 1934 年即出版了逻辑学专著《论理学》。

王力《论理学》建构了相对完备的传统逻辑体系。相比较于章士钊、陈望道等学者，王力的《论理学》颇具特色，当然章士钊、陈望道的逻辑学体系也有自己的特色，章士钊著有《逻辑指要》等，陈望道著有《因明学概略》。本文关于王力《论理学》的所有材料均依据中华书局 2014 年出版的《王力全集》第二十一卷。章士钊《逻辑指要》依据文汇出版社 2000 年版的《章士钊全集》第七卷，陈望道《因明学概略》依据复旦大学出版社 2005 年出版的《陈望道学术著作五种》，并参浙江大学出版社 2011 年出版的《陈望道全集》。

---

[1] 由于"逻辑"这个概念术语至少在形式上是外来词，且兼顾逻辑学界的习惯性表述，本文在表述上关于"逻辑"和"逻辑学"不作严格区分。

一 逻辑：中国语言学现代化的某种基点

《中国逻辑史资料选·现代卷》（上）"著作及论文索引"中的"传统逻辑部分（1949年10月以前）"，有"《论理学》王了一著，1934年商务印书馆出版"条。（中国逻辑史研究会资料编选组1991a：509）王了一即王力。王力的《论理学》比《中国现代语法》稍早，《中国现代语法》"书成于1938年至1940年夏。商务印书馆出版，出版日期分别为《语法》上册1943年1月，下册1944年8月"（邵敬敏2006：112）。饶有意味的是，对中国语言学现代化也作出了重要贡献的章士钊和陈望道亦在逻辑学史上有代表性成果。

《中国逻辑史资料选·现代卷》（上）"著作及论文索引"中的"名辩逻辑部分（1919—1949.9）"有"《逻辑指要》章士钊著，1943年重庆时代精神社出版"条。（中国逻辑史研究会资料编选组1991a：530—531）《中国逻辑史资料选·现代卷》（下）第306—328页对《逻辑指要》做了专题介绍。

《中国逻辑史资料选·现代卷》（下）同样专题介绍了陈望道《因明学》，指出"《因明学》1931年10月由上海世界书局出版。这是我国用白话文写成的第一本因明学著作。书中常把因明和逻辑作比较的说明。作者通俗地将因明定义为关于媒概念的学问"；"本书前半部分吸取了日本大西祝《论理学》中的观点"。（中国逻辑史研究会资料编选组1991b：556）《因明学》问世1年后，《修辞学发凡》正式出版了，《因明学》问世7年之后，中国文法革新讨论开始了，该讨论"开创了语法理论研究的新风"，"这次文法革新的发端是1938年10月19日上海《语文周刊》15期上刊登其主编陈望道《谈动词和形容词的区别》一文，在讨论方言文法时偶尔涉及一般文法体系的特点"。（邵敬敏2006：103）

总体上看，王力的逻辑体系更接近西方的传统逻辑，章士钊的逻辑体系更接近于中国的传统逻辑，陈望道的《因明学》则主要关注印度逻辑。

据郭锡良、鲁国尧（2006），在语言学史上，陈望道是《马氏文通》之后中国语言学现代化进程中第一代语言学家的代表性人物之一，王力是第二代中的突出代表。此外，作为《马氏文通》的"修正派"，"章士钊《中等国文典》（1907年）写得简明扼要，浅显易懂，并有所创见，颇受一般青年学生欢迎。"（邵敬敏2006：52）王力等推进中国语言学现代化的一代宗师在逻辑学上有深厚造诣，有成体系的专著行世，这种现象值得学界关注。这种现象似可较为充分地证明：中国语言学现代化需要"逻辑"，某种意义上讲，后者是前者的一个必要条件，是基点。语言学家王力的逻辑学专著问世较早，系统性尤强，即使是在专门的逻辑学领域也可独树一帜。可以说，王力的逻辑学体系在语言学史和逻辑学史上都具有重要意义。

王力《论理学》的逻辑体系，可以通过核心概念术语的界定、体系要素、学科视域等方面体现出来。核心概念术语的界定的着眼点是系统内的元素，体系要素则主要着眼于元素之间的结构关系（尤指分类及其层级），学科视域主要通过比较凸显整体特色。

二 逻辑界定：一种思想运用

王力《论理学》的体系非常清晰严整，自身的逻辑性很强，堪称以逻辑的方式研究逻辑的典范。该著由三部分组成：导言、第一篇《演绎的论理学》和第二篇《归纳的论理学》。而这两篇篇内也安排得严谨合理，先讲什么后讲什么，都有恰当的"排比"。"所谓排比，

是对于各种类加以有系统的安排。"（王力 2014[1]：79）

《论理学》的开篇即《导言》，《导言》的开头即"何谓论理学"，王力（2014：75）指出："论理学又名逻辑（logic）；逻辑是音译，论理学是意译。这乃是运用思想的一种学问。论理学的目的在乎应用种种原理，使我们的思想准确。"

《论理学》十分重视概念术语的界定，往往在展开论述前先对核心概念进行界定。这也是将逻辑学运用到学术写作的重要表现。例如第一篇第一章的标题为"概念"，第一节的标题即"何谓概念"；第二章的标题是"分类 定义 排比"，该章第一节就是"何谓分类、定义、排比"；第七章的标题是"间接的推理——三段论法"，该章第一节即为"何谓三段论法"。

在界定逻辑学核心术语时，王力往往有创见。例如："推理的基础乃是所以达到结论的理由。但推理的基础切不可与前提相混。一般的论理学家往往把这一点分不清；因为这两件事不分，以致推理往往错误。"（王力 2014：97）再如作者指出："在演绎的论理学里，普通把思想的运用认为有三个要素：（一）概念（concept），或名（names），或词（terms）；（二）判断（judgments），或命题（propositions）；（三）推理（inference）。"（王力 2014：76）以上三个要素，今天的教科书一般表述为"概念""命题""推理"。"概念"的界定十分清晰。作者指明："概念是思想的一种方式，在这方式里，我们的思想把某一事物认为一件事物，而且这事物是与其他事物有别的。"[2]（王力 2014：76）这些语句下加着重号尤见作者的逻辑眼光。同时也很全面。作者有言："概念的内容就是它的含义。这种含义藉着一种个性而与他种含义有别，于是那个性就形成了概念的标识，或特性。"（王力 2014：76）

王力、章士钊、陈望道都十分注重定名界说。与王力《论理学》类似，章士钊《逻辑指要》和陈望道《因明学概略》都在著作的开头界定核心概念术语。章士钊《逻辑指要》第一章为《定名》、第二章为《立界》，陈望道《因明学概略》第一篇《概说》的第一部分为"何谓因明"。

王力、章士钊、陈望道都很注重定名界说，但在具体操作上有一定的差异。例如王力《论理学》就"论理学"名称，作了非常简明的概括，章士钊则十分"计较"这个名称。章士钊（2000：296）指出："论理学从西文逻辑得名，日人所译称也。窃谓其称不当。"在章士钊（2000：296）看来："故论理二字，义既泛浮，词复暧昧，无足道也。"显然，他不赞同意译，而是主张音译。章士钊（2000：298）认为："论理与名与辨，皆不可用。此外尚有何字，足胜其任否乎？沉心思之，不论何种科学，欲求其名于中西文字，义若符节，断不可得；而逻辑尤甚。愚意不如直截以音译之，可以省却无数葛藤。吾国字体，与西文系统迥殊，无法输用他国字汇，增殖文义。以音译名，即所以弥补此憾也。佛经名义，富而不滥，即依此法障之。愚于逻辑，亦师其意。"两种处理都有道理，大概只是视角不同，着眼点有别。

陈望道《因明学概略》开篇也是界定核心概念："因明有人称为'东方论理学'，源出

---

[1] 这里的年份，是中华书局版《王力全集》的出版年份，而非《论理学》的出版年份。中华书局版《王力全集》收入《论理学》时以商务印书馆版为底本，且《中国逻辑史资料选·现代卷》（上）收有王了一《论理学》，证明《论理学》一书的存在是可信的，《王力全集》版本应可采信。为行文方便和格式统一，本文引用章士钊、陈望道文献时年份标记同王力文献。

[2] 引者按：着重号为原作者所加，下同。

印度，后来流传到中国、日本，为印度'五明'的一种。明就是现在所谓阐明或研究。印度从前分研究为五类……（五）为因明，就是逻辑或论理学。但因明和逻辑或论理学的形式颇不同，用处也不全相一致，颇有另行讲述的必要。"（陈望道 2005：147）具体指出："其实因明中的所谓'因'，就是逻辑的三段论法中的所谓中介概念。因明云者，简洁地说，就是关于中介概念的学问；再详，也只要将因解作立言的'所据'或'理由'；而以因明两字作探究阐明立言的所据或理由的意思解，就够了（参看胡茂如译《论理学》第二编第四页）。"（陈望道 2005：147）又进一步指出："因明学的目的，在探究我们主张一个论旨的时候，'因'着什么而有那样的主张，以及那因是否可靠，应当具有什么条件等问题。"（陈望道 2005：147）看来，陈望道格外注重溯源。

思维的运用得借助语言，因此《论理学》特别重视逻辑与语言之间的关系。例如第一篇第三章第二节专讲"判断与言语的表现"。此外，有关论断也充分体现了这一点："在演绎的论理学里，命题乃是表现判断的一个句子。"（王力 2014：92）除了述及"句子"，作者还关注到"字"（词）的逻辑功能："我们应该注意，命题里的否定字并不个个都是否定的记号；反过来说，没有否定字的命题有时候本身却是否定的，或暗含否定的意思。"（王力 2014：93）陈望道《因明学概略》也十分明确地谈到了思维和言语的关系问题："固然，思维和言语的关系很密切。逻辑虽被说是着眼在思维的形式，当然也不是与言语无关系；因明虽被说是言语上的法式，也不是与思维无关系。不过从它们的主要的着眼点而论，实际正如上说，可以分作两路：逻辑所研究的是思维的法式，重在所谓自悟；因明所注意的是辩论上的获得胜利，重在所谓悟他，实际是不同的"（陈望道 2005：157）。章士钊《逻辑指要》关于"思"与"名"之间关系的论述也与前两家有异曲同工之妙："思何由而正乎？曰：于名实正之。《墨经》曰：'所以谓，名也；所谓，实也。'凡人命意遣言，一切能谓所谓，举得其正，思想自正。荀卿为学，首事正名，其言曰：'同则同之，异则异之，……知异实者之异名也，故使异实者莫不异名也，犹使同实者莫不同名也。'此寥寥数言，殊足以发挥正思之能事。"（章士钊 2000：303）

三位现代语言学家自觉地关注语言与逻辑的关系，这在某种意义上使语言学家"客串"逻辑学有了可能，也似乎可旁证语言学的现代化与逻辑学直接相关。

三 体系要素：演绎与归纳

王力《论理学》界定完"论理学"之后，把逻辑学体系大别为两个子系统：演绎的论理学和归纳的论理学。

在演绎的论理学里面，基本元素是概念、判断和推理。与传统逻辑不同的是，王力有效区分了"判断"和"命题"。

在归纳的论理学中，王力阐明了观察、实验、假定、机会的计算（概率）以及类比等逻辑方法。其中"机会的计算"超出了传统逻辑的范畴，具有一定的现代性。

尤其难能可贵的是王力特辟两个专章分别讲述"演绎推理的谬误"和"归纳推理的谬误"，非常简明扼要。"逻辑体系：归纳与演绎"是英国哲学家约翰·穆勒的逻辑学著作名，我国近代学者严复译为"穆勒名学"。王力《论理学》略有不同，将"演绎"置于"归纳"之前。王力受穆勒的影响较大，除了体系上的承续，文字表述似也可证明这一点。例如《论理学》在专节讨论"推理的形式"时有言："穆勒说得好，这是从所已知以达于其所未知。"

（王力 2014：100—101）类似的表述还有"依穆勒的说法，归纳的方法有五种"（王力 2014：123），"由经验而得的扩大作用，依穆勒说，共有两种"（王力 2014：138），"穆勒说得好：'一切命题之可以涉及人类行为者都纯然是约略的'"（王力 2014：139），"穆勒对于这种错误的观察曾举了下列的例子"（王力 2014：142），"这么一来，就忽略了穆勒所谓原因的复数的可能性了"（王力 2014：144）。这可表明王力逻辑学体系的渊源。

王力以逻辑的方式讲述逻辑，除了对核心概念界定的重视之外，还表现在十分重视分类，且该书所作的分类清晰严密。重视分类是体系严整的一个必要条件。诚如王力（2014：79）所言："分类与排比乃是互相成全的两个历程。每逢分类必隐含着一种排比的工夫；而排比同时也就是一种分类的历程。"

在分类的实践上，王力首先将论理学分为演绎的论理学和归纳的论理学。王力（2014：75）认为："由此看来，我们有演绎的论理学与归纳的论理学。演绎的论理学的作用是在我们的思想中建立一致性，归纳的论理学的作用是达到事实的认识。"落实到《论理学》上，指出："所以本书分为两篇：第一篇说的是演绎的论理学，第二篇说的是归纳的论理学。"（王力 2014：75）这种安排无疑是符合逻辑的，是科学的。

就逻辑方法而言，有演绎法和归纳法两大类。"论理学是建筑在两种推理的形式之上的，就是普通所谓演绎法与归纳法。"（王力 2014：75）演绎法和归纳法可以进一步与普通逻辑的基本规律结合起来，比如同一律。"这两种推理[1]的形式在论理学上各占个别的地位。论理学的思想是以下列二者为目标的：（一）事实的一致；（二）事实的认识。事实的一致，意思是说，如果我肯定这个，就不能不同时肯定那个。至于思想与事实相符，这相符的确定性就是事实的认识。"（王力 2014：75）符合同一律（事实的一致），就有可能真正发挥逻辑的认知功能（事实的认识）。

如果说归纳和演绎是宏观的两大分类，那么对概念的分类则是微观视角的分类。"概念可以分为简单、复杂两种。所谓简单的概念，是不容分析为别的概念的；复杂的概念，是可以剖解为别的概念的。科学与哲学里的概念是复杂的概念，人们普通交际间所应用的概念也多半是复杂的。"（王力 2014：77）还可以依据不同的标准，将概念分为抽象的概念和具体的概念，绝对的概念和相对的概念，含义的概念与指示的概念这些分类十分严密细致。（王力 2014）此外，对于判断的分类也很有意义，作者将判断分为实然的判断、必然的判断、或然的判断，这比有些逻辑学教科书二元的分类（二分法）可能更符合逻辑，也更贴近日常事实。正因为如此，"或然的判断与必然的判断，都不必与实然的判断对立"（王力 2014：91）。

章士钊《逻辑指要》的逻辑体系在某种意义上不像王力《论理学》那么精致。在行文表述上章士钊《逻辑指要》平列二十八章，另加一个附录。每章不再分节。前文已述及，王力《论理学》首先是《导言》，然后分为两篇，篇下面再分节，节下面还分纲目。相较而言，陈望道《因明学概略》与王力《论理学》的体系建构更相似。

还需要说明的是，就王力自己同时段的学术专著的体系建构形式而言，《论理学》也是较为特殊的。与《论理学》一同收入《龙虫并雕斋文集外编》的《老子研究》《希腊文学》《罗马文学》以及《中国现代语法》等在篇章安排上没有《论理学》的层级多，在某

---

1 引者按：指演绎法与归纳法。

种意义上可以说没有《论理学》体系严整。

四 余论

最后，就行文风格而言，王力《论理学》、章士钊《逻辑指要》和陈望道《因明学概略》都在行文表述上力求通俗易懂、深入浅出，用简明的语言表述深奥的逻辑知识和理论体系。王力《论理学》大量运用"接地气"的日常例证即可说明这一点。而章士钊的"逻辑文"也颇有特色，章士钊（2000：295）有言："逻辑本艰深之学，自新逻辑兴，论者益务为艰深，满纸符号，难于卒读。然为学子专门研究之资，自成一家，谊无可避。本编无所专尚，志在灌输逻辑恒识，取便广泛读者。因一例以通俗显出为期。号曰专著，未是其的。"陈望道《因明学概略》也力求简明："国内文人论事颇有人常引因明，如章太炎氏；最近讲逻辑的又常涉及因明，如近出的几种论理学教本；而国内却还没有一本像村上专精氏那样文字平易说解简明的因明学书可读。学者要懂一点此学，都不得不去读那些艰深晦涩的旧书，时间实在有点可惜。所以前年秋季，复旦有若干青年，要通晓一点此学门径，以为阅读及实习论辩文体之助的时候，我就每星期花了两个晚上的时间，替他们写出这一本小册子来，做他们初步阅读的书。"（陈望道 2005：145）应该说，这是值得当今学界借鉴的良好文风。

王力、章士钊、陈望道都对语言学的现代化做出了重要贡献，这些语言学家的逻辑学体系值得逻辑学界重视，同时也说明了现代化学术语境下语言学与逻辑学学科融通的必要性。有意思的是，在概念术语的表述上，相对更重视西方逻辑的王力给"逻辑"的名称是更具中国话语特色的"论理学"，而相对更重视中国传统逻辑的章士钊给"逻辑"的名称则是"逻辑"。或许这正是一种别具匠心的中西融通。此外，王力《论理学》、章士钊《逻辑指要》和陈望道《因明学概略》都是体系完整、表述简明的。这些不仅有逻辑学史、语言学史等学术史意义，而且给当今中国特色学术话语体系建设以巨大启示。

参考文献

陈望道（2005）《因明学概略》，《陈望道学术著作五种》，复旦大学出版社。
陈望道（2011）《陈望道全集》，浙江大学出版社。
郭锡良（2011）中国语言学现代化的一代宗师——王力先生，《北京大学学报》（哲学社会科学版）第 1 期。
郭锡良、鲁国尧（2006）一代语言学宗师——为纪念王力先生逝世二十周年而作，《古汉语研究》第 4 期。
邵敬敏（2006）《汉语语法学史稿》（修订本），商务印书馆。
王　力（2014）《论理学》，《龙虫并雕斋文集外编》，中华书局。
向　熹（2017）王力先生逝世三十年祭，《国学》第 1 期。
章士钊（2000）《逻辑指要》，《章士钊全集》第七卷，文汇出版社。
中国逻辑史研究会资料编选组（1991a）《中国逻辑史资料选·现代卷》（上），甘肃人民出版社。
中国逻辑史研究会资料编选组（1991b）《中国逻辑史资料选·现代卷》（下），甘肃人民出版社。

《对非议或误解黄侃古音学的澄清》（上）读后

中国社会科学院语言研究所　程　悦

提要： 李葆嘉教授在《对非议或误解黄侃古音学的澄清》（上）中全盘否定和反驳了林语堂、张世禄和王力对黄侃古音学的批评，认定黄侃古音学并无批评中所言的错误，并且对林语堂的语言学研究水平给出了负面评价。文章还认为，是黄侃弟子黄永镇首开上古音觉部独立的先河。我们认为，该文对前人的批评以及对学术史的陈述都存在主观武断之处。本文主要观点如下：第一，黄侃古本音理论中根本错误在于古本韵和"相挟而变"观点的主观性；第二，清代学者实际已经将觉部独立，王力上古音系统中觉部的独立由其系统性决定，与黄永镇《古韵学源流》独立肃部无关；第三，李文刻意贬抑林语堂及其语言学成就的做法，有失公允，不是学术史研究应有的正确态度。

关键词： 黄侃　古本韵　相挟而变　觉部独立　黄永镇　林语堂

李葆嘉教授《对非议或误解黄侃古音学的澄清》分上、下两篇刊载于《民俗典籍文字研究》的第十七辑和第十九辑，本文主要讨论其上篇（以下简称"《澄清》（上）"）中的问题。

《澄清》（上）开头第二段说："由于资料欠缺和所阅未广及误读，一些语言学家对黄侃古音学持有非议或误解。"在这一定性下，文章就林语堂、张世禄和王力对黄侃古音学的批评进行了全盘否定和反驳。

我们感到，该文对学术观点的评价、对学术史的刻画和对前人贡献评述等方面都存在武断偏颇。下面我们只就黄侃古音学中的根本问题、觉部独立的源流和林语堂的语言学水平与贡献三个问题进行讨论。

一　黄侃古音学说中存在的问题

林语堂、张世禄、王力等学者认为黄侃古音理论存在循环论证，《澄清》（上）对此进行了批评，并以大量笔墨，试图从多个方面替黄侃与循环论证划清界限。但在反驳的同时，又处处流露出不自信，如强调黄侃古音学实质"各有来源"而回避对其理论的分析，推测林语堂"认识到所谓表达形式上的'循环论证'，并不影响黄侃古音学中的'根本研究'"（李葆嘉2016），实际上已经变相承认了黄侃古音学理论中存在循环论证的问题。

黄侃的古音学成就，主要在于分开了二等庄组和三等章组的上古音来源，并且在章炳麟二十三部的基础上独立了锡铎屋沃德五个入声韵部，建立了阴阳入三分的上古韵部体系。对此王力（2014a，2015a）给予了充分肯定。黄侃的古音学成就是建立在前人研究和

---

* 本文得到国家社科基金一般项目"古汉语联绵词形音义综合研究"（17BYY022）和中国社会科学院语言研究所博士后创新基金资助。蒙郭锡良、孙玉文、邵永海等先生提出宝贵建议，深表谢忱。文中疏漏概由笔者负责。

材料归纳的基础上的,并不是他古本音理论推导出的结论,因此其成果的正确不能证明其逻辑没有错误。这一点王力(2014a,2015a)早已指出。《澄清》(上)据黄侃古音学取得的成就及黄侃古音学的有所继承,认为黄侃的理论中没有循环论证,其实没有回答实质问题。

古本音理论逻辑上的问题是由其深层问题"古本声""古本韵"的观点带来的。黄侃从《广韵》出发研究古音系统,认为在《广韵》四十一声类中有古本声和今变声,二百零六韵中则有古本韵和今变韵:

> 或欲去《广韵》韵名……又不审古本音即在《广韵》二百六部中;《广韵》所收,乃包举周、汉至陈、隋之音,非别有所谓古本音也。(黄侃 2013a:149)

> 第一,当知四十一声类中,有本声,有变声……第二,当知二百六韵中,但有本声,不杂变声者,为古本音;杂有变声者,其本声亦为变声所挟而变,是为变音……第三,当知变音中之本声字,当改从本音读之;其变声,当改为本声,而后以本音读之。(黄侃 2013a:154—158)

黄侃认为,今变音要改读为本音,可见其所谓的本音和变音都具有音值表现。古本音从上古到《广韵》读音不曾改变,而变音则是上古没有而《广韵》中有的。如果今变音和古本音在上古读音一样,如何解释它们到了《广韵》中分成两类,一类成了变音,一类保持古音呢?这是古本音学说难以回答的。

就目前的研究而言,认为四十一声类中存在古本声,可能有一定的道理,认为二百零六韵中存在古本韵,则是完全站不住的。1936 年王力的《中国音韵学》[1]已经指出古本韵理论的问题:

> 由此看来,黄氏只在每一个古韵部中(例如之部或支部)拣出一个一等或四等的韵(例如之部咍韵居一等,支部齐韵居四等),认为古本韵。这对于古音系统仍不能证明,倒反弄出不妥来,例如"齐"字本身属于古音脂部,而黄氏所谓齐部却指古音支部而言……又如黄氏本主阴阳入三分之说,当得古韵二十九部,然因萧部的入声有"变纽"(非古本纽者,黄氏谓之"变纽"),终不敢另立一部。由此看来,古本韵之说适成为一种桎梏。(王力 2014a:268)

王力在《汉语语音史》里也批评了古本韵观点的问题:

> 古本韵说是不科学的。语言是发展的。先秦古韵,经过两千多年的多次演变,决不能直到今天还原封不动地保存着古读。应该承认,绝大多数的先秦古韵音值到今天已经起了很大变化,乃至面目全非。(王力 2014b:42)

> 就汉语来说,从上古到现代,历时三四千年,其中不知经过多少次变化。……可以肯定地说,经过历代的发展和演变,今天够得上称为"古本韵"的,已经寥寥无几了。(王力 2014b:13)

既然古韵发生了种种变化,那么其读音不可能到了《广韵》还被完全保留。举例来说,

---

[1] 王力《中国音韵学》于 1936 年出版,1955 年再版时更名为《汉语音韵学》。

《广韵》模韵音值一般认为是[u]或[o]。按照黄侃的观点，一、四等的韵是古本韵，那么模韵当属古本韵。但模韵是从上古鱼部发展而来的，鱼部主元音公认为[a]，与[u]相去甚远。以相对稳定的元音[a]作为韵腹的上古韵部，到中古其音值都发生了变化，想从《广韵》中找到"古本韵"作为上古韵部系统的依据，显然是非常困难的。

古本韵本来是子虚乌有的，黄侃却用古本声来证明古本韵，实际上预设了结论的存在，导致论证出现问题。王力深刻认识到其问题所在，批评为"表面上证据确凿，实际上不能说明任何问题"（王力 2015a：1090），是很准确的。

古本韵既不存在，从古本韵及其特征出发的论断，自然也不可靠。关于上古闭口韵的分部就牵涉这一问题。同属一等闭口韵，覃、合是黄侃的古本韵，谈、盍则不是，违反了黄侃一、四等都是古本韵的条例。谈、盍似乎需要从覃、合中分出成部。黄侃 1918 年作《谈添盍帖分四部说》，试图将上古闭口韵再分部。这个尝试是不成功的。理论方面，古本韵观点本属主观，根本无法提供闭口韵需要再分部的依据。具体工作方面，黄侃在列举声符和韵字上出现了一些错误，认定闭口韵和"收舌"韵相配的观点也不免主观（郭锡良 2017）。"韵文材料既少，谐声关系又犬牙交错"（王力 2015a：1092），再分部实际上是难以实现的。

有学者对"谈添盍帖分四部"持肯定意见。事实上，黄侃本人也没有将这一早年观点吸收入他的古韵体系中，在《音略》中仍将古韵分为二十八部。黄侃的高足刘赜在 1934 年出版的著作《声韵学表解》中古音的部分继承并总结了黄侃的古音学观点，所载古韵系统仍是二十八部，书中称为"本师黄君所定"（刘赜 1934：127），书成后经过黄侃向章炳麟请求作序。晚年的黄侃首肯了刘赜书中将古韵分二十八部的观点，并没有再提及"谈添盍帖分四部"，可见黄侃也并未持守自己早年的这一观点。

古本韵的观点既然站不住，声韵"相挟而变"的关系更无从说起。"相挟而变"是黄侃对古音发展原因和过程的认识，在这一观点中，古声变为变声与古韵变为变韵是互为条件的：

古声既变为今声，则古韵不得不变为今韵，以此二物相挟而变；故自来谈字母者，以不通古韵之故，往往不悟发声之由来；谈古韵者，以不憭古声之故，其分合又无的证。（黄侃 2013a：62）

凡以声相变者，无不有关于韵；凡以韵相转者，无不有关于声。（黄侃 2013b：116）

古本韵并不存在，那么根据"古声变为今声"推导出"古韵变为今韵"也是站不住的，这是"相挟而变"的主要错误之一。另一个错误是，"相挟而变"并不符合历史发展中的音变实际。声母的历史演变确实会受到韵母的影响，但韵和声调的历史演变未必和声母有关。郭锡良（2017：339）一针见血地指出，"上古韵部的变化并不受古本纽的'挟制'，即不以古本纽为条件"，并指出"冬部从侵部分化出来是韵头、韵尾的异化，而不是以古本纽为条件，至于汉魏以后 11 个入声韵部的长入失去辅音韵尾变为阴声韵去声，也不是以古本纽作条件"。还有幽部、宵部的分合，之部与幽部、支部与歌部的部分字合流则是分别受到各自的介音影响。也就是说，从上古到中古，这些韵的变化都与声母无关。如果说要有影响，也只是同韵部同等喉牙舌齿唇的字之间，可能发生不同变化，有也不多。因此，"相挟而变"有不符合汉语历史语音变化的实际的地方，本身不能成立，更无法用来论证古本韵。

王力先生对古本韵、古本纽"相挟而变"的批评完全是正确的，可是《澄清》（上）却从多方面多角度进行抹黑歪曲。《澄清》（上）首先就把《略论清儒的语言研究》和《黄侃古音学述评》（以下简称"《述评》"）定性为"文革大乱"的"大批判"文章，也就是"文革大字报"。这是颠倒是非，打倒一切的文风。因此《澄清》（上）描述《述评》面世后"时至今日，还有语言学人看后惊出一身冷汗"。应该知道，1965年"文革"前夕，王文是遵命写的批判文章，也是在作自我批评。1978年的《述评》则是反映"五四"时期语言学界新旧两派的争论观点，不能把二者的性质混为一谈。接着，是长篇大论批驳《述评》对黄侃"古本韵"和二十八部的分析批评，并试图论证王力二十九部中觉部是抄袭黄侃弟子黄永镇的《古韵学源流》而隐瞒不报。《澄清》（上）还认为，王力误评的原因是由于读黄侃的著作太少，"如果读过……就知道这些并非实情。"

黄侃的《古韵谱稿》（以下简称"《谱稿》"）王力当然没有读过。不过《谱稿》的价值如何评估，这是值得思考的。《谱稿》名曰"谱稿"，是未竟著作的草稿，代表的是草创中的意见。刘赜在20世纪60年代仿效它写成《说文古音谱》时，体会到师说中难以牵合之处，于是在自己的序言中说："又音理转变多方，今声类与古本声，似不可画一相配，强使合并，如知彻必归端透，非敷必归邦滂，为必归匣，喻必归定之类，颇见拘阂。"（刘赜2013：1）这就是黄侃音韵学真正传人对《谱稿》的评价。下文还会提及《谱稿》中的一些未修改的错误，这些错误的存在，令人对《谱稿》的价值产生怀疑。

《澄清》（上）还提到"其[1]高足陈复华等（1987）进一步发扬其说"，然后对"王力及其高足"进行了批评挖苦。这里不得不指出，陈复华并非王力的高足，反而是黄侃弟子刘赜的学生，是黄侃的再传弟子，是中华人民共和国成立后刘赜所带学生中在音韵学方面成绩最为突出的一位，不仅继承传统，而且探求新知。《澄清》（上）的作者所下的轻浮判断显然是很不妥当的。《澄清》（上）一文中，判断失误，随处都是。要知道，乱下判断，不但害人，而且也会害己。

二 王力上古音体系中觉部的独立是继承清代古音学成果而来

2.1 黄侃古本音学说与觉部独立的矛盾

黄侃的古韵系统是阴阳入三分的，比其师章炳麟多分出五个入声韵部，这是他的贡献。幽部的入声觉部在阴阳入三分的体系中应当有独立地位，但是按照黄侃古本韵理论，在《广韵》中全韵为一、四等的韵是古本韵，而觉部中没有合乎条件的韵，因而黄侃并未将之独立。

《澄清》（上）辩护说，"凡规律必有例外""萧部入声字当属例外现象"，似欲轻描淡写地把这个理论上存在的问题一笔带过。实际上，《澄清》（上）称之为"例外"，正是承认了黄侃的古本音理论无法把幽部入声独立出来的局限性。

古本韵本不存在，更谈不上《广韵》中一、四等都是古本韵的原则。若没有古本韵只能是一、四等的桎梏，黄侃恐怕能够将觉部独立出来，不至于陷入这种困境。

---

[1] 指王力。

2.2 觉部在黄侃古音学系统中的归属问题

黄侃由于古本韵错误观点的限制，没有独立出觉部，觉部的归属就成为问题。王力认为，虽然刘赜的《声韵学表解》和杨树达在《声韵学表解》上所做附记"刘君用黄季刚说"，似乎表明黄侃的觉部在萧部中。但是，王力考虑到黄氏受到《六书音均表》影响认为"侯萧同入"、《音略》中屋部是标为屋觉未分的戴震所立、黄侃古韵体系三分阴阳入这三点因素，推测说"如果没有有力的反证，我们还是相信黄氏把觉部合并到屋部去了"。（王力2015a：1079）这是站在尽量维护黄侃古韵体系的立场上进行的推测，最大程度地保持了黄侃阴阳入三分的系统性。

《澄清》（上）先提问"王力所做推测是否成立"，随后根据黄侃《谱稿》屋部的收字中没有觉部，加之钱玄同、刘赜的记录，认为觉部字原来在黄侃萧部，提出了"有力反证"。实际上，这一反证正说明黄侃在觉部的问题上不仅没有接受清儒已有的成果，而且违反了自身阴阳入三分的系统性，出现了更为严重的错误。

为什么《澄清》（上）不直接列出《谱稿》萧部收字，却要列出屋部字舍近求远地证明呢？《谱稿》以韵部为纲，每一韵部下声首按照古本声排列，同古本声之下按照《广韵》中的不同韵目罗列韵字。其萧部中不仅平声和入声的声首杂居，归字多有增减改动的痕迹，而且还列入个别有争议的声首，如"䍃"声段玉裁《六书音均表》、王力《汉语史稿》《诗经韵读》、郭锡良《汉字古音手册》皆列在宵部，而《谱稿》将"摇瑶"等从"䍃"的字皆列于萧部。这不禁令人怀疑《谱稿》这一手稿中反映的古韵分部与收字是否是黄侃的定论，对反映黄侃古音学成就起到多大的作用。

2.3 上古觉部独立的历史渊源

乾嘉学者已经独立了觉部。段玉裁《六书音均表》中，第三部平声（幽部）和入声已经分离，解决了幽部和觉部分立问题。但入声中觉部和屋部尚未分离，导致侯部没有相配的入声。最早区分屋觉应当是孔广森的贡献。王念孙、孔广森、江有诰已经注意到这一点，提出屋觉当分的意见。

王念孙《答江晋三论韵学书》中说：

> 己酉[1]仲秋，段君以事入都，始获把晤。商订古音，告以侯部自有入声，月、曷以下非脂部之入，当别为一部……段君从者二（谓侯部有入声，及分术、月为二部）。不从者三。（江有诰1993：11）

不过，最早在论著中体现屋觉分部的应当是孔广森的《诗声类》，其中阴声四（侯部、屋部）包括了《广韵》入声屋烛两韵，所辖声首包括了"谷屋蜀賣縠束鹿录族羮卜木玉狱辱曲足粟角豖"[2]等，阴声五（幽部、觉部）包括了《广韵》沃韵绝大部分字，所辖声首有"祝六复宿夙肃畜報㚓奥学廟毒竹逐匊肉穆局"等。每一部都给出了《诗经》中该部的入韵字，基本划清了觉部和屋部之间的界限。只是孔广森认为阴入是一类，没有将幽觉、侯屋分别，但其思想，足以启发同道。

---

1 指1789年。

2 音韵用**繁体字**，下同。

江有诰于嘉庆十七年（1812年）向段玉裁论韵的书信中，不仅指出了《六书音均表》中屋觉不分的问题，还具体列举出两部的声首，纠正段氏误作为《诗经》幽侯合韵的情况：

> 表中又以屋沃烛觉均为幽入，有诰则谓当以屋沃之半配幽，以烛与屋觉之半配侯也。细为按之，四韵中如"六孰肃朮畜祝匊复肉毒奥目竹逐蓼粥白"等声，皆幽之入也。"角族屋狱足束卖辱曲玉靑蜀木录粟粪豕卜局鹿谷"等声，皆侯之入也。匪独《诗》《易》如此分用，即周秦汉初之文，皆少有出入者。如此，则表中弟三部之"驱附奏垢"等字当改入侯部，不必为幽之合韵矣；弟四部"裕"字乃其本音，不必为侯之合韵矣。（江有诰1993：2—3）

段玉裁于是年四月接到江书，由于抱病，"随手答书"，六月十六日又接到江氏来信，七月作《答江晋三论韵》，认为"以屋沃之半配幽，以烛与屋觉之半配侯"是江有诰"最为中綮之处"，并且说：

> 是说也，精确之极。仆撰表时，亦再四分之，而牵于一二不可分者，遂以中辍。洎乎壬子[1]以后，始得孔㧑约检讨《诗声类》一书，分举厘然，始为大快，欲改拙书而未暇也。今又得足下闭户造车，出门合辙，而此案定矣。（江有诰1993：5—6）

由此可见，段玉裁看到《诗声类》后，已经改变了对幽部入声的看法，并且肯定了孔广森对觉部和屋部的分析。江有诰的独立研究结果，又印证了这一结论。

王念孙在其晚年与李赓芸的书信中[2]，也详细列举了屋部声首与《诗经》韵段：

> 又案屋沃烛觉四部中，凡从屋从谷从木从卜从族从鹿从卖从粪从彔从束从狱从辱从豕从曲从玉从蜀从足从局从角从岳从靑之字，及秃哭粟珏等字，皆侯部之入声，而《音均表》以为幽部之入声。于是《小戎》首章之'驱续毂䡩玉屋曲'，《楚茨》六章之'奏禄'，《角弓》三章之'裕瘉'，六章之'木附属'，《桑柔》十二章之'谷垢'，《左传》哀十七年繇辞之'窭踰'，《楚辞·离骚》之'属具'，《天问》之'属数'皆不以为本韵而以为合韵矣。且于《角弓》之'君子有徽猷，小人与属'，《晋》初六之'罔孚裕，无咎'，皆非韵而以为韵矣。

由上所述，觉部与其他韵部的界限，至段玉裁、王念孙、江有诰已经清晰。至于觉部是否立出一部，与学者属于考古还是审音有关，是理论体系问题。王力古音体系继承了前人的成果，把觉部独立，完全是由考古转向审音的结果。这种转向的原因是"拟测上古韵元音值的时候遭到了困难"，王力说：

> 讲语音发展不能不讲分化条件，否则就违反了历史语言学的根本原则。在这时候我才觉悟到戴震阴阳入三分的学说的合理，于是我采取了戴震和黄侃的学说的合理部分，定为十一类二十九部，比黄侃多了一个微部和一个觉部，少了一个冬部（并入侵）。这样，入声韵的职觉药屋铎锡收音于-k，和开口音节的阴声韵并行不悖，各得其所，而分化条件也非常明显了。（王力2015b：148—149）

---

[1] 指1792年。
[2] 约在1816年。据王章涛（2006）。

只有将阴入分为两类，才能彰明二者界限，避免上古没有开口音节的不自然，同时解释中古入声塞音尾的来源。

当代学者对觉部独立的过程有所研究。王显（1984）梳理了清代学者的古音学贡献，认为区分"屋""觉"是孔广森的创见[1]。陈新雄（1999）提出，幽部入声的开始独立成部是姚文田的匊部独立。不过，还有学者认为黄侃弟子黄永镇首先独立了上古觉部，如冯蒸（2007）言黄永镇《古韵学源流》将黄侃萧部的"舒、入声分开，舒声仍称萧部，而入声则定为肃部，今通称觉部。为黄永镇氏所独创。这是对古音研究的一个重要贡献"。殊不知早在段玉裁、王念孙及江有诰已将屋、觉分开，姚文田已将之独立成部。冯文绕开前代学者的研究而将黄永镇定为觉部独立首倡者，这是难以令人信服的。

《澄清》（上）承袭了冯蒸（2007）的错误观点，以为"黄永镇是上古音觉部独立说的首倡者"，进而论证王力独立觉部是受到黄永镇的启发。这一论证的出发点就是不正确的，其结论可想而知。

《澄清》（上）的问题还不止于此。在"证明"王力一定受到黄永镇的《古韵学源流》肃部独立的影响才将觉部独立出来时，用了大量或然性的联系甚至联想，以构织出的学术史"实情"抨击王力《汉语史稿》没有提及黄永镇对书中觉部独立的作用，属于"漏注""失注"，有学术失范之嫌疑。

这个论证本身有明显的穿凿之嫌，其根本问题在于不明各家古音学贡献对学术史的意义。其实，如果了解《古韵学源流》独立觉部的价值在于补正黄侃的古韵体系，就会知道，即使王力在其古韵系统觉部独立前确实看过黄永镇的书，也不必注出。因为觉部与阴声幽部、入声屋部的分界，清儒早已阐明。《汉语史稿》将觉部独立，是王力从考古转向审音的变化导致的。王力在古韵分部上的贡献在于脂微分部[2]，也从未自居为"觉部独立首倡者"。因此，《澄清》（上）的指控并不成立。

《澄清》（上）还模棱两可地说，"依据黄永镇二十九部和王力二十九部各部所辖《广韵》韵系及其离析情况的异同对比（冯蒸 2007），读者会对后者吸收前者二十九部系统作出合乎情理之判断"[3]。黄永镇二十九部是在黄侃的二十八部基础上加上独立的肃部的结果，王力二十九部也采纳了黄侃二十八部的合理成分。二者之间的相似，根本不能说明王力二十九部和黄永镇二十九部之间有直接承继关系。

《澄清》（上）立足于"黄永镇是上古音觉部独立首倡者"的错误观点，努力牵合出王力受黄永镇影响而独立觉部的图景，用猜测的结果批评前人，混淆了学术史事实，结论是不可信的。

---

1 王显认为王念孙和段玉裁切磋时可能没有稿本，因此段玉裁 1812 年与江有诰论韵时把区分"屋""觉"作为孔广森的功劳。

2 有学者对此持异议，这个问题需要专文探讨，本文暂不展开讨论。

3 冯蒸（2007）比较了黄永镇、刘赜和王力三家《广韵》分析表，由于没有分别列出各家每一部分的收字，所以通过比较反映的实际相似或不相似情况并不直观。对于王力和黄永镇所分不同的情况，冯蒸（2007）认为黄永镇所分出而王力未分的以及黄永镇取其半而王力取全韵的《广韵》韵目反映了黄侃派学者离析《广韵》的贡献。这个结论仍可讨论。实际上，这些差别是王力区分了规律性演变和例外判定的结果，是王力对哪些演变是主流、哪些演变是例外的判断，有利于认清语言演变规律。

三 林语堂在中国语言学史上的重要性与《澄清》(上)的不当评价

在反驳林语堂对黄侃的批评后,《澄清》(上)对林语堂的学术历程进行了追溯与评论,不仅对其学问与为人作出过度负面的评价,而且在叙述中多处带有冷嘲轻蔑之意。本文认为,贬低林语堂的学术地位,已失公允,对其人暗加嘲讽,尤属不当。

文中引林语堂《八十自叙》,描写林语堂"称导师康拉德为'同事',而对其博士论文《中国古代音韵研究》(Zur alt Chinesischen Lautlehre)却未置一辞",在贬抑林语堂语言学学术水平的同时,顺带营造出其待师失礼的形象。

待师失礼,本是无据。引文只说康拉德"认为他有一位从北京大学来的我这位同事",导师将林语堂当作同事,与林语堂称呼导师为同事,本来是截然两事。林语堂此时到莱比锡大学,是以教授的身份(林语堂 2013),那么康拉德教授把林语堂当作"同事",在当时情境下也顺理成章。《澄清》(上)有意无意对林语堂的《八十自叙》断章取义,略去了林语堂介绍自己身份背景的文句,并曲解了原文意思,给人留以林语堂对导师有所失礼的印象。这种做法,绝非叙述学术史所应有的。

《澄清》(上)对林语堂的毕业论文也极力贬抑,称之为"羞于启齿",从李雪涛(2005)中转引了康拉德对林语堂博士论文的鉴定,并论断说:"论文中的德语错误,尚存可谅之处,然而各种疏漏,则为治学不严"。

《澄清》(上)所没有提及的是,康拉德的评价在多大程度上反映出林语堂论文的价值,存在争议。《澄清》(上)所转引的李雪涛文,对康拉德评语的客观程度有所质疑。李雪涛文引已故的德国汉学家哈尼施(Thomas Harnisch)的观点,认为由于海外汉学界对中国学者的偏见和漠视,中国学者的研究成果没有得到学界公正的对待和接受:

> 哈尼施给我们提供了一个理解孔拉迪[1]评语的另外一个视角。他认为,在当时,由于对中国学者的普遍漠视,德国汉学界是带着偏见来看待中国人的这些研究成果的。……正是这种偏见可能导致中国学生的研究成果,比如林氏论文中的观点,没有得到学界公正的对待和接受。

康拉德对林语堂的论文评语可能反映了德国汉学界对于中国人研究成果的偏见和思维惯性。李雪涛还从自己的亲身经历出发指出,直到他自己就读德国汉学系时,轻视中国人和中文汉学研究著作的情形仍旧存在。这说明,康拉德的评语,并不能作为林语堂"治学不严"的论据。《澄清》(上)片面摘取李雪涛文中的材料,对材料的背景与性质视而不见,置而不引,不免有主观刻意贬抑前人之嫌。

《澄清》(上)不仅在学术评价方面对林语堂有不公允之处,而且在行文中多有贬斥嘲讽之意,如介绍林语堂时云"耳闻林先生的大名,也是借助'痛打落水狗'",叙述林语堂学问经历时云"此处不承袭鲁氏的'痛打'精神,而采用林氏的费尔泼赖(fairplay)或'生活艺术'的轻松语气",诸如此类,不单与论述主题无关,且涉人身攻击,以思想论战之影射为学术史叙述定调,极为不当。评述其论文时说"倘林语堂落在当代,其论文盲审,岌岌危乎",以不能反映林语堂学术水平的评语为论据,为嘲讽而嘲讽,失去了学术史应有的客观求是精神。

---

[1] 即康拉德。

林语堂是中国第一位语言学博士，在中国现代语言学的发展史上有着开创之功。莱比锡大学是历史比较语言学的重镇，林语堂求学期间自然受到很多熏陶。毕业回国后，他不仅在语音学、音韵学等方面作出了进一步的研究，而且将历史比较方法与传统学问结合起来，有《汉代方音考》《燕齐鲁卫阳声转变考》《周礼方音考》《陈宋淮楚歌寒对转考》等文章。同时，林语堂也对国内学者的研究有较快的跟进，其《读汪荣宝〈歌戈鱼虞模古读考〉书后》对利用对音材料进行古音音值的研究作了肯定，同时指出其中存在的不足，如将歌戈和鱼虞模古音音值都认为是 a 会面临无法解释分化条件的问题，对音中忽略了鱼虞和 o 与 u 对音的材料，没有注意对音时代和方音差别的问题等（陈宁 2016），体现了他严谨的理论思考和对合理利用材料的重视。另外，林语堂在《珂罗倔伦考订切韵韵母隋读表》对高本汉（林译为珂罗倔伦）的构拟进行了评价，将西方汉学家在中国音韵学领域内的探索引入传统研究的视野，功不可没。到了晚年，林语堂还通过高强度的工作，主持编纂出《当代汉英词典》，嘉惠学人。

总之，林语堂对中国语言学及语言教学，都有不可磨灭的贡献（中国语言学会《中国现代语言学家传略》编写组 2004）。《澄清（上）》对林语堂的贬抑多出于主观，恐会厚诬前人，更误来者。

四 总结

李葆嘉《澄清》（上）中主要针对林语堂、张世禄、王力等学者对黄侃学说的评价提出的反对意见，存在严重的以观点主导材料的问题，其主要观点在学术层面上是难以成立的。

第一，黄侃古音学的根本错误在于其"古本韵"和声韵"相挟而变"的观点。由于黄侃所谓的古本韵并不存在，用古本声证明古本韵的论证自然不能成立。相挟而变关系不仅没有基础，而且不符合汉语历史发展的事实，《澄清》（上）的辩护完全没有看到黄侃古音学根本错误所在，更没有正面回答这些问题。

第二，觉部在段玉裁、王念孙、江有诰时已经独立。王力分出觉部，是从考古派到审音派系统转变的结果，与黄永镇从黄侃的体系中独立出觉部无关。《澄清》（上）承袭黄永镇先分出了上古觉部的观点，论证出发点已经有误，而构织王力觉部独立与黄永镇独立觉部之间的联系，更是联想居多，不免失于主观武断。

第三，林语堂对中国现代语言学有开创之功，贡献不可忽视。《澄清》（上）片面地截取材料，从不能证实的论据出发，贬斥其学，嘲讽其人，是很不应该的。

对学术史的叙述应当建立在充分了解事实，明辨源流是非，始终秉持公心的基础上。唯有如此，方能经得起后人的不断检验。

参考文献

陈复华、何九盈（1987）《古韵通晓》，中国社会科学出版社。
陈　宁（2016）汪荣宝与《歌戈鱼虞模古读考》，《古代汉语经典精读》，高等教育出版社。
陈新雄（1999）《古音研究》，五南图书出版有限公司。
段玉裁（1988）六书音均表，《说文解字注》，上海古籍出版社。
段玉裁（2008）《经韵楼集》，上海古籍出版社。

冯　蒸（2007）从黄永镇的古韵 29 部表看黄侃派学者对《广韵》离析的贡献，《首都师范大学学报》（社会科学版）第 3 期。
郭锡良（2017）上古闭口韵的分部问题，《汉语研究存稿》，中华书局。
黄　侃（2013a）《黄侃论学杂著》，武汉大学出版社。
黄　侃述、黄　焯编（2013b）《文字声韵训诂笔记》，武汉大学出版社。
黄永镇（1934）《古韵学源流》，商务印书馆。
江有诰（1993）《音学十书》，中华书局。
孔广森（1983）《诗声类》，中华书局。
李葆嘉（2016）对非议或误解黄侃古音学的澄清（上），《民典籍文字研究》第十七辑，商务印书馆。
李雪涛（2005）一段鲜为人知的往事背后——由孔拉迪对林语堂的博士论文评语想到的，《中国图书商报》2005 年 8 月。
林语堂（2013）《我这一生——林语堂口述自传》，万卷出版公司。
刘盼遂（1932）段玉裁先生年谱，《清华大学学报》（自然科学版）第 2 期。
刘　赜（1934）《声韵学表解》，商务印书馆。
刘　赜（2013）《说文古音谱》，中华书局。
司马朝军、王文晖（2005）《黄侃年谱》，湖北人民出版社。
王　力（2013）《汉语史稿》，中华书局。
王　力（2014a）《汉语音韵学》，中华书局。
王　力（2014b）《汉语语音史》，中华书局。
王　力（2015a）黄侃古音学述评，《龙虫并雕斋文集》（三），中华书局。
王　力（2015b）上古汉语入声和阴声的分野及其收音，《龙虫并雕斋文集》（一），中华书局。
王　显（1984）清代学者在古韵分部研究上的贡献，《古汉语研究论文集》（二），北京出版社。
王引之（2000）《经义述闻》，《高邮王氏四种》，江苏古籍出版社。
王章涛（2006）《王念孙·王引之年谱》，广陵书社。
中国语言学会《中国现代语言学家传略》编写组（2004）《中国现代语言学家传略》第一卷，河北教育出版社。

【译文】

论古代汉语的强调表达*

金泽大学教养学部　铃木直治[1]　著
高崎经济大学经济学部　喜岛千晴　译

〇　前言

　　汉语最主要的特征是词以单音节为主并且被孤立地排列在一起。因此，要观察汉语表达手段的特征，首先应该关注它作为孤立性语言的事实。

　　汉语并不是完全没有表示词与词之间语法关系的介词、连词等。但是，大部分情况下词和词都是直接排列在一起，没有任何连接成分。因此也可以说，抓住词和词之间的语法关系从而理解整个句子的意义，很多时候依赖于上下文等更大的语言环境给予听话者的直觉。

　　汉语的复句也大概与此相同。如王力先生所指出的那样，汉语的复句经常不需要联系前一句和后一句的语法成分，而用"意合"的方式来连接两个句子。[2] 由此可见，即使在复句中，把握前后两个句子的语法关系，也要靠听话者从上下文等语言环境整体得到的直观感受。

　　当然，汉语也有一般被称作"基本结构"的词汇排列规律。即通过实词的排列方式而形成表达一定意义单位的词组，有主谓结构、偏正结构、动宾结构、并列结构这四种基本的构造方式，各个结构的语序是固定的。这四种结构可以说是作为孤立型语的汉语言最重要的造句规律。但是，古代汉语的词一般有多种语法功能，即使相同的词按照相同的语序排列，也经常不能仅从排列方式来确定这个词组的结构类型。其结构类型还是要靠上下文等整体的语言环境来判断。由此也可以看到，汉语的语篇整合也经常要用意合的

---

　　* 原标题为《古代漢語における強調の表現について》，载《中国語学》，1976 年，223 号，25—40 页。本译文为教育部人文社会科学重点研究基地重大项目"基于上古汉语语义知识库的历史语法与词汇研究"（18JJDT40002）的阶段性成果。本文翻译过程中，导师邵永海教授和《中国语言学》编辑部帮助指出了初稿存在的文字错误和表述不当之处，并提出了宝贵的修改意见；学友向筱路和王寒笑还帮助核对日语原文并修改汉语译文。谨此一并致以诚挚的谢意。

　　1 译者按：铃木直治（Suzuki, Naoji, 1910—1992），日本金泽大学(Kanazawa University)名誉教授，主要著作有《中国語常用虚詞辞典》(1956)、《古代中国における被動表現と動詞の特殊機能について》(1960)、《中国古代語における基本構造について》(1961)、《中国語と漢文：訓詁の原則と漢語の特徴》(1975)、《中国古代語法の研究》(1994) 等。

　　2 参看王力《中国语法理论》上册，第 115 页，中华书局，1954 年。译者按：原文将参考文献以注释形式列出，无"参考文献"版块，译文从之，文末不另设"参考文献"版块。

方式。[1]

如上文所述，汉语的特征是意合式的造句法。因此也可以说，说话者说的内容经常需要听话者用直觉去理解。但是听话者的直觉是有很大的限制的，所以，汉语的表述方式必须能有效激发听话者的直觉，这也可以说是孤立语言这一特性给汉语带来的限制。

为了更有效地激活听话者的直觉，汉语要用尽量少的词形成一个意义单位，而且一个意义单位和另一个意义单位之间需要加一个停顿。将很多孤立的单音节词一个一个地罗列出来，听话者就很难用直觉来获取整个句子的意义。因此，汉语作为孤立语言的基本原则，是要尽量使用简短的组合来表达整句的意义。最短的短语是由两个字构成的，但是我们观察《论语》等文本可以知道，在话语中使用最多的是3到7个字形成的意义单位。并且我们知道，《论语》是非常接近当时口语的文本。

如上文所述，由于受到孤立语言的特性所带来的限制，汉语需要使用能够有效激发听话者直觉的表达方式，这可以说是汉语在造句上的基本限制。但是汉语的表达不仅需要激活听话者的直觉，还需要能够激发听话者的"共鸣"。可以说，汉语不仅注重更容易理解整体意义的表达方式，还需要用直击对方的内心，从而能够激发对方的共鸣和赞同的说话方式。本文认为，这就是汉语表达方式的显著特征。孤立语言这一特性给汉语带来的这些制约，并没有束缚汉语造句表达的自由性，使汉语成为无法充分地表达思想情感的语言，反而它使汉语尤其注重思想情感整体的传达。

如上文所述，引发听话者的"共鸣"，是汉语表达的基本特征。汉语的造句表达上的各种特点，其实都来源于这一特征。

既然要激起听话者的共鸣，其说话表达方式当然要讲究语调。既像向听话者倾诉，又像要抓住对方的心，用悦耳动听的语调。中国文学从古到今极其重视四字句或六字句等对句的修辞方式，也是来源于汉语追求优美整饬而发展出来的文学修辞方式。

再者，在汉语中凸显说话者要强调的重点的表达手段特别发达，这当然也是为了引起听话者对重点的注意，并激起听话者的共鸣和赞同。汉语有很多表达说话者情感的语气词，这也是为了传达事件内容的同时，试图将说话者的情感传递给对方，直击对方的内心，从而深深地获得其共鸣和赞同。

说话时强调重点，并传递说话者的情感，这样的表达方式是每一个语言一般都会有的。而使用高低、强弱、长短、缓急等各种特殊语调来表达强调或情感，也是比较常见的语用策略。但是，汉语不仅用这些语调来表达情感，还有很多专门表达情感的语气词。在西方语言中完全没有这么发达的语气词，因此可以说，这是汉语的重要特征之一。而且汉语要强调重点的时候，不仅用高低、强弱等特殊语调，还使用很多专门表示重点的特殊语序和语法成分。

表达说话者的情感的语气词，《马氏文通》给它起名为"助字"，指出这是"华文"特有的、泰西语言里没有的成分，并为此专门设了一章详细论述。自古以来对语气词的研究极其丰富，相对来看，专门研究表达强调的语法手段的论文比较少。笔者向来一直都想

---

[1] 参看拙著《中国語と漢文——訓読の原則と漢語の特徴》，光生館，1976年，第五章第一节"漢語の特質と意合的な結合"。

厘清汉语作为孤立语言的特征，也发表过几篇相关的论文。[1]本文试图对古代汉语中专门表示强调的特殊表达方式进行全面的整理和探讨，并对笔者以前的观点进行重新思考。本文介绍的表达方式可分为三个大类，这些会在下面的正文里详细论述。

关于笔者在已发表的论文中提出的观点，本文尽量简略地介绍。

一　前置强调

1.1 代词宾语前置

1.1.1 黎锦熙、王力的观点

如上文所述，汉语有被称为"基本结构"的基本语序规则。"动宾结构"是汉语的基本结构之一，在这种结构中，表示动作的直接对象或动作的终点等成分被放在动词的后面。宾语放在动词后面是汉语的基本语序，也是汉语造句规则的重要基础。

但是在古代汉语中，有不少跟这个基本语序不同的，将表示动作对象的宾语放在动词前面的句子。如在序言里所讲，对孤立语言的汉语来讲，语序是在造句规则中最为重要的基础。因此，这种不符合一般语序的表达可以看作是要表示某种特殊意义的手段。虽然和一般的语序不同，但词和词之间的语义关系不变，仍然是动作和作为其宾语的对象、位置等之间的关系。因此，对于这种特殊语序我们应该看作是为了特别强调动作或宾语而使用的表达手段。

由此可见，古代汉语的语序规则是可以包容这样的特殊语序的。虽说如此，基本语序归根到底还是最重要的造句规则，应该是不能随意变动的。所以我们认为，宾语前置的使用可能受到了一定的限制，而且大概在春秋战国时代，宾语前置已逐渐形成了几种习惯用法。

首先要关注的一点是，在动宾结构的句子中，被前置的宾语一般都是代词。被前置的不是一般的名词而是代词，这一现象可以说是宾语前置受到的强力限制。

当然，并不是所有的代词宾语都被前置。黎锦熙《比较文法》认为，被前置的宾语是一种"变式"。但是，最重视语序的汉语为什么会用这样的"变式"呢？黎锦熙认为，汉语的代词做宾语时，原来就是都放在动词前面的。作为证据，他举了如下几个例子：

〔参考例1〕
  a. 民献有十夫予翼。(《周书·大诰》)
    伪孔传：四国人贤者有十夫，来翼佐我周。
  b. 惟我事，不贰适；惟汝王家我适。(《周书·多士》)
    伪孔传：……惟尔殷王家已之我，不复有变。
  c. 赫赫师尹，民具尔瞻。(《小雅·节南山》)
  d. 葛之覃兮，……是刈是濩，为絺为绤。(《周南·葛覃》)

---

[1]《中国語における位置の指示と強調のムードとの関係について》(《中国語学》，1956)、《「有」による強調の表現について》(《金沢大学教養部論集·人文科学篇2》，1965)、《漢語の存在文における場所語の位置とその発話の重点》(《密田良二教授退官記念論集》，金沢大学教育部国語研究室，1969)、《「以字句」·「把字句」における発話の重点について》(《鳥居久靖先生華甲記念論集·中国の言語と文学》，天理大学，1972)，以及前边所举拙著《中国語と漢文——訓読の原則と漢語の特徵》第五章第二节"句調の調整と心情の表出"。

e. 尔贡包茅不入，王祭不共，无以缩酒，寡人是徵。昭王南征而不复，寡人是问。（《左传·僖公四年》）

在古代汉语中，代词宾语确实可以前置，但是也有不少不前置的用例，因此我们应该思考为什么要前置，而不能简单地说基本语序可以随意变动。黎锦熙仅指出宾语可以前置，没有作进一步的探讨。这样还不能说古代汉语的这种特殊表达方式的性质已经得到了充分的说明。

王力在《汉语史稿》（中册）的"词序的发展"一节里，对宾语前置的问题提出了新的观点。黎锦熙单单提出在古代汉语中代词宾语可以前置，而王力对此观点作进一步的分析，认为在原始汉语中代词宾语在动词前面就是正常语序。但王氏也并没有举出确凿的证据，所以这个观点也只能说是一个重大的假设，纵观先秦汉语文献，代词宾语后置的例子还是更常见的。王氏认为，在原始汉语中宾语一律都放在动词前面，后来汉语的基本语序规则开始逐渐发达起来，先秦时期就有了三种不同的语序。

第一种，完全抛弃了原来的旧形式，只留下一些痕迹。王氏将黎氏所举的上古汉语宾语前置的例子，即上文〔参考例1〕a—e直接作为这一类语序的例子。

第二种，完整保存了旧形式，王氏举出如下几例。例a是疑问代词前置，例b是指示代词"是"回指宾语的形式。

〔参考例2〕
a. 吾谁欺？欺天乎？（《论语·子罕》）
b. 日居月诸，下土是冒。（《邶风·日月》）

第三种，旧语序和新发展出来的语序错综出现。在先秦汉语的否定句中，代词宾语既可以前置，又可以后置，而后置的例子相对来说比较多。王力举出如下几例：

〔参考例3〕
a. 汝念哉，无我殄享。（《周书·康诰》）
  伪孔传：无绝弃我言而不念。
b. 尔不许我，我乃屏璧与珪。（《周书·金縢》）

王力认为代词宾语前置原来是汉语的正常语序，但这种看法只不过是解释汉语语法演变的一个假设，并没有确凿的证据。他又认为，先秦汉语中代词宾语的位置有旧式、新式、新旧并存式的三种，按照他的说法，汉语的语序演变是旧的语序被新的基本语序逐渐淘汰的过程。王氏作这种解释似乎也未尝不可，但是正如上文所述，这个说法建立在一个重大的假设之上，我们认为，这样还不能说已经彻底解决了先秦汉语的代词宾语语序的问题。这个问题不能只从汉语语序规则的演变这个角度去考虑。我们认为，宾语前置应该是作为孤立语言的汉语为了表达强调而采取的一种语用策略。

1.1.2 疑问代词的前置

在古代汉语中，疑问代词做宾语时一般都要放在动词前面。这个现象应该不是王氏所说的旧式语序的遗留，而是强调疑问代词的语用策略。本文认为，古代汉语的疑问代词前置是为了强调疑问的核心，即为了强调疑问代词使用的一种语用策略，而这种语序变换后成了习惯性用法。

疑问代词宾语提前的动宾结构中,语音重点应该在被前置的疑问代词上。比如"何以"等习惯用法里,语音重点放在被前置的"何"上面。这也可作为证明本文观点的证据之一。

"何以"可以用来问工具,也可以问原因。而在更早的时代,问原因可能只用"何"。如下文〔参考例 4〕,用"何以"来问原因大概是从《诗经·大雅》的时代开始的。这种变化的发生原因可能不仅是要更明确地表达意义,还有将音节调整为稳定的双音节的作用。在《孟子》中,"何以"和"何"并行使用,而且用"何"的数量也不少。笔者认为,在"何以"这个词组里,语音重点一定是放在"何"上面的。

〔参考例 4〕
a. 天何以刺,何神不富。(《大雅·瞻卬》)
郑笺:天何以责王,见变异乎。神何以不福王,而有灾害也。
b. 人死,则曰,非我也,岁也。是何异于刺人而杀之,曰,非我也,兵也。(《孟子·梁惠王上》)
c. 以一服八,何以异于邹敌楚哉。(同上)

做宾语的疑问代词并不是一律都被前置。如下文〔参考例 5〕,文献里可以看到"无何"的用例,也有很多"何有"的用例。这应该是用改变语序的方式表示反问义的同时,特别强调"何"的语用策略。

〔参考例 5〕
a. 星队木鸣,国人皆恐,曰,是何也。曰,无何也。(《荀子·天论》)
b. 由也果,于从政乎何有。(《论语·雍也》)

又如下举〔参考例 6〕,文献里不仅有"何谓",也有不少"谓何"的用例。"何谓"是"说什么"的意思,而"谓何"表示"怎么说"的意思,因此它们是通过语序变换的方式表示不同意义的例子。

〔参考例 6〕
a. 樊迟曰,何谓也。(《论语·为政》)
b. 荀息谓何。(《国语·晋语二》)
c. 天实为之,谓之何哉。(《邶风·北门》)

再者,如下〔参考例 7〕,文献里有"如何"之外,还有不少"何如"的用例。这个现象我们一定要特别关注。在《论语》中,"何如"共出现 21 例,都表示"怎么样(什么样子)"的意思。但是在《书经》《诗经》等文献里,只有"如何",没有"何如",而且在《诗经》里,"何如"既可以跟"如之何"一样,表示"怎么办"的意思(例 a),又可以表示和《论语》里的"何如"相同的意思(例 b)。再看例 c,可见《书经》里的"如何"和《诗经》中的"如何"用法相同。在《左传》中,用"如何""若何"的同时,也有不少"何如"的用例,而如下例 d、e,"何如"表示"怎么办","如何"表示"怎么样(什么样子)"的意思。

〔参考例7〕
a. 取妻如何，匪媒不得。(《豳风·伐柯》)
   娶妻如之何，必告父母。(《齐风·南山》)
b. 夜如何其，夜未央。(《小雅·庭燎》)
c. 师锡帝曰，有鳏在下，曰虞舜。帝曰，俞。予闻。如何。(《虞书·尧典》)
d. 及里克将杀奚齐，先告荀息曰，三怨将作，秦晋辅之，子将何如。(《左传·僖公九年》)
   〔《国语·晋语二》作："……先告荀息曰，……子将如何。……里克告丕郑曰，……子将何如"〕
e. 齐侯曰，……与不榖同好，如何。(《左传·僖公四年》)
   杜注：……求与楚同好也。孤寡不榖，诸侯谦称也。

由以上诸例看，汉语原来只用"如何"的语序，"如何"表示"怎么样（什么样子）"和"怎么办"两种意义。后来开始使用"何如"的语序，《论语》以后这两种不同语序的组合各表示不同的意思。

关于开始使用"何如"的原因，我们认为应该是为了强调"如何"中的"何"字。根据《书经》《诗经》中的使用情况，我们可以确定"何如"是后起的用法。因此我们不能按照王力的意见，认为"何如"是疑问代词原来的正常语序。

1.1.3 "是"的前置

如上文所介绍，王力认为宾语前置有三种类型，其第一类是基本上完全抛弃旧语序，只留下一些痕迹的形式，例如〔参考例1〕a—e。王氏的这一看法，也有可商榷之处。

首先，如王氏指出，像例a、b、c那样"予""我""尔"等代词前置的例子，在先秦文献里其数极少。在这样的情况下认为它是原始时代的语序的遗留，恐怕不太妥当。本文认为，这个问题应该从另外一个角度去考虑。关于这个问题，在下文2.3里详述。

再者，像例d、e那样前置代词"是"的例子，王氏也认为是跟例a、b、c同类的现象。但是在《书经》《诗经》等文献里，"是"是一概都被前置的，因此我们不能把"是"的前置和"予""我""尔"等代词的前置看作同类现象，也不能想当然地看作原始时代语序的遗留。

宾语"是"的前置应该也是为了强调宾语而使用的特殊语序。"是"有强调指示的作用，这一事实我们通过它跟"之"的比较就可以看到。

"是"和"之"无论在语音上还是在意义上都是很相近的两个字，它们应该是同属一类的近指指示代词。但是，"之"可用在修饰语后面，也可以用在动词之后起到类似于助词的功能。由这些功能看来，"之"的指示功能肯定是比"是"弱一些的。因此，我们认为"是"的使用标志着该部分是需要特别强调的地方，宾语的"是"被前置应该也是为了强调而使用的特殊语序。如下举〔参考例8〕，使用"是"的例a表示"这个就叫错误"的意思，此处明显有强调的意味。

〔参考例8〕
a. 过而不改，是谓过矣。(《论语·卫灵公》)
b. 不教而杀，谓之虐，不戒视成，谓之暴。(《论语·尧曰》)

王力作为保存宾语代词前置的旧式语序例子，在上文〔参考例 2〕中除了疑问代词，还举出了"是"前置的例子。本文认为，〔参考例 2〕中的例子也与此相同，是表示强调的语法策略。这种前置宾语"是"的前面，还经常用"惟（维）"字。

〔参考例 9〕
a. 今商王受，惟妇言是用。（《周书·牧誓》）
b. 匪先民是程，匪大犹是经，维迩言是听，维迩言是争。（《小雅·小旻》）
c. 论笃是与，君子者乎，色庄者乎。（《论语·先进》）

这种"惟（维）"字原来应该是近指的指示代词，但在《书经》《诗经》等文献中，它经常用在句首或句中，起到提醒听话者对下一句的注意的作用。从这种功能看，可以说"惟（维）"也是一种表示强调的助词[1]。上举例 a、b 等用"惟（维）"字的例子中，动作的对象被提到前面特别强调，而"是"的功能是回指这个被特别强调的宾语。由此看来，"是"字本身肯定也含有强调的语气。上举例 c 中的"是"，还有〔参考例 3〕例 a 的"是谓……"等用法，也都是表示强调语气的。

1.1.4 附论 "宾语+之+动词"形式

如上文所述，把动作的实际上的对象提到前面，并使用"是"字再次提示，这种语法手段在《诗经》里使用频率特别高，共有 36 例。但是在《诗经》中，用"之"来代替"是"的情况也不少见，黎锦熙在《三百篇之"之"》一文中，举出了 29 例。[2]

春秋以后这种用"之"的形式越来越多，在《论语》中用"之"的形式有 18 例，而用"是"的形式仅有〔参考例 9〕例 c 的 1 例。在《孟子》中，未见用"是"的形式。本文认为，这一现象表明宾语"是"的前置这种特殊语序随着时代逐渐衰退。

用"之"代替"是"的形式中，"之"的功能原来应该也是回指前置的宾语。但是，"之"的指示功能比"是"弱一些，因此后来就像助词那样来用。因此用"之"回指的形式的性质也逐渐发生变化，后来"之"不再有通过回指的方式强调前置宾语的功能，变成放在前置宾语之后加稍微舒缓一点的语气的成分。下举〔参考例 10〕中的"之"应该看作这种助词性的成分。

〔参考例 10〕
a. 汝则从，龟从，筮从，卿士从，庶民从，是之谓大同。（《周书·洪范》）
b. 吾斯之未能信。（《论语·公冶长》）

例 a "是之谓……"和〔参考例 8〕例 a "是谓……"相比，对前置宾语"是"发挥更强的提示作用。但是"之"字并没有起到回指强调的功能，它起到的可能是在被提前强调的"是"之后加停顿而弛缓语气的、助词性的功能。"之"字这样变成助词性的成分之后，语音重点移到后面的动词上面，从而其动词也被安上了一个重点。如上举例 b 和"吾未能信斯"比较起来，可以看到例 b 强调宾语"斯"的同时，对"未能信"也发挥了强调的作用。

---

[1] 参看拙论《「惟」について》，《金沢大学教養学部論集·人文科学篇 5》，1968 年。
[2] 参看黎锦熙《三百篇之"之"》，《汉语释词论文集》，科学出版社，1957 年。

1.2 介词宾语的前置

汉语的介词基本上都是从动词转化而来的，因此介词的宾语也后置才是基本语序。但是介词宾语是代词的时候，还是有不少前置的用例。本文认为这种前置也一定是为了强调宾语采取的特殊语序，不应该像王力那样，把前置看作正常语序。"以"和"于"是先秦汉语中最常用的介词，本节讲讲这两个字的情况。

首先，疑问代词"何"做介词"以"的宾语时，先秦汉语一般使用"何以"的语序。这也肯定是上文所讲的，为了强调疑问代词"何"而采取的语用策略。

"於"以及其前身的"于"字，很少把"何"字作为宾语，这一点和"以"字不同。但是就如下举几例，《诗经》中有"于何"，却没有"何于"。"於"也与此相同，先秦诸子百家文献中可以找到"於何"，却找不到"何於"的用例。因此我们可以说，"介+宾"才是正常语序。我们也可以据此再次确认，我们不能赞同王力所提出的前置就是正常语序的意见。

〔参考例 11〕
a. 哀我人斯，于何从禄。(《小雅·正月》)
b. 伯牙乃舍琴而叹曰，……吾於何逃声哉。(《列子·汤问》)

再者，指示代词"是"做"於(于)"的宾语时，语序一定是"於(于)是"，未见"是於(于)"的用例。《书经》中很少用"是"字，而一般认为"时"就是它的前身。如下举几例，无论是在《书经》还是《诗经》，都用"于时"的语序。由此可见，这就是汉语的正常语序。

〔参考例 12〕
a. 我其试哉，女于时观厥刑于二女，厘降二女于妫汭，嫔于虞。(《虞书·尧典》)
  杨筠如《尚书覈诂》：按第一"女"字因下两"女"字而衍。"于时"犹于是也。《史记》"于是尧妻之二女"可证。
b. 我其夙夜，畏天之威，于时保之。(《周颂·我将》)
  郑笺：于，於。时，是也。

这些"於""于"和"以"相比较，"是"做"以"的宾语时，在《书经》《诗经》中都用"是以"的语序。

〔参考例 13〕
a. 乃惟四方之多罪逋逃，是崇是长，是信是使，是以为大夫卿士……(《周书·牧誓》)
b. 维是褊心，是以为刺。(《魏风·葛屦》)

"是以"的语序肯定也是强调提示宾语"是"的语用策略。文献中有很多"是以"，却没有"之以"的用例，这个现象也可作为旁证。

但是，《左传》以后"是"做"以"的宾语时，多用"以是"的语序，并在汉代以后这个语序成了更通用的形式。即便如此，如上文例 b 那样，把"是以"用为因果连词的时候，它作为已固定的复合词，习惯使用"是以"的语序。我们不能按照这样的特殊用法，说代词做介词宾语时，宾语前置就是原来的正常语序。

关于这个介词"以"，如下文所举几例，一般名词做它的宾语时也经常被前置。"于"也能找到相同的情况。

〔参考例 14〕
a. 墓门有棘，斧以斯之。(《陈风·墓门》)
b. 其有不合者，仰而思之，夜以继日。(《孟子·离娄下》)
c. 申伯还南，谢于诚归。(《大雅·崧高》)
　毛传：谢，周之南国也。郑笺：谢于诚归，诚归于谢。
d. 谚所谓室于怒而市于色者，楚之谓矣。(《左传·昭公十九年》)

这样的例子都是强调宾语的语用策略。但是，"於""于"很少有这样的用例。由此可知，这种为了强调宾语使用的这些特殊语序在汉语中逐渐消失了。进而我们也可以说，为了表示强调，汉语造句法的基本语序规则能包容的范围逐渐缩小了。

二　宾语后置表示强调

2.1 存在、出现、消失的强调

如上文所述，在古代汉语中，为了强调话语重点可以改变语序这个汉语造句法上最重要的基础规则，特别是代词做宾语的时候，经常把它提到动词前面。但是，这种基本语序的改变对汉语这个最重视语序的孤立语来说，是上古汉语特有的极其特殊的现象。汉代以后，这种语序变换的语用策略就逐渐消失了。

将代词宾语提前表示强调，是上古汉语特有的极其特殊的现象。但是，一般的动宾结构短语的话语重点，是基本在后置的宾语上的。所以把宾语提到前面加以特别强调，即使在上古汉语里也是一种极为特异的强调。

在汉语中，同样表示存在，发展出了"有"字句和"在"字句两种不同的表达方式。这个现象正表现了动宾结构短语中的话语重点一般都在后置的宾语上这一事实。

〔参考例 15〕
a. 井上有李，螬食实者过半矣。匍匐往，将食之。(《孟子·滕文公下》)
b. 子张学干禄。子曰，……言寡尤，行寡悔，禄在其中矣。(《论语·为政》)

上举例 a "井上有李"不能改成"李在井上"。即使改写后客观事实不变，但说话者要强调的重点很不相同，"有"字存在句的话语重点是存在的东西，"在"字存在句的重点是存在的处所。同一件事情可以使用话语重点不同的两种句型来表达，这是非常值得关注的现象。还有，其重点都在句尾的宾语上，这也是汉语语用策略的重要特征之一。

同一件事情可以使用话语重点不同的两种句型来表达，各句型的重点都在句子后面的宾语上，表达出现、消失的句子也有相同的情况。

〔参考例 16〕
a. 蓬生麻中，不扶而直；白沙在涅，与之俱黑。(《荀子·劝学》)

b. 肉腐出虫，鱼枯生蠹。(《荀子·劝学》)
c. 君以蛮夷伐国，国几亡矣，请纳之。(《左传·哀公二十六年》)
d. 秋，八月辛卯，沙鹿崩。晋卜偃曰："期年将有大咎，几亡国。"(《左传·僖公十四年》)

上举例 a、c 表示某物出现或消失的现象，而话语重点在于出现、消失这个现象的发生上面。与此相比，例 b、d 的话语重点在出现或消失的东西上。例 b、d 可分析为一种动宾结构，宾语表示动词所表达的现象的主体。而例 a、c 可分析为一种主谓结构，叙述在某一事物身上发生了某一件事情。这样在汉语中，表达某个事物的出现或消失，可以使用动宾结构和主谓结构两种不同的形式，由此我们可以说，汉语的句子在表达客观现象的同时，还能表示说话者要强调的重点，这是汉语的话语表达策略中最明显的特征之一。

2.2 双宾语的强调

如上文所述，汉语的动宾结构短语中，话语重点一般都在后置的宾语上面。宾语一般只有一个，但是授予、告示类动词可以带两个宾语，即直接宾语和间接宾语。说话者想把其中一个宾语作为重点强调的时候，日语一般以语音的强弱来表示。而在古代汉语中，有专门强调重点宾语的语法形式。这个现象象征着重视强调这一汉语的表达特点，非常值得关注。

汉语双宾语句的句型可概括为如下：

〔参考例 17〕
〔句型 A〕$V-O_2-O_1$
（V 为动词，O_2 为间接宾语，O_1 为直接宾语）
  a. 我欲中国而授孟子室，养弟子以万钟，使诸大夫国人皆有所矜式。(《孟子·公孙丑下》)
〔句型 B〕$V-O_1-$于（於）$-O_2$
  b. 陈知其罪，授手于我，用敢献功。(《左传·襄公二十五年》)
〔句型 C〕以$-O_1-V-O_2$
  c. 子犯以璧授公子，曰……(《左传·僖公二十四年》)
〔句型 D〕$V-O_2-$以$-O_1$
  d. 诵《诗》三百，授之以政，不达……(《论语·子路》)

〔句型 A〕不用任何语法成分，将动词–间接宾语–直接宾语的语序排列。这种语序可说是双宾语句的基本语序。这种句子的重点一般都在直接宾语上面。

〔句型 B〕自然是以间接宾语为重点的形式。在这类句型中，介词"于（於）"原则上不能省略，之所以不能省略，应该就是为了避免与〔句型 A〕混淆。

〔句型 C〕用"以"引进直接宾语。与〔句型 B〕一样，这类句型的最重点在句末的间接宾语上。但与〔句型 B〕不同的是，〔句型 C〕用"以"引进直接宾语，因此直接宾语也成了另外一个重点。

最后看〔句型 D〕，这类句型当然是以直接宾语为重点的。与〔句型 A〕不同的是把重点用"以"来引进，因此发挥了更强的强调效果。

我们认为，在古代汉语中双宾语句的重点表达方式如此之发达，最显明地表现了重视强调表达这一汉语的重要特征。

2.3 强调对宾语施行的动作

动宾结构的话语重点一般都在后置的宾语上，这是汉语的表达特点之一。那么如果要把重点放在对宾语施行的动作上面，汉语会使用什么样的表达方式？

在古代汉语中，经常使用这样的表达方式：先把宾语提前，其后加一个停顿，然后叙述对宾语施行的动作。

〔参考例 18〕
a.《诗》三百，一言以蔽之，曰，思无邪。(《论语·为政》)
b. 圣人，吾不得而见之矣。得见君子者，斯可矣。(《论语·述而》)
c. 己所不欲，勿施于人。(《论语·颜渊》)
d. 老夫其国家不能恤，敢及王室。(《左传·昭公二十四年》)
e. 一箪食，一豆羹，得之则生，弗得则死。(《孟子·告子上》)

如上诸例，都把宾语提在前面，是为了提醒听话者对宾语的注意，但不只对宾语，还对停顿之后叙述的动作也起到了强调的效果。还有一点值得注意的是，在这种表达中后面的动词往往用"之"来补充宾语的位置，如例 a、b、e 等，因此提前在前面的成分实际上就是动作的对象，但在句法上已经不是动宾结构中的成分了。吕叔湘着眼于这一点，把提前在前面的成分称为"外位语"。[1]这可说是卓见，我们必须参考。只是吕叔湘认为这种句型是专门强调"外位语"的表达方式，但我们认为这类句型对其后面叙述动作的部分也有强调的效果，这一点不能忽略。

再者，在古代汉语中，要强调对宾语施行的动作，而宾语是代词的时候，往往会变换基本语序，把动词放在后面。这样的语序变换，也是古代汉语特有的极其特殊的现象。这种语序变换一般只用于否定句，肯定句的用例非常少见。这可能是因为如果肯定句使用这种形式，就有可能与主谓结构混淆。上举〔参考例 1〕的例 a、b、c 可以看作是肯定句使用这类形式的例子，但这样的例子在文献中极其少见。

下举几例是否定句的例子：

〔参考例 19〕
a. 居则曰，不吾知也。如或知尔，则何以哉。(《论语·先进》)
b. 子曰，莫我知也夫。子贡曰，何为其莫知子也。(《论语·宪问》)
c. 岂不尔思，室是远而。(《论语·子罕》)
d. 不患人之不己知，患不知人也。(《论语·学而》)
e. 俎豆之事，则尝闻之矣。军旅之事，未之学也。(《论语·卫灵公》)

上面的这些例句，重点都落在动词上。为了强调动词，把动词放在后面，因此做其宾

---

1 参看吕叔湘《中国文法要略》中册，第 36、122 页，商务印书馆，1957 年。

语的代词便可以被推到前面。这些被推到前面的成分，应该都是不太重要的成分。由上举诸例可以看到，被推到前面的代词一般都是"吾""我""尔"等第一、第二人称代词，或者是指示代词"之"。第一人称、第二人称代词做宾语时，在现代汉语中也很少被重读，这是对话时理所当然的事，而偏要重读这样的成分，意味着特别需要引起对方的注意。古代汉语应该也是这样的，而且在古代汉语中这些成分不仅不被重读，还被动词驱斥到前面。再者，如上文所述，指示代词"之"也是一个指示功能比较弱的成分，这种成分一般不会被重读。

否定句的代词宾语前置，乍一看似乎跟"是"的前置非常相似，因此黎锦熙、王力等都认为是同一类型的现象，看作相同性质的宾语前置。而本文认为，是截然不同的两种表达方式。如上文所述，疑问代词的前置是为了强调疑问的中心，即为了强调疑问代词使用的表达方式。"是"的前置也与此相同，为了强调"是"而使用的语用策略。我们从否定词位置的不同可以看到，此章介绍的现象和疑问代词前置、"是"的提前是性质不同的两种表达方式。

〔参考例20〕
a. 如使人之所欲莫甚于生，则凡可以得生者，何不用也。(《孟子·告子上》)
（〔参考例19〕例a是"不吾知"。）
b. 汝乃是不蘉，乃时惟不永哉。(《周书·洛诰》)

这种否定句的宾语前置，很多人看作是古汉语的"常例"。但是如王力指出的那样，宾语后置的例子数量也并不少。我们从如下几例也能看到，这些都是强调宾语的语用策略。

〔参考例21〕
a. 卢蒲姜谓癸曰："有事而不告我，必不捷矣。"(《左传·襄公二十八年》)
（卢蒲姜的丈夫癸要杀妻子的父亲时卢蒲姜所说的话）
b. 狂而不直，侗而不愿，悾悾而不信，吾不知之矣。(《论语·泰伯》)
（在先秦文献中未见"不之V"形式[1]。用"不"否定"V之"时一般用"不V"形式，由此可知这个句子对"之"的强调程度非常重。朱熹《集注》云："吾不知之者，甚绝之之辞。"）

上举例a"有事不告我"的意思大概是"如果你连我都不告诉的话……"，是语势非常强烈的表达方式。但是〔参考例19〕例b的"莫我知也夫"没有"连我都"的意思，没有例a那样的强调"我"的语气。

三 其他的强调表达

3.1 强调动作、形状和其主体

我们在前面提到过用动词"在"的存在句，并在〔参考例15〕中举了一些例子。如上文所述，这类存在句的话语重点是存在的处所。我们从例b"禄在其中矣"能看到，这类句子的主语一般都是已知的事物。汉语主谓结构的句子一般都是这样的，主语是已知成分，

---

[1] 参看王力《汉语史稿》中册，第367页，科学出版社，1958年。

句子的重点是谓语。

那么，表达存在的时候，既要强调存在的处所，又要强调存在的事物，用什么样的表达方式呢？在古代汉语中，也有能满足这个要求的表达方式。

〔参考例 22〕
a. 成季之将生也，桓公使卜楚丘之父卜之。……及生，有文在其手，曰友。遂以命之。(《左传·闵公二年》)
b. 方舟而济于河，有虚船来触舟，虽有惼心之人不怒。有一人在其上，则呼张歙之。(《庄子·山木》)

这两例都是"有"和"在"两个动词组合起来表达存在的例子。如上文所述，"有"字存在句是强调存在物的，因此，两种存在句组合起来构成的这类句型，是在加重强调存在处所的同时，还强调存在物的表达方式。

这样的句法不仅有存在句，在现代汉语中，一般的叙述句也有很多这样的句法形式。关于这个问题，中国社科院语言研究所语法小组《语法讲话》中有特别值得关注的论述：

在汉语里，名词的有定无定往往影响它在句子里的位置。……当主语用的名词常常指的是比较确定的东西，当宾语用的名词常常指的是比较不确定的东西。比方说"客人来了"，这个"客"是有定的，指的一定的人，"来客了""有客来了"这个"客"是"不速之客"，是无定的，谁来了都可以。

《语法讲话》从确定或不确定的角度，解释"客人来了""来客了""有客来了"这三种句子中的"客"。但我认为这个问题应该先从话语重点的角度去分析。这三种句子表达了相同的客观事实，但其话语重点不相同。

其一是"客来了"，如《语法讲话》所解释，这个"客"是已知确定的某人。但是我们不能忽略，这是主谓结构的句子，话语重点应该是在谓语"来了"上面。

其二是"来客了"，在这个句子里，"客"作为宾语补充所"来"的事物。如上文所述，这种表达的话语重点是"客"。已知确定的事物一般是不需要强调的成分，而需要强调的往往是未知不确定的成分。因此在"来客了"这个句子中，把"客"看作是不确定的成分，也是没有错误的，但不能据此说这是专门表示不确定的事物的句式。比如有个学生正在调皮捣蛋，此时看见班主任来了，那么这个学生说的会是"来了老师"。所以还是只能说，这是一种强调所出现的事物的句子形式。

《语法讲话》没有解释"来客了"和"有客来了"的区别，但本文认为这是汉语的表达形式中最重要的问题之一。如上文所述，"客来了"这个句子强调的重点是"来了"这个动作，而"来客了"强调的是"客"，那么"有客来了"应该是在强调"来了"这个动作的同时，强调"客"的句子形式。〔参考例 22〕例 a"有文在其手"，也是与此相同的句式。

这样，强调动作和状态的同时，强调动作主体的人或事物的句式，在古代汉语中已经很常见。关于如下诸例的"有"的用法，黎锦熙、吕叔湘等都认为是表示无定事物的表达方式。这些意见，不得不说没能抓到这种表达方式的本质。[1]

〔参考例 23〕
a. 有朋自远方来，不亦说乎。(《论语·学而》)
b. 有颜回者好学，不迁怒，不贰过。(《论语·雍也》)
c. 一人虽听之，一心以为有鸿鹄将至，思援弓缴而射之。(《孟子·告子上》)

3.2 强调存在的事物和处所

如上文所述，用"有"字表达存在时，话语重点一般都落在存在的事物上。那么，强调存在物的同时还要强调存在处所的时候，用什么样的表达方式？在古汉语中，还是存在能满足这个要求的表达方式。

〔参考例 24〕
a. 通达之中有魏，於魏中有梁，於梁中有王。王与蛮氏有辩乎。(《庄子·则阳》)
b. 西亦有数十祠，於湖有周天子祠，於下邽有天神……(《史记·封禅书》)

以上两例中的"於"是从"于"变来的[2]，"于"原来是个动词，表示"拐着弯前进"的意思，由此义演变成表示动作方向的介词，由此再演变成表示动作发生的处所或存在处所的介词。"有"原来是表示"保佑"义的动词，它的存在义是从"某一个处所拥有某一个东西"的句义发展出来的。在一般情况下，"有"字表达存在的时候，表示处所的词直接放在主语位置就可以了。上举例 a 中，第一句用了这个普通的句子形式。但是接下来的两句，表示处所的词前面还加了介词"於"。如果这个处所词只是表示存在的处所的话，这个"於"字是不需要加进去的。这样在语法上并不是必需的介词加在处所词前面，应该是为了提醒听话者对处所词的注意。所以这类形式的句子一定是对处所词也有强调的意味的。

其实，把语法上并不需要的介词特意加进去，这样的现象并不少见。上文所举〔参考例 17〕例 d "授之以政"，也是这种现象的例子。原则上，这样特意用介词是为了特别强调介词后面的成分。可以说，用介词表示强调，是汉语表达强调的重要语用手段之一。

若要再举一个例子，"在"字存在句有时候也用"于"强调存在的处所：

〔参考例 25〕
a. 子谓薛居州善士也，使之居于王所。在于王所者，长幼卑尊，皆薛居州也，王谁与为不善。在王所者，长幼卑尊，皆非薛居州也，王谁与为善。一薛居州，独如宋王何。(《孟子·滕文公下》)
b. 亡郢之始，于此在矣。(《左传·昭公二十四年》)

由以上诸例我们可以看到，在古代汉语中，强调的表达方式是丰富多样的。

(1976.6.29)

---

1 参看黎锦熙《比较文法》，第 13 页，科学出版社，1958 年；吕叔湘《中国文法要略》，第 100—101 页，《吕叔湘文集》第一卷，商务印书馆，1990 年。
2 参看拙著《「于」について》，《金泽大学教养部论集·人文科学篇 6》，1969 年。

【笔谈】

尼采篇

南京大学文学院　鲁国尧

我国上古时期典籍通例之一是以首二字作篇名，兹仿效之，本文以首二字"尼采"为篇名。亦循其例，篇下分章。

一　尼采说母鸡及鸡蛋

尼采（Friedrich Wilhelm Nietzsche，1844—1900），德国大哲学家，著作甚丰，百余年来，影响巨大，遍及寰宇。

去年12月上旬社会学家成伯清教授的一篇短文《时间、思想与深度》，文中引用了尼采的一段话，我拜读后，击节叹赏，频呼"大合吾心"，于是设法跟成教授联系，请他将出处示我，蒙他热情赐助，于是我得以窥全豹。"奇文共欣赏"，现移录尼采的嘉言于下，以飨诸位同好。

> 对于那些毫不疲怠在口里喊着现代的会战口号与牺牲口号"分工啊！排成行列啊！"的人们，将要清楚而断然地说：你们如果愿意尽量迅速地促进学术，你们也就将要尽量迅速地毁灭学术；正如你们人工地强迫母鸡，过于迅速地生蛋，这母鸡也就会死亡一般。好的，学术在最近几十年惊人迅速地被促进了。但是你们也要看一看这些学者，这些筋疲力竭的母鸡，这真不是"和谐的"生物了；它们只能比昔日多叫几声，因为它们生蛋更多，自然这些鸡蛋也越来越小（虽然书是越来越厚）。[1]

成伯清教授的大文在引录尼采的名言之后，接着的是他自己的阐释与引申。他的话前半段我十分赞同。对其后半段我则冒昧略述己见。现在抄录成伯清教授的高见于下。

> 我们的问题是，尼采在一个多世纪以前所说的话，为什么如此贴切地适用于我们目前的学界？是所谓的现代性状况在从中作祟？市场对于思想的需求以及时尚的多变，迫使学者快速地生产，而快速之下只能拿出单薄的东西？[2]

成教授说："尼采在一个多世纪以前所说的话，为什么如此贴切地适用于我们目前的学界？"讲得太对了，讲得太好了！毕竟是社会学家，多么了解社会！我对当下中国人文

---

[1] 尼采著，姚可昆译《历史对于人生的利弊》，第48—49页，商务印书馆，1998年。
[2] 成伯清《时间、思想与深度》，《中国社会科学报》2016年12月7日第6版。

社会科学学坛的认识，跟他完全一致。尼采揭出问题，比喻生动，得出结论，堪称卓见，到底是哲学家，到底是大哲学家！在今日中国，人文社会学科学界的生态十分堪忧。"比昔日多叫几声"的母鸡越来越多，几乎塞满了学坛，可是都是些"精疲力竭的母鸡"。它们生蛋确实是更多，但是，可怜"这些鸡蛋也越来越小"，不揣谫陋，我在尼采的这句话之后加一句："也许不少是瘪蛋、坏蛋吧。"尼采从比喻跳回现实，"虽然书是越来越厚"。试看我国当今书市，成几十册，甚或上百册的丛书，极度装潢，金碧辉煌，还戴着顶"荣获××奖"的桂冠，陈列在迎门的书架上"炫富"，显示着编者及出版社的辉煌业绩。可是这些"越来越厚"的大书不乏"金玉其外败絮其内"者，为了避免压库，有不少很快就被出版社营销部经理判处极刑化为纸浆了。那么厚那么多的书需要砍伐多少棵树木充作纸浆？需要投放多少吨化工药品去加工处理？无怪乎今日的中华大地污染如此严重，当今人们只注意天空的雾霾，怨天尤人，唉，这是短视了，偏视了。

成教授认为"市场对于思想的需求以及时尚的多变，迫使学者快快地生产，而快速之下只能拿出单薄的东西"，对此，我想讲得更清楚些。为什么当今有的学者成为下了大量小蛋、瘪蛋、坏蛋的"精疲力竭的母鸡"？学者本人当然有责任，现在我活剥龚自珍的著名诗句如下："避席畏闻文字狱，著书都为稻粱谋。"尝读顾炎武《日知录》，至理之言甚多，现将其卷十九的前三条移录于下。《文须有益于天下》条："文之不可绝于天地间者，曰明道也，纪政事也，察民隐也，乐道人之善也。若此者，有益于天下，有益于将来，多一篇多一篇之益矣；若夫怪力乱神之事，无稽之言，剿袭之说，谀佞之文，若此者，有损于己，无益于人，多一篇多一篇之损矣。"又，《文不贵多》条："乃今人著作则以多为富。夫多则必不能工，即工亦必不皆有用于世，其不传宜矣。"又，《著书之难》条："宋人书如司马温公《资治通鉴》，马贵与《文献通考》，皆以一生精力成之，遂为后世不可无之书，而其中小有舛漏，尚亦不免。若后人之书，愈多而愈舛漏，愈速而愈不传，所以然者，其视成书太易而急于求名故也。"四百年前顾炎武这位伟大的学者的责备之辞是"如此贴切地适用于我们目前的学界"！

但是我认为责任的一半以上却在于养鸡场主。有篇文章，我印象特别深刻，《中国社会科学报》第一期（2009年7月1日）刊登了某校校长的文章，他说，该校年产3000篇论文、300本书。这是在炫耀政绩！时间又过了七年多，当下的上千所大学的养鸡场主变本加厉，展开了非理性的"数字竞赛"，为提升排行榜的名次而拼搏，其效果，自然有益于场主"保官""升官"。养鸡场主特别重视的是数量，那就必须想方设法逼母鸡生蛋，至于瘪蛋、坏蛋"非所计也"。于是如成教授所云，"迫使学者快快地生产，而快速之下只能拿出单薄的东西"。

呜呼，人们不能"清楚而断然地说"，只能腹诽："你们如果愿意尽量迅速地促进学术，你们也就将要尽量迅速地毁灭学术。"

二　童子鸡下蛋

童子鸡下蛋更是养鸡场主的迫切需要。

养鸡场主需要数量，迫使教授、副教授们快快地生产，但是这些母鸡毕竟是一小撮，于是再出高招，逼迫面广量大的研究生快快地生产。现时学术硕士必须发表论文，至于博士生，更必须发表论文，有的大学要求三篇，有些场主慈悲为怀，只要两篇。不可动摇的要求是，其中必须有 C 刊，何谓 C 刊？即 CSSCI 之谓也。有了这大群童子鸡上阵，该校的论文数量可以大幅度增加，至于这些童子鸡生出来的是好蛋，还是坏蛋，"非所计也"。

童子鸡应该不应该被逼生蛋？最近读到北京外国语大学的《外国文学》杂志 2016 年第 6 期上的一篇文章《我的导师王佐良》，是高继海教授纪念他的恩师王佐良先生的。王佐良先生（1916—1995），中国 20 世纪著名的英美文学研究家、翻译家、诗人、教育家。生平著述：自著 26 本，加上主编 12 本，共 38 本。北京外国语大学为纪念王先生诞年一百周年，外语教学与研究出版社于 2016 年出版了《王佐良全集》，12 厚本。请看他的学生高继海教授的记述："王公严于律己，一心向学，对待学生，他也是这样要求的。……入学之后，王公告诫我，要潜下心来，耐心读书，不要被不良风气左右，急于发表论文。"王佐良先生是一位了不起的学者，也是一位有真知灼见的教育家。回忆我在 1960—1964 年做研究生的时候，十几位老教师和年轻教师没有一个人向我提起发表论文的事，他们都是苦口婆心地教导我认真读书，打好基本功，那时的风气多正！

现在的大多数博士生，入学时根底就不是很牢实或很不牢实，在校学习时间仅仅三年，课程又多。而导师带的博士生、硕士生往往达到十几名，甚至有超过二十之数的。记得多年前有张报纸，登了一幅漫画：茶盘里一把茶壶，周围有十几个茶杯，请问向这些杯子注的茶水能有几许？研究生的培养就是要造就"品""学"兼优的一代青年。而"学"主要是认真读书，既要广博，又要精深，这是有识者的共识，逼迫研究生发表论文，还必须在 C 刊，这符合培养人才的规律吗？在大学里，无人不知，很多很多的研究生在拿钱买发表！若干不良刊物按字数收钱，不论你的论文是什么货色，只要你交钱就给你发，少则几千，多则上万。环渤海、长三角、珠三角的家长有钱，支付得起；而西部尤其是西北地区的家长可就囊中羞涩了，"可怜天下穷书生"啊！这不仅仅是经济问题，更可怕的是，腐蚀了一代甚或几代人的心灵，败坏了风气，谁说大学是绿洲？

我在这里再"揭"一件学界众所周知的事：如今研究生的毕业论文答辩，不少学校一个上午能答辩八九个，甚至十个硕士生。这种答辩，形同虚设，儿戏也。校长们、院长们知道不知道？知道是纵容，不知道是渎职。按，这些院长和校长无一不是博导、硕导，他们自己竟如此！

童子鸡本不该生蛋，却逼迫它们生蛋，能生出好蛋？更是摧残了这些童子鸡。救救孩子！乞求校长院长们"轻徭薄赋"，让学生安下心来，好好读书。这不仅是增长知识的问题，更重要的是有个纯洁的环境，培养他们高尚的精神。《周易》中的"进德修业"四字，是我们的目标，人生应该为之奋斗的就这两件事，进德与修业。教育家、学问家应该以这两个标准培养学生，使他们日后成为国家的栋梁。

再讲几句画蛇添足的话。遗憾的是，当今每个学校都爱搞"校训"，绝大多数是四词八字，雷同得令人产生"审美疲劳"。如果我当某校的校长，我拟的校训只有四字"进德修业"。当然，我做校长是白日做梦。

三　丧失自信，又一时弊

丧失自信，又一时弊。当今在许多高校中怪现象很多。怪中之怪：若干学校规定人文学科的教师和研究生在境外的 SSCI 上发表一篇论文抵国内的 CSSCI 三篇。我们不禁要责问制造这种规定的养鸡场主，为什么在中国杂志发表的人文科学的文章比在外国杂志发表的文章"价码"竟差得如此之大？为什么要把境外的杂志捧上天？众所周知，世界上以中国问题、中国现象、中国思想、中国历史等作为研究对象并卓有成就的主要是中国的人文学科的学者，这是毋庸置疑的。

这，外国学者也是承认的。举个例子，高本汉（1889—1978），瑞典人，20世纪西方的第一流汉学家，著作甚丰：《左传真伪考》《诗经译注》《书经译注》《汉文典》。他的代表作《中国音韵学研究》对中国音韵学影响巨大。高本汉，在中国赢得很高的声誉，请看《鲁迅全集》之《中国文与中国人》："高本汉先生是个瑞典人，他的真姓是珂罗倔伦（Karlgren），他为什么'贵姓'高呢？那无疑的是因为中国化了，他的确对于中国语文学有很大的贡献。"该文称高本汉是"西洋第一等的学者"。[1]高本汉于1936年为其《中国音韵学研究》的中译本写了篇"著者赠序"，他是这么写的："中国民族史上的研究工作何等的大，一个西洋人再要想在这上面担任多大一部分工作，现在其实已经不是时候了。中国新兴的一班学者，他们的才力学识既比得上清代的大师如顾炎武、段玉裁、王念孙、俞樾、孙诒让、吴大澂，同时又能充分运用近代文史语言学的新工具；我也不必在这里把人名都列出来，只须举一些刊物，例如《历史语言研究所集刊》《国学季刊》《燕京学报》《金陵学报》《文哲季刊》《北平图书馆馆刊》，此外还有许多第一流的杂志及各种目录。一个西洋人怎么能妄想跟他们竞争呐？这一班新学者既能充分的理解古书，身边又有中国图书的全部，他们当然可以研究到中国文化的一切方面；而一个西洋人就只能在这个大范围里选择一小部分，作深彻的研究，求适度的贡献而已。这样，他对于他所敬爱的一个国家，一种民族，一系文化，或者还可以效些许的劳力。无论如何，我自己恳切的志愿是如此的。"[2]这"一个西洋人"何等诚挚！他列举了若干中国的"第一流的杂志"的名称，他赞誉"中国新兴的一班学者"，他说他自己"一个西洋人怎么能妄想跟他们竞争呐"，怎么过了七八十年，中国杂志上的人文学科的论文掉价掉得如此之惨？惨不忍睹！这可不是西洋人的规定，不意中国的一帮学官竟自轻自贱到这般田地！？

我一贯主张"不崇洋，不排外"。崇洋，泯灭自己的创新心智；排外，堵塞自己的提升窗户。我们要有自主创造辉煌业绩的勇气，要有屹立于世界学术之林的信心。我们绝不排外，境外、国外的学者也有高明者，他们的成就必有值得我们学习与借鉴之处。

我主张，对待境外、国外的学术，中国学者应该坚守"三视"原则：我们坚拒"仰视"，我们提倡"平视"，我们绝不"俯视"。著名表演艺术家冯巩同志的名言："自己选择45°仰视别人，就休怪他人135°俯视着你。"睿智之言，至理之言！

在境外的SSCI上发表一篇论文顶国内的CSSCI三篇，这种规定，竟如此缺乏"自信"！在风雨如磐的时代，我们中国还不乏"民族的脊梁"，他们为国家、为民族而竭力奋争；时至今日，值此中华民族伟大复兴之际，还规定SSCI一篇论文顶CSSCI三篇？岂有此理！岂有此理！！岂有此理！！！

---

[1] 《鲁迅全集》第5卷，第382页，人民文学出版社，2005年。
[2] 高本汉著，赵元任、罗常培、李方桂合译《中国音韵学研究》，第5—6页，清华大学出版社，2007年。引者按：原译文在"顾炎武"等人名之间不加顿号，在"历史语言研究所集刊"等名称上不加书名号。

现在我随手拈来案头的几张《中国社会科学报》,请看这几篇文章,现将它们的标题抄录如下:

《文化自信为世界文明增添色彩》(2017年1月13日第1版)

《文化自信为民族复兴提供不竭精神动力》(2017年1月26日第6版)

《中国药学:广泛深厚的文化自信》(2017年2月14日第8版)

2017年孟春作于南京南秀村

1944年的"中国语言文字学会",君知否?

南京大学文学院 鲁国尧

方师铎《五十年来中国国语运动史》(台北国语日报社1965年版)第151—152页云:"民国三十三年,'教育部国语推行委员会'召开常年大会,同时举行专门委员会拟制'析音符号';'中国语言文字学会'也恰好在那个时候,举行成立大会。这么一来,原来分散在西南、西北'后方'各地的语文学家和教育专家,像马衡、傅斯年、黎东方、沈兼士、李方桂、罗常培、王力、刘季洪、卢前、顾毓琇、徐炳昶、张世禄、何容等人,都不约而同的聚集在重庆。那时候,有人主张设置一个机构,专门从事培植国语师资,很多人都赞成其说,于是就由'教育部国语推行委员会',以纪念领导国语运动三十余年的党国元老吴敬恒先生的八十寿辰为由,呈请教育部,设置国语专修科。教育部乃于同年五月,命令在甘肃兰州的国立西北师范学院,在四川白沙的国立女子师范学院,在四川璧山的国立社会教育学院,都增设'国语专修科',并命令国语推行委员会从旁协助。"

国尧案,这三个国语专修科于1944年秋开办,1946年暑期的第一届毕业生大部分被政府征调到光复后的台湾,在国语推行委员会魏建功、何容先生的领导下,从事推行国语的工作,为国家、为民族做出了重大的贡献,详见杨藻清女士《俞敏先生,我的心中仍然充满了你》一文(载《南大语言学》第二编)。

张博宇《台湾地区国语运动史料》(台湾商务印书馆1974年版)第41页:"民国三十三年三月,教育部特订定办法,令行各省市举行国语运动周。""三十三年农历二月二十八日(国历三月十二日),吴先生八十华诞,在教育部给吴先生祝寿,并召开'国语推行委员会'常年大会,出席人有陈立夫,顾毓琇,傅斯年、何容、萧家霖、王炬等多人,会中决定成立国语专修科,作为献给吴先生的祝寿礼物。这个决定由顾毓琇在联合会中提出。"

看来,抗日战争后期,1944年春,西南和西北的众多著名的语文专家和教育家齐聚重庆,他们做了两件事,一是"教育部国语推行委员会"召开常年大会,同时给吴敬恒祝寿,借机提议设立国语专修科;一是"中国语言文字学会"也在那个时候,举行成立大会。

费锦昌《中国语文现代化百年记事(1892—1995)》(语文出版社1997年版),是一本700多页的厚书。该书于1944年,未载"中国语言文字学会"成立大会一事;于1980年10月,载"中国语言学会"成立。《中国大百科全书·语言文字卷》(中国大百科全书出版社1988年版)第526页"中国主要语言学科学术团体"只载"中国语言学会"于1980年成立。

"中国语言文字学会",如果真有这个学术团体,这个团体真于1944年在当时的陪都重庆成立,这是历史。这是61年前的历史啊!而为当今学人所不知,能不"礼先贤之劳绩,悯往史之坠失"?

2005年作于南京

附言：我在 2004 年 2 月—8 月应台湾成功大学之聘，授课一个学期，因而有机会读了许多台湾的书籍，写了两篇文章，回大陆后发表，一是《台湾光复后的国语推行运动和〈国音标准汇编〉》，另一是《郑成功两至南京考》。此二文分别发表于《语文研究》2004 年第 4 期和《南京大学学报》（哲学·人文科学·社会科学）2007 年第 4 期。

近日从我的电脑中发现十余年前的一篇旧稿，《1944 年的"中国语言文字学会"，君知否？》，这也是在台湾教书读书的成果。我认为，中国现代语言学史上的这则史料，不能令其"坠失"，故交《中国语言学》杂志发表。

2017 年 2 月 1 日（丁酉年正月初五）晚
于南京南秀村寓所

补记：罗常培《自传》记述他自己抗日战争期间在昆明西南联大时"又为国语推行委员会和中国语言学会开会到过两次重庆"，见《罗常培文集》第十卷第 308 页(山东教育出版社 2008 年版)。

2021 年 11 月 27 日

【转载】

《汉语史稿》（初版）序

王 力

经过了一番考虑，我终于把我的《汉语史稿》交给科学出版社出版了。

我在北京大学讲授"汉语史"虽然已经两年，但是第二年差不多等于另起炉灶，实际上这一本稿子是用一年的时间写成的（每册是用半年的时间写成的）。在这种筚路蓝缕的情况下，要写一部像样的《汉语史》，需要十年以上的时间和集体的力量。像我这样写法，真是如蚊负山，太不量力了。这样匆促写成的东西，本来不敢让它和广大的群众见面的。

但是，我仍旧让这一部"未定草"和读者们见面，这有两个理由。

第一，讲义印得太坏了；错字连篇，国际音标写得一塌糊涂，写钢笔板的技术也不高明，以致印下来的东西令人看来头疼。我虽然寄出去请专家们提意见，但是我也知道他们实在不耐烦。如果铅印出来，印得清楚一些，干净一些，负责审订的专家们也许能更耐心些。同时，我又希望把领教的范围扩大，使全国的同志都有指正的机会。

第二，怕见人的思想不一定是正确的。既然在讲台上讲了，就没有"保密"的必要了。事实上，要"保密"也保不了；目前已经有人引用我的讲义，也有人对讲义提出批评。我想还是索性公开印出来请大家批评的好。

我自己知道，错误一定免不了。我在这里诚恳地向读者提出请求：敬请给以严格的批评和宝贵的意见。除了公开的批评以外，如果赐函指教，片纸只字都将令我非常感激。这只是一个初稿，离开定稿还很远，即使将来改得面目全非了，也没有什么可惜的。

在编写过程中，杨伯峻先生、唐作藩、许绍早、黄钺三位同志和汉语史研究生们都提了不少好意见。唐作藩、左言东两位同志帮我校对。我在这里表示谢意。

1956.12.21 北京大学

汉语史教学一年的经验和教训*

王 力

一

北京大学中文系在 1954 学年度为四年级学生和汉语史研究生开设汉语史,由我担任讲授。汉语史是一门新开的课程,估计备课有很大的困难,所以我要求暂定为每周二小时(依照教学计划是四小时),作为试教。每周写出讲稿,讲后印发作为讲义。备课比较吃力,每周要费二十到三十小时。

一年教下来,教学效果还好。但是,这是作为一种新开课程来评价的。实际上,过去这部讲义处处暴露着"急就"的,甚至是粗制滥造的过程。有些地方写漏了,有些地方写错了,至今还没有好好地做一个勘误表。

我原来想得太天真,以为每周二小时的课,将来扩大了内容,就可以变成每周四小时的课。事实证明我的估计是错的。一年教下来,我发觉原来的教学大纲有着很大的缺点,其中包括着原则性的缺点。教学大纲必须彻底修改,因此,过去一年来的讲义可用的部分不会达到三分之一,甚至没有任何一章一节是可以基本上保留下来的。

造成这些缺点的主要原因是没有好好地钻研苏联有关语言史的教学大纲和教材。去年由于院系调整,我到北京没有打开行李就上课,教学大纲是凭自己的主观想象写出来的。后来教了几个月,觉得不妥当,但是我想不应该中途打乱了原定的系统,所以仍按原来的教学大纲教下去。现在一年过去了,正是修订教学大纲的时候了。

从前我看过苏联的俄语历史语法和俄罗斯文学语言史的教学大纲,最近半年来还看了苏联英语史和法语史的教学大纲。在教材方面,看了库兹涅佐夫的《俄语历史语法》,车尔内赫的《俄语历史语法》,叶菲莫夫的《俄罗斯文学语言史》,勃鲁奈尔的《英语史》(俄译本)等。我应该按照苏联学者们处理语言史的原则来处理汉语史。

一年以来,也并不是没有收获的。主要的收获是在摸索的过程中积累了一些教学经验,在试探中发现了许多走不通的道路。一年来的备课工作,也使我占有了一些材料,这些材料对于将来的讲义不是没有用处的。今天我总结过去的工作,主要是指出一年来的缺点,同时谈一谈今后应该怎么做。

二

在过去一年中,汉语史这一课程的目的性基本上是正确的,但是不够明确。

---

* 编者按:本文在原文基础上校订了个别标点。

我在第一章第一节里说："研究汉语史，要达到一个什么目的呢？就它的实践意义来说，首先是为现代语文教育服务。"这一段话基本上是正确的。过去中国的学者们如顾炎武、王念孙等，他们研究古音和古义是为了读经，他们研究的成果到今天还是对汉语史有很大的贡献，但他们研究古音和古义的目的决不能作为今天汉语史的目的。顾炎武说："天之未丧斯文，必有圣人复起，举今日之音而还之淳古者。"这种复古思想是反历史主义的，今天谁也不会这样主张了。但是，举例来说，只知道重视"古书疑义"，重视"名原"，轻视词义演变的过程，特别轻视现代汉语音义的历史，这种情形在今天还是很普遍的，这就是读经思想的残余，必须加以澄清。研究汉语史的人，眼睛应该是向前看的，不是向后看的，我们回顾是为了更好地前进，我们研究汉语的历史是为了更深入地了解汉语的现况及其进一步发展的趋势。我们谈教学改革，就应该先从一个课程的目的性改革起。

但是我又说："其次，为了接受文化遗产，咱们也应该研究汉语史。"这个说法就有了毛病。不错，汉语史的研究对于文化遗产的研究是有帮助的，了解古音、古义、古代语法，就能更彻底地了解古文；但是，那只是汉语史所起的一定的作用，而不是汉语史的任务。在中文系教学计划中，我们另有一门古代汉语，那才真正是培养阅读古书的能力的一门课程。汉语史和古代汉语应当有适当的分工。把"为了接受文化遗产"作为汉语史的目的来提出，表面上似乎提得更全面些，实际上是目的不明确。

汉语史所研究的语言，应该确定为文学语言。在五年制的教学计划中，汉语史分为历史语法和文学语言史两部分，当然要讲到文学语言了。就是在四年制的教学计划中，汉语史虽然实际上只讲历史语法，也不能不以文学语言为对象。我们应该是从文学语言的角度来看语音、语法、词汇的发展。举例来说，过去我们抱住一部《广韵》来讲 206 韵，我们对于唐诗的实际用韵情况很少涉及，宋词的用韵情况更不提了。而事实上真正反映了文学语言的韵母系统的应该是每一时代的韵文；《广韵》等书只能作为参考资料，不能作为唯一的根据。我们重视变文一类的俗文学，因为它们反映了当代的口语；但是，我们并不重视俗文学的语言里昙花一现的东西。无论语音方面，语法方面，词汇方面，如果不能说明文学语言的发展的情况的，就不能认为汉语史的主要对象。在过去一年来，我还没有能够严格地遵守这一个原则。

三

我所讲授的汉语史在过去一年中的最大缺点是在材料的安排上。

讲语言史大致可以有三种不同的讲法：

（1）以语音、词法、句法、词汇四个部门为纲，然后大致按照历史顺序，加以叙述。苏联高教部批准的俄语历史语法教学大纲就是这样做的。库兹涅佐夫和车尔内赫的《俄语历史语法》也是这样安排的。

（2）以时代为纲，然后大致按照词汇、语音、语法（词法、句法）各方面加以叙述。苏联高教部批准的英语史教学大纲就是这样做的。

（3）以时代为纲，着重在文学语言史方面，至于语音、词法、句法、词汇各方面则不是每一时代都分别叙述。苏联高教部批准的法语史教学大纲就是这样做的。

依我们的五年制教学计划，汉语史是分为历史语法和文学语言史两部分讲授的。目前四年制的汉语史最好是单讲历史语法。在单讲历史语法这一点上我们四年制的汉语史的范围很像苏联的英语史的范围。因此,上述第三种讲法对于我们是不适用的。剩下来只有两种讲法供我们选择:第一种是以部门为纲;第二种是以时代为纲。

以部门为纲和以时代为纲,各有优点和缺点。以部门为纲的优点是把语言的每一现象作为整个历史过程,从头到尾讲下去,那样就很富于联贯性;它的缺点是读者看不出每一个历史时期的语言全貌(苏联 Ильищ 教授为奥地利语言学家 Brunner 的《英语史》的俄译本作序,也就是拿这个标准来评价 Brunner 的书在安排上的优缺点的)。以时代为纲的优缺点,不用说是和上述的情况正相反,每一个历史时期的语言全貌是容易看出来了,然而每一语言现象的历史过程就不是那样一目了然了。

由此看来,单纯地以部门为网或单纯地以时代为纲,都是不恰当的。我们必须把二者结合起来运用。但是,结合的方式也有两种:第一种是以部门为纲,以时代为目,例如先分为语音、语法、词汇三大部门,大部门中再分小部门(如语音分为声母、韵母、声调;语法分为词法、句法),然后从大小部门中再分时代(如第六世纪的声母情况等)。第二种是以时代为纲,以部门为目,例如先分为上古、中古、近代、现代四期,然后再分大小部门来叙述。这两种方式,我们应该采取哪一种呢?在过去一年中,我在讲了绪论之后,接着先讲汉语发展的轮廓,其中包括语音发展概况,词汇发展概况,语法发展概况,然后用三章的篇幅,分别叙述语音、词汇、语法三方面的历史。

首先应该指出:先讲"轮廓"是不合理的。既然要讲全部汉语史,就不需要先来一个"轮廓"。这样周而复始,就很难避免重复。再说,"轮廓"是最难讲的东西,去年对于语法发展的"轮廓"就讲得很不好,没有能够说出语法发展的主流。今后应该取消"轮廓"这一章。

其次词汇放在语法的前面讲,也是不恰当的。一般讲历史语法的书都在讲完了语音之后,接着就讲语法,因为依照传统的语法来说,语音也属于语法范围,苏联的俄语历史语法教学大纲也是把词汇放在最后来讲。

过去一年我们是以部门为纲的。现在我还觉得这样做是比较合适的。这样做,是苏联俄语史的做法。俄语是俄罗斯民族自己的语言,正像汉语是汉民族自己的语言一样,所以我们的汉语史应该依照俄语史的做法。

但是,我虽然以大部门为纲,却没有从大部门中分出小部门来,在这一点上就和苏联俄语史有颇大的分歧。苏联俄语史在语法部分还把词法和句法分开,就在词法里边还分别叙述名词变格的体系,动词现在时的形式的历史等。汉语语法的体系虽不能和俄语相提并论,但是安排的方式还是可以效法的。例如关于汉语处置式的历史,就应该放在一节内讲完,不应该像去年那样分见于各节。那样做就显得太零碎,太杂乱无章。今后应该尽可能做到对于每一种语言现象的演变都能在一节(或接连两节)内叙述完毕,使它能够自成首尾。

时代的安排也不能太零碎。去年对于语音的历史分为先秦、汉魏、六朝、隋唐、宋元、明清、现代;对于词汇的历史分为先秦、汉魏、六朝、唐宋、元明清及鸦片战争以后;对于语法的历史分为先秦、汉魏、六朝、唐代、宋代、元代、明清及五四以后。语音、词汇、语法三大部门的时代区分不完全一致,虽然我讲得出一些为什么不一致的理由来,这些理由不一定是能令人信服的。按朝代来分也不合理,因为不见得换了另一家做皇帝就对语言的发展起一些什么作用。我曾经考虑以世纪代替朝代,例如不说隋唐而说第七世纪初期到第九世纪末期。这样也只是换汤不换药的办法。去年所做的时代安排的主要毛病不在于用了朝代的名称，而在于分得太零碎。我对于汉语史虽然只分为上古、中古、近代、现代四个时期，但当我实际上叙述的时候却把时代分得零碎得多，这是不合理的。

语言史的分期要根据语言的质变。我们知道，语言的质变是采取从旧质逐渐过渡到新质的方式，这种飞跃不同于爆发，不同于突然实现了旧质一下子的消灭，所以往往需要几百年的时间。因此，把语言史的时代分得太零碎是主观的做法。

现在我们既然以部门为纲，对每一语言现象分别叙述，就更不宜于把时代分得太零碎。在修订大纲的草稿中，语音方面，我只把汉语三千多年的历史（指从有史以来）分为两大阶段：（一）上古期；（二）中古和近代期。语法和词汇方面完全不以时代为纲，只在叙述中随时注意历史发展的过程。这样就能使以大小部门为纲这一特点更加突出，同时也适当地照顾了时代。当然，在每节的行文当中，仍然可以指出某一语言形式是某一世纪的产物，如果证据确凿的话。

四

在苏联大学里，一切语言课都环绕着现代俄语这一个中心来进行。我想我们的汉语史也应该主要是为现代汉语服务的。在过去的一年我也说过这种话，但是我的理论是和实践脱节的，我还没有做到尽可能联系现代来讲历史。在苏联的《俄语历史语法》等书中，对于现代俄语里面那些不能以现代语法规则解释的现象，经常从历史发展上加以说明，使学生们学了就在语文实践中用得上。我们在汉语史里也应该这样做。尤其是语音部分，我们必须使学生们知道现代普通话里的每一个音都是怎样演变得来的。这样做去，既有助于古今的对比，也有助于方言和普通话的对比，结果是有助于汉语规范化的工作。

这里又牵涉到一个问题：以古为纲呢？还是以今为纲呢？譬如说，应该说中古的 a 到现代变了什么元音呢，还是说现代的 a 由中古的什么元音变来呢？我们打算这样做：前者以古为纲，后者以今为纲。按理说，既然是讲历史，就只能以古为纲，那又怎能兼顾到以今为纲呢？我初步想出了一个两全的办法。譬如我以"韵母 a，ap，at 的发展"为题，就能基本上包括现代汉语 a 的来源。再加上随时指出一些例外，就算二者都兼顾了。

处处照顾现代，又可以拿文字一方面为例。譬如讲到形声字，应该马上结合到现代普通话的读音。拿 n 和 l 的分别来说，我们如果说凡从"奴"得声都念 n 音，凡从"各"得声都念 k、l 等音（但不念 n），就大大有助于 n，l 不分的人们对普通话的学习。

当然，只要语言史讲得清楚，即使不结合现代来讲，学生们也会自己体会得到的，如果他们能深入思考的话。但是对于大学二年级的学生来说，我们不能这样要求他们。我们把事情说得越透彻就越好。

五

去年没讲中国历代学者对汉语史的贡献。这是一个原则性的问题，即有关爱国主义教育的问题。谈古人的学问要顾到时代的局限性，我们不能拿现代科学的要求来衡量古人。古代的学者们研究的成果，是我们研究汉语史的良好基础。我们实际上只能在这个基础上提高，决不能数典忘祖。苏联的俄语历史语法教学大纲在绪论中有一节是"俄语历史语法的研究历史上的重要阶段"，另有一节是"十一至十七世纪俄语最重要文献简介"；车尔内赫《俄语历史语法》绪论中也有一节"关于这门课程的文献的简要叙述"。我们中国古代一向重视文献学；在汉语史绪论中先讲"历代学者对汉语史贡献"一节，无论从爱国主义教育上看，从学生将来深入研究上看，都是非常必要的。

去年没有讲汉语的亲属。表面上看来，似乎不需要讲这个。其实不然。从语言来源上看，汉语决不会从原始时代就是孤立地存在着的语言，最可能的情况是原始时代有过一种汉藏共同语，到后来才分化为多种不同的语言。当然我们现在对汉藏系语言还缺乏深入的研究，但是大致的情况还可说一说。谈亲属就是谈历史，因为没有历史关系就不会有亲属关系。苏联《俄语历史语法》教学大纲绪论中有一节是"斯拉夫各民族语言的亲属关系问题"，车尔内赫《俄语历史语法》绪论中有一节是"俄语和其他斯拉夫语言的关系"，这是值得我们学习的。

去年没有详细讲词义的变迁，只在讲"汉语发展的轮廓"的时候，用半节的时间稍为谈了一谈。那是不够的。词义在中国历代文字学中被认为一门重要的学问（训诂学）。当然我们现在研究词义和古人的目的不同；古人通训诂是为了读古书，我们现在讲词义的变迁是为了说明语言的历史发展（同时也有助于读古书）。但是古人重视词义还是不错的。词义发展是语义学的对象，斯大林在他的语言学著作中认为语义学是语言的重要部分之一。我们在讲汉语史的时侯不能讲得太简略了。车尔内赫《俄语历史语法》有一节专讲词义的变迁。为了发扬中国训诂学的优良传统，今后打算分三节来谈词义的发展。

去年讲了诗法（诗律）、词法（词律）和曲法（曲律）。诗法是放在唐代语法里讲的，词法是放在宋代语法里讲的，曲法是放元代语法里讲的。班代表对我说，同学们很喜欢这种讲法，因为在文学史里听不到这些东西。当时我认为诗法（包括词法、曲法）是属于语法范围的（法国 Larousse《20 世纪法语语法》有一章专讲诗法）。现在看来，不管诗法是否属于语法范畴，至少它不是语言发展中的基本的东西。诗法杂在语法里讲，也有损于系统性。因此，今后决定不再在汉语史里讲诗法了。像诗法一类东西将来可以作为专题讲授。

六

教学大纲是应该不断地修订的。现在我发现去年的大纲有许多缺点，明年也一定还发现今年的大纲有许多缺点。但是，有两个原则是我常常拿来提醒自己的：第一是应当注意语言现象的相互联系；第二是应当把那些在一定时期内决定语言发展的基本现象提到首位来（这是苏联的俄语历史语法教学大纲的说明中的话）。依照第一个原则，虽然以部门为纲，也不至于看不见语言的全貌；依照第二个原则，就不至于堆砌材料，无所剪裁。

1955 年 8 月，北京大学

《汉字古音手册》（增订重排本）前言*

郭锡良

1961年我参加王力先生主编的《古代汉语》教材的编写工作，作为"通论"部分的三个执笔人之一，音韵部分的通论和附录分归我负责。音韵附录有《上古韵部及常用字归部表》《上古声母常用字归类表》，我根据王力先生的《汉语史稿》（上册）的上古音系统分别给每个表收集了两千多个例字。1981年修订《古代汉语》教材时又分别增加到五千多个例字。在此基础上我编写了《汉字古音手册》，收字7479个，8011个音（据北大中文系2003级中文信息处理专业学生统计）；1982年完稿，1986年由北京大学出版社出版。

一

汉字是世界上最古老的文字之一，也是唯一从古至今一直使用、不断发展并仍保有生命力的一种文字。它的历史应在五千年以上，从体系已经相当完备的甲骨文算起也已有了三千多年。汉字是一种表意兼表音的意音文字，一般被称作表意文字。人们很容易觉察到，每个汉字一般都是一个形、音、义的统一体；也就是说，一个汉字既标志汉语中的一个音节，也表示汉语中的一个意义（词义或语素义）。象形字、指示字、会意字是纯粹的表意字，作为语言的载体，自然附上了所表意义的语音。至于占百分之八十、九十以上的形声字，虽然是部分表意（义符）、部分表音（声符），然而表音的声符仍然是采用的是表意符号，因而它只起标音作用而不能真正表音。正因为如此，汉语语音的发展变化，并不能像拼音文字一样，从记录汉语的汉字中得到直接的、具体的信息；其结果是造成了语音变化不易被觉察，也带来了汉字古音研究的艰巨性。

我们知道，春秋战国时期的名实之争和声训（如《孟子·滕文公上》："庠者，养也。校者，教也。"）已经涉及语音问题，汉代的直音、读如、读若以及《说文解字》的声符分析、《释名》的声训讨论，都是有关语音的探讨。东汉的反切注音和魏晋的韵书编撰更是我国语音分析的重大进步；刘熙在《释名》中说："古者曰'车'，声如'居'，言行所以居人也；今曰'车'，声近'舍'。"已经注意到古今音的异同。但是，到了南北朝时期，人们在读《诗经》的时候，虽然觉察到有些地方不押韵，却没有从古今音异来解决问题，而是提出了叶句的观念（如南朝·梁·沈重《毛诗音》在《邶风·燕燕》"远送于南"之下注云："叶句，宜乃林反。"），发展为唐宋间的叶韵说和"古人韵缓"说。宋人吴棫采叶韵说作《毛诗补音》，对叶韵资料作了一次大规模的系统整理，为建立古韵系统进行了初步尝试；又承唐人"古人韵缓"说作《韵补》，从《广韵》出发，提出"古通某""古转声

---

* 编者按：本文在原文基础上校订了个别字词、标点，正文、参考文献体例依照原文，不作改动。

通某""古通某或转入某"等古韵通转条例,把《广韵》今音归并成九类。成为古韵归部的滥觞。郑庠写《古音辨》,也把《广韵》今音归并成六部,更是把古韵极度简单化了。总之,无论叶韵说,还是"古人韵缓"说,都是建立在对古音错误认识的基础之上的,是缺乏历史发展观点和系统观点的。

明代陈第作《毛诗古音考》,考证《诗经》的押韵,确认所谓叶音,其实就是古人的本音,并非随意改读,明确提出了:"盖时有古今,地有南北,字有更革,音有转移,亦势所必至。"(《自序》)彻底批判了唐宋以来的叶韵说,为古音研究走上正道廓清了障碍。至于古音学真正的奠基人则是明末清初开朴学风气之先的大学者顾炎武。他在总结前人经验的基础上,积三十年之功,写成了《音学五书》。他以《诗经》用韵为主,其他经书韵语作旁证,经过考证、辨析,把古韵分成十部。顾炎武研究古音与宋人相比有两大特点:(一)不是简单归并《广韵》,而是能"离析唐韵"。也就是说,能够把《广韵》中的一个韵分成两类或三类,归入古韵中的不同韵部。例如,把《广韵》中的五支韵的字离析为二,一半归古韵第二部(脂部),一半归古韵第六部(歌部);把《广韵》中的九麻韵的字也离析为二,一半归古韵第三部(鱼部),一半归古韵第六部(歌部);把《广韵》中的入声一屋韵的字离析为三,一部分归古韵第二部(脂部),一部分归古韵第三部(鱼部),一部分归古韵第五部(宵部)。有分有合,以《诗经》用韵为准,摆脱后代韵书的束缚,形成有规律的对应。(二)改变自《切韵》以来将入声韵配阳声韵的做法,而将入声字配阴声("缉葉"等韵仍配阳声"侵覃"等),归入古韵阴声韵部,揭示了古韵的本来面貌。这说明顾炎武既有正确的理论认识,又能本着朴学求真务实的科学精神,充分占有材料,进行长期的认真分析研究,才真正把古韵分部引上了系统化、科学化的道路,为古韵研究奠定了坚实基础。

其后清代两百多年,不少杰出的古音学家都是在顾炎武开辟的道路上继续前进,不断作出新的贡献。江永著《古韵标准》,分古韵(平、上、去)为十三部:从顾氏的第三部(鱼部)分出侯部字,从顾氏的第五部(宵部)分出幽部字,合成一部(列第十一部),从顾氏的第四部(真部)分出一个元部(列第五部),从顾氏的第十部(侵部)分出一个添(谈)部(列第十三部);另分入声为八部,主张"数韵共一入"。江永批评顾氏"考古之功多,审音之功浅",在古韵研究中更重视审音,也更关注谐声在分部中的作用。

段玉裁前后花了十五年写成《六书音均表》,分古韵为十七部。段氏的分部最受称道的是他把顾炎武、江永的第二部(脂部)分成之、脂、支三部(段氏列第一部、第十五部、第十六部)。戴震对此称赞道:"余闻而伟其所学之精,好古有灼见卓识。"段氏还把江永的第十一部分成侯部(段氏列第四部)和幽部(段氏列第三部),并把江永的第四部(真部)分为真部(段氏列第十二部)和文部(段氏列第十三部)。不但分部比顾炎武、江永精进,更值得提出的是:段氏明确提出"同谐声者必同部",把依据谐声划分古韵作为与依据诗文用韵划分古韵同等重要的原则之一,第一个作出了古韵分部谐声表,为充实、完善古韵的研究方法作出了重要贡献。段氏还摆脱《广韵》206韵始"东"终"乏"的束缚,根据合韵的情况来排列古韵分部的次序,显示了段氏对古韵十七部关系远近的认识。

戴震晚年作《声类表》,将古韵分为九类二十五部。他虽然是段玉裁的老师,但是学术活动不限于小学,而是广通史地、哲学、天文、数学,因此,撰写古音著作却在段氏之后。他的《声类表》继承了老师江永的学说,也吸收了学生段玉裁的研究成果。他采用了江永幽侯不分、真文不分的主张，只吸收了段氏之、脂、支三分的意见，又从段氏的脂部（十五部）分出一个霭部（包括《广韵》的"祭、泰、夬、废"）。这表现了考古非其所长，他的成绩是在审音方面。值得指出的是：戴氏发展了江永入声韵另作处理的做法，干脆让入声韵脱离阴声韵、阳声韵独立成部，实现了阳声韵、阴声韵、入声韵三分的格局，为古韵研究的审音派奠定了基础。他还全用影母字给自己所定的二十五部命名，也表现了他能从音理的角度来考虑问题。戴震晚年的学生孔广森《诗声类》，分古韵为十八部，阴声、阳声各九部。孔氏的贡献是发展了戴震的对转观念，明确提出了阴阳对转学说。

王念孙著《古韵谱》，江有诰著《音学十书》，都分古韵为二十一部。两人都比段氏多缉部、叶部和祭部，王念孙还多一个至（质）部（段氏列第十五（脂）部），江有诰还多一个中（冬）部（段氏列第九（东）部）。段玉裁称赞江有诰"集音学之成，于前此五家皆有匡补之功"（《诗经韵读·序》）；王国维盛赞王念孙、江有诰的古音学，"不数传而遂臻其极也"（《周代金石文韵读序》）。应该承认，王念孙、江有诰的古韵分部确实是清代古音研究的最高成就。

至于清代上古声母和上古声调的研究，应该说，远不如上古韵部的研究受到广泛关注和重视。上古声母可以提出来的研究成果，只有钱大昕的"古无轻唇音""古无舌上音"和"古人多舌音"等说；戴震《声类表》把上古声母分为二十纽，但是未经考证，只是凭个人心目中的音理而作出的一种推测。上古声调的研究更少，各家看法多异。顾炎武、江永主张"古人四声一贯"，段玉裁认为"古无去声"，王念孙、江有诰主张"古有四声"；至于孔广森认为"古无入声"，显然是凭个人方音的误判。

二

辛亥革命后，传统音韵学仍有一定发展。章炳麟著《国故论衡》《文始》，继承、发扬清代的小学传统。在韵部方面，他采取王念孙的二十一部说，加上江有诰的中部，又从脂部分出一个队部，定古韵为二十三部。在声母方面，他采取钱大昕古声母的研究成果，又写成《古音娘日二纽归泥说》，定古声母为二十一纽。他还是重视古韵二十三部的音值描写第一人，努力用汉字去描写它。因此，章氏曾被人们目为集清代古音学之大成者。章氏的弟子黄侃从《广韵》出发来考证古音：定"古本纽"为十九个，除舌音和齿音的合并同章氏的意见不一致外，还将章氏的群母并入溪母、邪母并入心母。定"古本韵"为三十二韵，由于曷末、歌戈是开合分韵，需要开合相并，于是合为先秦古韵二十八部；实际上是从章氏的二十三部中再分出入声五部来，贯彻了戴震阴、阳、入三分的审音原则。黄氏还把大部分去声字归到入声韵里，这也是正确的。在这里，章、黄师徒之间的区别是考古与审音之别了。王力先生早年是考古派，他著《上古韵母系统研究》，在章氏脂、队（王改称物部）分部的启示下，又提出了脂、微分部的主张，并赞同章氏晚年的看法，把冬部并入侵部，仍是二十三部。脂、微分部的意义在于解决了以-n、-t作韵尾的脂、质、真，微、物、文，歌、月、元等韵部三声相配的配搭系统，无疑对古韵分部是有贡献的。在声母研究方面，还有曾运乾的《喻母古读考》等。

但是，"五四"以后，《马氏文通》开启的语言学西学东渐的进程发展迅速，古音研究不再满足于古韵分部、古声母考证方面，而是接受了现代语言学的理论、方法和标音工具，另开生面，积极探索上古的声母、韵母系统，并构拟出它的具体音值。

瑞典汉学家高本汉（Bernhard Karlgren）是这方面的先行者。他1909—1912到中国调查汉语方言24个点，然后根据古代的韵书、韵图和现代汉语方言以及日、朝、越诸语言中汉语借词译音等资料三十三种，花了十多年，用法文撰写了《中国音韵学研究》(*Études sur la Phonologie Chinoise*，从1915—1926年分四册出版)。这是第一部全面构拟汉语中古音系（《切韵》音系）的巨著，也是采取历史比较法的观念和方法的汉语音韵学的奠基之作。1923年高本汉还出版了《汉字与汉日分析字典》(*Analytic Dictionary of Chinese and Sino-Japanese*)，这是他吸收清人古韵研究成果，根据自己构拟的《切韵》音系来上推上古音系（《诗经》音系）的古音著作。1954年又出版了《中上古汉语音韵纲要》(*Compendium of Phonetics in Ancient and Archaic Chinese*)，正如他自己在《引言》里所说的："这部著作的目的并不是要提出汉语历史音韵学领域的新理论和新结果，而仅仅是要对中古、上古音系的构拟做一个总结。"（1页）。

1923年汪荣宝发表了《歌戈鱼虞模古读考》，讨论用对音材料来考察古音，引发了古音学上的第一次大辩论。章炳麟坚决反对汪荣宝的主张，唐钺、钱玄同、林语堂却赞同汪并对汪有所补充或修正。上个世纪20年代末高本汉同德国人西门·华德（Walter Simon）发生了有关韵尾辅音构拟的争论，30年代初又同林语堂、李方桂发生了有关主要元音构拟的辩论。1936年王力先生出版《中国音韵学》（50年代改名《汉语音韵学》），比较详细地介绍了高本汉有关汉语中古音系和上古音系的构拟学说，1940年商务印书馆出版了由赵元任、罗常培、李方桂合译的《中国音韵学研究》的汉译本。因此，从20世纪30年代以后，新出版的汉语音韵学著作大都离不开高本汉的影响。20世纪40年代董同龢先生的《上古音韵表稿》（1945）和陆志韦先生的《古音说略》（1947）就对高本汉的上古音系构拟有不少批评和修改。50年代王力先生的《汉语史稿》（上册）和李方桂的《上古音研究》更从多方面改变了高本汉的构拟思路，在构拟体系上有了很大区别。

三

首先我们要讨论韵尾的构拟问题。我国传统音韵学把上古韵部分为阴阳入三声，如何看待阴声韵和入声韵的关系，历来有很大分歧。

高本汉在构拟上古韵部时，除歌部、鱼部、侯部外，把其他阴声韵部都拟成了闭口音节。早期他吸收清人研究成果，把古韵分为二十六部（参看王力《汉语音韵学》，373—382页），其中二十一部与章炳麟一致，鱼铎分立和侯屋分立跟黄侃一致，只有从歌部分出的瑞部是他独有的。阴入未分立的韵部，如之部、幽部、宵部、支部。他把其中的阴声韵拟成同入声韵尾-k相对应的-g；阴入已分立的韵部，如谷部（屋部）、铎部、祭部（月部）、至部（质部）、没部（物部），他把其中的去声韵拟成同入声韵尾-k、-t相对应的-g、-d；又把押韵、谐声同-n尾阳声韵有联系的阴声韵瑞部（歌部的一部分）、脂部拟成-r尾；还把-p尾入声韵缉部、叶部的去声字拟成-b尾。在后期的《中上古汉语音韵纲要》中分成三十五部，只是把阴入未分立的四个韵部分立，再把阴入已分立的五个韵部进行去入切分，就成了三十五部，拟音体系上并无变化。西门·华德在《关于上古汉语辅音韵尾的重建》中更把所有阴声韵部都拟成了辅音韵尾，造成了"古无开口音节"的局面（参看王力《上古汉语入声和阴声的分野及收音》，215页）。在董同龢先生那里，除歌部外的阴声韵部都有-g、-d、-b韵尾，"只有歌部是没有韵尾的"（《汉语音韵学》，270页）。陆志韦先生更是连歌部也收-d，认为"到了汉朝歌部字才变为开音节"（《古音说略》，94 页）。李方桂也全部拟成闭口音节，他同意高本汉，把歌部拟成-r（《上古音研究》，35 页）。

王力先生在《汉语史稿》中批评了高本汉把阴声韵拟成辅音韵尾的做法，他说："于是只剩下侯部和鱼歌的一部分是以元音收尾的韵，即所谓'开音节'。世界上没有任何一种语言的开音节是像这样贫乏的。"（64 页）在《上古汉语入声和阴声的分野及收音》中，王力先生做了更细致、深入的批评，他指出："-g、-d 学说破坏了阴阳入三分的传统学说。"（223 页）"韵尾-g、-d 的学说破坏了'平上为一类，去入为一类'的传统学说。"（230 页）并论证了"汉语韵尾-p、-t、-k 是唯闭音，不但现代闽粤等方言如此，中古和上古也莫不如此。""汉语闭口音节的清尾-p、-t、-k 由于是唯闭音（不破裂），所以不可能有浊尾-b、-d、-g 和它们对立。"（247 页）因此，王力先生在《汉语史稿》中贯彻阴阳入三分的传统观点，把阴声韵部都拟成了开口音节，取消了-g、-d、-b、-r 等辅音韵尾（61—63 页）。王力先生的做法无疑是正确的。

王力先生不但在论文中对阴声韵拟成闭口音节作了有力批驳，还指出：中国传统音韵学对待阴声和入声的关系有考古派和审音派两种看法。"在考古派看来，阴声和入声的分野并不十分清楚，特别是对于之幽宵侯鱼支六部，入声只当作一种声调看待，不作为带有-k 尾看待。""在审音派看来，阴声和入声的分野特别清楚，因为在他们眼光中，阴声是开口音节，入声是闭口音节。二十年前我倾向于考古派，目前我倾向于审音派。"（211 页）然后他引用了钱玄同 1934 年的论文《古韵二十八部音读的假定》所列的拟音表，和他自己《汉语史稿》中的十一类二十九部的拟音表作了对照，并作出结论说："尽管我所拟测的主要元音和钱氏颇有出入，但在阴声拟测为开口音节，入声拟测为闭口音节这一观点上，我和钱氏是完全一致的。"（212 页）王先生的这一分析很能说明问题。高本汉把阴声韵拟成闭口音节，从某种意义上说，是他没有跟上审音派分部的结果，正如上文所指出的，他的古音分部还处在章黄之间。至于董同龢先生的《上古音韵表稿》、陆志韦先生的《古音说略》和李方桂先生的《上古音研究》更都是从考古派的二十二部出发来考察古韵的。也就是说，他们对"平上为一类，去入为一类"的学说没有认真遵守。对阴声和入声的分野没有弄清楚，其结果是人为地扩大了阴声和入声之间的纠葛。下面我们从诗文押韵和谐声系统两方面来论证这个问题。

先从诗文押韵来讨论。例如段玉裁《六书音均表》卷四第一部（之部）：

该部段氏列有韵段 265 个（平声 43 次，上声 123 次，入声 99 次）。其中入声韵段中有去入通押 11 次（如，《小雅·采薇》五章押"翼服戒（怪韵）棘"；《小雅·正月》九章押"辐载（代韵）意（志韵）"）；有平去入通押 2 次，平入通押 2 次（《大雅·灵台》押"丞来（咍韵）囿（宥韵）伏"；《大雅·常武》六章押"塞来（咍韵）"）；上声韵段中有上去入通押 1 次（《大雅·荡》五章押"式（职韵）止晦"）；去入通押 2 次（《大雅·生民》三章押"字翼（职韵）"；《大雅·崧高》二章押"事式（职韵）"）。

以上阴入通押共 18 次，占之部总韵段 265 次的 7%弱。如果贯彻"平上为一类，去入为一类"的原则，也就是把之部和职部分开来，那么，入声韵段中的去入通押的 11 次就是职部，应该减去，阴入通押只剩 7 次，比例不到 3%。

再如段玉裁《六书音均表》卷四第十六部（支部）：

该部段氏列有韵段 26 个（平声 9 次，入声 17 次）。其中平声韵段中没有瓜葛，只在入声韵段中有平入通押一次（《魏风·葛屦》二章押"提（齐韵）辟掭刺"）；有上入通押3次（《大雅·韩奕》一章押"解（蟹韵）易辟"，《鲁颂·閟宫》三章押"解帝"，《商颂·殷武》三章押"辟绩辟适解"）。三次通押的上声字都是"解"。阴入通押共 4 次，占支部总韵段 26 次的 15.4%弱。这个比例较高，但是，正如王力先生曾经指出的："其实'解'字在上古可能是入声字"，"'解'字如果算入声，比重就很小了。"（228 页）还不到4%。

前人把"解"字算作阴声韵，是因为它在中古属上声蟹韵。我们查《广韵》就知道，"解"字在《广韵》中有多个反切，是多音多义字。（1）去声卦韵：古隘切，"解，除也"；（2）去声胡懈切，"解，曲解，亦县名"；（3）上声蟹韵：胡买切，"解，晓也"；（4）上声蟹韵，佳买切，"解，讲也，说也，脱也，散也"。从"解"得声的字，也分在蟹、卦两韵之中。应该知道，古韵归部的参考因素有三：一是古诗文的押韵材料，二是谐声系统，三是《切韵》对应规律。从谐声系统和《切韵》对应规律来看，"解"字归支部或锡部都可以；但是从诗文押韵材料来看，是不宜归入支部的。在《六书音均表》中，不仅《诗经》押韵"解"字只同入声字押，"群经韵表"中也是同入声字押（《楚辞·九章·悲回风》押"解缔"）。而且，先秦"解"及解声字入韵的仅此四次。归部参考三因素的首要因素就是诗文押韵，这说明，上古"解"及解声字归入锡部，理由是很充分的。因此，我们在 20 世纪 80 年代编写《汉字古音手册》时，就把解声字归入了锡部。它们本属锡部长入，后来丢掉韵尾-k，变为去声；再进一步，"解"字的某些义项及某些得声字又转成了上声。这就是"解"字上去两读和从"解"得声的字上去两分的缘由。

现在再从谐声方面来讨论。以《说文通训定声》颐部第五（之部）为例：

朱骏声在颐部收声符 88 个，共辖同声符字 653 个。前 52 个声符辖 501 字；后面 36 个声符，被称作"颐之革分部"，辖字 152 个。

前 52 个声符多平声字和上声字，同入声发生关系的声符只有 10 个（"而、来、意、異、啬、之、子、亥、又、不"等）。而声 10 字，平声 9 个，入声 1 个作"恧"，而声应归之部，"恧"字却在职部。因为汉语语音发展规律，一般是丢掉辅音韵尾而不是增加；正如诗文押韵可以有阴入通押的特例，谐声当然也不排除阴入通谐的特例。来声 11 字，平声 7 个，去声 3 个，入声 1 个；来声应归入之部，但是入声字"勑"却应在职部。意声 9 字，去入各 4 个，只有一个"譩"字是平声，且有去入又读，平声是后起现象，意声应归职部。異声 10 字，去声 3 个，入声 6 个，上声 1 个是"廙"，上声是后起现象，異声应归职部。啬声有 7 个字，中古 1 个在置韵，6 个在职韵，上古归职部更没有问题。之声 28 字，平声 11 个，上声 10 个，去声 4 个，入声 2 个（特、峙），阳声韵 1 个（等）；之声应归之部，但是"特""峙"应属职部；"等"在《广韵》中除等韵的都肯切外，还有海韵中的多改切，上古应属之部（顾炎武用很多例证证明"等"原属阴声，转入阳声是在南北朝）。子声 18 字，上声 7 个，去声 4 个，入声只有 1 个（嚌），子声应归之部，"嚌"字却在职部。亥声 21 字，平声 14 个，上声 1 个，去声 3 个（有的又读入声），入声 3 个。宜采取平上归之部，去入归职部的两分办法。又声 28 字，平声 5 个，上声 10 个，去声 12 个，入声 1 个（郁），又声应归之部，入声字"郁"在职部。不声 41 字，平声 23 个，上声 12 个，去声 1 个，入声 3 个（踣、趇、否）；不声应归之部，三个入声字在职部（"否"音义无考）。"意、異、啬"三个声符应分属"颐之革分部"，朱骏声处理不当。除去这 3

个声符,其他 7 个声符所辖字中只有 12 个入声字(其中还有可疑字),无论从声符或所辖字来看,阴入相通的成分都是相当小的(52:6;501:12)。

颐之革分部 36 个声符,所辖字大都比较少,只有声符本身而下无所辖字的就有 10 个,有两三个字的声符也有 12 个。从所辖字中古的声调归属来考察,全在入声的声符有 28 个,共辖字 73 个;去入两属的声符有 8 个,共辖字 79 个,其中入声字 63 个,去声字 16 个。从审音派来看,无论是全属入声,还是分属去入的声符,所辖字无疑都应归入职部(个别字或应转质部或缉部,不在这里讨论)。但是从考古派来看,他们把去声字归属阴声韵,那么在这里阴入谐声同符的数量就很大了。这是人为地扩大了阴入谐声同符的数量至少 79 个,加上前面"意、异、帝"三个声符所辖字 26 个,高达一百多个(12:117),占了颐部全部字的六分之一以上。这样一来,阴入自然不能分为两部。经过上面分析,朱氏的处理其实在理论方法上存在失误,后人不问究竟,把去声字都归入阴声,这是错上加错。

再看《说文通训定声》解部第十一(支部)。朱骏声在解部收声符 42 个,共辖字 419 个。前 25 个声符,辖字 310 个,后 15 个声符,被称做"解之益分部",辖字 109 个。

前 25 个声符,多平声、上声字。不与入声发生关系的声符 15 个,含有入声字的声符 10 个。有入声字的声符中,朿声比较特别,共 43 字,去声 14 个,入声 28 个,上声 1 个;按说朿声字应归入锡部,上声一字是后来转去的。可是朱骏声因为一个上声字,不把朿声列入"解之益分部",这是考古派立场的表现。还有"派、画"两个声符,所辖字去入两属,也应列入"解之益分部"。其他 7 个含有入声字的声符,共辖入声字 12 个。至于解之益分部收声符 15 个,只有入声字的声符有 10 个,共辖字 40 个;所辖字分属去入的声符有"4 个,共辖字 67 个。分属上入的糸声 2 字,"糸"字入声,莫狄切,在锡部。所辖字"縈",《说文》以为"从惢糸声",段玉裁认为是会意字,"惢亦声,如垒切"。从段玉裁,垒声在支部。糸声无所辖字。那么,按审音派的观点,阴入两分为支部和锡部,阴入同谐的入声字只有 12 个,占支部和锡部的所辖字的比例也就不到 3%(12:419)。

上面我们从诗韵和谐声两方面论证了阴声韵之、支同入声韵职、锡四部可以明显切分开来的事实,其他阴入相配的韵部,情况也大致相似。我们曾在《也谈上古韵尾的构拟问题》中,根据王力先生的《诗经韵读》全面讨论了阴、阳、入三类韵通押和合押的情况,对 -k 尾六个韵部的阴、入通押作了一个统计表(前一数字为阴、入两部总押韵数,后一数字为阴、入通押数):

之职　　283:17　　占 6.1%弱
幽觉　　157:5　　 占 3.2%弱
宵药　　77:7　　　占 9.1%弱
侯屋　　61:3　　　占 4.9%弱
鱼铎　　212:16　　占 7.6%弱
支锡　　25:1　　　占 4%　　　(342 页)

-t 尾入声韵质部、物部和阴声韵脂部、微部也有五次通押,还有一次歌、锡通押。总之,从阴、阳、入三分的观点来看,诗韵阴、入通押的比例最大也不会达到十分之一,谐声也是如此。因此,在我们看来,未从审音出发,人为地扩大了阴、入通押的现象,是某些学者主张把阴声韵构拟成浊塞音韵尾的原因之一。再一个原因就是沿袭高本汉过分强调韵尾在押韵中的作用,硬性认定闭口韵不能同开口韵相押。我们在《也谈》一文中也提出了反对意见,指出:"不仅上古有阴入通押的情况,中古也还有。""不仅汉语的诗歌中有阴入通押的不完全韵,俄语的诗歌中也有'仅只元音相合'的'不完整的韵脚'。"(343页)还应该指出:如果唯闭音的塞音入声韵不能同主要元音相同的阴声韵相押;那么,塞音韵尾相差很大的入声韵难道却可以相押吗?《诗经·小雅·六月》押"服、炽、急、国",《大雅·思齐》押"式、入",都是职、缉合韵(急、入在缉部),这是-ək 同-əp 押;《大雅·常武》押"业、作",是叶、铎合韵,是-ap 同-ak 押。唯闭音的入声韵同主要元音相同的阴声韵相押,难道会比-k、-p 两种入声韵相押还不和谐、不合理吗?恐怕没有这种道理。很明显,职、缉合韵,叶、铎合韵是主要元音在起作用。因此,我们赞同王力先生的意见,上古只有一套唯闭音的塞音韵尾,没有两套爆破的塞音韵尾,阴声韵是元音收尾的开音节。其实,李方桂先生对上古音有清、浊对立的两套塞音韵尾的主张是缺乏自信的,他说:"我们实在没有什么很好的证据去解决他。"又说:"阴声韵就是跟入声相配为一类的平上去声的字。""现在我们既然承认上古有声调,那我们只需要标调类而不必分辨这种辅音是清是浊了。"(33页)这说明,李先生不但承认证据不足,还对阴、入两声的关系认识有偏颇。他没有分清"平上为一类,去入为一类",错误地把属于入声韵的去声字混入了阴声韵。而且他也无法实现他所说的"只需要标调类而不必分辨这种辅音是清是浊"的主张。

四

下面我们要讨论主要元音和介音、辅音的构拟。先谈主要元音的构拟。分歧主要是:一部是一个主要元元音呢,还是一部有多个主要元音?

高本汉一部是拟多个主要元音的。例如第十九部(之部入声)、二十部(之部平上去声)、二十一部(蒸部)三个部的主要元音都是一等作[ə],二等作[æ],三等有[ə],还有[û](《中上古汉语音韵纲要》172—184页)。其他各部的主要元音也都是按等呼不同而有差异的。这显然是参照中古音的等呼来构拟上古韵母系统的。一部多个主要元音必然造成整个元音系统的复杂化,高本汉的拟音系统主要元音有十四个。

王力先生则从 30 年代所写的《上古韵母系统研究》中就提出了一个韵部只有一个主要元音的主张,在《汉语史稿》中作了进一步论证,他说:"高本汉把上古韵部看做和中古韵摄相似的东西,那也是不合理的。例如《诗经·关雎》以'采''友'为韵,高本汉把它们拟成[tsʻəg]、[giǔg],我们古代的诗人用韵会不会这样不谐和呢?《邶风·击鼓》以'手''老'为韵,高本汉把它们拟成[ɕiôg]、[lôg],为什么'友'字不能和读音较近的'手'字押韵,反而经常和读音较远的'采'字等押韵呢?应该肯定:《诗经》的用韵是十分和谐的,因此,它的韵脚是严格的,决不是高本汉所构拟的那样。"(64页)在《汉语史稿》十一类二十九部中的第一类"之部、职部、蒸部"三个部的主要元音就都是只拟一个[ə]。其他各部也都只拟一个主要元音,同类韵部的主要元音都相同(61—63页)。这同高本汉的构拟形成了鲜明对立。80 年代王力先生写《诗经韵读》以后,韵部的构拟有些修改(一律改用国际音标),幽觉由-ue、-auk 改成了-u、-uk,宵药由-au、-auk 改成了-o、-ok,侯屋东由-o、-ok、-oŋ 改成了-ɔ、-ɔk、-ɔŋ,鱼铎阳由-ɑ、-ɑk、-ɑŋ 改成了-a、-ak、-aŋ,歌部由-a 改成了-ai;但是一个韵部只拟一个主要元音,同类韵部的主要元音相同的原则却未变。

在这里，王先生修改了具体拟音，这是为了拟音系统的整齐、平衡；至于它是否更适合先秦雅言的语音实际，则是没有论证的。

董同龢、陆志韦先生是采取一部多主要元音的方式，比高本汉弄得更复杂；只有李方桂先生跟王力先生意见一致。李先生也早在《切韵 â 的来源》中就提出了一个韵部一个主要元音的看法，他说："我觉得押韵的字他的主要元音是最重要的，韵尾还在其次。现在韵尾虽有些相似，元音差得太多，押韵是不可能的。"又在《上古音研究》中说："研究上古的元音系统的时候我们也有一个严格的假设，就是上古同一个韵部的字一定只有一种主要元音。"（27 页）并批评高本汉的元音系统"e 跟 ě 可以押韵，â, a, ǎ 可以押韵，ə, ε, ǔ 可以押韵等。如果《诗经》的韵是天籁，绝不会有这样不自然的韵。"（28 页）一部一个元音自然就减少了主要元音的数目，王先生的拟音系统是六个元音，李先生更只有四个元音。

至于介音系统的构拟，高本汉是以他"构拟的中古韵类为基础"向上推的；因此，上古的介音系统构拟与中古的介音系统是一致的。一、二等没有介音，三等有介音 -j-，四等有介音 -i-，合口有介音 -w-。只有董同龢先生遵循他的这个办法。王力先生由于一部只拟一个主要元音，失去了高本汉把主要元音不同作为一等韵和二等韵区别标志的手段，于是采取了有无介音来作为一、二等的区别标志，给二等韵也拟了一个较松的元音作介音，开口二等写作 -e-，合口二等写作 -o-。陆志韦先生和李方桂更是别开生面。陆先生二等、四等都无介音，三等却有两个介音；李方桂先生《上古音研究》认为："在三等韵母里出现的介音 j"，"对上古声母的影响是颚化作用"，"二等韵里在上古时代应当有一个使舌尖音卷舌化的介音 r"，"上古音系统里只需要这两个介音"。又说："上古时代没有合口介音"，中古的合口介音"大部分是从圆唇舌根音来的，一部分是后起的"。还说："高本汉所拟的四等的介音 i 是个元音，他对于声母不发生任何影响"，"因此我们不把他当作介音"。（21—23 页）还有人从汉藏诸语言的比较研究出发，推断上古汉语完全没有介音。有关介音系统的各种观点都还缺乏坚实可靠的论据，但从整个拟音系统比较来看，我们认为，当以王说为优。

现在谈到上古声调的处理，高本汉在《中上古汉语音韵纲要》中没有直接讨论，实际上他是以中古的四声来上推的。李方桂《上古音研究》就明确是这样做的，他说："如果我们认为上古汉语是有声调的，而且大体调类与中古四声相合的，那么我们只要承认一套鼻音韵尾跟一套塞音韵尾就够了，不必在塞音韵尾中再分清浊，塞擦等。"又说："古韵学家往往把古韵分为三类：阴阳入三类，其实阴声韵就是跟入声相配为一个韵部的平上去声的字。"（33 页）这种认识，显然会把阴声韵和入声韵的界限搞混了。王力先生则是赞同"段玉裁的说法，古音平上为一类，去入为一类"；特别是他在段玉裁说法的基础上，提出了上古入声韵有两个声调（长入、短入）的观点，是他的上古音系统的亮点之一。他说："先秦的声调除了特定的音高为其特征外，分为舒促两大类，但又细分为长短。""促声不论长短，我们一律称为入声。促而长的声调就是长入，促而短的声调就是短入。"（《汉语史稿》65 页）有了"平上为一类，去入为一类"和"长入、短入"的观念，阴声韵和入声韵的分野就十分清楚了，而且只要一套塞音韵尾的观点也自然得到了解决。

最后，我们要谈到声母的拟音问题。高本汉的上古音声母系统有单辅音声母 34 个（据李方桂《上古音研究》12 页，聂鸿音译《中上古汉语音韵纲要》103 页漏列晓母 x），他还根据谐声中异类声母相谐（特别是来母字常跟舌根音、唇音等相谐）的材料，提出上古汉语有一系列的复辅音，如*kl-，*pl-，*tl-，*sl-，*sn-，*xm-等。王力先生《汉语史稿》的上古声母虽然是单辅音声母 32 个，但是却与高本汉的单辅音 34 个的系统有很大不同。他批评高本汉"把余母（喻四）硬分为两类，以为一类是 d，另一类是 z"。指出这样分开是有困难的，必然顾此失彼。又批评高本汉"把庄初床山各分两类，以为一类在上古是 ts，ts'，dz', s（并入精清从心），另一类是 tṣ，tṣ'，dẓ', ṣ"。指出这样分类的标准是"取巧的办法是缺乏科学性的"。更尖锐地批评了高本汉"把余母一部分字的上古音拟成 d 之后，这 d 是不送气的浊音，他就虚构几个不送气的浊音来相搭配。他把云母的上古音拟成 g，禅母的上古音拟成 ḍ，邪母的上古音拟成 dz，来造成整齐的局面。这种推论完全是主观的。"（68页）对于高本汉的上古有复辅音的说法，王先生也是不表赞同的，这是王先生上古声母系统有别于高本汉的显著特点之一。他说："他（按，指高本汉）在上古声母系统中拟测出一系列的复辅音，那也是根据谐声来揣测的。例如'各'声有'路'，他就猜想上古有复辅音 kl-和 gl-。""他不知道谐声偏旁在声母方面变化多端，这样去发现，复辅音就太多了。"（68页）

李方桂先生《上古音研究》对高本汉的单辅音系统也提出了批评和很大修改。李氏的上古单辅音声母是 30 个。他一方面大量归并高本汉的舌齿音，由 22 个归并成 11 个；另一方面又扩张喉牙音，由 7 个扩张为 14 个，设立了一套圆唇舌根音。他认为上古无合口，"似乎有一套圆唇舌根音"，"这些声母也就是中古的大部分的合口的来源"（16—17页）。这应该算李氏上古声母系统的一个特色。至于高本汉的复辅音，李氏倒是赞同的。他不但对"来母字常跟舌根音及唇音互相谐声的例子""仍然采用高本汉的说法"（24页），还就心母字、审母字与舌根音等非舌尖塞擦音互相谐声的例子，提出了"也该有 st-，sk-等复声母，这个 s 可以算是一个词头"，因为"与汉语有关系的藏语就很明显的有个 s-词头"（25页）。

上古有无复辅音是一个长期争论的问题，虽然林语堂早在 1924 年就发表了《古有复辅音说》，从四个方面探讨了上古的复辅音问题：（1）寻求俗语中保存的复辅音遗迹（孔，窟窿；团，突栾、团栾）；（2）从汉字读音、假借等现象推测；（3）从谐声现象推测；（4）由印度支那系语言比较研究中探讨。但是林说只提出了初步假设，缺乏坚实证据。80 年代以后不少人争谈古有复辅音，材料还是谐声、假借、异文、汉藏同源词等，并无新发现。有人甚至拿周秦以后的这种材料，来论述殷商时代的复辅音系统，被人批评滥用后代材料，却还自以为是。在这个问题上，王先生不但没有听从"众议"，而是更加坚持原来的否定意见。其实，李方桂先生对自己的这一主张，也并非坚信不疑的。他一再强调："上古时期的复声母问题十分的复杂，其中有许多现象一直到现在我们仍然没有满意的解决方法。"（24页）有些复辅音论者却咄咄逼人，无端指责王力先生。其实，有无复辅音，不是谐声材料所能论定的。正如我在《历史音韵学研究中的几个问题》中所指出的："如果按照高本汉的办法，在谐声字中一律贯彻下去，就会得出严学宭先生在《周秦古音结构体系》（稿）中那样的结论，二合复辅音 140 个，三合复辅音 64 个，四合复辅音 4 个，出现了 xmk-、xknd-、xsdl-等一些奇特的复辅音。"（《论集》450 页）这样行吗？至于某些人所用的汉藏"同源词"，更不能成为上古复辅音弄假成真的证据。我早就指出过，张琨先生对汉藏语系的划分抱存疑的态度，他明确地说："究竟有没有藏缅语族？在我心里还是一个大问题。"（230 页）现在《李方桂先生口述史》出版了，很明显，到了晚年，他同样也抱着怀疑态度，他说："这些语言是否有系属关系至今还是问题。"（104 页）我在去年发表的《汉藏诸语言比较研究刍议》中，也从考古成果和"语言类型的角度否定了汉语与藏缅语同源的论断"（1 页）。试问：拿系属尚未确定、靠音义比附所定下的汉藏"同源词"，能作为论证古有复辅音的证据吗？

　　总之，汉语古音研究从系统分类到古音拟测，是一个重大发展。高本汉《中国音韵学研究》（1915—1926 年）的中古音系拟测大致被后人采纳。他 1925 年以后的上古音系拟测则不断被修改、更新，但是构拟的原则、方法和总的格局则仍被人们遵循。正如王力先生 1982 年为本《手册》初版所写的《序》中所指出的："古音系统还没有定论，古音拟测更没有定论"，但是"各家的古音学说虽不尽相同，毕竟有价值的几家也只是大同小异。"80 年代以前有价值而又影响最大的上古音拟测系统，无疑是高本汉、王力和李方桂三家，在这三家中，我们认为，又应以王力先生的上古音拟测为更稳妥一些。白保罗（保罗·本尼迪克特）的《汉藏语概论》（1972 年）出版后，某些人撇开诗韵、谐声，主要"依靠异读、不规则变化、假借和零碎而不可靠的汉藏语数据"来构拟汉语上古音系，有所谓"六元音系统"。在 21 世纪初叶的古音研究的大争论中，它竟然被梅祖麟捧为"主流音韵学"，遭到了我们的严厉批驳。我指出：这种作法"固然不可能符合诗文押韵的实际，也必然要打乱谐声系统。"因此，"这个'上古六元音系统'的古音体系既是建立在沙滩上，又是自相矛盾的。"（498—499 页）现在我们看到，《李方桂先生口述史》批评白保罗的《汉藏语言概论》，靠"使用所有的词典，从中抽出许多辞汇来"，从而猜测同源词，搞汉藏诸语言的比较和构拟，认为这种方法是"让人误入歧途"，"所有此类构拟纯属胡闹"。又批评某些人把白保罗的著作奉作"圣经，这太可悲了"（93—95 页）。很显然，李方桂先生"所有此类构拟纯属胡闹"的批评，比我的论述更加直率和中肯。

五

　　回顾《汉字古音手册》的编写过程，正如我前面所指出的，是同我参加《古代汉语》教材的编写有联系的。具体来说，要追索到"文革"后期。那是 1972 年招收了工农兵学员以后，古代汉语也复课了，需要教材。我是古代汉语教学小组组长，于是组织组内教师在王力先生主编的《古代汉语》教材的基础上，删繁就简，编了一套教材应急。1975 年，开始主持教研室的古代汉语教材的编写工作，时常想到怎样帮助读者把古音弄清楚，又受到丁声树先生的《古今字音对照手册》的启发，萌发了编写《汉字古音手册》的念头。于是利用业余时间先整理 60 年代编写《古代汉语》附录时所收集的材料，开始作编写前的逐字卡片，同时不断补充新材料。至 70 年代末积累了五千多张卡片，打算正式编写《手册》。这时我已经招了研究生，要开几门课，还主持一部《古代汉语》教材的编写工作，并有校外的兼职，肩上的担子非常重。因此，正式动手编写后，发现工作量很大，困难不少，首先就是没有时间；其次是缺乏参考资料。学校经过十年动乱，中文系的资料室已经不存在；校图书馆也遭到严重破坏，很一般的资料都找不到了。要是没有拙荆徐寒玉的全力支援，编写工作很难进展，至少完稿时间要推后五年以上。她参加了后期的资料收集工作、通检的编写以及全稿的核对和誊写工作。

　　《手册》稿本曾送请了一师审阅，并承他赐序。北京大学出版社为《手册》的排印出版作了很大努力，责任编辑王世厚先生认真负责，他们花了四年时间，使《手册》在当时出版条件相当困难的情况下保证了较好质量。《手册》出版后，得到学界同仁、友好和读者的肯定；印刷了一万五千册，几年之间即告售罄。从 90 年代起，有不少读者和友好不断提出重印建议，出版社也发出过要求，我都没有同意。因为这时我对"古音手册"有了新认识，对《手册》当时限于编写条件，未能完成预定编写设想，有了新的考虑，总希望修订以后再重印。直到 2001 年我退休后出国探亲才着手增订；在国外半年多，初步增收了一千多字。回国后陷入了古音研究的争论之中，各种活动也不少，《汉字古音手册》的增订总是摆在第二位。时作时辍，2007 年才完成增订初稿；承商务印书馆允将初稿先行排印出来，方便我再次从头审定修改。这些年来，我和拙荆成了海南候鸟群体的成员，南飞过冬，避开了一些应酬，对审阅《手册》增订稿有一定保证。经过两轮南飞北返，总算又通读了一遍；尽管还有一些问题难作决定，也只好暂取一说。

　　增订本比初版增收单字四千四百多个，单字总数在一万一千七百字左右。初版只收秦汉以前古籍中的常用字。增订本首先把《说文解字》中的九千多字全收了，再根据《王力古汉语字典》《汉语大字典》中凡东汉以前有用例的字也都收了。同时又把初版所收的东汉以后才有用例的后起字删去了，大约两百个左右。其中有的是《说文》新附字，有的是当时凭感觉误收的；有的更是根据当时的一种错误认识，以为要从语言的角度来考虑。在《例言》中说什么："东汉以后的字不收，但后起的分化字、异体字能记录秦汉以前语言中已有的词者也收录了一些，如'花'（华）'剩'（賸）。"其实，这是盲目地陷入了打乱先秦谐声系统的泥坑。还有，鲁鱼亥豕，虽然发现一些，但是当时要作一次稍微彻底的校改，也不容易做到。这是我不同意重印的主要原因。其次是《手册》对音义结合的处理情况早就引起了我自己的不满意。汉字的形音义是密不可分的，注古音需明古义；多音多义字，音义必须对号入座。《手册》编写的七八十年代，只有旧《辞源》《辞海》，要做到音义对号入座是很困难的。我虽然注意到了这一点，却对不少多音字，只能顾音不管义。这是当时编写中的一个缺陷，关系到音切的选择和古今音的定位。这次增订，我们首先考虑的就是增补东汉前已有的汉字，同时要解决误收的后起字，并修订其他讹误；其次就是要解决音义的结合问题。我们主要参考《王力古汉语字典》和《汉语大字典》确定需要增补的汉字和每个字的音义关系。凡多音字，必注明释义；后起音义，一律不收。至于拟音系统，仍然按初版决定，采取《汉语史稿》的体系作了"一些补充或调整"，不按王先生 80 年代以后韵部拟音的修改方案进行改动。

　　在"梅郭之争"的激烈阶段，有人在网上对《手册》进行了批评，帮我校出了一些错误，在这里，我首先是要表示感谢。但是不少人批评我为什么不采取王先生 80 年代以后的意见，这就有些强人所难了。因为我的《手册》1982 年 3 月就定稿付排了；王先生的新意见我没有掌握，甚至还没有看过，怎么采取呢？在排印过程中，就因为听王先生比较满意地谈到过日母拟音的改动问题，于是草率地在排印中改动了《手册》的中古日母拟音，现在还得改回来。另有一条集中批评意见是侯部三等的开合问题。《手册》按《汉语史稿》拟成了合口三等，批评意见是：为什么不随王先生晚年的意见拟成开口？这种批评我当然无法在当时做到，就是现在也还难以接受。我在《手册》的《凡例》中曾提到："侯部、屋部、东部都增补了开口三等。"在正文中侯部增补了"邹驺昼绉骤鼚"等十个字，它们中古分布在尤韵和宥韵的六个小纽中，有舌齿音，还有唇音，增补本又增加了六个字。中古"尤有宥"是开口三等，它与原拟合口三等的虞韵是三等开合口的对立。东部、屋部增补的开口三等字虽然少一些，但是系统的对应是很清楚的。这种系统性的三等开合口对立难道可以轻易地不管吗？总不能把虞韵字拟成开口三等，却把尤韵字拟成合口三等吧？我相信如果王先生看了这些材料，对我的处理方式，大概是不会提出责备的。

　　再有一条尖锐意见是喻三、喻四的处理问题。我在《手册》中确实改动了《汉语史稿》的意见。王先生是认为《切韵》时代喻三、喻四没有合流；我却接受了李方桂先生的看法"到了隋唐的时候显然喻三已经与匣母分离而近乎喻四了"（7页），进而认为已经合流。有人认为我是"歪曲、篡改"王先生的学术观点，这种批评恐怕有点武断吧。我们知道，王先生从来都不要求自己的学生一定要遵守他的观点，而是鼓励学生经过研究提出自己的新看法。但是，经过考虑，在增补本中我还是改正过来，改用王先生没有合流的意见。因为喻三同匣母在《切韵》时代已经分离的证据仍然不足；而且改成没有合流，想要表达喻母、匣母的发展变化，也照样可以做到。

　　下面我们要谈到增补本作出的一个重大改动，这就是-p 尾韵的处理问题。王先生把入声韵分成长入、短入，但是不包括-p 尾韵。《手册》初版本曾考虑-p 尾韵也分长短入，但没有实行。增补本经过反复考虑，最后终于决定把王先生的长入、短入的主张扩展到-p 尾入声韵。大家都知道，高本汉、李方桂都认为缉部、叶部的去声字原来是-b 尾，上古早期有-b、-p 的对立。李先生说："谐声系统所保存残余的*-b 的痕迹表示谐声系统所代表的时期要比《诗经》押韵系统早一点，至少一部分谐声系统是较早的。"（43页）王先生也曾在《汉语史稿》中指出："'纳'从内声，'内'字本身又可以读'纳'，可见'内''纳'上古音相近，甚至在更古的时候凡从'内'声的字都收-p。"（90页）从谐声系列来考虑，-p 尾韵无疑应分长短入；从诗文押韵系列来考虑，就出现了意见分歧。段玉裁《六书音均表》四（"诗韵谱"）列有"苤、位、内"三字与物部押韵的诗四首：《小雅·采芑》押"苤、率"；《大雅·假乐》押"位、墍"；《大雅·荡》押"类、怼、对、内"；《大雅·抑》押"寐、内"。江有诰就不赞同《采芑》一首的韵例，王先生也认为非韵。剩下三首押韵材料就成了段玉裁将位声、内声定作第十五部的声符的主要根据。应该说，这一根据是不充分的。先说位声，段玉裁据《说文》，认定"位"字是会意字，因此"立、位"不同声；所以立声在第七部（缉部），而位声却在第十五部（微部）。可是段氏在《说文》"位"字下注云："故书'位'作'立'，古文《春秋》：'公即位'为'公即立'。古者立位同字，盖古音十五部与八部多合韵。"其实这里用古音多合韵，是不解决问题的。再说内声，《广韵》："内，奴对切"，在去声祭韵；一切从内得声的去声字，如"芮、枘、蚋"等，《广韵》而锐切，祭韵，列入十五部，当然无可指责。但是，从内得声的入声字，如"纳、衲、魶"等，《广韵》奴答切或奴盍切，合韵或盍韵，也列入十五部，这就很不妥了。王力先生把内声列物部，在缉部另列纳声、軜声，为段说补了一个明显漏洞，却没有真正解决问题。所以才会有"'内'字本身又可以读'纳'"，"在更古的时候凡从'内'得声的字都收-p"的说明。高本汉、李方桂都把"立位""内纳"处理为同声，这是符合古文字发展的，认为它们同属-p 尾入声韵也是符合古音实际的（高、李在具体的谐声分析中有误，这里不讨论）。王力先生在这个问题上，采取了尊重传统的谨慎态度；我们觉得从整个上古音系统和谐声系统来考虑，还是以改动为妥。上面所举"位、内"押韵的三首诗，既可以看作-p 尾韵异化为-t 尾韵的证据，也未尝不可以认为是缉、物合韵的材料。

总之，《手册》的编写和增订是根据了一师的古音系统和拟音体系进行的，至于古音系统和拟音体系内部的一些补充或调整以及具体字的归部、拟音，则是编写者个人的认识，与了一师无关。增订工作越到后来，看的材料越多，发现的问题也越多，越难下结论。正如了一师指出的："古音系统没有定论，古音拟测更没有定论。"这本《手册》"不是'典'，而是参考资料。"我牢记先生的这些指示，鼓起勇气，完成了这份增订稿。拖了许多年，才向关注本《手册》的友好和读者递上一份迟交的答卷，在此深表歉意。

最后，我要感谢商务印书馆热情允诺出版《汉字古音手册》（增订本），感谢责任编辑何婉屏编审认真负责，保证了增订本的出版质量。我还要感谢学界同仁、友好和广大读者对《手册》增订工作的关注和鼓励。《手册》的增订工作拖了近十年，虽然我已经尽了很大努力；但是在体力、目力日衰的情况下，考虑不周，讹误欠妥之处肯定不少，祈请方家、读者不吝指正，以便重印时改正。

郭锡良 2009 年 1 月 30 日
于海口燕燕居成初稿
5 月初改定于北京

主要参考著作：

许　慎《说文解字》（中华书局，1963）
段玉裁《说文解字注》（世界书局，1936；又上海古籍出版社，1981）
朱骏声《说文通训定声》（袖珍本；又中华书局，1984）
周祖谟《广韵校本》（中华书局，1960）
沈兼士主编《广韵声系》（文字改革出版社，1960）
王　力《汉语史稿》上册（修订本）（中华书局，1980）
丁声树《古今字音对照手册》（科学出版社，1958；又中華書局，1981）

（以上为初版本和增订本共同主要参考著作）

王　力主编《王力古汉语字典》（中华书局，2000）
汉语大字典编委会《汉语大字典》（湖北辞书出版社、四川辞书出版社，1985；缩印本，1992）
高本汉《中国音韵学研究》（赵元任、罗常培、李方桂译，商务印书馆，1940，又 1995）
高本汉《中上古汉语音韵纲要》（聂鸿音译，齐鲁书社，1987）
王　力《汉语音韵学》（中华书局，1956；《王力文集》四，山东教育出版社，1986）
王　力《诗经韵读》（《王力文集》六，山东教育出版社，1986）
王　力《清代古音学》（《王力文集》十二，山东教育出版社，1990）
王　力《上古韵母系统研究》（《王力文集》十七，山东教育出版社，1989）
王　力《上古汉语入声和阴声的分野及收音》（《王力文集》十七，山东教育出版社，1989）
李方桂《上古音研究》（商务印书馆，1980）
李方桂《切韵 â 的来源》（《历史语言研究所集刊》三本一分册，1931）
李方桂《李方桂先生口述史》（清华大学出版社，2003）
陆志韦《古音说略》（1947）
董同龢《上古音韵表稿》（重印本，1967）

林语堂《古有复辅音说》(《晨报》六周年纪念增刊,1924,《语言学论丛》,开明书店,1933)
郭锡良《也谈上古韵尾的构拟问题》(载《汉语史论集》(增补本),商务印书馆,2005)
郭锡良《历史音韵学研究中的几个问题》(同上)
郭锡良《音韵问题答梅祖麟》(同上)
郭锡良《汉藏诸语言比较研究刍议》(载《中国语言学》第一辑,山东教育出版社,2008)
陈复华、何九盈《古韵通晓》(中国社会科学出版社,1987)